# 王靜芝先生七十壽慶論文集

臺靜農敬署

# 王靜芝先生七十壽慶論文集

臺靜農敬署

處理公務

民六十七年獲中山學術獎後與家人合攝

全家福之一

全家福之二

靜芝尊兄七秩榮慶集工部句為壽

佳士欣相識如今契闊深側身千里道時
序百年心不寐聽金鑰收書動玉琴惟
南將獻壽感激在知音
詞賦工何益文情老更親自驚衰謝力直
取性情真草聖秘難得褚公書絕倫平
生種桃李儒術豈謀身

東方子丹敬祝

# 序言

丙寅歲仲夏，歷五月之吉，欣逢吾師合江王公靜芝先生七秩嵩慶，門人等以先生德業文章，超拔俗流，躋堂祝頌，尚不足以達其虔敬之忱。乃謀共申以文字稱觴。復蒙敷敎輔仁之諸師長惠賜鴻文，益增光采。

先生誕德高門，早歲從游於吳興沈公兼士先生、余公季豫先生、高公閬仙先生、沈公尹默先生、啓公元白先生，爲入室弟子。才華不世，於金石書畫，莫不精通，書取法於右軍、大令、河南及米元章，融會諸家，自出新意。畫工山水，師黃子久、王石谷，筆墨蒼潤，獨成一格。復志懷匡濟，民國卅七年，膺選國大代表，卅八年來臺後，又傳薪黌宇，先後任敎於國立藝專、東海大學，而尤澤被輔仁，于時輔大在臺復校，先生繼戴師靜山先生借聘一年期滿之後，主持國文系系務、兼任國文研究所所長，以迄於今，垂廿三載，殫精竭慮，化雨門牆，扶輪大雅，績留學海，經師人師當之無愧。

先生之誨人也，藹然善誘，恆以「究天人之際、通古今之變」以期勉我弟子。先生之治學也，閎肆謹嚴，博古通今，經、史、子、集無所不窺，尤致力於詩經、韓非；散文、詩詞、小說、戲劇皆極精深，屢獲中山學術獎等多項殊榮。先生之自處也，溫、恭、儉、讓，暇時輒以書畫自娛，勁節曠達，高情雅致，固得壽之徵也。是集共收論文若干篇，無論師長之博裁宏論，或弟子之附於驥尾，其中祝嘏之忱則一也。謹序其端，恭頌岡陵。

王靜芝先生七十壽慶論文集編輯委員會謹識

# 目次

## 小學



## 子學

文學之部

# 經子小學之部

經學

# 孔子的人生觀

史次耘

何謂人生？人旣生而爲人，一生所作爲的，所經歷的，卽是人生。論語述而篇：

季路問事鬼神？子曰：「未能事人，焉能事鬼？」「敢問死？」曰：「未知生，焉知死？」

由此可知，孔子認爲人生最要緊的是「把握現實」的人生，盡其對家庭、社會及國家應盡的責任。這就是孔門中對於人生的看法，也就是孔子的人生觀。

## 一、積極的精神

儒家以爲人生最重要的是積極的精神。孔子曾在泗水之上，見着那滔滔不絕、滾滾長流的現象，因而有感於其懷的說：

逝者如斯夫，不舍晝夜。（子罕）

川流的水，是如何的一往直前，百折不回，無時或已的進行，人生正應作如是觀。易經乾象傳說：

天行健，君子以自強不息。

此易義謂乾卦最剛健篤實的，形而上者謂之天。所以孔子在論語述而篇說：

天何言哉？四時行焉，百物生焉，天何言哉？

宇宙既是如此剛健篤實的宇宙，人爲宇宙中的一份子，又豈能外乎此公例而獨立生存？自應不貴空談，不尚玄想，惟務實行。尤當勤奮力求盡其人生的本份，而達到人生的目的。顏子在孔門諸弟子中，是特別受夫子賞識的。正因他對於人生有這種極正確的認識，和勇猛精進的精神，凡有所聞，必竭力以致其知，知之未嘗不行，行之未嘗不力。所以孔子稱讚他說：

語之而不惰者，其回也與！……吾見其進也，未見其止也。（子罕）

顏子在學業上力行不怠，進步無已，假使他的壽命，活得長一些，其造詣寧可限量？就是孔子之所以成爲孔子，也不過以這點「自強不息」的精神爲其支柱而已。正如孔子曾自道：

若聖與仁，則吾豈敢？抑爲之不厭，誨人不倦，則可謂云爾已矣。公西華曰：「正惟弟子不能學也。」（述而）

所謂「不厭」、「不倦」，是何等勇猛精進積極的人生！這不但在他爲人師表的平時如此，進一步，更可知道他這種人生觀，原已養之有素，操之有恆，自幼小時，就這麼黽勉求學，正如他自道：

我非生而知之者，好古敏以求之者也。（述而）

「好古敏求」四字，足以表示孔子求學的生活和態度。正如同他教學生活那樣孜孜矻矻。故其生活嘗隨時代的更新而變化，而進步。孟子特別稱讚他是：

聖之時者也。

孔子在他極簡短的自述中說：

吾十有五而志於學，三十而立，四十而不惑，五十而知天命，六十而耳順，七十而從心所欲，不踰矩。

由此證知：孔子年事愈高，造詣愈深，進境愈精，胸懷愈廣，以致他人格愈偉大，使人景仰不置。子貢所謂：

夫子之牆數仞，不得其門而入，不見宗廟之美，百官之富。（子張）

實際上夫子自言其人生，並無特殊的奧妙，妙在他有積極的精神，此正是常人所望塵莫及的。正如

葉公問孔子於子路？子路不對。子曰：「汝奚」不曰：其為人也，發憤忘食，樂以忘憂，不知老之將至云爾。（述而）

葉公子高之問，是其平時已聞知孔子人格的奇特，欲探其究竟。子路以聖德偉大，難予以答語，而竟默而置之。可知他們兩人的心態雖不同，其以孔子爲一高深莫測的人物則同。孔子覺得問者不得所問，勢必疑惑滋甚。答者不能置答，充份顯露其認識不够。同時，兩人在知識上，程度是一樣的膚淺，孔子故自行表白他的爲人。「當理之未得，則發憤以求，刻勵之專，雖食在當前而亦忘之。及理之已得，則欣然而樂，涵泳之至，雖事有可憂而亦忘之。未得而憤，憤而無已。既得而樂，樂後仍憤，憤樂相循，雖老之將至，而仍然憤，仍然樂，孳孳汲汲，不知年老之將至。則孔子人生便如此而

已。」這已經將他人生的積極精神，活躍地描述出來。人生，又豈但孔子和顏子要如是，誰不當然。是以孔子有言：

飽食終日，無所用心，難矣哉！不有博弈者乎？為之猶賢乎已。（陽貨）

人生是天然的要勤奮度日，不宜閒散，若是閒散的人，還不如博弈者。博弈雖非正事，然其較盈絀、爭先後，未嘗不用其心，單是他肯用心便可取。孔子並非贊成人博弈，無非欲鼓勵人趨於「勤奮」而已。在孔子家語中，有一段記述的故事並見列子天瑞篇、荀子大略篇及韓詩外傳。最足說明孔子的意見。困誓篇說：

子貢問於孔子曰：『賜倦於學，困於道矣，願息而事君，可乎？』孔子曰：「詩云：『溫恭朝夕，執事有恪。』事君難，事君焉可息哉？」曰：『然則賜願息事親。』孔子曰：「詩云：『孝子不匱，永錫爾類。』事親之難也，事親焉可息哉？」『然則賜願息於妻子。』孔子曰：「詩云：『刑於寡妻，至於兄弟，以御於家邦。』妻子難，妻子焉可息哉？」『然則賜願息於朋友。』孔子曰：「詩云：『朋友攸攝，攝於威儀。』朋友難，朋友焉可息哉？」『然則賜願息於耕。』孔子曰：「詩云：『晝爾於茅，宵爾索綯，亟其乘屋，其始播百穀。』耕難，耕焉可息哉？」『然則賜無息者乎？』孔子曰：「望其壙，睪如也，墳如也，鬲如也，此則知所息矣。」子貢曰：『大哉死乎！君子息焉，小人休焉。』

「生無所息」，這是孔子所認識的人生。我們如果眞瞭解人生如孔子，則知人生不論求學、從政、持家、理事、交遊、經商、作工、務農……，無一不是須要勉力、精進，創造前途，希望無窮。這完全繫乎我們有這點勉力進取的精神。否則，人在大有可爲的青年時期，若不勉力進取，還有什麼希望呢？此是孔子一再說過：

後生可畏，焉知來者之不如今也。四十五十而無聞焉，斯亦不足畏也矣。（子罕）

年四十而見惡焉，其終也已。（陽貨）

四十五十，年已半百，還沒有什麼成就，也沒有什麼進展，宜乎他的人生有了止境而不足觀。雖然四十五十，也未嘗不可進德修業，以底於成。可是他在年富力强的當兒，尙是那麼平凡無建樹，則其後的晚年不能有何特殊造詣，便可知已。所以人當及時進取有爲，這確是人生的眞理，否則，「少壯不努力，老大徒傷悲！」

固然人生應積極進取而不可稍事懈怠，祇是人如何能如此呢？此無其它方法，獨在求諸於己。因爲「人能弘道，非道弘人。」（衞靈公）「譬如爲山，未成一簣，止、吾止也；譬如平地，雖覆一簣，進、吾往也。」（子罕）所以他們不及他人，祇怪自己不肯努力，不肯用功，不能歸咎於他人、時代、環境、及任何物事。儻是自己奮發努力，他也不難爲聖爲賢，語云：「聖賢本是常人做，但盡良心卽聖賢。」孟子也說得極好，他在滕文公篇說：

舜，何人也？予，何人也？有為者亦若是！

彼，丈夫也，我，丈夫也，吾何畏彼哉？

## 二、中庸的風範

人生固當有積極的精神，力求進取，可是祇想作個進取的狂者，那就誤會了聖人的意思。「狂者進取」，「狷者有所不爲」，皆非人生的上選。「不得中道而與之，必也狂狷乎？」那分明是孔子退一步的說法。是故孔門「狂者」雖多，似乎大有可爲，孔子仍覺得非加以再陶鑄與造就不可。當他周遊列國，而不見用於諸侯，感到道既不行於當時，便要加强造就弟子傳揚後世，乃決計返魯，專門從事教育工作。論語中記載其當時在陳的感慨說：

歸與！歸與！吾黨之小子狂簡，斐然成章，不知所以裁之。（公冶長）

這些弟子，大都志向高遠而「狂」，因脫略世事而「簡」，在規模氣象上，皆各有斐然的成績可觀，足以擔負傳道的責任。無如天份雖高，但學養尙未臻於至善之境，言行不免有時逸出於規矩法度之外，而不自知裁抑，以合乎中正之道。美中猶有不足，孔子故思歸去，再施加一番陶冶。原來人生最大的缺憾，就是易走極端，「智者過之，愚者不及也。」……「賢者過之，不肖者不及也。」太過，雖屬智者與賢者的事，似較不及的愚者與不肖者稍勝一籌，實則在人生的道路上同樣不足取。所以

子貢問師與商也孰賢？子曰：「師也過，商也不及。」曰：「然則師愈與？」曰：「過猶不及。」（先進）

「不及」，固然不好，「過」、也不算對。人生貴能適中，即行乎「中道」。雖然，「天下國家

可均也，爵祿可辭也，白刃可蹈也，中庸不可能也。」那就是說，人要做個富貴不能淫、貧賤不能移、威武不能屈的大丈夫較容易，若是做個中道的人却不容易。因此，孔子所以不勝感慨說：

中庸之為德也，其至矣乎！民鮮能久矣。（雍也）

人生不是太過，就是不及。聖人惟在抑止其過而引導其不及，以使其適乎中道而止。「求也退，故進之；由也兼人，故退之。」（先進）至於葉公「子證父竊」之說，或人「以德報怨」之問，皆為孔子所不贊同。並非以「直」、「德」不善，實以其行太過之故。明乎此，則可知子路動輒見責於孔子的原因何在。另一方面，孔子對於古聖人所最尊崇者為堯舜。堯舜的聖德，殆無往而不合乎中道。當堯年老倦勤之時，以天下禪讓於舜，本其豐富的人生經驗，予以指示說：

咨爾舜：天之曆數在爾躬，允執厥中，四海困窮，天祿永終。——舜亦以命禹。（堯曰）

「堯、舜、禹，天下之大聖人也，以天下相傳，天下之大事也。以天下之大聖，行天下之大事，而其授受之際，叮嚀告誡，不過如此。則天下之理，豈有加於此哉。」（朱子中庸序）誠然，我中華民族心目中，其理想生活，莫過於『從容中道』，歷代聖賢及今日　國父中山先生和先總統　蔣公，皆深得其中的三昧者。禹受舜「人心惟危，道心惟微，惟精惟一，允執厥中。」的十六字心傳，雖未見其如何傳授，他的生活，却是屬於『執兩用中』。孔子說：

禹、吾無間然矣！菲飲食而致孝乎鬼神，惡衣服而致美乎黻冕，卑宮室而盡力乎溝洫。禹！吾無間然矣。（泰伯）

爲何禹之爲人，全無罅隙可議，無非以其或豐或儉，處公處私，莫不協於中道而適宜之難能可貴。及乎孔子本身生活，後來受門弟子稱讚的也卽如此：

子溫而厲，威而不猛，恭而安。（述而）

通常都注重仁者容貌溫和，難乎爲厲。惟孔子以仁德爲溫，令人可親，而其氣存嚴肅，又不可犯。此其溫之得中。行義者容貌威儀，難乎不猛，惟孔子以義德發爲威，雖然可畏，其持躬醇厚，又屬可近，此其威之得中。依禮者容貌恭莊，難乎不安，惟孔子以禮德之形爲恭，令人起敬，而其不慢不拘，又極自由，此其恭之得中。所以孔子的生活態度，完全是中庸之道的風範。孟子評論他：

仲尼不為已甚。

孔子聖之時者也。

「時中之聖」，正是說明孔子平時生活，處處不爲已甚而合乎中庸之道。

## 三、道德的綱領

上文說了孔子是以積極的精神和中庸的風範爲生活，現在再進一層談談孔子對道德的看法。究竟怎樣做一個有道德的人？論語李氏篇說：

齊景公有馬千駟，死之日，民無得而稱焉。伯夷叔齊、餓死於首陽山之下，民到於今稱之。

由此可知人生富貴名利何足算？最有價值的人生，必不能離開道德的。所以孔子曾說：

驥不稱其力，稱其德也。

驥，在走獸中獨得人的賞識，不僅以其力馳騁千里，行遠不倦，惟在牠馴良之美，泛駕無虞，具有可乘用的善德。禽獸尚能如此，人生豈能反是而行？是故「德之不修，學之不講，聞義不能徙，不善不能改。」（述而）孔子引為深憂。良以此與人格攸關，非如此！則其人格不得光大。一般人不以此道德為意，專在功名富貴上用心講求，實在不思之甚。孔子在論語中有幾句話，說得極好：

志於道，據於德，依於仁，游於藝。

此示道德為人生首要。人必先「志道」、「據德」、「依仁」，然後「游於藝」，本末兼顧，方能提高人格，充實人生。

究竟如何充實人生呢？孔子曾經就整個人生加以觀察，而歸總說出其「道德綱領」。他察看出人生的原始作用，一出母胎，在家庭為子弟，及長，投入社會為一公民，他的道德，卽由人生這階段出發，所以他說：

弟子入則孝，出則弟，謹而信，汎愛衆，而親仁，行有餘力，則以學文。

這裏提出兩層道德的觀念，可算是一切道德的綱領。人在家庭為子弟，當以孝弟為重；在社會為公民，當以仁愛為重。至於學文，乃其餘事。不過這還是為方便而說，實際學文亦是對孝弟的踐履，並非兩事。人生本是整個的人生，道德也是一貫的道德，孝弟者必仁愛，仁愛者必孝弟。忠臣出於孝子之門。所以宰我不服三年期喪，孔子斥責其不仁，卽以不仁為不孝。足徵仁愛與孝弟是一致。又豈但仁與孝通，舉凡人生社會的道德，何嘗不是相互聯貫在內呢？故有子說：

其為人也孝弟，而好犯上者，鮮矣。不好犯上，而好作亂者，未之有也。君子務本，本立而道生，孝弟也者，其為人之本與！

犯上作亂，是侵擾爲害社會人生，則爲人們不恭、不順、不忠、不義等不道德的表現，這一切不道德的行爲，無不歸根於其原不孝不弟。人若果眞孝弟，則必心存善良，富有親情，其所釀發者，皆爲溫情所流露，何致有侵擾爲害社會人生的種種不道德的事實發生？孝弟，確是爲人之本，乃君子所專心致力，因爲「本立而道生」。先行孝弟於家，而後仁愛及於物。正合於孟子所說「親親而仁民，仁民而愛物」的原則。今將「道德綱領」簡略分述於次：

## 甲　孝　行

孝，主宰我國民心，支配我國社會，達數千年之久，在世界文化上放一異彩。這種情形，當歸功於儒家的教化。孔子在論語中時時探討此一問題。並且表示對此問題非常重視。

究竟什麼是孝？論語記載孔子應答時人及門弟子之問，雖不一其說，但歸結起來，可分爲兩大類：

第一是孝順孝父母者，必具順德，親志宜申，親命勿違，是故

孟懿子問孝？子曰：「無違。」

雖然人子固宜孝順，可是親志親命，未必盡善盡美，人子豈可妄從？孔子知其說易滋流弊，可惜孟懿子不復追問，使其言未盡意。恰好有少事季孫氏而與孟孫家素有往來的門人樊遲爲孔子執御，特

告以此經過情形，樊遲也有所不達，追問那是何解？孔子欲藉他將其眞意表明，特爲申述所謂『無違』者，當以「禮」爲準。「生事之以禮，死葬之以禮，祭之以禮。」假使在孝親上一違於禮，還有什麼孝順可言？是故遇親有何乖謬，並非也要爲人子者去順從。那時爲人子者既不順從又怎麼行？讓其父母陷於不義，當然不好。必須使父母知道那種是錯誤的，加以諫阻。不過諫阻有道，不能蠻橫攔截。孔子故說「事父母幾諫。」諫言若不被接納，仍要起敬於孝。所以孔子於幾諫下又緊接着說：

見志不從，又敬不違，勞而不怨。

「不怨」二字，是吃緊工夫。不怨依然是不違，始終是孝順的子女。

第二是孝敬　孝，不單是順，尤其是敬。所謂敬者有三：即「謹其身」、「敬其養」、「怡其色」。

(1)謹其身：「身體髮膚，受之父母，不敢毀傷。」若毀傷身體，就是有傷父母的心，不孝孰甚？所以「孟武子問孝？子曰：『父母唯其疾之憂。』」（爲政）父母之於子女，惟其愛之也深，是以憂之也切。無疾嘗慮其有疾，有疾更是惴惴不安。爲人子若能體念及此，謹守己身，不縱耳目之慾，摒除一切嗜好，竭力避免一切致病之由，即爲孝其親。

(2)敬其養：養生、爲人子對父母應盡的起碼義務。不過養其身，而能敬以養其志，致非所以養親之道。所謂「上孝養志」，「養志」，是最能敬其親的。「子游問孝？子曰：『今之孝者，是謂能養，不敬，何以別乎？』」（爲政）

(3)怡其色：有許多「直」「義」的子女，孝心有餘，孝行不缺，就是祇在詞色之間，不免因何小故而表現不悅之色，致使父母也感到不快，這也是不能算孝敬。所以「子夏問孝？子曰：『色難。有事，弟子服其勞，有酒食，先生饌。曾是以爲孝乎？』」（爲政）「服勞」、「奉養」，固可使親安逸溫飽，凡有力有財者，皆知道去做。惟無婉容以敬愛其親，則親仍不得快樂，此爲人子應當婉其容，敬其貌。故孔子特別强調「色難」。

孝敬父母，能謹其身，敬其養，怡其色，這都是及於「親存」之道。若是「親歿」，爲人子者，又當如何？孔子認爲孝子必定還是不缺敬意。所謂「父在觀其志，父歿觀其行，三年無改於父之道，可謂孝矣。」（學而）因爲父在不敢自專，處處以親爲主，是事理之當然。及親不存，諸事皆由自身擔承，那時仍然不孤行己意，而以父旨爲重，自非純孝不能。所以曾子曾說：

吾聞諸夫子，孟莊子之孝也，其他可能也，其不改父之臣與父之政，是難能也。

## 乙　仁　道

仁道，爲儒家的中心思想。玆就「仁之體」、「仁之相」、「仁之用」三者說明之。

### (一)仁之體

仁體至爲廣大，人的各種善行，美德，幾乎無一不包涵，以致孔門弟子皆莫測其高妙，都欲一探究竟。而孔子對於他們的答覆，又各以爲說，正足顯示「仁體」不易捉摸，所以子思直謂

仁者，人也。

孟子亦有類似的說法，謂「仁，人心也。」以「仁」爲體，卽是人格。泛指人格有關的「誠信」、「忠

恕」、「直義」、「恭敬」等在內，人，貴在有「心」，故捨「人心」不足以言仁。孔子說：

君子去仁，惡乎成名？

「君子」、乃儒家理想的人格標準，不仁，不足以稱君子，卽是其人格有損，良心有虧。是故

君子無終食之間違仁，造次必於是，顚沛必於是。

無求生以害人，有殺身以成仁。

正因爲「成仁」，卽成其爲人，「失仁」，卽失其爲人，所以「仁」之關係於人格者如此之鉅。

## (二)仁之相

仁體、雖然廣大，並非不能認識，因爲人有其相，如執其相，就可以認識仁。其相如何？

(1)性質：孔子說：「仁者靜。」，「靜」，卽是仁者的特性。性靜，自然安泰，安泰，卽能影響身心的生活，所謂「心廣體胖。」所以又說「仁者壽。」（雍也）

(2)言語：「司馬牛問仁？子曰：『仁者，其言也訒。』『其言也訒，斯謂之仁矣乎？』子曰：『爲之難，言之得無訒乎？』」（顏淵）是以言語不苟爲仁，否則，「巧言令色，鮮矣仁。」（學而）可見行仁難，言仁、也不得不難。

(3)態度：「仲弓問仁？子曰：『出門如見大賓，使民如承大祭。己所不欲，勿施於人。在邦無怨，在家無怨。』」（顏淵）又「樊遲問仁？子曰：『居處恭，執事敬，與人忠。』」（子路）這都是言仁者態度必莊敬，必忠厚，能如此，自可仰不愧於天，俯不怍於人，其態度自從容愉

悅，所以又說「仁者不憂。」（子罕）

(4)精神：「顏淵問仁？子曰：『克己復禮爲仁，一日克己復禮，天下歸仁焉。爲人由己，而由人乎哉？』」（顏淵）所以「仁遠乎哉？我欲仁，斯仁至矣。」（述而）「有能一日用其力於仁矣乎？我未見力不足者。」（里仁）這個問題，祇在人有沒有此種克己精神？「克己精神」，就是勇敢。王陽明說：「破山中之賊易，破心中之賊難。」「克己」，並非易事，須具有堅毅勇敢的精神，始底於成。所以孔子說：「仁者必有勇。」

(5)行爲：行爲可分積極與消極兩方面。從積極來言仁者的行爲，如「子張問仁於孔子？子曰：『能行五者於天下，爲仁矣。』『請問之？』曰：『恭、寬、信、敏、惠。恭則不侮，寬則得衆，信則人任焉，敏則有功，惠則足以使人。』」（陽貨）從消極來言仁者的行爲，就是顏子所說「約我以禮。」凡事以禮爲準則：「非禮勿視，非禮勿聽，非禮勿言，非禮勿動。」（顏淵）

(6)待人：「樊遲問仁？子曰：『愛人。』」人既能愛人，自然處處爲人著想，希望人人獲得利益，不單爲自己打算。孔子說：「夫仁者，己欲立而立人，己欲達而達人。能近取譬，可謂仁之方也矣。」（雍也）凡仁者待人之道，就能推己及人，「我不欲人之加諸我也，吾亦欲無加諸人。」

以上六點，皆言「仁相」。顯示仁不能拘執，所以「微子去之，箕子爲之奴，比干諫而死。」三人所顯示的「仁相」雖不一，而孔子曰：「殷有三仁焉。」（微子）又子路和子貢皆懷疑管仲的人格，認爲「桓公殺公子糾，召忽死之，管仲不死，又相之。」是似不仁？孔子却又本乎他的「尊周室」、「攘夷狄」的功業，特稱讚之曰：「如其仁，如其仁。」按王念孫解釋「如」字作「乃」字解。

### ㈢仁之用

仁的作用有二，卽主觀與客觀之分。所謂主觀的作用，可說倫理的。關於本人的修養，如「克己復禮」，「愛人以德」，「敬事而信」，「節用愛民」，無一非爲求仁，藉以完成其內在的生活。所以孔門弟子莫不以此爲學。結果，「回也，其心三月不違仁，其餘則日月至焉而已矣。」（雍也）雖天資明敏如仲弓、子路、冉求、公西華，及賢達如令尹子文、陳文子，孔子皆不許其爲仁，可見求仁之難，祇是因爲如此難求，曾子特加以申述說：

士不可以不弘毅，任重而道遠，仁以為己任，不亦重乎？死而後己，不亦遠乎？

人必須下大決心，方能足够行仁。求仁得仁的人，是以仁道爲目的，以仁道爲職責。如果職責已盡，目的已達，內在的生活業經完成，不顧其它一切，所謂

仁者安仁。

正如「子貢曰：『伯夷叔齊、何人也？』子曰：『古之賢人也。』曰：『怨乎？』曰：『求仁而得仁，又何怨？』」（述而）

至於客觀的作用，屬於政治的，也屬於倫理的。一切是有關於外界的接觸，如孔子說：

如有王者，必世而後仁。

善人為邦百年，亦可以勝殘去殺矣。

這是行仁政唯一的政治作用，也是「王者」及「善人」施行仁道的效驗，所以孟子後來游說當時的諸侯，力勸他們施行「仁政」，惟仁者足以王天下，因仁者必能內而聖外而王。假使仁者不得其位，對於外境仁道的作用並不失去，如敬人、恕人、愛人、立人、達人，因皆是仁者的社會道德，足以爲轉移社會的無窮力量！

孔子的人生觀，是積極的，是中庸的，是道德的，他是以「仁德」爲至高無上的理想人格，他雖不自居於仁聖，而門弟早已肯定他是至仁的聖人。如子貢答太宰問曰：

固天縱之將聖，又多能也。

孔子不但爲天縱的仁聖，而且是多才多藝的，他是德合天地，明並日月，一切仁愛的精神，是彌綸宇宙的，所以宋儒程子批評他的氣象說：

仲尼、天地也。

史次耘孝盦譔於臺北市抱蜀廬。

中華民國七十五年二月上澣。

# 尚書堯典納于大麓解

陳新雄

尚書堯典有一段讀到虞舜聖德的話，歷來的解釋很紛歧，主要的原因就出在「納于大麓，烈風雷雨弗迷」二句的解釋不同，也就影響到整段文義的理解。現在把前後段相關的文字鈔錄于後：

帝曰：「咨！四岳。朕在位七十載，汝能庸命，巽朕位。」岳曰：「否德忝帝位。」曰：「明明揚側陋。」師錫帝曰：「有鰥在下，曰虞舜。」帝曰：「俞，予聞；如何？」岳曰：「瞽子、父頑、母嚚、象傲；克諧，以孝烝烝，乂不格姦。」帝曰：「我其試哉。」女于時，觀厥刑于二女。釐將二女于嬀汭，嬪于虞。帝曰：「欽哉！」

慎徽五典，五典克從；納于百揆，百揆時敘；賓于四門，四門穆穆；納于大麓，烈風雷雨弗迷。

帝曰：「格汝舜！詢事考言，乃言厎績，三載；汝陟帝位。」舜讓于德，弗嗣。（以上分段與標點據屈萬里先生尚書釋義）

史記五帝本紀解釋這段話說：

堯曰：「嗟！四嶽。朕在位七十載，汝能庸命踐朕位。」嶽應曰：「鄙德忝帝位。」堯曰：「悉舉貴戚及疏遠隱匿者。」衆皆言於堯曰：「有矜在國間，曰虞舜。」堯曰：「然，朕聞之，其如何？」嶽曰：「盲者子、父頑、母嚚、弟傲，能和，以孝烝烝，治不至姦。」堯曰：「吾其試哉！」於是堯妻之二女，觀其德於二女。舜飭下二女為媯汭，如婦禮，堯善之。乃使舜慎和五典，五典能從，乃徧入百官，百官時序，賓於四門，四門穆穆，諸侯遠方賓客皆敬，堯使舜入山林川澤，暴風雷雨，舜行不迷。堯以為聖，召舜曰：「女謀事至而言可，績三年矣。女登帝位。」舜讓於德不懌。

是史記釋大麓爲山林川澤。索隱云：「尚書云：『納于大麓。』穀梁傳云：『林屬於山曰麓。』是山足曰麓。故此以爲入山林不迷。」淮南子泰族訓云：「四岳舉舜而薦之堯，堯乃妻以二女以觀其內，任以百官以觀其外。既入大麓，烈風雷雨而不迷。」高誘注云：「林屬於山曰麓，堯使舜入林麓之中，遭大風雨不迷也。」論衡亂龍篇云：「舜以聖德，入大麓之野，虎狼不犯，蟲蛇不害。」此皆孔安國古文尚書說，故馬融、鄭康成皆曰：「麓，山足也。」高本漢的書經注釋，因下文「烈風雷雨弗迷」的關係，也認爲史記的解說最自然，最合邏輯，並且也是最通順的講法。

然而這眞如高本漢所說：「最自然、最合邏輯，並且也是最通順的講法」嗎？恐怕也不盡然。屈萬里先生尙書釋義以爲堯典述堯之德，實本儒家「修身齊家治國平天下」之思想爲說，其實不僅於堯如此，於舜亦然。淮南子泰族訓所言：「妻以二女以觀其內，任以百官以觀其外」，正是儒家內聖外王、由近及遠，層次井然說法的最好寫照。根據史記的解說，舜飭下二女於嬀汭，如婦禮，堯善之。乃使舜愼徽五典，也就是敬謹地敷揚五常之教，所謂五常之教，就是左傳文公十八年所說的「父義、母慈、兄友、弟恭、子孝」。這種人常之教，舜敷揚得很好，所謂五典克從就是。鄭康成注云：「五典，五教也。蓋試以司徒之職。」司徒只是一官。一官做得好，乃又內于百揆，遍歷諸官，而百官莫不承順。然後賓于四門。鄭康成曰：「賓讀爲儐。舜爲上儐，以迎諸侯。」江聲尙書集注音疏云：「古儐字通作賓，此賓于四門，謂舜儐導諸侯於四門，故鄭讀賓爲儐，云舜爲上儐者，義禮娉禮云：『卿爲上儐，大夫爲承儐，士爲紹儐。』鄭彼注云：『儐爲主國君所使出接賓者也。』于時舜位在諸臣之上，故知爲上儐也。」舜爲上儐，以迎諸侯，四方諸侯皆能敬肅。故云四門穆穆。此時舜已位在諸臣之上，斷無將一地位崇高，辦事妥善的大臣，突然納于山林川澤之理。因爲下文堯又讓帝位於舜，前後文理不屬，顯然照史記五帝本紀的講法，簡直就是不合邏輯，也是不合情理的。

按說文：「麓，守山林吏也。」吾友吳仲寶教授新譯尙書讀本乃據此引申云：「謂使他做農林部長，入深山野林，雖經狂風暴雨，而能不迷失方向，示其鎭定而有智慧。」此說仍不當於理，前此舜已試司徒，納百揆，爲上儐，位在諸臣之上，今又任農林部長，非爲晉陞，乃是左遷，與後之居攝仍文理不屬，所以此說也仍有斟酌的餘地，尙難以爲定案。

僞孔傳云：「麓，錄也。納舜使大錄萬機之政，陰陽和，風雨時，各以其節，不有迷錯愆伏，明舜之德合於天。」這是說麓是錄的假借字。麓，廣韻盧谷切，來紐屋韻一等字；錄，廣韻力玉切，來紐燭韻三等字。二字的上古音同屬屋部。高本漢擬音：麓 *luk、錄 *li̯uk。我的擬音：麓 *lauk、錄 *li̯auk。毫無問題，是可以假借的。所以麓字在這裏應該是錄字的假借。

史記陳丞相世家云：「孝文皇帝旣益明習國家事，朝而問右丞相勃曰：『天下一歲決獄幾何？』勃謝曰：『不知。』問：『天下一歲錢穀出入幾何？』勃又謝：『不知。』汗出沾背，愧不能對。於是上亦問左丞相平，平曰：『有主者。』上曰：『主者謂誰？』平曰：『陛下卽問決獄，責廷尉；問錢穀，責治粟內史。』上曰：『苟各有所主者，而君所主者何事也？』平謝曰：『主臣！陛下不知其駑下，使待罪宰相。宰相者，上佐天子，理陰陽，順四時；下育萬物之宜；外鎭撫四夷諸侯，內親附百姓，使卿大夫各得任其職焉。』孝文帝乃稱善。」陳平口中宰相之職「理陰陽，順四時」，與僞孔傳所說「陰陽和、風雨時，各以其節，不有迷錯愆伏。」旨意大同，則納于大麓爲何職事，亦可由此比對而明其梗概了。

考周禮天官冢宰鄭目錄云：「象天所立之官，冢，大也。宰者，官也。天者，統理萬物，天子立冢宰，使掌邦治，亦所以揔御羣官，使不失職。不言司者，大宰揔御衆官，不主一官之事也。」疏云：「不言司者，大宰揔御衆官，不主一官之事者，此官不言司，對司徒、司馬、司寇、司空皆云司，以其各主一官，不兼羣職，故言司。此天官則兼攝羣職，故不言司也。」據天官冢宰總御衆官之職，與陳平口中宰相之職「使卿大夫各得任其職焉。」又頗相類。雖時代緜邈，唐虞官制，今已難詳，但以文理斷之，此「大麓」之職必與周官冢宰相類。據鄭康成注，愼徽五典爲試司徒之職，則納于百揆，當爲歷試宗伯、司馬、司寇、司空等官，故「大麓」自類於冢宰，此以周官比況，較其層次，乃井然有序。

漢書王莽傳上張竦稱莽功德曰：「比三世爲三公，再奉送大行，秉冢宰職，塡安國家，四海輻奏，靡不得所。書曰：『納於大麓，列風雷雨不迷。』」師古注：「虞書舜典敍舜之德，麓，錄也。言堯使舜大錄萬機之政。」又王莽傳中莽曰：「予前在大麓，至于攝假。」師古注曰：「大麓者，謂爲大司馬宰衡時。妄引舜納于大麓，烈風雷雨不迷也。攝假謂初爲攝皇帝，又爲假皇帝。」漢書于定國傳：「永光元年，春霜夏寒，日青亡光。上復以詔條責曰：『郎有從東方來者，言民父子相棄，丞相、御史案事之吏，匿不言邪？將從東方來者加增之也？何以錯謬至是？欲知其實。方今年歲未可預知也，卽有水旱，其憂不細，公卿有可以防其未然救其已然者不？各以誠對，毋有所諱。』定國惶恐，上書自劾，歸侯印，乞骸骨。上報曰：『君相朕躬，不敢怠息，萬方之事，大錄于君，能毋過者，其唯聖人。方今承周秦之弊，俗化陵夷，民寡禮誼，陰陽不調，災咎之發，不爲一端而作，自聖人推類以記，不敢專也，況於非聖者乎！日夜推思所以，未能盡明。經曰：萬方有罪，罪在朕躬。君雖任職，何必顓焉！其勉察郡國守相郡牧非其人者，毋令久賊民。永執綱記，務悉聰明，强食愼疾。』」以冢宰、宰衡、丞相爲大麓，此必西漢經學家相傳之說，乃有此解。而于定國傳詔書以大麓爲大錄，尤爲顯明。故顧炎武日知錄云：「今所傳王肅注舜典納于大麓云：麓，錄也。納舜使大錄萬機之政。蓋西京時有此解，故詔書用之。」

清代講尚書者，亦多以大麓爲大錄。焦循尚書補疏云：「傳：『麓，錄也。納舜使大錄萬機之政，陰陽和，風雨時，各以其節，不有迷錯愆伏。明舜之德合於天。』循按：史記謂堯使舜入山林川澤，暴風雷雨，舜行不迷。此傳說與之異，自以孔傳爲僞，遂多從史記說。孔傳之僞，余不爲左袒，若以二說審之，則傳說爲勝。是時舜已在位，試司徒，爲上儐矣。入山林，豈一人徒行，何必不避風雷，聖人迅雷風烈必變，舜乃不畏天怒，先聖後聖，義何乖異？且舜是時必有輿從，假令衆人同己冒於風雨之中，不情甚矣。余見村甿釣叟，往往乘大雷雨時，負簦衣簑，行坐隅野，未嘗或懼，舜而如是，亦仍歷山雷澤時之故習耳。漢書于定國傳，永光元年，春霜夏寒，日青亡光。上以詔條責，定國惶恐，上書自劾，歸侯印、乞骸骨。上報曰：『君相朕躬，不敢怠息，萬方之事，大錄于君，能毋過者，其爲聖人，方今承周秦之敝，俗化陵夷，民寡禮誼，陰陽不調，災咎之發，不爲一端而作，自聖人推類以記，不敢專也。況於非聖者乎？日夜思惟所以，未能盡明。經曰：萬方有罪，罪在朕躬。君雖任職，何必顓焉。』此詔正用舜事，舜納大錄，則雷雨弗迷，災咎不發。今定國納大錄，而陰陽不調，是宜罷職去位。漢帝作慰辭，謂非顓定國一人之咎，而歸咎於已，乃因舜事而曲原之，故曰：不爲一端。可見當時爲尚書說者，同於傳說，太史公每載異聞，未可概也。德合於天，與孟子百神享之之義正同。論衡吉驗篇云：『堯聞徵用，試之於職官，治職脩事無廢亂，使入大麓之野，虎狼不搏，蝮蛇不噬，逢烈風疾雨，行不迷惑。」此史記之說也。其正說篇引說尚書者云：『四門穆穆，入于大麓，烈風雷雨不迷。言大麓三公之位也。居一公之位，大總錄二公之事，衆多並吉，若疾風大雨。』

此以大麓爲大錄，與詔同。而以疾風大雨爲衆多並吉之譬喻，則殊陰陽不調之說。宜仲任以爲僞。伏生書大傳：『堯推尊舜而尙之，屬諸侯焉。納之大麓之野，烈風雷雨弗迷。』鄭康成注云：『山足曰麓，麓，錄也。古者天子命大事、命諸侯則爲壇國之外，堯聚諸侯，命舜陟位居攝，致天下，使大錄之。』此雖以大麓爲野。而鄭兼以大錄解之。則謂爲壇攝位之日，無烈風雷雨，猶云朝會清明也。」朱芹十三經札記云：「孔傳：『麓，錄也。納舜使大錄萬機之政也。』芹按：孔叢子宰我問：『書云：納于大麓，烈風雷雨不迷，何謂也？』孔子曰：『此言人事之應乎天也。堯旣得舜，歷試諸艱，已而納之於尊顯之官，使大錄萬機之政，是故陰陽清和，五星不悖，烈風雷雨，各以其應，不有迷錯愆伏，明舜之行合乎天也。』尙書大傳：『堯推尊舜而尙之，屬諸侯焉，納于大麓之野，烈風雷雨不迷，致之以昭華之玉。』鄭注：『山足曰麓，麓者錄也。古者天子命大事，命諸侯則爲壇國之外，堯聚諸侯，則命舜陟位居攝，致天下之事，使大錄之。』據此，則鄭雖以山足爲麓，亦與尙書孔傳同矣。」焦、朱二氏兩引鄭康成尙書大傳注，以爲堯聚諸侯，命舜陟位居攝，致天下之事，使大錄之。所引鄭康成的注是以大麓爲居攝，如果以爲居攝，則與下文「三載，汝陟帝位，舜讓于德，弗嗣。」不相應了。根據漢書莽傳中：「莽曰：予前在大麓，至于攝假。」的話，很明顯的，大麓應在居攝之前，所以師古注大麓謂大司馬、宰衡時，不應包括居攝。故段玉裁古文尙書撰異云：「凡三公丞相皆可云大麓，不必居攝也。」根據以上的敍說，所謂「納于大麓」，以周官況之，應該是任舜爲冢宰，總錄萬機之政。「烈風雷雨不迷」，譬喩舜治理得要，使陰陽調和，烈風雷雨各以其時，不有迷錯愆伏；也可以照王充論衡正說篇的解釋，把烈風雷雨譬喻繁劇的機務，不迷就是並吉，處理得當，毫無差失。因此，堯觀舜任冢宰三年以後，謀至言績，遂讓位於舜，舜謙讓不嗣。故史記接上去乃說：「於是帝堯老，命舜攝行天子之政。」這時候舜才居攝，居攝二十八年，堯崩，始陟帝位。故堯典自「正月上日，受終于文祖」直到「流共工于幽洲，放驩兜于崇山，竄三苗于三危，殛鯀于羽山，四罪而天下咸服。」都是說舜居攝的政績。自「月正元日，舜格于文祖」至篇末「舜生三十徵庸，三十在位，五十載，陟方乃死。」才是陟位以後的政事。從孝烝烝，飭二女、試司徒、歷百官、爲上儐、舉冢宰、居攝位、踐天子。這一內聖外王層次井然的敍述，若把大麓解釋爲山林川澤，不是把整個思路的頭緒都弄亂了嗎？

**附參考書目：**


尚書注疏　藝文印書館十三經注疏本
周禮注疏　藝文印書館十三經注疏本
尚書今古文注疏　孫星衍　復興書局皇清經解本
古文尚書考　惠棟　復興書局皇清經解本
古文尚書撰異　段玉裁　復興書局皇清經解本
尚書注音疏　江聲　復興書局皇清經解本
尚書補疏　焦循　復興書局皇清經解本

經義述聞　王引之　復興書局皇清經解本
日知錄　顧炎武　復興書局皇清經解本
尚書古文疏證　閻若璩　藝文印書館皇清經解續編本
尚書今古文集解　劉逢祿　藝文印書館皇清經解續編本
尚書大傳輯校　陳壽祺　藝文印書館皇清經解續編本
尚書舊疏考證　劉毓崧　藝文印書館皇清經解續編本
今文尚書經說考　陳喬樅　藝文印書館皇清經解續編本
清儒書經彙解　鼎文書局印行
高本漢書經注釋上下　陳舜政譯　中華叢書本
尚書釋義　屈萬里　中國文化大學出版部印行
尚書今註今譯　屈萬里　臺灣商務印書館發行
尚書讀本　吳璵　三民書局印行
史記　藝文印書館印
行史記會注考證　瀧川龜太郎　藝文印書館印行
漢書　藝文印書館印行

民國七十五年二月十七日脱稿於臺北鍥不舍齋

# 尙書中的天

李毓善

## 一、前　言

尙書卽書經，原來只稱作「書」。乃春秋時代孔子所編纂之史籍，係我國現存最古之史書，第一本散文總集。其內容上起帝堯，下迄秦穆公，以典、謨、訓、誥、誓、命六種體例，記述我中華民族上古時期約一千七百餘年間，以帝王爲核心之史事。故凡該時期中帝王之發號出令、股肱大臣之嘉言懿行、政治變遷之大體與夫明德新民之大綱、修齊治平之條目，皆見於斯編之中。

尙書編目，原本百篇，自孔子編定取用授徒，因升錄在經書之列，學者著述亦往往引作論據以來，卽對儒家思想、我國政教社會產生極大影響。惜乎有關政教載籍，各諸侯「惡其害己」，或有意破壞(註一)經籍竟逐漸殘闕不全。至乎秦始皇帝之世，復遭焚燒之禍，歷經秦漢政權轉移，文字變革，經典遂出現「今文」與「古文」之異名。今文經與古文經不但名稱不同，卽其內容，亦或相異。所謂今文尙書，卽指由西漢伏生（勝）所傳授，以漢代隸書所書寫之二十九篇(註二)，古文尙書，則指孔子第十一世孫安國家傳，較伏生書「多十餘篇」，出於屋壁，以先秦古文字書者而言。但是，此古文尚書在安國之世，雖然「以今文讀之，因以起其家」（註三），教授生徒，却並未立在學官，僅僅私人用作教材而已。及安國卒，其家人始將此古文篇卷獻諸朝廷（註四），藏在府庫。而西漢時期尚書之傳習，以伏生之二十九篇今文經爲主。

東晉元帝之時，豫章內史梅賾，始得古文尚書孔安國傳，因奏上政府，遂與晉祕府所收藏古文經文，久無傳授者之尚書原典計五十八篇，立在學官，頒行於世（註五）。此卽後來唐朝孔穎達據以成「五經正義」之尚書經文本。自是之後，古文尚書與孔傳，遂定於一尊。加以唐代之明經考試亦予採用以來，此五十八篇古文尚書，卽成爲歷代儒者、帝王、將相所必讀之寶典。

宋仁宗慶歷以降，疑惑梅賾所獻古文尚書及孔傳爲僞，漸習焉成風，至清世閻若璩，作尚書古文疏證，條舉一百二十八證，說明梅氏所獻之書爲僞，並證成其所以誠僞之故，自是梅賾所獻古文及孔傳爲僞書，遂成定論。是後許多大學者，皆因而對「僞古文尚書」攻難不遺，廢棄唯恐不及。但是，筆者以爲，僞古文尚書縱然非上古原典，但終屬魏晉間之作品，其時作者去古不遠，離西漢眞古文經時期最近，且該書「久頒於學官，其言多綴輯逸書成文，無大悖理。」（註六）故其文章縱然非古，而其作旨、篇義却極近眞，正如鄭曉所謂「古文論學論政精密廣大之處甚多，要非聖賢不能作，故寧存而不廢。」況且，自該書被立在學官以來，已然於潛移默運中，蘊化在我國政教思想、社會人心之中有日，其影響之深鉅，的非一言之可盡述，故本文「尚書中的天」所依學以歸納者，不以伏生二十九篇爲底本者以此。

宋儒蔡沈五峰先生之「書經集註」，不惟五峰先生一家之學，亦包涵其師一代大儒朱熹悔庵之尚書學於其中，故其成就素爲學者所推重，因此本文之作，所依據者，卽蔡沈書經集註。

許愼說文解「天」字曰：「顚也。從一大。」陳栻曰：「大象人形，一卽古文上，人上卽天意。」由文字肇造之初形，可以看出天字原指人頭項上大片蒼蒼然、茫茫然之天體自然。在這片純乎自然之天上，有日月、有星辰，有朝夕更迭之種種變化；有風雷、有雲雨，有陰晴不一之象態。日月更迭，有朝有暮、四時變化，有寒有暑，而寰宇間凡百生老病死，苗秀榮枯，人事之災祥禍福，皆與此天體自然有其直接或間接之關聯。面對此神秘自然，「天其運乎，地其處乎，日月其爭於所乎？孰主張是，孰維綱是，孰居無事推而行是？意者其有機緘而不得已邪？意者其運轉而不能自止邪？雲者雨乎，雨者雲乎？孰降施是，孰居無事淫樂而勸是！」（註七）人類疑惑、好奇、急於一探究竟之意念於焉產生。在探究追尋之際，由於志意、觀念、立場、所知所感之不同，於是流展出兩種截然不同之結果——意志天與自然天。

初時，或懔於天體高遠無涯，天象變化萬端，神妙不可究詰，卽主觀相信此高高大天，可能是力大無朋神明之化身或住居處，具有左右萬物生長，主宰人生榮辱禍福之大能；乃正義之化身、權柄之代表。天一如常人般，有知有感、有喜有怒，又具有賞罰能力。於是虔敬之情油然產生，迷信觀念，於焉建立。人類敬天卽所以尊神之思想，亦奠基於此。梁漱溟先生曰：「人類文化，都是以宗教開端，且每依宗教爲中心。人羣秩序及政治，導源於宗教；人的思想知識以至各種學術，亦無不導源於宗教。」（註八）可見迷信對文化影響之大，此迷信源於意志天。至於天人之際，有受制與制人兩種情況，強調自然天觀念，殆人類感於大天而思之，孰與物畜而制之之念而生者。在不願受制之心情中，他們理性的仰而瞻之，欲由觀察天象而統計歸納天象，以期達到掌握天象之目的。於是在觀察歸納之間，得天有大命「日中則昃，月盈則食，天地盈虛，與時消息。」（註九）原來天象在變化不居當中，自有其永遠不會變易之原理原則在。了悟天地之道，寒暑不時則疾，風雨不節則饑之恒常，與人事吉凶每與天候常相左右之原故，故洪範曰「歲月日時無易，百穀用成，乂用明，俊民用章，家用平康」、禮記月令曰：「雨水不時，草木蚤落。」原來，事事皆有其情其理之可以追溯。

因此，聖人或「神道設教」（註一〇），行其天有意志、有主宰，爲最高、至上神之神教，或「天敍有典，勑我五典五惇哉，天秩有禮，自我五禮有庸哉」（臯陶謨）、「天有四時，春夏秋冬，風雨霜露，無非教也」（註一一）、「觀乎天文以察時變，觀乎人文，以化成天下」（註一二），行其法天而時行之理性教化。二者觀念有明顯歧異，做法極不相同，但是他們欲導引人生，提昇人智之意願則一。

尙書爲歷史載籍，按照文化變遷過程，堯舜時代，應當屬於意志天當令時期，夏、商、周三王時代應當爲理性天時期方合常理，但是記載在堯典以下諸篇中之現象欲正相反，其關鍵卽因堯、舜典、大禹、臯陶謨四篇，皆由「曰若稽古」四字領起之述古之作，內中含有成熟儒家思想學說之故。

由堯典至秦誓五十八篇尙書，除極少數篇章若旅獒、費誓等外，絕大多數皆言及於「天」，或全文論事皆不離乎天，可見「天」一觀念對先民生活影響之大。故本文卽由名稱、性質、天人之際、天命等四項，探索「天」於上古時期一千多年之間，在中國社會中所曾發揮之作用，產生之影響。

## 二、名稱

㈠有但作「上」者：由於天乃人類頭頂上廣漠自然之天體，故在現存五十八篇尙書記述中，除作「天」者外，時有用「上」字代稱天者。如盤庚中曰：

汝不謀長，以思乃災，汝誕勸憂，今其有今無後，汝何生在上。

蔡傳曰：上，天也。又如呂刑曰：

民興胥漸，泯泯棼棼，罔中于信，以覆詛盟。虐威庶戮，方告無辜于上。

蔡傳曰：各告無辜于天。又如酒誥曰：

弗惟德馨香祀，登聞于天，誕惟民怨。庶羣自酒，腥聞在上，故天降喪于殷。

他如盤庚中「自上其罰汝」、西伯戡黎「乃罪多參在上」、文侯之命「昭升于上」等同，皆以「上」字代「天」。此因爲天體高高在於大地萬有之上故也。此外，在行文中凡天與地，或地面上之人、物、事對擧時，則每用「上下」代之，如堯典「格于上下」、皐陶謨「達于上下」、湯誥「玆朕未知獲戾于上下」、召誥「毖祀于上下」、洛誥「惟公德明光于上下」、君奭「大弗克恭上下」等卽其例。又由於「上」字指「天」，故稱世上各國爲「下國」，百姓爲「下民」，泛指世間一切爲「天下」，而在行文前後，每用「降」、「陟」、「登」等字指向。又因爲天在寰宇萬有之顚，其大無邊，故凡言及「高」、「大」事象時，卽用天以比喻之，如堯典「洪水滔天」、「象恭滔天」、太甲下「天位艱哉」、多士「肆予敢求爾于天邑商」等皆其例。

㈡有作「上天」者：除前述直稱天作上者以外，亦有明指天作「上天」者。如仲虺之誥曰：

夏王有罪，矯誣上天，以布命于上。

又如湯誥曰：

上天孚佑下民，罪人黜伏。

又如泰誓上曰：

今商王受，弗敬上天，降災下民。

他如湯誥「敢昭告于上天神后」同，皆稱天爲「上天」。明指彼蒼然大天，高懸在人寰之上。凡行文中言及「上天」時，其語意間自然流露出敬重、尊崇之意味。

㈢有作「皇天」者：如梓材曰：

皇天旣付中國民，越厥疆土于先王；肆王惟德用，和懌先後迷民，用懌先王受命。

又如召誥曰：

嗚呼！皇天上帝改厥元子茲大國殷之命。惟王受命，無疆惟休，亦無疆惟恤。

又如康王之誥曰：

皆再拜稽首曰：敢敬告天子，皇天改大邦殷之命，惟周文、武，誕受羑若。

以上所引諸文，皆稱天作「皇天」。其他如大禹謨「皇天眷命」、伊訓「皇天降災」、太甲上「皇天眷佑」、咸有一德「皇天弗保」、說命下「格于皇天」、泰誓上「皇天震怒」、武成「告于皇天后土」、微子之命「皇天眷佑，誕受厥命」、君奭「時則有若伊尹，格于皇天」、蔡仲之命「皇天無親」、康王之誥「皇天用訓厥道」等亦其例，皆稱天做皇天。

皇字本義爲「大」。其字體之結構，係王者頭戴冠冕，垂裳端拱而坐之形，因此皇爲王者有威儀，有成功，有能力之義。故凡人主大君始有天下者，皆稱作「皇」。在尙書經文中，凡由意志天角度着眼敍述時，每稱天做皇天，而其中亦有以皇天代表天理、天則與天德者。

㈣有作「昊天」者：如堯典曰：

乃命羲和，欽若昊天；歷象日月星辰，敬授人時。

說文解昊字爲「春爲昊天。」爾雅釋天則謂「夏爲昊天。」兩說所指季節不同，說文專指春時元氣之博施而言，爾雅則就夏季之時萬物壯盛，其氣昊大而說。兩書之稱解雖不一，而其說明天空之廣大，覆育包容萬物之特質處則不殊。我國歷法之制定，卽依據觀察此昊天變化而得者。

㈤有作「旻天」者：如大禹謨曰：

帝初于歷山，往于田，日號泣于旻天、于父母；負罪引慝，祇載見瞽瞍，夔夔齊慄。

又如多士曰：

弗弔旻天，大降喪于殷。

爾雅謂「秋爲旻天。」蔡傳謂「仁覆閔下謂之旻」、「旻天，秋天也，主肅殺而言」。蔡傳之分析，旨在申明古人或以極依賴、敬畏之情視天，以當時文情之需要，專就風雲變幻，高不可測之特質處發論，謂大天對孝子悲懷必有以撫慰，對昏迷之君父必有所感悟懲處也。

㈥有作「神天」者：如多方曰：

惟我周王，靈承于旅，克堪用德，惟典神天。

「神」字原爲「天神引出萬物者也」義，謂「神」爲萬物之始。易繫辭曰：「陰陽不測之謂神」，正說明神化育生靈之妙不可言。故以神說天，正以喻天之大而化之，變化莫可測度，又能賜福降災處。而謂文王、武王善承其衆，能用其德，誠可以代神天普施廣化其民。此周成王對父、祖之頌揚、對「多方」之開導也。

㈦有作「光天」者：如益稷曰：

光天之下，至於海隅蒼生、萬邦黎獻，共惟帝臣，惟帝時舉。

「光」字，可以用如表性態之「廣」字。故「光天」，卽指廣大之天也。如國語「故能光有天下」之用法與此相同。天廣大，地亦廣大，在此廣大世界上之賢者，皆帝王之臣佐，造福生靈之股肱耳目。帝王之可以大有做爲者，可想而知。

## 三、性　質

### (一)天乃天文之陳列所

由文字繪造之初形，「天」字原指吾人頭頂上蒼茫之天體自然。附麗在此蒼穹之際者，有日月星辰，有朝夕更迭之變化。有風雲有雨露，有陰晴不一之象態。因日月之更迭，而有朝有暮，因四時之轉移，而有寒有暑。在此大化默運中，天下萬物曁人類生活固然備受限制，卻亦生長孕育廣受覆庇，自有人類知感以來，卽深知此理。於是人們萌生觀察天象以知其所以然之好奇，與求知所以自處之深心。此殆卽古者包犧氏仰觀天象，創制文明之所自。而在觀察之間，除迷信想法之外，得「日中則昃，月盈則食，天地盈虛，與時消息」、「日月運行，一寒一暑」（註一三），與「天地節而四時成」（註一四）之覺悟，知天象在瞬息不止之變易中，固有其永不變易之法則存。聖人依此法則，而產生「時止則止，時行則行，動靜不失其時，其道光明」（註一五）之體認，於是以制數度，議德行。故凡人類文化之產生，聖人德行之建立，皆緣乎對「日月麗乎天」之大象，謹愼觀察之所得。當然，在理性歸納統計之外，彼感於自然力之既大且神秘，絕非人智人力所可以比擬之無力、崇拜之感，亦無法消除，迷信、宗教思想因亦深植在人心之中者以此。所以先民在觀察天象之際，大體分別，得到兩種結果，一爲感性意志天，一爲理性自然天。當先王在立論施教之際，則視其所需，取其所宜而運用之。以下分由自然與意志兩端敍述之。

1. 自然天：如堯典曰：

乃命羲和，欽若昊天；歷象日月星辰，敬授人時。分命羲仲，宅嵎夷，曰暘谷。寅賓出日，平秩東作；日中星鳥，以殷仲春。厥民析，鳥獸孳尾……朞三百有六旬有六日，以閏月定四時成歲。

又如胤征曰：

昏迷于天象，以干先王之誅。

又如金縢曰：

秋，大熟。未穫，天大雷電以風，禾盡偃。

他如武成「一月壬辰，旁死魄」、洪範「四、五紀：一曰歲，二曰月，三曰日，四曰星辰，五曰曆數」、「八、庶徵：曰雨曰暘，曰燠曰寒，曰風曰時」、康誥「惟三月哉生魄」、召誥「惟二月既望」、「三月惟丙午朏」等同，皆屬記述天象自然之文字。

人類文化，自茹毛飲血，逐漸演進至於漁牧農業之過程中，歷法之制定，允爲人類生存之要件。在傳統觀念、文字記述中，上古時期已有「序四時之位，正分至之節，會日月五星之辰」之泰一陰陽二十三卷、「建立五行起消息」黃帝五家曆三十三卷，與帝顓頊曆法（註一六）等說。但是在儒家經典中記述帝王制曆之過程，則數上引堯典所記爲最詳最古。吾人由上述文字，對於羲、和氏如何銜帝命觀察天象、考察人情、驗之物類、候測中星以定歲時節氣之過程，得一最扼要之瞭解。舜典亦敍述帝舜在攝政之初，其首務卽「在璇璣玉衡以齊七政」用考曆，俾使百姓在精確曆導之下，精耕細作，安定生活。故古帝王朝廷，皆設有曆官，代代傳曆，年年頒曆者以此。而堯舜禪位時，以「天之歷數在爾躬」（註一七）爲說，後代習以「曆數」代表國祚（註一八）者以此。

尙書二典，旨在昭示爲君之常道。帝堯畢生大事之一，卽下令羲和二氏之定曆，帝舜攝政之首務，亦在考曆，凡此工作，皆賴對自然天象之精確觀察、縝密統計。其中不攙雜任何人情喜怒情緒，好惡感情，在此細密之工作間，遂建立「天行健，君子以自强不息」（註一九）之認知，與「先天而天弗違，後天而奉天時」（註二〇）之信念。是以堯舜二帝之勤以修身、欽以治事，以誠待人、以德行治之表率，於焉建立，「黎民於變時雍」、「鳳凰來儀」之最高施政境界終於實現。此皆「元首明哉，股肱良哉」法天而時行之效，「觀乎天文以察時變，觀乎人文以化成天下」之結果。堯、舜二典亦言敬天祭天，但絕不强調意志天，此二典內容之特色。

2. 意志天：如胤征曰：

先王克謹天戒，臣人克有常憲。

又如洪範曰：

曰休徵：曰肅，時雨若、曰乂，時暘若、曰哲，時燠若、曰謀，時寒若、曰聖，時風若。曰咎徵：曰狂，恒雨若、曰僭，恒暘若、曰豫，恒燠若、曰急，恒寒若、曰蒙，恒風若。

又如金縢曰：

王出郊，天乃雨。反風，禾盡起。

上文所舉天象，原本皆天候之自然現象而已，而古人亦有時而强導天象於情緒化中，行其「神道設教」之手段，以使天下人服之；以濃厚之迷信色彩說事，以使百姓知所畏懼，知所取捨。其所用方法與前自然天部分何其不同，而其欲天下太平之目的則一。可見王者行化，方法運用之巧妙，在於一心耳。

## (二)天乃諸神之住居處

先民在赫赫大天籠罩下，習見天象之變化莫測，屢經天災之無可抗拒，故天有意志、掌生殺大權之觀念遂深植於心，他們深信天之有此大力大能，是因爲神靈在天主持其事之故。神靈住居在天，所以天卽代表諸神靈。萬物有生必有死，以萬物之靈人類爲例，凡死則魂升於天，魄降居土，故凡人類之祖靈必皆居住在天上。禮記郊特牲曰：「萬物本乎天，人本乎祖，此所以配上帝」，古人祭天饗上帝以祖靈配享者，卽由此種意念之轉移。

諸神及祖靈住居在天上，下視萬民，主宰其生死禍福。依此冥想，遂產生天庭觀念。諸神之最尊者爲上帝，故天庭亦曰帝庭、祖靈在帝庭對下界後嗣仍關心不已。如盤庚中曰：

高后丕乃崇降罪疾曰：曷虐朕民！……高后丕降與汝罪疾曰：曷不暨朕幼孫有比？故有爽德，自上其罰汝，汝罔能迪。

又如金縢曰：

若爾三王，是有丕子之責于天，以旦代某之身。

又如召誥曰：

天既遐終大邦殷之命，茲殷多先哲王在天。

由上所引文字，可以證明先民不但相信自己之祖靈在天，縱他人之祖靈，亦皆居住在天上。天庭本上帝之居所，今居乎其上者，除上帝諸神而外，尚有人類之祖靈。他們不但同居於是，而且彼此之間過着人世間一般生活，亦需要子姪事奉。他們彼此素頻有往來、互相交換意見。所以他們非僅神神聲息相通，且皆有正義感，極關心下界子孫生活。

### ㈢天乃萬物化生總源頭

關於宇宙化生之過程，易經序卦傳曰：「有天地然後萬物生焉，盈天地間者唯萬物。」禮記祭統亦曰：「天地者，元氣之所生，萬物之所自焉。」可見天造地化觀念，自古卽深植人心之中。詩大雅曰：「天生烝民，有物有則」，易乾卦彖辭曰：「大哉乾元，萬物資始，乃統天」，故天爲萬物化生總源頭，亦所公認不爭之事實。而在萬物之中，「民受天地之中以生，所謂命也」（註二一），人遂自尊爲萬物之靈。謂人在得到生命之際，同時亦獲得天地中正義理之天性，此中正義理之特性，卽是天道之常，天理之眞。故人恒言天理卽人心，人性與天理不殊若以此。如仲虺之誥曰：

惟天生民有欲，無主乃亂，惟天生聰明時乂。

又如西伯戡黎曰：

故天棄我：不有康食，不虞天性，不迪率典。

又如泰誓上曰：

惟天地萬物父母，惟人萬物之靈……天佑下民，作之君、作之師……天矜下民，民之所欲，天必從之。

他如湯誥「惟皇上帝，降衷下民，若有恒性」、大誥「天棐忱辭，其考我民」、康誥「天畏棐忱，民情大可見」、「天惟與我民彝大泯亂」、多士「惟天不畀，不明厥德」等同，皆說明天爲萬物父母，而人爲萬物之靈主。天道、天德，皆顯現於人情人性之間；天理卽人心，由人心可見天道、天理。天理有常，人性亦有常，唯天理不彰，人情混亂之際，方見其不正常。

天地之大德曰生，天地在默運中行其不言之教，生生之德。而天不能事事自育萬物，故惟有選擇賢德之人代行化育。故人類社會之君與師，卽代天行道之人，因此如君師而無道，則天必另立有德者，起而代之。故唯洽天意者方愜人心，而行事得人心者方蒙天助，故凡「作民父母」之君師，所行必由「克明俊德」爲起步也。

㈣天有常道

天道有常。天道亦稱天理，卽蔡傳所謂「天有至顯之理」之說是也。如大禹謨曰：

惟德動天，無遠弗屆。滿招損，謙受益，是乃天道。

又如仲虺之誥曰：

慎厥終、惟厥始，殖有禮、覆昏暴，欽崇天道，永保天命。

又如湯誥曰：

天道福善禍淫。

他如說命中「嗚呼！明王奉若天道，建邦設都，樹后王君公，承以大夫師長，不惟逸豫，惟以亂民」、泰誓下「天有顯道，厥類惟彰，今商王受狎侮五常、荒怠弗敬，自絕于天」、畢命「以蕩陵德，實悖天道」等同，皆或正面或反面敍述天道之內容、特質。天之運行最爲剛健，故凡積極力行、修德自飭之人，皆因行與天道契合而得天之福佑，反之則遭禍災。因此天道卽指天之常理，天之理「常」，天理自是不會變易。但是此不變易之常理，却往往由變易之事件中凸顯出來，因爲「天道」不息，人事無常，在此刻刻皆有變化之萬殊中，天下似無永不改變之事理，天道豈得恒常？由常理判析，就在此變動不居之萬殊中，其永不改變之天理，反益顯其光鮮突出。以下卽由天道無常與有常兩方面敍述之。

1. 天道無常：如咸有一德曰：

嗚呼！天難諶，命靡常。

又如大誥曰：

天棐忱辭，其考我民……越天棐忱，爾時無敢易法。

又如君奭曰：

若天棐忱，我亦不敢知曰：其終出于不祥……天難諶，乃其墜命……又曰：天不可信。

其他如康誥「天畏棐忱，民情大可見」等同，皆由天道之無常處敍述天理之不易捉摸。天道果眞無常？天理其眞不足信歟？「常厥德，保厥位；厥德匪常，九有以亡……德惟一，動罔不吉；德二三，動罔不凶，惟吉凶不僭，在人。」（咸有一德）實際上天道有時看以無常，可是在不常之諸象中，却恒存永不改易之常規常則在。在此罔庸置疑之認知中，先民又時或强調天道無常者，僅在告誡彼在位、有事功者，萬不可心存仗恃而疏於修德、荒於力行耳。

2.天道有常：如大禹謨曰：

四海困窮，天祿永終。

又如湯誥曰：

天命弗僭，賁若草木，兆民允殖。

又如大誥曰：

天命不僭，卜陳惟若茲。

其他如仲虺之誥「能自得師者王，謂人莫已若者亡；好問則裕，自用則小」、太甲上「先王顧諟天之明命，上下神祇，社稷宗廟罔不祗肅。天監厥德，用集大命，撫綏四方」、咸有一德「惟天降災祥在德」、酒誥「茲亦天若元德，永不忘在王家」、召誥「王其疾敬德，王其德之用，祈天永命」、呂刑「惟克元德，自作元命，配享在下」等同，皆敍述天道有常及其所以有常之理。故凡行事合理則得福，有德之人得天助，此萬古不易之常道也。

因此，凡所謂天道無常，乃僅僅在短時間出現之禍福、災祥之單一事件而已，如由彼單一事例論其窮通變化之迅疾如幻，則一切似若無常，但若由其發展始末，從長遠處探索觀察，再予多項化歸納、統計比較，自可發現世事皆有其因果，永不改易之常理包含在萬事之中。故常與無常，皆天道！

㈤**天有喜怒**：湯誥曰：「惟簡在上帝之心」、咸有一德曰：「克享天心」、說命中曰：「惟天聰明」。由以上所引，可知上天能見能聞且有心。因其能見能聞且有心，因此天有情感及思想。故天雖然高高在上，却「天高聽卑」（註二二），最能接納百姓之反應。當凡間百姓有事籲天，其所籲內容足以動天心時，天心自然產生種種反應，諸不同反應，此處僅以「喜怒」代之耳。尚書中言及上天動心之文字極多，如大禹謨曰：

惟德動天，無遠弗屆……至誠感神，矧茲有苗。

又如太甲下曰：

惟天無親，克敬惟親。

又如大誥曰：

天亦惟休于前寧人。

他如仲虺之誥「夏王有罪，矯誣上天，以布命于下，帝用不臧」、西伯戡黎「故天棄我」、泰誓上「皇天震怒，命我文考，肅將天威」、無逸「非天攸若」、君奭「天休玆至」、呂刑「具嚴天威」等同，皆屬表達上天情感之論述。一般而論，上天情感之動、喜怒之發，幾皆與下民表現有其直接關連，卽凡民好德行善則天喜樂，怙惡飾非則厭惡之。而上天之喜怒，往往有賞罰之事相隨出現。

㈥**天主賞罰**：天爲萬有化生之總源頭，掌握生殺之大權，天又高高在上，「監下民，典厥義」，對下界諸活動，皆有周遍、精審之觀察，理性、無私之判斷，「惟天無親，克敬惟親」。故凡行事順德者，天必降福，休祥玆至；其違德而行者，天亦降威用，罪咎隨之。故在歷史發展中，上天經常扮演着有意志、果賞罰，人格化最高主宰之角色。如湯誓曰：

有夏多罪，天命殛之。

又如微子曰、

天毒降災荒殷邦。

又如康誥曰：

天乃大命文王，殪戎殷，誕受厥命。

其他如大禹謨「民棄不保，天降之咎」、泰誓上「天命誅之」、武成「誕膺天命」、召誥「天既遐終大邦殷之命」、君奭「天降喪于殷」、多方「天惟時求民主，乃大降顯休于成湯，刑殄有夏……天降時喪」等同，皆屬於敍述上天賞罰之文字。由此可見上天喜則賞之、怒則罰之。對於統治者，上天喜怒必以民情反應爲依歸，卽凡得人心者上天嘉許，失人心者，上天怒棄之。賞之最高者，卽「天命」之加身，罰之至重者，爲生命之奪去、天命之轉移。因爲尙書記事之主體爲天子，故於賞罰，多由天命之來去證成之。

## 四、天人之際

前曾敍述天乃萬物化生之總源頭，而人類，亦秉天地靈氣而生成物類之一種，故「天人之際」素爲我國各思想家認眞探索之問題。尚書爲史書，旨在記事記言，理論申述，非其著述之主要目的。雖然如此，從事跡、言談記錄之中，亦可以反應出其對事理之看法、論理之角度。此處擬由天愛民、民敬天、天立君、君配天（行健、無私、祭祀、觀民情、行占卜、觀天象）四方面敍述之。

**㈠天愛民**：由於「惟天地萬物父母，惟人萬物之靈」（泰誓上），故人類爲萬物之總代表，其所稟承之責任，自當較他物爲重。職是之故，縱然「天無私覆」（禮記孔子閑居），最是公平，却亦「陰騭下民」（洪範），最關懷人類。是以若百姓生活困苦，上天萬無不「哀於四方民」之理。因此上天之心情、賞罰，每視百姓之好惡喜怒爲轉移。如湯誥曰：

上天孚佑下民。

又如泰誓上曰：

天矜下民；民之所欲，天必從之。

又如大誥曰：

天亦惟用勤毖我民。

其他如皐陶謨「天聰明自我民聰明，天明畏自我民明威」、泰誓中「惟天惠民，惟辟奉天……天視自我民視，天聽自我民聽」、多方「天惟毖矜爾」、呂刑「今天相民，作配在下」等同，皆敍述上天對下民之關愛之情。

既然民情好惡影響上天喜怒，故有思想之統治者，知「天棐忱辭」，而「民情大可見」（康誥），且「予視下民，愚夫愚婦一能勝予」（五子之歌），皆能誠心積極造福社會，子愛百姓，故天休自然「茲至」。此天休非僅惠及其一身，且延及子孫，子孫傳世不絕。因此「天命有德」，實上天愛民、保民之表現。

㈡**民敬天**：中庸曰：「天地之道，博也厚也，高也明也，悠也久也。今夫天，斯昭昭之多，及其無窮也，日月星辰繫焉，萬物覆焉」，自有人類以來，卽皆深知此理。且對此無始無終，恒長籠罩在上之大天，存有極其眞摯之依賴之情。故當百姓生活安定幸福之時，則按時祭神拜祖，憑一柱馨香，細述其感戴之情。反之，若生活苦無着落，痛苦難宣之際，亦自然仰首望天，傾訴其所以惶恐無助、生機斷絕之情狀，亦祈天顯靈，助脫苦海。由尙書記事上限帝堯舜時期，卽有「秩宗」官職之設，亦有在受終之時則「類于上帝，禋于六宗，望于山川，徧于羣神」、依禮出巡則「望于山川」、歸國則「格于藝祖用特」之記述。可見國人對於天地神祇、祖宗鬼神依賴虔敬之情其來有自。如泰誓中曰：

　　無辜籲天，穢德彰聞。

又如召誥曰：

以哀籲天。

又如呂刑曰：

方告無辜于上。

其他如康誥「西土惟時怙冒聞于上帝」、「矧曰其尚顯聞于天」、酒誥「誕惟民怨，庶羣自酒，腥聞在上」、多士「惟時天罔念聞」、君奭「廸見冒聞于上帝」等同，皆敍述百姓用「籲天」以與上天溝通、有事則告天之情狀。

㈢**天立君**：因天生民，故天愛民。愛之，故養之育之、教之導之。其途徑除風雲雨露之自布施者外，許多「人文」政教，則假手世人代行之。其方法卽在天下設置權責代表——君與師。禮記學記曰：「師也者，所以學爲君也。」則君與師工作性質不同，其工作目標則一。尚書記事核心爲君王，故此處不言師。由堯典至秦誓，所代表之時間相去一千餘年。由於時代、政權所屬之不同，帝王之稱謂亦有了后、帝、王、天子、辟等之改異。稱謂雖不一樣，其所以爲統治者之實質則如一。故天子人君，其本質上屬於代天行道之人。如泰誓上曰：

天佑下民，作之君、作之師。惟其克相上帝，寵綏四方。

又如洪範曰：

天子作民父母，以為天下王。

又如多方曰：

天惟時求民主……乃惟成湯，克以爾多方，簡代夏作民主。

他如堯典「欽哉！惟時亮天工」、皐陶謨「天工人其代之」、仲虺之誥「惟天聰明時乂」、「天乃賜王智勇，表正萬邦」、太甲中「先王子惠困窮」、說命中「天子惟君萬邦」、高宗肜日「王司敬民，無非天胤」、泰誓上「亶聰明作元后，元后作民父母」、泰誓中「惟天惠民，惟辟奉天」、「天其以予乂民」、酒誥「在昔殷先哲王，廸畏天顯小民」、召誥「其丕能諴于小民，今休。王不敢後，用顧畏于民碞」、「王來紹上帝」、多士「殷王亦無敢失常，罔不配天其澤」、多方「誕作民主」、周官「寅亮天地」、「治神人，和上下」、顧命「率循大卞，燮和天下」、呂刑「非爾惟作天牧」等同，皆敍述人君乃上天之所立。上天立人君之目的，在替普天之下無知無識純潔善良之百姓謀幸福。故代天行惠，子愛百姓，卽人主大君之天職。

㈣**君配天**：帝王既爲上天所選立之權責代表，以「和恒四方民」（洛誥）、「永底烝民之生」（咸有一德）、「治神人和上下」（周官）之人物，故其德行必然極高，「惟天聰明，惟聖是憲」（說命中）慇慇於個人主修身、政治主德化，本於大公、發於至誠「紹上帝」（召誥）立己立人。故君王除「奉天」、「顯小民」、「作民父母」、「表正萬邦」、「徯志以昭受上帝」以外，「天工人其代之」、「惟時亮天工」，爲其奉守不渝之律則。欲達此目的，首應法天而時行，事事與天道、天德相配合。以下由行健、無私、祭祀、觀民、行卜、觀天諸方面敍述之。

1.行健：中庸曰：「誠者，天之道也，誠之者，人之道也。」天運之所以剛健不息，就在於天有至誠之道，至誠則不息。故凡聖賢之君王，必皆秉此美德。欲成聖成賢，亦必法此精神。如皋陶謨曰：

兢兢業業，一日二日萬幾。

又如大誥曰：

若涉淵水，予惟往求朕攸濟。

又如周官曰：

今予小子，祗勤于德，夙夜不逮，仰惟前代。

他如大禹謨「后克艱厥后，臣克艱厥臣」、益稷「予何言，予思日孜孜」、五子之歌「爲人上者，奈何不敬」、大甲上「先王昧爽丕顯，坐以待旦，旁求俊彥，啓廸後人」、太甲下「終始慎厥與，惟明明后」、說命下「惟學遜志，務時敏，厥修乃來」、泰誓上「予小子夙夜祗懼」、旅獒「夙夜罔或不勤」、大誥「不敢替上帝命」、酒誥「不敢自暇自逸」、召誥「王敬作所，不可不敬德」、無逸「昔在殷王中宗，嚴恭寅畏，天命自度，治民祗懼，不敢荒寧」、蔡仲之命「克勤無怠，以垂憲乃後」、多方「不克敬于和，則無我怨」、立政「武王率惟敉功，不敢替厥義德」等同，皆謂凡爲人主帝王，必以勤于修德、誠于立事、懇懇于爲民謀幸福以自勉勉人。此正「天行健，君子以自彊不息」精神之實踐。

2.無私：天地之大德曰生。天地之所以克使萬物各遂其生者，即因天地無偏私覆載之狹隘故。因此凡爲人上之帝王，如欲天工人代、亮天大功，奄有四海爲天下君，則非法天地之無私不爲功。蓋私則不公，不公則無以徧施普降，民人猶無以偏愛，遑論物與一切？如湯誓曰：

夏王率遏衆力，率割夏邑，有衆率怠弗協。曰：是日曷喪？予及汝皆亡！夏德若茲，今朕必往。

又如盤庚上曰：

紹復先王之大業，底綏四方。

又如說命中曰：

惟治亂在庶官，官不及私昵。

他如仲虺之誥「佐賢輔德、顯忠遂良，兼弱攻昧、取亂侮亡，推亡固存，邦其乃昌」、伊訓「立愛惟親、立敬惟長，始于家邦、終于四海」、泰誓上「今商王受……罪人以族，官人以世」、武成「今商王受……害虐烝民，爲天下逋逃主，萃淵藪，予小子……以遏亂略」、君陳「簡厥修亦簡其或不修、進厥良以率其或不良」、多方「天惟畀矜爾，我有周惟其大介賚爾，廸簡在王庭，尙爾事有服在大僚」、周官「以公滅私」等同，皆申述聖王之舉措一切爲天下，一切爲百姓。由於其無論立心行事皆非爲一家一姓之私，故凡有舉措，其應和者亦衆。古人謂至仁無親（註二三），亦惟其無親，故克成就其至仁之德；亦惟具此至德，始克達「四夷咸賓」、「天下咸服」之目的。此箕子所以陳「無偏無陂，遵王之義。無有作好，遵王之道，無有作惡，遵王之路。無偏無黨，王道蕩蕩；無黨無偏，王道平平」爲治天下之大法，帝堯「明明揚側陋」得舜，垂千古之美談也。

3.祭祀：周禮大宗伯之職曰：「以吉禮事邦國之鬼神示、以禋祀祀昊天上帝、以實柴祀日月星辰、以槱燎祀……以血祭祭社稷五祀五嶽、以貍沈祭山林川澤」，而禮記祭統曰：「凡治人之道莫急於禮。禮有五經，莫重於祭。」可見奉祭事神，素爲我國自天子以至庶人所信行之禮節。禮記王制謂「天子祭天地、諸侯祭社稷、大夫祭五祀、天子祭名山大川」，則在封建世襲之社會中，人們以身分地位之不同，所得祭之範圍、對象亦有限制。國君爲萬化之本，乃上天選立之代表，故帝王率民祭天以示崇德報功，實其不可旁貸之責任與榮耀。尚書諸篇中敍述祭祀之處甚多，如堯典曰：

肆類于上帝，禋于六宗，望于山川，徧于羣神。

又如泰誓上曰：

弗事上帝神祇，遺厥先宗廟弗祀……冢土。

又如召誥曰：

越三日丁巳，用牲于郊，牛二……其自時配皇天，毖祀于上下。

其他如舜典「帝曰：咨四岳，有能典朕三禮？僉曰：伯夷。帝曰：俞咨伯，汝作秩宗，夙夜惟寅，直哉惟清」、湯誥「敢用玄牡，敢昭告于上天神后，請罪有夏」、泰誓下「郊社不修、宗廟不享，作奇技淫巧以悅婦人，上帝弗順，祝降時喪」、武成「越三日庚戌，柴望，大告武成」等同，皆敍述帝王行祭天地祀諸神之情況。在尚書中「天」與「上帝」名異而實同，蔡傳所謂「天以形體言，帝以主宰言」即其說明。因此在五十八篇尚書中，時有二者互用情形出現，所以帝王祭上帝、祭天，說法不同，其所祭之主體則一。

祭統曰：「孝子之事親也，有三道焉：生則養、沒則喪，喪畢則祭。養則觀其順也、喪則觀其哀也、祭則觀其敬而時也。」故對祖靈之祭祀，重在「祭如在」之敬與當其可而祭之時。時祭之外，亦有因事而特至祖廟行祭者，如舜典曰：

歲二月，東巡守……歸，格于藝祖，用特。……正月元日，舜格于文祖。

又如大禹謨曰：

正月朔旦，受命于神宗。

又如洛誥曰：

以秬鬯二卣，曰明禋，拜手稽首休享。予不敢宿，則禋于文王武王……文王騂牛一、武王騂牛一……王賓，殺、禋，咸格，王入太室祼。

他如盤庚「茲予大享于先王，爾祖其從與享之」、武成「丁未，祀于周廟」等同，皆敘述帝王因事而至祖廟行祭之例。所謂「禋」，即實牲於柴而燎之，使煙達於上以行祭之禮。周禮謂「以禋祀祀昊天上帝」，而殷代及周初祖靈之祭實亦用之。此殆深信祖靈在天，即禮運「知氣在上」、「以降上神與其先祖」之禮也。

4. 觀民情：前述「行健」、「無私」、「祭祀」三項，除祭祀之小部分外，幾純屬帝王對自身之要求與約束，至於其對天意之了解及把握，則惟賴對外界諸事之觀察爲主。「天棐忱辭，民情大可見」，天理卽民心，民情反應最能影響上天喜怒，「惠康小民」又爲君王之職責所在，故觀民情反應確爲帝王施政時最不可忽略之一環、了解天意之第一步。如大禹謨曰：

可愛非君？可畏非民？衆非元后何戴？后非衆罔與守邦。欽哉！愼乃有位，敬修其可願。四海困窮，天祿永終。

又如益稷曰：

予欲聞六律、五聲、八音、在治忽，以出納五言，汝聽。

又如洪範曰：

汝則有大疑，謀及乃心、謀及卿士、謀及庶人、謀及卜筮。……庶民從，是之謂大同……庶民逆，吉……庶民逆，吉。庶民從……吉……庶民逆，作內吉，作外凶。

他如大禹謨「罔違道以干百姓之譽，罔咈百姓以從己之欲」、酒誥「人無于水監，當于民監」、無逸「知小人之依」、呂刑「皇帝淸問下民」、秦誓「惟受責俾如流是惟艱哉」等同，皆極言施政之際，當重視外界之反應。但是人心亦有時爲私慾蒙蔽，故帝王在「行健」、「無私」大前題下，自反而縮，行所當行之際，亦應「罔違道以干百姓之譽」（大禹謨），對不當之言論「庶頑讒說」，宜「侯以明之，撻以記之，書用識哉」（益稷），不容頑民「譸張爲幻」，任情「厥口詛祝」（無逸）政令。故君王若能理性處理民情「工以納言，時而颺之，格則承之、庸之，否則威之」（益稷），則與論自可趨於「惟允」（舜典）。

5.行占卜：帝王與上天溝通之管道，除平日之法天、祭天、觀民情之外，有事則占卜、探析夢境亦極其重要。尙書中有關占卜之記述極多，如西伯戡黎曰：

格人元龜，無敢知吉。

又如洪範曰：

次七、曰明用稽疑……擇建立卜筮人，乃命卜筮。

又如金縢曰：

既克商二年，王有疾弗豫，二公曰：我其為王穆卜。周公曰：未可以戚我先王。公乃自以為功，為三壇同墠，為壇于南方北面，周公立焉，植璧秉珪，乃告太王、王季、文王……史乃册祝曰……惟爾元孫……。

他如大禹謨「枚卜功臣，惟吉之從。帝曰：官占，惟先蔽志，昆命于元龜」、盤庚下「各非敢違卜，用宏茲賁」、泰誓中「朕夢協朕卜」、大誥「敷賁，敷前人受命……寧王遺我大寶龜，紹天明……我有大事休，朕卜幷吉……曰予得吉卜……王曷不違卜……寧王惟卜用，克綏受茲命……予曷其極卜，敢弗于從……卜陳惟若茲」、召誥「卜宅。厥既得卜，則經營」、洛誥「我卜河朔黎水。我乃卜澗水東……及獻卜」、君奭「一人有事於四方，若卜筮無不是孚」等同，皆敍述先王每遇事則或占或卜，以及對占卜看法之記述。以見古人深信占卜乃與天地神祇溝通，用以得到行止指示之最佳管道。

而「官占」之說，其歷史亦已久矣。

前述占卜之外，尚書中亦有有關夢境之記述。如說命上曰：

王庸作書以誥曰：以台正于四方，台恐德弗類，茲故弗言，恭默思道。帝賚予良弼，其代予言。乃審厥象，俾以形旁求于天下。

又如泰誓中曰：

朕夢協朕卜，襲於休祥，戎商必克。

以上兩則記述，皆由夢境所見之象，而得到行止之指示。實則所謂夢境，卽人在心志專注下，所得之心智開悟耳。殷高宗以本身條件、當時邦國情勢，前途理想，做爲其鎭日苦思冥想之重心，精誠所至，終於「夢」到惟傅說一型人物，方是他第一等股肱之佐。周武王以君父遺命、殷紂暴虐、百姓生活，做爲他終日苦思冥想之重心，於是悟及除非用非常手段，無以救民於水火之中，達百姓於太平之境，遂決定矢志革命。由此觀之，所謂「夢」，卽大理想，而大理想之成眞，必待客觀、理性、大公無私之衡量，縱死不悔之積極力行，方可實現。

6.觀天象：前「天乃天文陳列所」嘗予分析，此處但由風雲雨露等處再做發揮。上天垂象、聖人則之，因古人深信「天不言，以行與事示之而已」(註二四)。上天喜借天象以示意，故多將天象導向意志天部分解釋。如伊訓曰：

古有夏先后，方懋厥德，罔有天災，山川鬼神，亦莫不寧，曁鳥獸魚鼈咸若。

又如洪範曰：

次八、曰念用庶徵……八庶徵：曰雨曰暘、曰燠曰寒、曰風……一極備凶，一極無凶，曰休徵……曰咎徵……曰王省惟歲，卿士惟月，師尹惟日……俊民用章……家用不寧……月之從星，則以風雨。

又如金縢曰：

秋，大熟。未穫，天大雷電以風，禾盡偃、大木斯拔；邦人大恐……王出郊，天乃雨。反風，禾則盡起……歲則大熟。

他如益稷「天其申命用休」同，皆以爲天候之陰晴寒暑變化，星辰之運轉位列，皆上天有意之巧妙安排，若有異變，卽上天用示好惡喜怒之擧。先民相信於此，帝王施政之際自然重視及此。

## 四、天命

出現在尙書中之「天命」，有兩種含意：一爲「上天命令」，如湯誓「天命殛之」是。一爲「上天任命」，如大誥「天命不易」是。而兩者間實有直接之關係，因凡上天之命令，必定下達至被上天任命者身上。故下文並不分別敍述。

在典謨二體文章中，罕言天命問題，文中帝王及其股肱大臣所論談者，無非彼此勗勉修身、抵勵力行，如何選賢以任事，在位則盡責等內容而已。故當帝堯欲禪位于舜，舜則「讓于德弗嗣」不受。

帝舜欲禪位于禹，禹卽「朕德罔克民不依。皐陶邁種德，德乃降，黎民懷之」，推介皐陶。君臣之間彼此以德稱美，以德相讓，其結果不邀天命，而天命不期自至，不求權位而權位自然加身。故唐虞之世君德日厚，民風日淳。在此君臣互勉中，「庶績咸熙」（舜典）、「黎民於變時雍」（堯典）、「地平天成」（大禹謨）、「鳳凰來儀」、「庶事康哉」（皐陶謨）之盛世於焉呈現。

發展至於夏帝啓之在位，方始因與有扈氏爭奪共主權位而有「大戰于甘」（甘誓）之役，頒布「天用勦絕其命，予惟恭行天之罰」之說，指出天命在身，代天行征伐之自我認可與自我褒揚之誓辭。此後，凡政權轉移、人事興替之際，皆有誓體文字之宣頒，暢論「天命」之言論。商、周二書各以湯誓、泰誓領起者以此。

牧野一戰，武王革命成功而天下宗周。周公感于政權易失，人事無常之殷鑑不遠，夏商政權轉移之史事歷歷可考，軌跡明白可循。於是在大命天下，大誥時人時所頒發之訓、誥文章，歌頌祖宗德業之詩篇中，屢屢以道德意識自勉勉人、天命無常觀念自誡誡人。故今存於周書中之訓誥體文獻，詩經雅頌體詩篇，皆富此種特色者，卽此心態下所發言論之記錄。

夏書以後，帝王大臣每侈談天命，却又不一定能深體天命之義，法天而時行之行，彼等或援天命以自炫「嗚呼！我生不有命在天」（西伯戡黎），或「圖天之命」（多方），亟求天命。惜乎天命却經常在卽行卽遠中捨之而去，可望不可及。居心處事之際誠之與否，相去如此之遠，結果如此之異，後之讀書者可不思之戒之哉！以下卽由天命無常、天命有德、天命可期、天命易失四項分別敍述之。

**(一)天命無常**：尚書記事，上起帝堯，下迄秦穆（周襄王時），時含五代，計一千七百餘年，其間政權凡四易其主。其中唐堯、虞舜時期，典、謨二體例文獻中所記述者，其帝王將相皆勤於修德、誠於治事，互期懋懋於「欽哉惟時亮天功」之行，以致「堯曰：格爾舜，天之歷數在爾躬，允執其中，四海困窮，天祿永終。舜亦以命禹」（註二五）。故舜及禹遂因「皇天眷命，奄有四海，爲天下君」（大禹謨）。可見天命之加諸舜、禹之身，實「天命有德，五服五章哉」（皐陶謨）、「敬其事而後其食」（註二六）之福報，「先難後獲」（註二七）之結果。流動於文章中者，爲天命之來，既自然復不着力之特色。夏書甘誓以降，內容丕變，天命成爲有心人追求之極致，而其行爲又每每不能相配合，而天道有常，遂使天命成爲無可奈何之主題，流轉無定之未知數。社稷無常奉，君臣無常位，令人徒嘆奈何。如西伯戡黎曰：

天子！天既訖我殷命。

又如召誥曰：

嗚呼！皇天上帝改厥元子茲大國殷之命。惟王受命，無疆惟休，亦無疆惟恤。

又如多士曰：

我聞曰：上帝引逸，有夏不適逸……厥惟廢元命，降致罰。乃命爾元祖成湯革夏，俊民甸四方。

其他如甘誓「天用勦絕其命」、湯誓「有夏多罪，天命殛之」、咸有一德「天難諶，命靡常」、泰誓中「天乃佑命成湯，降黜夏命」、多方「天惟降時喪」等同，皆敍述天命之無常、來去之不定。

**㈡天命有德**：天命無常而天道有常，天命來去不定，却有定規之可循，卽以德爲依歸。蓋凡有德之人，皆富服務之熱誠、愛人如己之胸懷，故有大德者，每蒙上天眷佑，加諸天命，委之重任，以便敷大德于天下，造福四海百姓。如大誥曰：

天休於寧王，興我小邦周……爾知寧王若勤哉。

又如無逸曰：

我聞曰：昔在殷王中宗，嚴恭寅畏、天命自度、治民祇懼，不敢荒寧。肆中宗之享國七十有五年。

又如畢命曰：

王若曰：嗚呼！父師，惟文王、武王，敷大德于天下，用克受命。

其他如益稷「安汝止，惟幾惟康，其弼直，惟動丕應。徯志以昭受上帝，天其申命用休」、太甲上「先王顧諟天之明命，以承上下神祇，社稷宗廟，罔不祇肅。天監厥德，用集大命」、太甲下「惟天無親，克敬惟親」、咸有一德「夏王弗克庸德、慢神虐民。皇天弗保，監于萬方，啓迪有命，眷求一德，俾作神主。惟尹躬暨湯，咸有一德，克享天心，受天明命」、康誥「惟乃丕顯考文王，克明德愼罰，不敢侮鰥寡，庸庸、祇祇、威威、顯民。用肇造我區夏，越我一二邦以修，我西土惟時怙冒，聞于上帝，帝休。天乃大命文王，殪戎殷，誕受厥命」、君奭「在昔上帝割，申勸寧王之德，其集大命于厥躬」等同，皆極言凡大德者必享天命之實。因凡大德之人，其愛人必誠，處事必敬。「黎民敏德」，百姓對政令之反應，敏銳而正確，因此凡真心愛民者，百姓亦必愛敬擁戴之。「民之所欲，天必從之」，上天焉有不委命之理？此卽「因小人」得天命也。反之無德之人，每驕縱狂妄，口是心非，終必「民棄不保」，而自取其咎。上天亦惟「降之咎」，天命遂遠去之。

㈢**天命可期**：前已述天命有德，知凡有德者，皆可能獲天命。故欲求天命，其必經之途徑卽「疾敬德」。因爲凡疾敬德者，方可因德高而得民心。得民心者，天休亦常隨之而至。而天命之長保亦如是。關於天命之得，前「天立君」、「天命有德」處已屢言之，故此處但言天命之長保。如咸有一德曰：

> 常厥德，保厥位；厥德匪常，九有以亡。

又如盤庚上曰：

> 先王有服，克謹天命，兹猶不常寧，不常厥邑，于今五邦。今不承於古，罔知天之斷命，矧曰其克從先王之烈？若顛木之有由蘖，天其永我命於兹新邑。紹復先王之大業，底綏四方。

又如康誥曰：

> 汝丕遠惟商耇成人，宅心知訓。別求聞由古先哲王，用康保民，弘于天若。裕德乃身，不廢在王命。

其他如仲虺之誥「欽崇天道，永保天命」、伊訓「今王嗣厥德，罔不在初。立愛惟親，立敬惟長，始于家邦，終于四海」。太甲上「先王昧爽丕顯，坐以待旦，旁求俊彥，啓迪後人，無越厥命以自覆」、太甲下「君罔以辯言亂舊政，臣罔以寵利居成功，邦其永孚于休」、盤庚中「汝不謀長，以思乃災，汝誕勸憂，今其有今罔後，汝何生在上」、說命下「其爾克紹乃辟于先王」、泰誓中「嗚呼！乃一德一心，立定厥功，惟克永世」、旅獒「嗚呼！夙夜罔或不勤……允迪茲，生民保厥居，惟乃世王」、金縢「若爾三王，是有丕子之責于天……無墜天之降寶命」、大誥「已！予惟小子，若涉淵水，予惟求朕攸濟」、「曷敢不于前寧人攸受休畢」、微子之命「世世享德」、梓材「肆王惟德用，和懌先後迷民，用懌先王受命」、召誥「肆惟王其疾敬德，王其德之用，祈天永命」、洛誥「誕保文武受民」、多士「爾克敬，天惟畀矜爾；爾不克敬，爾不啻不有爾土，予亦致天之罰于爾躬」、君奭「我咸成文王功于不怠，丕冒海隅出日，罔不率俾」、立政「方行天下，至于海表，罔有不服，以覲文王之耿光，以揚武王之大烈」等同，皆敍述天命之長保、維祖宗事業于不墜，皆賴於誠心戒愼恐懼、以德自勉勉人之理。以見凡欲得天命、保天命皆不離乎修德，德修誠人君之大寶。

㈣**天命易失**：天命之得與長保與否，皆以君德之修否爲依歸處敍述一過，知凡德高卽可得天命，行修卽可保天命，實事理之常，爲人所心知口誦者。無奈人之恒性「非知之艱，行之惟艱」(說命中)，往往不能循理而行，故歷代開國聖王，在「大人世及以爲禮」(註二八)之傳子、傳弟中，往往傳未數世，其子孫卽因不修德、不愛民故遭百姓唾棄、仇視，致「兵由此起」(同前)喪失天命，斷送政權之歷史一再重演。此「撫我則后，虐我則讎」(泰誓下)之明證。蓋民如水，可以載舟，亦可以覆舟，

「民棄不保，天降之咎」（大禹謨），以至亡國敗家也。如西伯戡黎曰：

嗚呼！乃罪多參在上，乃能責命於天？殷之喪指乃功，不無戮於爾邦。

又如酒誥曰：

我聞亦惟曰在今後嗣王酣身，厥命罔顯於民，祇保越怨不易。誕惟厥縱淫泆於非彝，用燕喪威儀，民罔不盡傷心。惟荒腆於酒，不惟自息乃逸。厥心疾很，不克畏死；辜在商邑，越殷國滅無罹。弗惟德馨香祀，登聞於天，誕惟民怨。庶羣自酒，腥聞在上，故天降喪於殷，罔愛於殷惟逸。天非虐，惟民自速辜！

又如多士曰：

上帝引逸，有夏不適逸，則惟帝降格嚮於時夏。弗克庸帝，大淫泆有辭，惟時天罔念聞，厥惟廢元命、降致罰。乃命爾先祖成湯革夏，俊民甸四方。

其他如大禹謨「四海困窮，天祿永終」、伊訓「爾惟不德罔大，墜厥宗」、高宗肜日「降年有永有不永，非天夭民，民中絕命」、泰誓下「自絕于天」、酒誥「越小大邦用喪，亦罔非酒惟辜」、召誥「不其延，惟不敬厥德，乃早墜厥命」、多士「無顧于天顯民祇，惟時上帝不保，降若茲大喪」、多方「非天庸釋有夏，非天庸釋有殷……不集于民享，天降時喪」、立政「桀德惟乃弗作往任，是惟暴德罔後」等同，皆由史實申明天命之去、福澤之窮，非關乎他，皆當事人之「自速辜」、「自絕于天」，一切皆咎由自取。蓋天道有常，民情大可見，因放蕩敗德而積怨在身，因民情反感而喪國亡家，此非咎由自取而何耶！因此，由夏、商、周三王史篇中所記夏桀自恃天命而天命去、羲和荒廢厥職而致帝王之誅、商紂仗恃天命在身而天命亡、管叔蔡叔自作聰明亂舊章而被誅放之斑斑史跡，皆足證爲人長上者，只一念之不端，卽可演變至「自作孽不可活」（太甲上）之下場，可不戒哉！

由以上四點之認知，自然可以瞭解愚夫愚婦，雖卑微愚昧，不足重視，但對帝王而言，却「一能勝予」（五子之歌）；無告百姓，雖貧賤寒素，無大作爲，亦足使帝王「天祿永終」（大禹謨）。此無他，凡百平民，皆上天之寶貝也。因此凡位居人上之統治者，皆必需要有「天位艱哉」（太甲下）、「天吏逸德，烈于猛火」（胤征）之體認，「天工人其代之」（臯陶謨）、「恭天成命」（武成）、「天子作民父母」（洪範）之責任感，以「恪謹天戒」（胤征）、「奉若天道」（仲虺之誥）。施政之際則有若農夫稼穡般「曷敢不終其畝」（大誥）之堅持，以君臨天下，造福四方。能如此，自然卽可永爲「天下王」，不致喪失天之降寶命矣。「聖人之大寶曰位」（註二九），有此大位，聖人之德方克普遍發揮。

## 五、結　語

自尚書以降，中國學人皆喜「談天」（註三〇），尤以先秦亂世之學者爲然。此一則因爲人生活於大天籠罩之下，時時事事皆受其影響，一則以國人皆深信人爲萬物之靈，秉乎天地靈秀之氣而生，故人與大天間，自然有較諸他物尤爲密切之關連。而帝王又爲統治天下，領袖羣倫之共主，地位高高在上，其與天際之關係，與一般尋常百姓，自更不同。是以每一階層之人士，皆有究天人之際之興趣。

尙書爲我國第一部政教史，記事以帝王爲核心，首尾時經五代，歷一千七百餘年，其間既有「大道之行也天下爲公」之禪讓時期，亦有「大人世及以爲禮」（註三一），天下爲家之三王時代；禪讓時代政權轉移之過程爲選賢與能，三王時期則爲「兵由此起」之「聖王革命」（註三二）。前後出現有關記言、事主體之共主計十六位，此十六位人君之畢生事跡，或屬因聖德廣運而開創新局，建立帝業，或因不敢荒寧而人安其居，安保祖業，或以恣縱淫泆而民棄不保，身亡國滅。其間差別如此其懸殊者，但視其行事如何耳。

凡有修德之誠者，皆能秉其天命之性，法天而時行之德，自强不息。故其德日高，望亦日重，百姓之化其行者廣，終至天予人歸，榮登共主寶座，甸有四方，或祖業安保。反之，凡彼亡國之君，則率皆荒嬉自縱、沈迷權勢，貪位而不愛民。在民心漸背中，非僅不知自止，反而妄自尊大，誣天欺民，尤好邀天命以自驕驕人，終至不得容於天地之間，自取敗亡。

尙書中關乎天之出現，首數堯典「乃命羲和，欽若昊天，曆象日月星辰，敬授人時」爲最早，其次卽舜典「在璿璣玉衡，以齊七政」、「肆類于上帝、禋于六宗」，以及大禹謨「帝德廣運，乃聖乃神，乃武乃文，皇天眷命，奄有四海，爲天下君」等。夏書以降，則「天休」、「天戒」、「天命」、「天誅」等理念相繼出現。實則天原本僅一剛健運行之自然體，本身應無喜怒情緒之可言，上天情緒之產生，乃觀天者以其自我之喜怒思緒、好惡感情假託於上天而已。故意志天所表現之意志純屬觀天者之意志。堯、舜時期，「天下爲公，選賢與能，講信修睦」，人人欽於修德自强之不暇，自然罕言天論命。三王時代，則「天下爲家，各親其親、各子其子、貨力爲己，大人世及以爲禮，城郭溝池以爲固」，人人汲汲於既得利益之確保間，有時遂不得不邀天以自助、引天以沮人。所幸禹、湯、文、武、成王，皆三代之英王，皐陶、伊尹、傅說、周公、君奭等皆千古之賢佐，故他們於論事之際縱然談意志天，亦由自戒戒人，自勉勉人處着眼；縱論天命，亦不流於迷信。以至尙書中的天，既爲一剛健運行體，亦爲一樂善喜仁有情物。自然天富條理，意志天多情致。此兩種天之作用，無所謂輕重軒輊，皆因機出現，發揮其正面勸善規過，化民易俗之影響力，使聖者益聖，賢者益賢，惡者知所畏懼。凡此皆與儒家學說所主張力行哲學中修身貴乎誠、政治主德化，崇德報功、愼終追遠諸特色深相契合。

## 【附　註】

註一　孟子，萬章：北宮錡問周室班爵祿……諸侯惡其害己也，而皆去其籍。

註二　史記，儒林傳：漢定，伏生求其書，亡數十篇。獨得二十九篇，卽以教於齊魯之間。

註三　史記，儒林傳。

註四　荀悅漢紀，成帝紀：魯恭王懷孔子宅，得古文尙書，多十六篇。武帝時，孔安國家獻之。會巫蠱事，未列於學官。

註五　隋書，經籍志：晉世秘府所存有古文尙書經文，今無有傳者，……至東晉豫章內史梅賾，始得安國之傳奏之……於是列國學。

註六　朱彝尊經義考，卷七十四。

註　七　莊子，天運。
註　八　中國文化要義。
註　九　易豐卦，彖曰。
註一〇　易觀卦，彖曰。
註一一　禮記，孔子閑居。
註一二　易賁卦，彖曰。
註一三　易，繫辭上傳。
註一四　易節卦，彖曰。
註一五　易艮卦，彖曰。
註一六　漢書，藝文志。
註一七　史記，歷書：（堯）年耆禪舜，申戒文祖云：天之歷數在爾躬。舜亦以命禹。由是觀之，王者所重也。
註一八　曾鞏，讀五代史：唐衰匪一日，遠自開元中，尙傳十四帝，始告曆數窮。
註一九　易乾卦，大象。
註二〇　易乾卦，文言。
註二一　左傳，成公十三年。
註二二　史記，宋微子世家。
註二三　莊子，天運：商太宰蕩問仁於莊子，莊子曰：虎狼仁也。曰：何謂也？莊子曰：父子相親，何爲不仁。曰：請問至仁，莊子曰：至仁無親。
註二四　孟子，萬章。
註二五　論語，堯曰。

註二六　論語，衞靈公。

註二七　論語，雍也。

註二八　禮記，禮運。

註二九　易，繫辭下。

註三〇　陸桴亭學案：古人無時無事不言天。

註三一　禮記，禮運。

註三二　易革卦，彖曰：天地革而四時成，湯武革命，順乎天而應乎人，革之時大矣哉。

# 左傳信鬼好巫辨——卜筮

王初慶

卜筮之事，誌於文字，信而可徵者，遠溯于殷商。羅振玉殷虛書契考釋就其所見卜辭之事類分爲八目：「曰祭、曰告、曰𦎫、曰出入、曰田獵、曰征伐、曰年月、曰風雨。」羅氏開治甲骨風氣之先，其所見資料不及後人完備，所釋文字後世有疑者亦復不少，然由其粗淺之分類，已可知卜筮幾乎爲殷人行事抉擇取捨之依據。後世治易經者，有論象數一派，亦其流風餘韻。尚書洪範、高宗肜日、秦誓、泰誓、金滕、洛浩諸篇，事有關於祝禱貞卜；春秋本源自魯史，自不免敍貞卜之事。左傳既誌春秋史料，所錄卜筮之資料，亦在不少。杜預論卜筮之道云：

> 卜筮者，聖人所以定猶豫、決疑似，因生義教者也。尚書洪範：「通龜筮以同卿士之數。」南蒯卜亂而遇元吉，惠伯答以忠信則可。臧會卜僭，遂獲其應。丘明故舉諸縣驗於行事者以示來世，而君子志其善者，遠者。（見莊二十二年傳注）

劉炫亦云：

> 計春秋之時卜筮多矣，丘明所載唯二十許事，舉其縣驗於行事者，其不驗者不載之。（孔疏引）

孔穎達申述杜氏之義曰：

曲禮曰：「卜筮者，先聖王之所以使民決嫌疑、定猶與也。」是先王立之本意也。因而生義教，謂教人以行義行善，則德揚于卜，行惡則遇吉反凶，必以行義乃可卜也。洪範曰：「汝則有大疑、謀及乃心，謀及卿士，謀及庶人，謀及卜筮，謀及卿士，而以卜筮同之。」是通龜筮以同卿士之數也。南蒯卜為亂，不信則不可；臧會卜為僭，不信乃遂吉：二事相反。故特引之言卜筮應人行也。……南蒯筮而言卜者，卜筮通言耳。杜引洪範者，欲明龜筮未必神靈，故云以同卿士之數，言龜策所見纔與卿士同耳。又引南蒯者，明吉凶由行，不由卜筮，欲使人脩德行，不可純信卜筮也。又引臧會者，吉凶亦由卜筮，不可專在於行，欲使人敬龜筮也。故丘明舉縣驗於行事者以示來世，脩德行，敬龜筮。言驗於行事者，南蒯則行驗而龜策不驗，臧會則行不驗而龜策驗。言君子志其善者遠者，善者謂勸人脩德行、敬龜策是也，遠者謂舉其大綱，勸人為善長久遠，道非有臨時應驗。此遠者卽上善者，指其事謂之善，指其教謂之遠。」

均明白指出左傳乃在藉卜筮以立教化。公穀雖主釋經義而略於誌事，亦不能免除論卜之事，惟公穀言卜不言筮耳。吾人於論斷左傳卜筮之材料時，切不可以後人之觀念衡量，必以同期之資料相參校，輔之以前後期相關史事，觀其流變，庶幾不致誣妄古人。

今將左傳中有關卜筮之資料摘出，共得七十二則（註一），依其誌事之性質，分之爲六類：一、有言卜筮之目的、功能及其與人事之關連者。二、有言禮儀制度而與卜筮相關者。三、有以卜筮決禍福休咎者。四、有明言時人未必執迷於卜筮，卜筮亦必足以却疑者。五、有僅以卜辭爲託辭者。六、有事雖不關卜筮，然借易經卦爻辭以論事者。

## 一、言卜筮之目的、功能及其與人事之關連者

凡此一類計七見，謹錄原文於左：

(一)桓十一年：楚屈瑕將盟貳軫，鄖人軍於蒲騷，將與隨、絞、州、蓼伐楚師，莫敖患之。……莫敖曰：「卜之。」對曰：「卜以決疑，不疑何卜？」遂敗鄖師於蒲騷，卒盟而還。

(二)僖四年：卜之不吉，筮之吉，……卜人曰：「筮短龜長，不如從長。」

(三)僖十五年：及惠公在秦，曰：「先君若從史蘇之占，吾不及此夫！」韓簡侍，曰：「龜，象也；筮，數也；物生而後有象，象而後有滋，滋而後有數，先君之敗德，及可數乎？史蘇是占，勿從何益？詩曰：『下民之孽，匪降自天；僔沓背憎，職競由人。』」

(四)昭十二年：南蒯枚筮之，遇屯之比，曰：「黃裳元吉。」以爲大吉也，示子服惠伯曰：「卽欲有事，何如？」惠伯曰：「吾嘗學此矣。忠信之事則可，不然必敗。外疆內溫，忠也；和以率貞，信也；故曰黃裳元吉。黃，中之色也；裳，下之飾也；元，善之長也；中不忠，不得其色；下不共，不得其飾；事不善，不得其極。外內倡和爲忠，率事以信爲共，供養三德爲善，非此三者弗當。且夫易，不可以占險。將何事也？且可飾乎？中美能黃，上美爲元，下美則

嘗，參成可筮，猶有闕也，筮猶吉，未也。）

㈤哀十年：夏，趙鞅帥師代齊，大夫請卜之，趙孟曰：「吾卜於此起兵（註二）。事不再令，卜不襲吉，行也。」於是乎取犂及轅，毀高堂之郭，侵及賴而還。

㈥哀十八年：初，司馬子國之卜也，觀瞻曰：「如志。」故命之。及巴師至，將卜帥，王曰：「寧如志，何卜焉！」使帥師而行。請承，王曰：「寢尹、工尹，勤先君者也。」三月，楚公孫寧、吳由于、薳固敗巴師于鄾，故封子國於析。君子曰：「惠王知志。夏書曰：『官占，唯能蔽志，昆命于元龜。』其是之謂乎！志曰：『聖人不煩卜筮。』惠王其有焉。」

㈦哀二十三年：夏六月，晉荀瑤代齊，高無丕帥師御之。知伯視齊師，馬駭，遂驅之，曰：「齊人知余旗，其謂余畏而反也。」及壘而還。將戰，長武子請卜，知伯曰：「君告于天子，而卜之以守龜於宗祧，吉矣，吾又何卜焉？且齊人取我英丘，君命瑤，非敢燿武也，治英丘也。以辭伐罪足矣，何必卜。」壬辰，戰于犂丘，齊師敗績，知家親禽顏庚。

按：既然卜筮之目的在決疑，故於人事必然無疑之事固不必卜；此鬭廉諫莫敖不必卜而敗鄖師也。而卜不襲吉，已卜之而定其疑之事亦不宜再卜；趙孟、楚惠王、知伯，因舊卜而各得其志。又如卜而後再筮，或吉或否，則應捨筮而從卜；蓋筮之理短，龜之理長也。而卜筮吉凶之所主，乃在於人事：故晉獻公卽使從史蘇之占而不嫁女於秦，未必可解晉惠公韓原之辱，蓋獻、惠造孽多而自取之。心中所主苟不正，如南蒯者流，筮雖大吉，却未必然。夫左氏所言貞卜之理，極爲淺顯，絕無非常可怪之論可知也。

## 二、言禮儀制度而與卜筮相關者

左傳中言禮儀制度而與卜筮相關者凡九見，謹錄其原文於左：

㈠祭：

1.僖三十一年：夏四月、四卜郊，不從，乃免牲，非禮也；猶三望，亦非禮也。禮不卜常祀而卜其牲日，牛卜日曰牲，牲成而卜郊，上怠慢也。望，郊之細也，不郊，亦無望可也。

2.襄七年：夏四月，三卜郊，不從，乃免牲。孟獻子曰：「吾乃今而後知有卜筮。夫郊祀后稷，以祈農事也，是故啓蟄而郊，郊後而耕；今既耕而卜郊，宜其不從也。」

㈡亯：

1.莊二十二年：使爲工正，飲桓公酒，樂，公曰：「以火繼之。」辭曰：「臣卜其晝，未卜其夜，不敢。」君子曰：「酒以成禮，不繼以淫，義也；以君成禮，弗納於淫，仁也。」

（註三）

㈢葬：

1.宣八年：冬，葬敬嬴，旱無麻，始用葛茀，雨不克葬，禮也。禮，卜葬先遠日，辟不懷也。

㈣征戰：

1.成十六年：楚子登巢車以望晉軍，子重使大宰伯州犂侍于王後，王曰：「騁而左右，何也。」曰：「召軍吏也。」「皆聚於中軍矣，曰：「合謀也。」張幕矣，曰：「虔卜於先君也。」徹幕矣，曰：「將發命也。」甚囂，且塵上矣，曰：「將塞井夷竈而爲行也。」皆乘矣，左右執兵而下矣。曰：「聽誓也。」「戰乎？」曰：「未可知也。」乘而左右皆下矣，曰：「戰禱也。」伯州犂以公卒告王，苗賁皇在晉侯之側，亦以王卒告。皆曰：「國士在，且厚，不可當也。」（註四）

㈤立嗣立嫡之君：

1.襄三十一年：公薨于楚宮，……立敬歸之娣，齊歸之子公子裯。穆叔不欲，曰：「大子死，有母則立之，無則立長，年鈞擇賢，義鈞則卜，古之道也。非適嗣，何必娣之子？且是人也，居喪而不哀，在慼而有嘉容，是謂不度，不度之人，鮮不爲患，若果立之，必爲季氏憂。」武子不聽，卒立之，比及葬，三易衰，衰衽如故衰；於是昭公十九爲矣，猶有童心，君子是以知其不能終也。

2.昭二十六年：昔先王之命曰：「王后無適，則擇立長，年鈞以德，德鈞以卜。」王不立愛，公卿無私，古之制也。（摘自王子朝使告于諸侯之言）

3.定元年：若立君，則有卿士大夫與守龜在，羈弗敢知。（摘自子家子對季氏之言）

㈥嫁娶：

1.昭元年：子產曰：「……僑又聞之，內官不及同姓，其生不殖，美先盡矣，則相生疾，君子是以惡之。故志曰：『買妾不知其姓，則卜之。』違此二者，古之所愼也，男女辨姓，禮之大司也。……」

案：由此九觀條之，於祭、葬之儀，昏、嫁娶之禮，征戰與立嗣立君之疑，自來皆與卜筮之道習習相關。唯流傳日久，漸成具文，時人僅習其虛儀而不明其理者有焉。

## 三、以卜筮決禍福休咎者

吾人於己力無從解決之事，往往訴諸卜筮，其所從來遠矣。號稱伏羲畫卦，由連山、龜藏衍爲周易，皆在由之以斷人事之吉凶。於今尤烈，紫薇、子平，六爻、火株林等倡言數術者，大行其道。實不必獨責諸左傳，而傳所錄卜筮斷言之禍福休咎，又往往別具寓義焉。今輯左氏以卜筮斷言吉凶者，共得三十三條；究其卜筮之故，約可分爲嫁娶、前途、出仕、生子、立夫人、征伐、遷國、死、求和、病、取與、任官立宰十二類（註五），茲分別徵弊其原文於左。

㈠嫁娶：凡三條：

1.莊二十二年：初，懿氏卜妻敬仲，其妻占之，曰：「吉，是謂鳳凰于飛，和鳴鏘鏘，有嬀之後，將育于姜，五世其昌，並于正卿，八世之後，莫與之京。」

2.僖十五年：初，晉獻公筮嫁伯姬於秦，遇歸妹之睽。史蘇占之，曰：「不吉，其繇曰：『士刲羊，亦無衁也；女承筐，亦無貺也。』西鄰責言，不可償也；歸妹之睽，猶無相也。震之離，亦離之震；爲雷爲火，爲嬴敗姬，車說其輹，火焚其旗，不利于行，敗于宗丘。歸妹睽孤，寇張之弧，姪從其姑，六年其逋；逃歸其國，而弃其家，明年其死於高梁之虛。」

3. 襄二十五年：齊棠公之妻，東郭偃之姊也，東郭偃臣崔武子，棠公死，偃御武子以弔焉，見棠姜而美之，使偃取之。偃曰：「男女辨姓，今君出自丁，臣出自桓，不可。」武子筮之，遇困之大過，史皆曰吉。示陳文子，文子曰：「夫從風，風隕，妻不可娶也。且其繇曰：『困于石，據于蒺䔧，入于其宮，不見其妻，凶。』困于石，往不濟也；據于蒺䔧，所恃傷也；入于其宮，不見其妻，凶，無所歸也。」崔子曰：「嫠也何害，先夫當之矣。」遂取之。

按：僖十五年條史蘇占晉獻公嫁伯姬於秦之筮曰不吉，然獻公終嫁之；襄二十五年崔抒欲娶棠氏妻，陳文子斷其繇凶，而崔抒却云：「嫠也何害，先夫當之矣」：二者表面雖求諸於卜筮，却皆以已見決之。由是觀之，古人之於卜筮，似有藉之求安心而已之意，吉固居之而不疑，凶亦未必因而更其原有之定見也。左傳實不持卜筮爲玄機也，五世其昌之卜，不過後世之偶合者。馮李驊曰：「常疑左氏占斷，大概看了後事，附會其說，不然無此奇驗者。如此需五世八世，一毫不差是也。」其言不誣。

㈢前途：凡三條

1.莊二十二年：陳厲公，蔡出也，故蔡人殺五父而立之，生敬仲。其少也，周史有以周易見陳侯者，陳侯使筮之，遇觀之否。曰：『是謂觀國之光，利用賓于王，此其代陳有國乎！不在此，其在異國；非此其身，在其子孫：光遠而自他有耀者也。坤，土也；巽，風也；乾，天也；風爲天於土上，山也；有山之材，而照之以天光，於是乎居土上，故曰：『觀國之光，利用賓于王。』庭實旅百，奉之以玉帛，天地之美具焉，故曰：『利用賓于王。』猶有觀焉，故曰：『其在後乎！』風行而著于土，故曰：『其在異國乎！』若在異國，必姜姓也。姜，大嶽之後也，山嶽則配天。物莫能兩大，陳衰，此其昌乎！」及陳之初亡，陳桓子始大於齊，其後亡也，成子得政。

2.襄九年：穆姜薨於東宮，始往而筮之，遇艮之八。史曰：「是謂艮之隨，隨其出也，君必速出。」姜曰：「亡，是於周易曰：『隨元亨利貞，無咎。』元，體之長也；亨，嘉之會也；利，義之和也；貞，事之幹也。體仁足以長人，嘉德足以合禮，利物足以和義，貞固足以幹事，然故不可誣也。是以雖隨無咎。今我婦人而與於亂，固在下位；而有不仁，不可謂元；不靖國家，不可謂亨；作而害身，不可謂利；弃位而姣，不可謂貞。有四德者，隨而無咎；我皆無之，豈隨也哉？我則取惡，能無咎乎，必死於此，弗得出矣。」

3.昭二十五年：初臧昭伯如晉，臧會竊其寶龜僂句，以卜爲信與僭，僭吉。臧氏老將如晉問，會請往，昭伯問家故，盡對；及內子與母弟叔孫，則不對。再三問，不對。歸及郊，會逆，問，又如初。至，次於外而察之，皆無之，執而戮之，逸奔郈，郈魴假使爲賈正焉，計於季氏。臧氏使五人，以戈楯伏諸桐汝之閭，會出，逐之，反奔，執諸季氏中門之外。平子怒曰：「何故以兵入吾門？」拘臧氏老，季臧有惡。及昭伯從公，平子立臧會，會曰：「僂句不余欺也。」

(三)出仕：僅一則。

1.閔元年：初，畢萬筮仕於晉，遇屯之比。辛廖占之，曰：「吉，屯固比入，吉孰大焉，其必蕃昌。震爲土，車從馬，足居之，兄長之，母覆之，衆歸之，六體不易，合而能固，安而能殺？公侯之卦也，公侯之子孫，必復其始。」

(四)生子：凡四則

1.閔二年：成季之將生也，桓公使卜楚丘之父卜之。曰：「男也，其名曰友，在公之右，閒於兩社，爲公室輔。季氏亡，則魯不昌。」又筮之：遇大有之乾。曰：「同復于父，敬如君所。」及生，有文在其手曰友，遂以命之。

2.僖十六年：夏，晉大子圉爲質於秦，秦歸河東而妻之。惠公之在梁也，梁伯妻之。梁嬴孕過期，卜招父與其子卜之。其子曰：「將生一男一女，」招曰：「然，男爲人臣，女爲人妾。」故名男曰圉，女曰妾。及子圉西質，妾爲宦女焉。

3.昭五年：初，穆子之生也，莊叔以周易筮之，明夷之謙，以示卜楚丘。曰：「是將行，而歸爲子祀，以讒人入，其名曰牛，卒以餒死。明夷，日也；日之數十，故有十時，亦當十位。自王已下，其二爲公，其三爲卿，日上其中，食日爲二，旦日爲三。明夷之謙，明而未融，其當日乎，故曰爲子祀，日之謙當鳥，故曰：『明夷于飛。』明而未融，故曰：『垂其翼。』象日之動，故曰：『君子于行。』當三在旦，故曰：『三日不食。』離，火也；艮，山也；離爲火，火焚山，山敗。於人爲言，敗言爲讒，故曰：『有攸往。』主人有言，言必讒也。純離爲牛，世亂讒勝，勝將適離，故曰：『其名爲牛。』謙不足，飛不翔，垂不峻，翼不廣，故曰：『其爲子後乎。』吾子亞卿也，抑少不終。」

4.昭三十二年：昔成季友，桓之季也，文姜之愛子也，始震而卜，卜人謁之曰：「生有嘉聞，其名曰友，爲公室輔。』及生，如卜人之言，有文在其手曰友，遂以名之。（史墨答趙簡子之言）

㈤立夫人：僅一則。

1.僖四年：初，晉獻公欲以驪姬爲夫人，卜之不吉，筮之吉。公曰：「從筮。」卜人曰：「筮短龜長，不如從長。且其繇曰：『專之渝，攘公之羭。』一薰一蕕，十年尚猶有臭，必不可。」弗聽，立之。

㈥征伐：凡十三則。

1.僖十五年：晉侯……賂秦伯以河外列城五，東盡虢略、南及華山、內及解梁城，既而不與。

晉饑，秦輸之粟；秦饑，晉閉之糴；故秦伯伐晉。卜徒父筮之：「吉，涉河，侯車敗。」詰之，對曰：「乃大吉也。三敗必獲晉君，其卦遇蠱，曰：『千乘三去，三去之餘，獲其雄狐。』夫孤蠱必其君也，蠱之貞，風也；其悔，山也。歲云秋矣，我落其實而取其材，所以克也。實落材亡，不敗何待？」

2.又：三敗及韓，晉侯謂慶鄭曰：「寇實深矣，若之何？」對曰：「君實深之，可若何？」公曰：「不孫！」卜右，慶鄭吉，弗使；步揚御戎，家僕徒爲右。乘小駟，鄭入也；慶鄭曰：「古者大事，必乘其產，生其水土，而知其人心，安其教訓，而服習其道，唯所納之，無不如志。今乘異產，以從戎事，及懼而變，將與人易；亂氣狡憤，陰血周作，張脈僨興，外彊中乾，進退不可，周旋不能，君必悔之。」弗聽。……壬戌，戰于韓原，晉戎馬還濘而止，公號慶鄭，慶鄭曰：「愎諫違卜，固敗是求，又何逃焉？」遂去之。

3.僖二十五年：秦伯師于河上，將納王，狐偃言於晉侯曰：「求諸侯莫如勤王。諸侯信之，且大義也，繼父之業，而信宣於諸侯，今爲可矣。」使卜偃卜之，曰：「吉，遇黃帝戰于阪泉之兆。」公曰：「吾不堪也。」對曰：「周禮未改，今之王，古之帝也。」公曰：「筮之。」筮之，遇大有之睽，曰：「吉，遇公用享于子之卦，戰克而王饗，吉孰大焉？且是卦也，天爲澤以當日，天子降心以逆公，不亦可乎！大有去睽而復，亦其所也。」晉侯辭秦師而下，三月甲辰，次于陽樊，右師圍溫，左師逆王。夏四月，丁巳，王入于王城，取大叔于溫，殺之于隰城。

4. 文十一年：鄋瞞侵齊，遂伐我，公卜使叔孫得臣追之，吉。侯叔夏御莊叔，緜房甥爲右，富父終甥駟乘，冬十月，甲午，敗狄于鹹，獲長狄僑如，富父終甥摏其喉以戈，殺之，埋其首於子駒之門，以命宣伯。

5. 成十六年：苗賁皇言於晉侯曰：「楚之良，在其中軍王族而已，請分良以擊其左右，而三軍萃於王卒，必大敗之。」公筮之，史曰：「吉，其卦遇復，曰：『南國蹙，射其元，王中厥目。』國蹙王傷，不敗何待？」公從之。

6. 襄十年：故鄭皇耳帥師侵衞，楚令也。孫文子卜追之，獻兆於定姜，姜氏問繇，曰：「兆如山陵，有夫出征，而喪其雄。」姜氏曰：「征者喪雄，禦寇之利也，大夫圖之。」衞人追之，孫蒯獲鄭皇耳于犬丘。

7. 襄二十四年：晉侯使張骼、輔躒致楚師，求御于鄭，鄭人卜宛射犬吉。子大叔戒之曰：「大國之人，不可與也。」對曰：「無有衆寡，其上一也。」大叔曰：「不然，部婁無松柏。」二子在幄，坐射犬于外，既食而食之；使御廣車而行，已皆乘乘車，將及楚師，而後從之乘。皆踞轉而鼓琴。近，不告而馳之，皆取胄於櫜而胄，入壘皆下，搏人以投，收禽挾囚，弗待而出，皆超乘，抽矢而射，既免，復踞轉而鼓琴。曰：「公孫，同乘兄弟也，胡再不謀？」對曰：「曩者志入而已，今則怯也。」皆笑曰：「公孫之亟也。」

8. 襄二十八年：盧蒲癸、王何卜攻慶氏，示子之兆，曰：「或卜攻讎，敢獻其兆。」子之曰：「克，見血。」

9. 昭十年：公卜使王黑以靈姑銔率，吉，請斷三尺焉而用之。

10. 昭十三年：初，靈王卜曰：「余尚得天下。」不吉。投龜詬天而呼曰：「是區區而不余畀，余必自取之。」民患王之無厭也，故從亂如歸。

11. 昭十七年：吳伐楚，陽匄爲令尹，卜戰，不吉，司馬子魚曰：「我得上流，何故不吉？且楚故。」司馬令龜：「我請改卜。」令曰：「魴也，以其屬死之，楚師繼之，尚大克之。」吉。戰于長岸，子魚先死，楚師繼之，大敗吳師，獲其乘舟餘皇。

12. 哀九年：宋公伐鄭，……晉趙鞅卜救鄭，遇水適火，占諸史趙、史墨、史龜。史龜曰：「是謂沈陽，可以興兵，利以伐姜，不利子商；伐齊則可，敵宋不吉。」史墨曰：「盈，水名也；子，水位也；名位敵，不可干也。炎帝爲火師，姜姓其後也，水勝火，伐姜則可。」史趙曰：「是謂如川之滿，不可游也；鄭方有罪，不可救也。救鄭則不吉，不知其他。」陽虎以周易筮之，遇泰之需，曰：「宋方吉，不可與也。微子啓、帝乙之元子也；宋、鄭，甥舅也；祉，祿也；若帝乙之子，歸妹而有吉祿，我安得吉焉？」乃止。

13. 哀十七年：楚白公之亂，陳人恃其聚而侵楚，楚旣寧，將取陳麥。楚子問帥於大師子穀與葉公諸梁，子穀曰：「右領差車與左史老，皆相令尹司馬以伐陳，其可使也。」子高曰：「率賤，民慢之，懼不用命焉。」子穀曰：「觀丁父，鄀俘也，武王以爲軍率，是以克州蓼，服隨唐，大啓羣蠻；彭仲爽，申俘也，文王以爲令尹，實縣申息，朝陳蔡，封畛於汝。唯其任也，何賤之有？」子高曰：「天命不謟，令尹有憾於陳，天若亡之，其必令尹之子是與，君盍舍焉。臣懼右領與右史，有二俘之賤，而無其令德也。」王卜之，武城尹吉，使帥師取陳麥，陳人御之，敗，遂圍陳。秋，七月，己卯，楚公孫朝帥師滅陳。

按：與征伐有關之卜筮，於人事言之，或卜右、或卜御、或卜帥。於敵之入侵則卜追，欲快其志則卜筮求諸侯，欲逞其欲則卜攻讎，遇敵則卜戰，受鄰國陵侮則筮戰，迎敵則筮戰法，同盟受襲則卜救之，幾乎無所不用卜筮。成十三年傳誌劉子之言曰：「國之大事，在祀與戎。」孟子曰：「春秋無義戰。」隗禧譏左傳爲相斫書，左傳中有關戰爭之史料頗多，梁任公言及記敍文，輒以左傳五大戰爭爲例證，蓋其時五霸代興、晉楚爭盟，左氏以其雄渾筆力誌之，自成佳構。馮李驊曰：「左氏極工於敍戰，長短極各其妙。短者如衷戎敗制、鷄父攜李等；或詳謀略事，或詳事略謀，或謀與事合，至簡至精。長者如韓原、城濮、鞌、邲、鄢陵等，或先議後敍，或先敍後議，或敍議夾寫，至奇至橫。篇篇換局，各各爭新，無怪古今名將，無不好讀此書也。」誠哉斯言。

(七)遷國：凡二條。

1.僖三十一年：衞遷于帝丘，卜曰：「三百年。」

2. 文十三年：邾文公卜遷于繹，史曰：「利于民而不利於君。」邾子曰：「苟利於民，孤之利也。」天生民而樹之君，以利之也。民既利矣，孤必與焉。」左右曰：「命可長也，君弗何爲？」邾子曰：「命在養民。死之短長，時也；民苟利矣，遷也；吉莫如之。」遂遷于繹。五月，邾文公卒。君子曰：「知命。」

(八)死：僅一則。

1. 文十八年：春，齊侯戒師期而有疾。醫曰：「不及秋，將死。」公聞之，卜曰：「尚無及期。」惠伯令龜，卜楚丘占之，曰：「齊侯不及期，非疾也；君亦不聞，令龜有咎。」二月丁丑，公薨。

(九)求和：僅一則。

1. 宣十二年：春，楚子圍鄭，旬有七日，鄭人卜行成，不吉。卜臨于大宮，且巷出車，吉。國人大臨，守陴者皆哭。楚子退師，鄭人脩城，進復圍之。三月，克之。

(十)病：僅一則。

1. 襄二十八年：各十月，慶封田于萊，陳無宇從，丙辰，文子使召之，請曰：「無宇之母疾病，請歸。」慶季卜之，示之兆，曰「死。」奉龜而泣，乃使歸。

(十一)取與：僅一則。

1. 定四年：鬪辛與其弟巢，以王奔隨，吳人從之。謂隨人曰：「周之子，在漢川者，楚實盡之；天誘其衷，致罰於楚，而君又竄之。周室何罪？君若顧報周室，施及寡人，以奬天衷，君之惠也，漢陽之田，君實有之。」楚子在公宮之北，吳人在其南。子期似王，逃王，而已爲王，曰：「以我與之，王必免。」隨人卜與之，不吉。乃辭吳曰：「以隨之辟小，而密邇於楚，楚實存之，世有盟誓，至于今未改，若難而弃之，何以事君？執事之患，不唯一人，若鳩楚竟，敢不聽命？」吳人乃退。

(十一)任官立宰：凡二條。

1.成十七年：初，鮑國去鮑氏而來，爲施孝叔臣，施氏卜宰，匡句須吉。施氏之宰，有百室之邑，與匡句須邑，使爲宰，以讓鮑國，而致邑焉。施孝叔曰：「子實吉。」對曰：「能與忠良，吉孰大焉！」鮑國相施氏忠，故齊人取以爲鮑氏後。仲尼曰：「鮑莊子之知不如葵，葵猶能衞其足。」

2.哀十七年：王與葉公枚卜子良，以爲令尹。沈尹朱曰：「吉，過於其志。」葉公曰：「王子而相國，過將何爲？」他日改卜子國，而使爲令尹。

按：卜筮原始之目的卽在於對人力邈茫不可知之事以定其猶豫，以決其疑似也，故此類資料較多。小至祭祀宴享之日辰，大至遷國征伐之吉凶，無處不求諸於卜筮。規之以禮儀，徵之以行事，爲古人生活極重要之環節之一。

(一)就此三十三條觀之，以其法而言似乎卜重於筮。故於重要之大事多半用卜，卜之而不能釋疑繼之用筮法者三見：一爲僖四年晉獻公以驪姬爲夫人；一爲僖二十五年晉文公將求諸侯，一爲哀九年晉趙鞅卜救鄭。其中卜筮相應者二，惟晉獻立夫人條吉凶不一，而獻公以己意而從筮。獨用筮法者僅八條：分別見於莊二十二年周史之筮敬仲，閔元年畢萬筮仕晉，僖十五年秦穆筮伐晉，又晉獻公筮嫁伯姬於秦，成十六年鄢陵之戰，晉厲公筮苗賁皇建議之戰法，襄九年穆姜筮遷往東宮後之前途，襄二十五年崔抒筮娶棠氏妻、昭五年莊叔筮穆子之生。

㈡卜不吉，如面臨生死之抉擇，有改卜者。見於昭十七年楚陽匄卜戰吳人入侵，不吉，而司馬子魚令龜改卜，願以其屬死之，易凶爲吉，終敗吳師。

㈢卜人有礙於問卜者之勢位，虛言吉凶者。凡二見；一爲襄九年史解穆姜艮之八之筮無咎，然穆姜自知於元亨利貞四德俱有憾，而斥其誣。一爲襄二十五年武子筮困之大過，史皆曰吉，惟陳文子言其凶。

㈣時人雖遇事必求諸卜筮，然未必從其吉凶之斷言以行事。凡五條：其中嫁娶二條，前已論之矣。又僖十五年韓原之戰，晉惠公卜右，慶鄭吉，却以其不孫而不使；昭十三年楚靈王卜得天下，不吉，投龜詬天；哀十七年楚惠王與葉公卜以子良爲令尹，吉，然以過於其志而改卜子國。

㈤時人亦有以吉凶與人事相比埒者：見於成十七年施孝叔之卜宰，匡句須雖吉，却讓於鮑國，蓋「能與忠良，吉孰大焉」。

綜論此等禍福休咎之卜筮，最爲後人疵議者 僅莊二十二年陳敬仲代陳有 國及閔元年畢萬仕晉二條，然不專信卜筮者亦有焉，寧能棄此以就彼邪！

## 四、明言時人未必執迷於卜筮，卜筮亦未必足以却疑者

左傳中亦有明言時人未必執迷於卜筮，卜筮亦未必足以却疑者。凡六條，玆錄傳文於左。

1. 襄十年：宋公享晉侯于楚丘，請以桑林，荀罃辭，荀偃、士匄曰：「諸侯宋、魯於是觀禮，魯有禘樂，賓祭用之；宋以桑林享君，不亦可乎！」舞師題以旌夏，晉侯懼，而退入于房，去旌，卒享而還。乃著雍，疾，卜，桑林見。荀偃、士匄欲奔請禱焉，荀罃不可。曰：「我辭禮矣，彼則以之，猶有鬼神，於彼加之。」晉侯有閒，以偪陽子歸。

2. 定九年：衞侯將如五氏，卜過之，龜焦。衞侯曰：「可也，衞車當其半，寡人當其半，敵矣。」乃過中牟，中牟人欲伐之，衞褚師圃亡在中牟，曰：「衞雖小，其君在焉，未可勝也。齊師克城而驕，其帥又賤，遇必敗之，不如從齊。」乃伐齊師，敗之。

3. 昭元年：晉侯有疾，鄭伯使公孫僑如晉聘，且問疾。叔向問焉，曰：「寡君之疾病，卜人曰：『實沈實、台駘爲祟。』史莫之知，敢問此何神也？」子產曰：「昔高辛氏有二子，伯曰閼伯，季曰實沈，居于曠林，不相能也，日尋干戈，以以相征討。后帝不臧，遷閼伯于商丘，主辰，商人是因，故辰爲商星；遷實沈于大夏，主參，唐人是因，以服事夏商。其季世曰唐叔虞：當武王邑姜，方震大叔，夢帝謂己：『余命而子曰虞，將與之唐，屬諸參而蕃育其子孫。』

及生，有文在其手曰虞，遂以命之；及成王滅唐而封大叔焉，故參爲晉星。由是觀之，則實沈參神也。昔金天氏有裔子曰昧，爲玄冥師，生允格、臺駘。臺駘能業其官，宣汾洮，潼大澤，以處大原；帝用嘉之，封諸汾川，沈、姒、蓐、黃，實守其祀；今晉主汾而滅之矣。由是觀之，則臺駘，汾神也。抑此二者，不及君身。山川之神，則水旱癘疫之災，於是乎禜之；日月星辰之神，則雪霜風雨之不時，於是乎禜之。若君身，則出入飲食哀樂之事也，山川之神，又何爲焉。僑聞之，君子有四時：朝以聽政，晝以訪問，夕以脩令，夜以安身；於是乎節宣其氣，勿使有所壅閉湫底，以露其體。玆心不爽，而昏亂百度。今無乃壹之，則生疾矣。」

4.哀二年：秋八月，齊人輸范氏粟，鄭子姚、子般送之，士吉射逆之，趙鞅禦之，遇於戚。陽虎曰：「吾車少，以兵車之旆與罕駟兵車先陳，罕駟自後隨而從之，彼見吾貌，必有懼心，於是乎會之，必大敗之。」從之。卜戰，龜焦，樂丁曰：「詩曰：『爰始爰謀，爰契我龜。』謀協以故兆，詢可也。」

5.哀六年：秋七月，楚子在城父，將救陳，卜戰不吉，卜退不吉。王曰：「然則死也，再敗楚，不如死；弃盟逃讎，亦不如死；死一也，其死讎乎！」命公子申爲王，不可；則命公子結，亦不可；則命公子啓，五辭而後許。將戰，王有疾，庚寅，昭王攻大冥，卒于城父。子閭退，曰「君王舍其子而讓羣臣，敢忘君乎？從君之命，順也；立君之子，亦順也：二順不可失也。」與子西、子期謀，潛師閉塗，逆越女之子章，立之而後還。

6.又：初，昭王有疾，卜曰：「河爲祟。」王弗祭，大夫請祭諸郊，王曰：「三代命祀，祭不越望，江、漢、雎、漳，楚之望也，禍福之至，不是過也；不穀雖不德，河非所獲罪也。」遂弗祭。孔子曰：「楚昭王知大道矣，其不失國也宜哉！夏書曰：『惟彼陶唐，帥彼天常；有此冀方，今失其行，亂其紀綱，乃滅而亡。』又曰：『允出茲在茲，由己率常可矣。』」

按：凡此六條，無一不揭櫫卜筮不足恃而惟人事之可恃之道：

㈠襄十年條晉悼公疾，卜，桑林見，荀偃、士匄皆以爲桑林爲祟而請禱，然以桑林之樂享晉，其咎在宋人，故荀罃止之，未從卜言，晉侯病亦閒。

㈡龜焦而無法卜之者二條：一見於定九年衞侯卜過五氏，一見於哀二年趙鞅卜戰於齊人及范氏。然二者皆以人事之判斷而得其遂。

㈢哀六年楚昭王將救陳，卜戰不吉，卜退不吉，然昭王忖之，戰不吉而敗楚師不如死，棄盟逃讎亦不如死，二害相權，其死讎乎。卜筮既不可恃，唯有反求諸己而已。

㈣昭元年晉平公有疾，卜曰：「實沈、臺駘爲祟。」子產却指出致疾之因在平公日常生活之不知節制，而不在日月星辰山川之神爲祟。

㈤昭王有疾，卜河爲祟而王弗祭，夫河既非楚之望，自非獲罪之原。蓋卜筮之外，亦有諸侯裂土之紀綱，子曰：「非其鬼而祭之，諂也。」左傳亦云：「神不歆非類。」豈可因卜人之言而廢之邪？

## 五、僅以卜辭爲託辭者

左傳中亦有未必眞卜筮，却以卜筮爲託辭，欲藉以逞其志意者。凡十一則：玆錄其原文於左。

1. 僖十五年：子金教之言曰：「朝國人，而以君命賞，且告之曰：『孤雖歸，辱社稷矣！其卜貳圉也。』」衆皆哭，晉於是乎作爰田。

2. 僖二十八年：晉侯有疾，曹伯之豎侯獳貨筮史，使曰：「以曹爲解。齊桓公爲會而封異姓，今君爲會，而滅同姓。曹叔振鐸，文之昭也；先君唐叔，武之穆也。且合諸侯而滅兄弟，非禮也；與衞偕命，而不與偕復，非信也；同罪異罰，非刑也。禮以行義，信以守禮，刑以正邪，舍此三者，君將若之何？」公說，復曹伯。

3. 宣三年：成王定鼎于郟鄏，卜世三十，卜年七百，天所命也。周德雖衰，天命未改。（王孫滿對楚子）

4. 襄十三年：鄭良霄、大宰石㚟猶在楚，石㚟言於子囊曰：「先王卜征五年，而歲習其祥，祥習則行，不習則增脩德而改卜（註六），今楚實不競，行人何罪？止罪一卿，以除其偪，使睦而疾楚，以固於晉，焉用之？使歸而廢其使，怨其君以疾其大夫，而相牽引也，不猶愈乎？」楚人歸之。

5. 昭三年：初，景公欲更晏子之室，曰：「子之宅近市，湫隘囂塵，不可以居，請更諸爽塏者。」辭曰：「君之先臣容焉，臣不足以嗣之，於臣侈矣，且小人近市，朝夕得所求，小人之利也，敢煩里旅。」……及晏子如晉，公更其宅，反則成矣，既拜，乃毀之，而爲里室，皆如其舊，則使宅人反之。「且諺曰：『非宅是卜，唯鄰是卜。』二三子先卜鄰矣，違卜不祥。君子不犯非禮，小人不犯不祥，古之制也。吾敢違諸乎？」卒復其舊宅，公弗許，因陳桓子以請，乃許之。

6. 昭五年：楚子以馹至於羅汭，吳子使其弟蹶由犒師，楚人執之，將以釁鼓。王使問焉，曰：「女卜來吉乎？」對曰：「吉！寡君聞君將治兵於敝邑，卜之以守龜，曰：『余亟使人犒師，請行以觀王怒之疾徐，而爲之備，尙克知之。』龜兆告吉；曰：『克可知也。』君若驩焉，好逆使臣，滋敝邑休怠，而忘其死，亡無日矣。今君奮焉，震雷馮怒，虐執使臣，將以釁鼓，則吳知所備矣。敝邑雖羸，若早脩完，其可以息師，難易有備，可謂吉矣！且吳社稷是卜，豈爲一人？使臣獲釁軍鼓，而敝邑知備，以禦不虞，其爲吉孰大焉？國之守龜，其何事不卜，一臧一否，其誰能常之？城濮之兆，其報在邲，今此行也，其庸有報志。」乃弗殺。

7. 昭十八年：火之作也，子產授兵登陴，子大叔曰：「晉無乃討乎？」子產曰：「吾聞之，小國忘守則危，況有災乎！國之不可小，有備故也。」既，晉之邊吏讓鄭曰：「鄭國有災，晉君大夫，不敢寧居，卜筮走望，不愛牲玉；鄭之有災，寡君之憂也。今執事撊然授兵登陴，將以誰罪？邊人恐懼，不敢不告。」子產對曰：「若吾子之言，敝邑之災，君之憂也，敝邑失政，天降之災，又懼讒慝之閒謀之，以啓貪人，荐爲敝邑不利，以重君之憂。幸而不亡，猶可說也；

不幸而亡，君雖憂之，亦無及也。鄭有他竟，望走在晉，既事晉矣，其敢有二心。」

8.定八年：衞侯欲叛晉，而患諸大夫，王孫賈使次于郊，大夫問故，公以晉詬語之，且曰：「寡人辱社稷，其改卜嗣，寡人從焉。」大夫曰：「是衞之禍，豈君之過也。」

9.哀四年：單浮餘圍蠻氏，蠻氏潰，蠻子赤奔晉陰地。司馬起豐析與狄戎，以臨上雍，左師軍于菟和，右師軍于倉野，使謂陰地之命大夫士蔑，曰：「晉楚有盟，好惡同之；若將不廢，寡君之願也。不然，將通於少習以聽命。」士蔑請諸趙孟，趙孟曰：「晉國未寧，安能惡於楚？必速與之！」士蔑乃致九州之戎，將裂田以與蠻子而城之，且將爲之卜，蠻子聽卜，遂執之，與其五大夫，以畀楚師于三戶。司馬致邑，立宗焉，以誘其遺民，而盡俘以歸。

10.哀十七年：夏六月，趙鞅圍衞，齊國觀、陳瓘救衞，得晉人之致師者，子玉使服而見之，曰：「國子實執齊柄，而命瓘曰：『無辟晉師。』豈敢廢命？子又何辱？」簡子曰：「我卜伐衞，未卜與齊戰。」乃還。

11.哀二十七年：晉荀瑤帥師伐鄭，次于桐丘，鄭駟弘請救于齊。齊師將興，陳成子屬孤子，三日朝，設乘車兩焉，繫五邑焉。召顏涿聚之子晉，曰：「隰之役，而父死焉，以國之多難，未女恤也，今君命女以是邑也，服車而朝，毋廢前勞。」乃救鄭。及留舒，違穀七里，穀人不知。及濮，雨不涉，子思曰：「大國在敝邑之宇下，是以告急，今師不行，恐無及也。」成子衣製杖戈，立於阪上，馬不出者，助之鞭之。知伯聞之，乃還，曰：「我卜伐鄭，不卜敵齊。」

按：古人既有遇事則求諸卜筮之習慣，因有假卜筮爲名，欲說服或蒙蔽他人以逞其志意者興焉。就其假託之目的言之，約可分爲七類：

(一)藉「卜貳世子」爲名，令大臣同仇敵愾，以除己辱者：凡二條。一見於僖十五年，晉惠公戰敗後藉以收復民心；一見於定八年衞侯欲叛晉，而患諸大夫，故託言辱社稷而請改卜嗣。

(二)受人賄賂，因託言卜筮以解人之困阨者一則。見於僖二十八年，曹伯之豎侯獳既貨晉筮史，因乘晉侯之疾而言以曹爲解而復曹伯。

(三)藉卜爲辭以怯除他人覬覦傷害之心者！共二條。一見於宣三年王孫滿之對楚子，既「卜世三十，卜年七百」，故鼎不可問。一見於昭五年吳子弟蹶由答楚靈王之問，無論個人之死生，而舉國得以迎敵之機，故其卜爲吉。

(四)藉卜爲說以抒己之困窘者：二見。一在襄十三年，石臭藉卜點明「楚實不競，行人何罪？」楚人因歸之。一在昭三年，晏嬰藉「非宅是卜，唯鄰是卜」之言而復其舊宅。

(五)借卜筮以責備鄰國：見於昭十八年。鄭火，子產授兵登陴，晉邊吏之讓辭。

(六)藉卜設圈套：見於哀四年，晉受楚之迫，乃詐言將裂田以與蠻子而城之，且將爲之卜，蠻子聽卜。遂執之而畀予楚。

(七)託言未卜筮而掩飾己身之不敵者：凡二條。一見於哀十七年，趙鞅圍衞，齊師救衞，自忖不敵，乃曰：「我卜伐衞，未卜與齊戰」而還。一見於哀二十七年，晉荀瑤伐鄭，齊人救鄭，知伯聞其意甚堅，乃曰「我卜伐鄭，不卜敵齊」而還。

由是觀之，卜筮之道，其時已有假之爲玩弄權術之工具矣。因知左傳絕無視卜筮爲神聖不可疑之意。

## 六、事雖不關卜筮，然借易經卦爻辭以論事者

易經本輯歷來貞卜之辭，古人因有事雖不關於卜筮，却引易經卦爻辭以論其吉凶者。左傳中共計誌六則，玆錄其原文於左；附於卜筮類之末，以供參考。

1.宣六年：鄭公子曼滿，與王子伯廖語，欲爲卿，伯廖告人曰：「無德而貪，其在周易：豐之離，弗過之矣。」閒一歲，鄭人殺之。

2.宣十二年：知莊子曰：「此師殆哉！周易有之，在師之臨，曰：『師出以律，否臧，凶。』執師順成爲臧，逆爲否。衆散爲弱，川壅爲澤，有律，以如己也，故曰：『律否臧。』且律竭也。盈而以竭，夭且不整，所以凶也。不行之謂臨，有師而不從，臨孰甚焉，此之謂矣，果遇必敗。彘子尸之，雖免而歸，必有大咎。」

3.襄二十八年：子大叔歸復命，告子展曰：「楚子將死矣，不脩其政德而貪昧於諸侯，以逞其願，欲久得乎？周易之，在復之頤，曰：『迷復凶。』其楚子之謂乎！欲復其願，而弃其本，復歸無所，是謂迷復，能無凶乎？君其往也，送葬而歸，以快楚心。楚不幾十年，未能恤諸侯也，吾乃休民矣。」

4.昭元年：趙孟曰：「何謂蠱？」對曰：「淫溺惑亂之所生也。於文，皿蟲爲蠱；穀之飛亦爲蠱；在周易，女惑男，風落山，謂之蠱，皆同物也。」趙孟曰：「良醫也。」厚其禮而歸之。

5.昭二十九年：龍，水物也，水官弃矣，故龍不生得。不然，周易有之，在乾之姤，曰：「潛龍勿用。」其同人曰：「見龍在田。」其大有曰：「飛龍在天。」其夬曰：「亢龍有悔。」其坤曰：「見羣龍無首，吉。」坤之剝，曰：「龍戰于野。」若不朝久見，誰能物之？（蔡墨對魏獻子論龍）

6.昭三十二年：社稷無常奉，君臣無常位，自古已然，故詩曰：「高岸爲谷，深谷爲陵。」三后之姓，於今爲庶，主所知也。在易卦，雷乘乾曰大壯，天之道也。（摘自史墨答趙簡子季氏出其君而民服之問）

漢志蓍龜家後序云：

蓍龜者，聖人之所用也。書曰：「女則有大疑，謀及卜筮。」易曰：「定天下之吉凶，成天下之亹亹者也，莫善於蓍龜。」是故君子將有為也，將有行也，問焉而以言，其受命也如嚮，無有遠近幽深，遂知來物，非天下之至精，其孰能與於此？及至衰世，解於齊戒，而煩煩卜筮，神明不應。故筮瀆不告，易以為忌；龜厭不告，詩以為刺。

古人雖遇疑輒訴諸卜筮，然於本章七十二則中，以卜筮求禍福休咎者僅三十三則，且未必以其吉凶應事，因知於春秋之際，除切身禍福外，卜筮已有逐漸淪爲虛文之現象。又究卜筮之由，另有因鬼神、災異、夢等而占之卜之者，一則以其皆別立專章論之，再則其事主在鬼神、災異、夢而不在卜，故本章不論，然當互相參校，方知左傳卜筮全貌焉。

## 【註釋】

註一　㈠本文所錄卜筮資料，不含左列諸項：

1.僅言卜人之名而不錄貞卜之事者不錄：如閔二年：初公傅奪卜齮田，公不禁。秋八月，辛丑，共仲使卜齮賊公于武闈條。

2.以卜字爲形容詞而不及其事者不錄：如

(1)宣十二年邲之戰，欒武子曰：「子良、鄭之良也；師叔，楚之崇也。師叔入盟，子良在楚，楚鄭親矣。來勸我戰，我克則來，不克遂往：以我卜也。鄭不可從。」條。

(2)昭二十六年子猶告齊侯曰：「使羣臣從魯君以卜焉」條。

3.凡卜筮之原因另闢專章者收入名專章，於此不錄：如

(1)僖十九年：於是衞大旱，卜有事於山川，不吉。一條收入災異類。

(2)昭七年孔成子夢康叔，後以周易筮之條；哀十七年衞叔夢于北宮而貞卜之條皆收入夢類。

㈡杜氏經傳集解原於每卦下皆坿卦象，然孔疏云：「傳之筮者，指取易義，不爲論卦，丘明不畫卦也。諸爲注者皆言上體下體，若其畫卦示人，則當不煩此注，注亦不畫卦也。今書有畫卦者，當是後之學者自恐不識，私畫以備忘，遂傳之耳。」今皆刪之。

註二　參看三、以卜筮決禍福休咎類，㈥征伐項下12哀九年條，正誌其起兵伐齊之卜。

註　三　既云「臣卜其晝，未卜其夜」，則言君之前必卜其時日可知也，因收入禮儀制度類。

註　四　此條本錄伯州犁與楚共王望晉軍佈陣之對答，然由之可見晉人戰前之儀節，因收入禮儀制度類。

註　五　依其首條於左傳中出現之先後次序排列。

註　六　杜預經傳集解於「不習則增」句絕，今不從。

# 詩序作者及其時代

王金凌

關於詩序、大序、小序的作者及其時代一直是聚訟紛紜的問題。如果從戰國到漢初典籍的形成來看，這些問題都難有確切的答案。彼時典籍多數是歷時緜長的結集，詩序便是如此。而歷來對詩序的爭議大多肇因於不辨思想形成與著於竹帛的區別。

本來著於竹帛之時就是思想形成之時，但是詩序不然。詩說到漢初分裂為四家。四家詩說有同有異，同者為據以解釋各篇大意的思想，異者為據此思想而解釋各篇大意時略有分歧。換句話說，四家詩的詩歌理論相同，理論的應用則或同或異。既然如此，詩序思想的形成和著於竹帛（即應用）並不同時。詩序思想的形成在前，而著於竹帛在後。

自從鄭玄不能辨明這個區別和范曄後漢書衞宏傳有「毛詩序」一詞之後，詩序的問題可說治絲益棼，於是產生不少難以解釋的問題。譬如：為何西漢沒有「詩序」一名，而東漢有？衞宏的「毛詩序」是今日習稱的毛詩序嗎？鄭玄稱解釋一篇詩旨者為「序」，後人沿其名而補稱「詩序」，鄭玄為何如此立名？沈重之前已有大序小序之分，只是未標作者，沈重據鄭玄詩譜意而推測子夏作大小序，毛公補述小序，沈重的根據何在？唐代以後對大小序及其作者各有不同的說法，其根何在？是否能持之有故，言之成理？這些都是有待解決的問題。然而衆說既然紛紜，拙文的辨證就從衆說所同者爲起點，即詩序是解釋一篇詩旨者。由於辨證不免煩瑣的推論，因此先列拙文綱要，以醒眉目。

壹、詩序何時著於竹帛

1. 何謂詩序
2. 四家詩都有詩序
　證明甲：說詩宗旨相同
　　乙：解釋篇旨的方法相同
　　丙：構句法相似
　　丁：根據常理推論
3. 鄭玄所稱「詩序」即西漢的故訓
　證明甲：漢儒的注經方式
　　乙：毛詩序中有解釋字義者
4. 為何西漢無「詩序」之名而有其實
5. 鄭玄認為毛詩序與毛傳作者不同的緣故及錯誤
6. 故訓（詩序）著於竹帛的時代在文、景、武三世

貳、詩序名稱與大小序問題的產生

1. 衞宏毛詩序非今日習稱的毛詩序
　甲、從陸璣毛詩草木鳥獸蟲魚疏的語意推論
　乙、從經學史看范曄後漢書衞宏傳的史筆
　丙、從毛傳與詩序的關係推論
2. 鄭玄將「序」字從普通語詞改為專門語詞
3. 沈重如何根據鄭玄語意推測大小序及其作者

叁、詩序思想形成的時代

1. 詩序的思想
2. 詩序思想形成於秦訂挾書律之前約半世紀間
　證明甲：尚賢
　　乙：祿仕
　　丙：陰陽與男女類比
　　丁：重視夫婦之道的社會背景
　　戊：詩序與周禮
　　己：挾書律
　　庚：魯詩與元王詩
　　辛：綜合推論

肆、結論

在辨證之前，有兩點說明：第一，三家詩輯文據王先謙「詩三家義集疏」。清儒篤學，嘉惠今人匪淺。第二，凡四家詩序分別稱魯詩序、齊詩序、韓詩序、毛詩序。只稱詩序者，係指戰國晚期據以說詩的思想。

## 壹、詩序何時著於竹帛

雖然毛詩序的作者和時代歧見不少，何謂詩序却無異說。詩序卽解釋詩旨者。（姑不論其總說三百篇或分說各篇）毛詩序冠於經文之前，三家詩序置於何處則不得而知。三家詩都有詩序可以從說詩宗旨、解釋篇旨的方法、構句法、和常理得到證明。

毛詩關雎序曾提到說詩宗旨，以夫婦之道爲教化之端。關雎序說：

關雎，后妃之德也，風之始也，所以風天下而正夫婦也。故用之鄉人焉，用之邦國焉。

漢書杜欽傳述欽之言：

后妃之制，夭壽治亂存亡之端也。

顏師古注引臣瓚，以爲杜欽之言是魯詩說。則魯詩與毛詩序的說詩宗旨相同。又漢書匡衡傳說：

臣聞之師曰：孔子論詩以關雎為始，言太上者，民之父母，后夫人之行不侔乎天地，則無以奉神靈之統，而理萬物之宜。……此綱紀之首，王教之端也。

匡衡受齊詩於后蒼，這段文辭爲齊詩說，與毛詩序的說詩宗旨相同。又韓詩外傳卷五說：

子夏問曰：「關雎何以為國風始也。」孔子曰：「關雎至矣乎！夫關雎之人，仰則天，俯則地，幽幽冥冥，德之所藏，紛紛沸沸，道之所行，如神龍變化，萬物之所繫，羣生之所懸命也。……天地之間，生民之屬，王道之原，不外此矣。」

則韓詩與毛詩序的說詩宗旨相同。從以上文辭，足見四家詩都以「君子之道，肇端乎夫婦」爲本。既然說詩宗旨在毛詩中爲詩序，則三家詩也有詩序。

至於解說篇旨的方法，毛詩序常引史事以比附詩文，又結合數篇爲一組詩，闡明大義。三家詩亦然。譬如邶風二子乘舟毛詩序說：

思伋、壽也。衞宣公之二子爭相為死，國人傷而思之，作是詩也。

劉向新序節士篇詳述這段史事說：

衞宣公之子伋也、壽也。伋，前母子也。壽與朔，後母子也。壽之母與朔謀欲殺太子伋而立壽也，使人與伋乘舟於河中，將沈而殺之。壽知不能止也，固與之同舟，舟人不得殺伋。方乘舟時，伋傅母恐其死也，閔而作詩，二子乘舟之詩是也。

劉向習魯詩，兼習韓詩，因此這段記載是魯詩說，也可能是韓詩說，二者相同。但是這段魯詩說與左傳桓公十六年的記載相去甚遠。左傳中「伋」作「急子」，也許魯詩說因音近而誤。左傳所載並非壽之母使人與伋乘舟而殺之，而是壽母譖伋宣公，宣公命伋使齊，使盜伏而殺之。反而毛傳在「二子乘舟，汎汎其景」下詳述伋壽事跡與左傳相近。姑不論這些差異，毛詩與魯詩都有援引史事以解釋篇旨的方法。

至於連結數篇爲一組詩以闡明大義者，譬如小雅魚麗毛詩序說：

魚麗，美萬物盛多，能備禮也。文武以天保以上治內，采薇以下治外，始於憂勤，終於逸樂，故美萬物盛多，可以告於神明矣。

又小雅六月毛詩序結合鹿鳴以下至菁菁者莪，闡明王道衰微的過程，文煩不錄。而易林坤之遯述齊詩說：

鴟鴞破斧，沖人危殆，賴旦忠德，轉禍為福，傾危復立。

又易林睽之小過引齊詩說：

采薇出車，魚麗思初，上下促急，君子懷憂。

齊詩說多用四言句，文體與毛詩序不同，但是連結數篇以明大義則無殊。

此外，根據王先謙書，三家詩解釋篇旨者共有七十六篇，持與毛詩序相較，或大意相同，或同引一件史事而取義不同。舉證煩瑣，因此從略。

在構句法方面，韓詩也有類似毛詩序首句的句法，如關雎：「刺時也。」芣苢：「傷夫有惡疾也。」蝃蝀：「刺奔女也。」溱洧：「說人也。」常棣：「夫移燕兄弟也，閔管蔡之失道。」又有類似毛詩序次句以下的句法，如野有死麕：「平王東遷，諸侯侮法，男女失冠昏之節，野麕之刺興焉。」

最後從常理推論。三家詩既然先後立於學官，毛詩雖在西漢末立於學官，也在景帝年間為河間獻王立為博士。如此則必傳授弟子。傳授之際不可能只解釋字、詞、句、章的意義，仍須說明全篇大意或大義。而後人都共同認為解釋篇旨者為詩序，那麼，三家詩也都有詩序，不僅毛詩為然。

以上從說詩宗旨，解釋篇旨的方法、構句法、和常理四方面辨明三家詩和毛詩一樣，都有詩序。然而爲何西漢沒有「詩序」一名？因爲詩序隱藏在故訓中。這一點從鄭箋可以看出來。鄭玄解釋南陔、白華、華黍三篇毛詩序時說：

此三篇者，鄉飲酒、燕禮用焉。曰：「笙入，立於縣中，奏南陔、白華、華黍。」是也。孔子論詩，雅、頌各得其所，時俱在耳。篇第當在於此，遭戰國及秦之世而亡之。其義則與衆篇之義合編，故存。至毛公為詁訓傳，乃分衆篇之義各置於其篇端云。

鄭玄此箋認爲毛詩序在毛公之前已經完成，而毛公作故訓傳時，把毛詩序放在經文之前。此處姑且不論毛詩序是否在毛公以前就完成。至少鄭玄作箋時所見的毛詩故訓傳已是毛詩序在經文之前。然而漢志著錄只有「毛詩二十九卷」和「毛詩故訓傳三十卷」，未見「詩序」一名。那麼毛詩序跑到那裏去了？其實就在故訓傳中。這一點可以從漢儒的注經方式和詩序解釋篇旨的三處例外得到證明。

大體而言，漢儒將一篇詩分爲三個部份來解釋：字詞、章句、篇。解釋字義、詞義、篇義者稱爲故訓，解釋章義、句義者稱爲傳說。孔穎達據爾雅說：

詁者，古也，古今異言，通之使人知也。訓者，道也，道物之貌以告人也。

這是以詁訓爲解釋字詞意義，在四家詩中都有這種解釋方式。然而爲何說詁訓也解釋全篇意義？漢書丁寬傳說：

景帝時，寬……作易說三萬言，訓故擧大誼而已。（師古注：「故，謂經之旨趣也。」

又同書申公傳：

中公獨以詩經爲訓故以教，亡傳（去聲）疑者則闕，弗傳（陽平聲）。（師古注：「口說其旨，不爲解說之傳。」）

又同書藝文志六藝略著錄：

魯故，二十五卷。（師古注：「故者，通其指義也。」）

根據丁寬傳「訓故舉大誼」一語，可知師古注是正確的，故訓是標明一篇旨趣。至於傳說，韓詩外傳可爲明徵。其辭莫不申述義理或引據史事，末句則引詩數句作結，而非檃括全篇旨趣。這種寫法顯然源於孟荀。所不同的是孟、荀引詩以證自己的思想，漢儒以義理或史事說明數句詩的大義。孟、荀以己意爲主，以詩爲從，漢儒以詩爲主，以義理史事爲從。孟、荀的態度是用詩，漢儒的態度是說詩。雖然傳說引據史事，如果一篇詩有歷史背景，故訓也會說明史事。不過二者仍然有別，故訓略而傳說詳。譬如毛詩二子乘舟，序僅說伋、壽爭死，毛傳則詳述原委，以解「二子乘舟，汎汎其景」兩句的語意。

以上從注經方式來看，詩序卽故訓。但是故訓也解釋字詞意義，因此毛詩序中有三處解釋字義而未刊落。一在大雅召閔，解釋「旻」字，一在周頌絲衣，解釋「尸」字，一在周頌賚，解釋「賚」字。毛詩序本以解釋篇旨爲主，如今却有三個例外，正足以顯示毛詩序就是毛詩故訓傳中的「故訓」。所以今本毛詩故訓傳只解釋經文，而未解釋毛詩序，毛詩序就是毛詩故訓傳中的一部份，不必再解釋。

雖然從注經方式和詩序中的例外足證詩序卽故訓，但是仍有兩個疑問必須解答。第一、旣然毛詩序卽故訓，何以西漢不逕稱「詩序」。第二、鄭玄爲何會把詩序和毛詩故訓傳分開來？今分別說明。

西漢沒有「詩序」一名是因爲「序」是普通語詞，作動詞用。到了鄭玄把「序」字變成專門語詞作名詞用。毛詩解釋衞風氓篇旨（依東漢說法是毛詩衞風氓序）時說：

刺時也。宣公之時，禮義消亡，淫風大行，男女無別，遂相奔誘，華落色衰，復相棄背，或乃困而自悔喪其妃耦。故序其事以風焉，美反正，刺淫泆也。

所謂「序其事以風焉」，就是敍述宣公時的社會風氣作爲風刺。「序」卽敍述，不僅毛詩有「序」這個用法，魯詩也有。劉向列女傳貞順篇解說邶風式微時，先敍述黎莊夫人不爲莊公所納，傅母勸夫人離去，黎莊夫人終執貞壹，不違婦道，最後說：

君子故序之以編詩。

又同書同篇解說王風大車時，先敍述息夫人不爲楚王所迫而自殺，其君也自殺，楚王感動，而以諸侯之禮合葬。最後說：

君子謂夫人說於行善，故序之於詩。夫義動君子，利動小人，息君夫人不為利動矣。

又同書同篇解說邶風柏舟時，先敍述衞宣夫人爲齊侯之女，嫁於衞，至城門而衞君死，於是持喪三年，終守節。最後則說：

君子美其貞壹，故舉而列之於詩也。

劉向習魯詩，這三段記錄都解說詩中數句，因此屬於魯說，而非魯故（卽魯詩序）。雖然不是魯故，持與毛詩㡳序相較，「序」字兼含敍述、編列二義，卽敍述史事，編列於詩。（由此可見漢儒引史證詩毫不隱諱其附會之意。）敍述、編列都是普通語詞，作動詞用，因此西漢沒有「詩序」一名。到鄭玄才把「序」變爲專有名詞。爲何把「序」從普通語詞變爲專門語詞？這是沒有理由的，只是偶然而已。

至於鄭玄把毛詩序和毛詩故訓傳分開可能是爲了追溯本源的緣故。毛詩序的內容的確包含了從孔子到戰國晚期的儒家思想，如果就這一點來看，毛詩序的思想是形成於毛公之前。但是思想形成和著於竹帛是兩回事。思想形成未必著於竹帛，可能止於口授。而著於竹帛可以包含前代的思想，而且不止一家。鄭玄沒有考慮到這個分別，因此說毛詩序在毛公之前已經完成，不但如此，還說子夏作詩序。鄭玄旣持此說，立刻面臨難題。大雅緜衣序有高子之言，而高子在子夏之後，與孟子同時，於是鄭玄不得不對此有所解釋。結果愈解釋愈含混，引起沈重的猜測，而分出大序和小序，後人又繞着沈重的說法爭議不休。眞是差之毫釐，繆以千里。鄭玄的誤導將於下文論大小序問題的產生時詳細說明。

旣然詩序卽故訓，則故訓著於竹帛的時代就是詩序著於竹帛的時代。漢書藝文志著錄「魯故，二十五卷」，儒林傳稱「申公獨以詩經爲訓故以教，亡傳，疑者則闕，弗傳」，則魯故應是申公所作，亦卽魯詩序爲申公所作。申公在文帝末年因楚王戊苛虐而歸魯，居家教授，則魯詩序應在文景之際著於竹帛。

漢書藝文志又著錄「齊后氏故，二十卷」，「齊孫氏故，二十七卷」。孫氏不知何人，后氏，據儒林傳，當卽后蒼。齊詩爲轅固所傳，而夏侯始昌最得其學，后蒼爲夏侯始昌弟子，則后氏故應是據師說而成。夏侯始昌年老時爲昌邑王太傅，則其生年約在景帝初。董仲舒、韓嬰死後，夏侯始昌爲武帝所重，前此則以齊詩、尙書教授，則后蒼從學應在武帝中期，撰后氏故則在稍後。由此而言，齊詩序於武帝年著於竹帛。

又漢書藝文志著錄「韓故，三十卷」，「韓內傳，四卷」，「韓外傳，六卷」。據儒林傳，韓嬰在孝文時爲博士，在景帝時推詩人之意而作內外傳。則韓故應在內、外傳之前完成。則韓詩序在文景之際時著於竹帛。

漢書藝文志著錄「毛詩故訓傳，三十卷」。旣稱毛詩，援韓詩稱名之例，「毛」爲姓氏。漢有毛公，（姑不論爲毛亨或毛萇）景帝時爲河間獻王博士。爲博士則教授弟子，教授弟子不能不說篇旨。則魯詩序著於竹帛當在景帝時。卽使如齊詩經轅固、夏侯始昌至后蒼始著於竹帛，魯詩序至遲也在武帝年間完成。

據以上論證，四家詩序陸續在文、景、武三朝著於竹帛。雖然如此，其思想則遠萌於孔子，形成於戰國晚期。而毛詩序的文章結構和語意也引起後人許多推測。以下分別就這兩方面討論。

## 貳、詩序名稱與大小序的產生

就時代先後而言，衞宏早於鄭玄。衞宏在西漢與東漢之際，鄭玄在東漢末葉。論者或據范曄後漢書衞宏傳而稱毛詩序爲衞宏所作。衞宏誠然作毛詩序，却不是今日所見的毛詩序。關於衞宏作毛詩序的記載首見於三國陸璣，其次見於范曄後漢書。陸璣毛詩草木鳥獸蟲魚疏說：

孔子刪詩，授卜商。商為序，以授魯人曾申。申授魏人李克，克授魯人孟仲子，仲子授根牟子，根牟子授趙人荀卿，卿授魯國毛亨。亨作詁訓傳，以授趙國毛萇。時人謂亨為大毛公，萇為小毛公。以其所傳，故名其詩曰毛詩。萇為河間獻王博士，授同國貫長卿，長卿授阿武令解延年。延年授徐敖，敖授九江陳俠，為新莽講學大夫。由是言毛詩者本之徐敖。時九江謝曼卿亦善毛詩，乃為其訓。東海衞宏從曼卿受學，因作毛詩序，得風雅之旨。

這段傳承從毛萇以下至陳俠襲漢書儒林毛公傳。毛亨以上僅子夏、荀卿見於漢儒林傳序，孟仲子見於周頌清廟和魯頌閟宮的毛傳。曾申、李克、根牟子則不知所出。至於謝曼卿與衞宏事也見於范曄後漢書儒林衞宏傳，所不同者，後漢書在「謝曼卿亦善毛詩」一句中少「亦」字，而在「善得風雅之旨」下多「於今傳於世」一句，其餘文詞悉同。陸璣文辭值得注意的是子夏作序和衞宏作毛詩序。從這兩件事可以知道：

第一，子夏作序。但是子夏作序的意義究竟指詩序在子夏手中著於竹帛？或子夏是詩序形成過程中的代表人物之一？根據前文所論，四家詩序（卽故訓）在文、景、武三世著於竹帛，則子夏作序的意義應指後者。不過，此處爲了討論方便，姑且依陸璣之意，籠統的說子夏作序。

第二，子夏的序和衞宏毛詩序是不同的著作。因爲子夏若眞作序，不可能題毛詩序，如果衞宏毛詩序和子夏序是同一著作，陸璣不必重複敍述。

第三，子夏作序的說法始於鄭玄，陸璣因襲其說。鄭玄的說法見於毛詩常棣孔疏；則至少鄭玄認爲毛詩序的內容遠承子夏。旣然衞宏毛詩序和子夏的序不是同一著作，則衞宏毛詩序就不是今日所見的毛詩序。

除了根據上列推論之外，還可以根據「九江謝曼卿善毛詩，乃爲其訓。宏從曼卿受學，因作毛詩序，善得風雅之旨」。數語，以明衞宏毛詩並非今日所見的毛詩序。所謂訓，就是故，故就是訓，單稱則故或訓，合稱則故訓。據前文所述故訓是解釋篇旨或字詞意義，則謝曼卿曾解釋毛詩各篇旨趣或字詞意義。而衞宏毛詩序「善得風雅之旨」，也應是解釋各篇旨趣。旣然如此，謝曼卿「爲其訓」恐是口授，而衞宏著於竹帛。如果謝曼卿已將其訓著於竹帛，則衞宏毛詩序應與謝曼卿的訓略有不同，否則衞宏不必再作毛詩序。無論如何，衞宏的毛詩序因襲謝曼卿。然而謝曼卿受學何人？爲什麼要「爲其訓」？

根據陸璣的語意，謝曼卿很可能學於徐敖。陸璣與班固敍述西漢毛詩傳承時，都說徐敖授陳俠，陳俠爲王莽講學大夫，於是言毛詩者本之徐敖。接着陸璣說：「時謝曼卿亦善毛詩。」「亦」字是針對陳俠而言，意謂陳俠善毛詩，謝曼卿亦善毛詩。二人又都是九江人，因此很可能都是徐敖的弟子。卽使謝曼卿不是徐敖的弟子，也應有所承受。根據漢志，到西漢末年、東漢初年，毛詩的注本僅有毛詩故訓傳，如果謝曼卿學毛詩用這本故訓傳，而今卻「爲其訓」，顯然謝曼卿的訓與毛詩故訓傳有所不同，否則不必「爲其訓」。旣然不同，則衞宏毛詩序也與毛詩故訓傳不同。不過是內容的不同，性質則同樣是解釋毛詩各篇旨趣。如果謝曼卿學毛詩不是用這本故訓傳，而是用漢志所未著錄的另一種注本，則謝曼卿的訓已與毛詩故訓傳不同，而衞宏毛詩序亦然。

以上從陸璣和班固的載錄，推論衞宏毛詩序不是今日所見所稱的毛詩序。衞宏的毛詩序源於謝曼卿，性質則與今日所見的毛詩序相同，都是解釋毛詩各篇旨趣的著作。其實，從說詩的發展來看，衞宏毛詩序爲新作並不足怪，後人凡以西漢詩序（故訓）不切詩旨，而另闢蹊徑，解釋詩旨者，都是屬於詩序性質的著作。如果明白衞宏毛詩序是繼毛詩故訓傳之後的新作，就不致於誤解范曄後漢書儒林衞宏傳的語意，而且可以進一步從經學史的背景瞭解范曄的史筆。

范曄後漢書儒林衞宏傳說：

> 衞宏……少與河南鄭興俱好古學。初，九江謝曼卿善毛詩，乃為其訓。宏從曼卿受學，因作毛詩序，善得風雅之旨，於今傳於世。後從大司空杜林更受古文尚書，為作訓旨。時濟南徐巡師

事宏，後從（杜）林受學，亦以儒顯。由是古學大興。光武以為議郎。……中興後，鄭衆、賈逵傳毛詩，後馬融作毛詩傳，鄭玄作毛詩箋。

范曄所說的「於今（劉宋時）傳於世」一語値得注意。如果衞宏毛詩序就是今日所見所稱的毛詩序，鄭玄作箋怎會不提到衞宏？鄭玄不曾提到衞宏正是因爲他根據毛詩故訓傳作箋，而非根據衞宏毛詩序作箋。范曄敍畢衞宏、徐巡事之後說「由是古學大興」，那只是和西漢比較可稱大興。其實古學大興是在東漢。這句話和「於今傳於世」都是泛泛之筆。猶如劉勰獻書給沈約，史稱沈約「常置諸几案」，可能沈約很重視文心雕龍，也可能只是置之而已。若從二人地位懸絕和劉勰此書在彼時不甚流傳來看，「常置諸几案」只是置之而已，是泛泛之筆。而范曄敍衞宏也是如此，衞宏毛詩序在東漢並不爲人所重。何以見得？見於范曄敍鄭衆、賈逵、馬融、鄭玄諸人。

范曄在衞宏兼敍此數人自有其經學史的意義，表示衞宏毛詩序與此數人的傳、箋都是注解毛詩的著作，也表示東漢古學大興肇端於衞宏，只不過後來居上，衞宏爲此數人所掩而已。當初從謝曼卿學毛詩者有衞宏、賈逵。（俱見本傳）衞宏年歲約長賈逵一輩，則衞宏可能在謝曼卿壯年時後學，而賈逵在謝曼卿年老時從學。衞宏位不過議郎，賈逵則曾應詔撰齊、魯、韓、毛異同。朝廷又詔諸儒選高才生從賈逵習左氏、穀梁春秋、古文尚書、毛詩。其弟子門生皆拜千乘王國郎，致使黃門署學者羨慕不已。相形之下，衞宏的毛詩序並不受重視。而後馬融「才高博洽，爲世通儒，施養諸生，常有千數」，（本傳語）鄭玄則「括囊大典，網羅衆家，刪裁繁誣，刊改漏失」。（本傳范蔚宗論）賈逵生於光武建武七年，卒於和帝永元十三年（西元三一——一〇一年）。馬融生於章帝建初四年，卒於桓帝延熹九年（西元七九——一六六年）。鄭玄生於順帝永建二年，卒於獻帝建安五年（西元一二七——二〇〇年）。三人生平正與東漢初、中、晚期相終始。賈逵有朝廷爲之彰顯，馬、鄭有生徒爲之騰播，衞宏的毛詩序自然只能傳於世，而不爲所重。這是范曄敍衞宏而兼及賈逵、馬融、和鄭玄等人的背景。

除了陸璣和范曄的載錄之外，還可以從毛傳和詩序的先後關係證明衞宏毛詩序並非今本毛詩序。毛傳的完成時代在詩序之後，試比較二者語意即可明白。魯頌泮水序說：

泮水，頌僖公能脩泮宮也。

毛傳在「思樂泮水」下說：

泮水，泮宮之水也。天子辟廱，諸侯泮宮。

毛傳增言「天子辟廱」，以與泮宮分別，顯然針對詩序而發。則毛傳完成於詩序之後甚明。班固據七略而撰藝文志，著錄毛詩故訓傳，七略經始於成帝時，則毛詩故訓傳完成於成帝以前，序又更早。而此時衞宏尚未出生，因此今本毛詩序不可能爲衞宏所作。衞宏毛詩序應是別有其書，而今已佚，不得其情。除非他日考古文物復見衞宏毛詩序，不然將千古沈埋。

既然衞宏毛詩序並非今日所見所稱的毛詩序，以下當述及「詩序」一名的成立。稱解釋篇義者爲「詩序」始於鄭玄，見於常棣孔疏。毛詩常棣序說：

常棣，燕兄弟也。閔管蔡之失道，故作常棣焉。

孔疏引鄭玄答張逸說：

此序子夏所為。親受聖人，足自明矣。

姑不論是否子夏作序，鄭玄始稱解釋篇義者（西漢稱故訓）爲「詩序」則無可懷疑。而這個名稱的來源是將「序」字從西漢時的普通語詞轉變爲專門語詞。其證已見前文。

雖然衞宏立「詩序」一名，却不曾分大序與小序。陸璣、王肅、范曄等人亦然。根據毛詩關雎序孔疏所引，最早分大小序者不知其人姓名，姑稱舊說。舊說不曾提到大序與小序的作者，認爲從「關雎，后妃之德也」到「用之邦國焉」爲小序，從「風，風也」到關雎序末爲大序。這個分法是以內容爲分類準則，以總說詩三百大義者爲大序，說關雎一篇旨趣者爲小序。倘若如此，葛覃以下各篇詩序應該都是小序。由於舊說不曾提到大小序作者，不致於引起太多爭議。沈重則不然。沈重繼舊說之後劃分大小序，並且道明作者，於是引起大小序及其作者的問題。

毛詩關雎序孔疏引沈重說：

案鄭詩譜意，大序是子夏所作，小序是子夏、毛公合作。卜商意有不盡，毛更足成之。

沈重述大小序作者甚明，至於何處是大序，何處是小序則未明說。不過，澄清沈重關於大小序作者的來源之後，何處是大序、小序自然迎刃而解。沈重既然根據鄭玄詩譜而推測大小序作者，但是鄭玄未曾分大小序，也未曾提到毛公作序，那麼沈重的根據從何而來？根據鄭玄說子夏作序而來。

前文曾說，鄭玄不能辨明詩序思想的形成和著於竹帛是兩回事，於是將詩序和故訓傳分開，因推溯本源而認爲子夏作序。一旦詩序中有晚於子夏的文辭，鄭玄就不能不有所解釋。如今毛詩序中確實有晚於子夏的文辭，大雅絲衣序說：

絲衣，繹賓尸也。高子曰：「靈星之尸也。」

毛詩故訓傳與韓詩外傳都曾引高子與孟子的對話，毛傳引高子見於小雅小弁「我躬不閱，遑恤我後」下，韓詩外傳引高子見卷二，其文係解釋載馳「既不我嘉，不能旋反。視我不臧，我思不遠」數句。鄭玄據毛傳作箋，又曾引韓詩解釋經文，對高子年世應有所知。於是答張逸說：

高子之言，非毛公後人著之。(孔疏引)

這句話是沈重推測大小序作者的根據，也是後日糾紛的起點。根據常棣序孔疏引鄭玄答張逸，認爲子夏作序，那麼此處不應以毛公爲判斷高子年世的指標，而應說：「高子之言，子夏以後人著之。」但是這麼說將動搖子夏作序的說法，於是改以作故訓傳的毛公爲指標。但是這樣非但無法解釋何以詩序有高子之言，還暗示毛公作序，只是毛公序中有高子之言。因爲鄭玄語意包含：

1. 有詩序。
2. 詩序，毛公著之。
3. 詩序中有高子之言。
4. 高子年世非毛公之後。

5.高子之言，非毛公後人著之。

右列五項語意中，若少了第2項，則4、5兩項都消失。如今鄭玄的話在第5項，則第2項不可少。所以鄭玄語意中含有毛公作詩序。於是依鄭玄之意，詩序中有子夏、高子、和毛公三人手筆。

既然如此，爲何沈重會說大序是子夏作，小序也是子夏作而毛公補述呢？這和毛詩序的文章結構有關。毛詩序的文章結構有兩部份：第一部份是首句（偶而有兩句），標擧一篇旨意。第二部份是次句以下，多數說明首句。從文章技巧來說，第一部份是點，第二部份是染。雖然詩序的結構有兩部份，並非每一篇都兼備。譬如：三頌四十篇中僅淸廟、絲衣、酌、桓、賚、駉、那七篇兼具兩部份。二雅一百〇四篇中（笙詩不計），兼具兩部份者有四十九篇。十五國風則多數具備兩部份，僅草蟲、燕燕、式微、河廣、采葛、素冠等六篇具有第一部份，而缺第二部份。這個現象很容易令人根據文章結構而劃分詩序爲大小序。鄭玄既然在常棣序說：「此序子夏所爲。」而常棣序包含兩部份，又在絲衣序說：「高子之言，非毛公後人著之」，而高子之言在第二部份，顯然毛公的序也應在第二部份。綜合鄭玄在這兩篇序的解釋，第二部份有子夏、高子、毛公之言，第一部份則應是子夏之言。於是沈重就據此認爲大序是子夏所作，小序是子夏作而毛公補述。這個分法是以作者爲分類標準，創者爲大，繼者爲小。沈重不說高子、毛公補述，大概是因爲高子之言僅一見，而毛公曾作故訓傳。

從以上的說明，可知大小序問題的產生肇因於鄭玄的誤解，以爲子夏作序，於是對何以有高子之言的解釋含糊其詞，沈重又從鄭玄含糊的語意去臆測，而有大小序及其作者之說。後人不明問題癥結，也隨着沈重的說法繞圈子，以致愈辨愈晦。其實關鍵就在詩序思想的形成和著於竹帛是兩回事。前文已明四家詩序卽故訓，著於竹帛約在文、景、武三朝。以下再說明詩序思想的形成。

## 叁、詩序思想形成的時代

「形成」是指歷經一段時期而終底於成。旣形成，則其思想不僅承自先賢，而且將先賢思想融於自己的思想體系。因此討論這個問題之前，必須先略明詩序據以說詩的思想，而後考察詩序思想形成的時代下限。

根據王先謙書的資料，將四家詩據以解說詩旨的思想抽繹出來，則可見四家詩的思想是一致的。這一致的思想就是詩說未分裂之前的思想稱爲詩序思想。詩序思想以齊家、治國、平天下爲經，以五倫爲緯。用今日的話來說，就是以五倫的社會結構爲基礎而建立其社會思想。由於詩序的社會思想以齊家爲始，因此特別重視夫婦之道。重視夫婦之道並非閉門空想而來的，而是有其現實的社會背景，一方面五倫以家爲主，而夫婦是家的支柱，另一方面則礙砭戰國晚期的社會風氣。

在夫婦之道中，詩序又特別重視婦道，以婦道爲中心而發揮美刺。美刺的對象以后妃、夫人、大夫妻、諸侯爲主。詩序重視婦道，尤其以后妃爲本，自有其故。后妃不正則君亂，君亂則國亂、俗亂，國亂使父子、兄弟、夫婦、朋友不得相聚相保，俗亂則淫風流行，室家不安。詩序就是根據這個鏈鎖關係推溯本源而特別重視婦道。

詩序論五倫關係中，比較特殊的是君臣。詩序的君臣觀念是相對的，臣並非絕對的附屬於君。因此一方面主張人君應尙賢，士人藉此得以仕進，發揮其濟世之志。另一方面又主張衰亂之際可以祿仕，士人藉此得以維持生活，仰事俯蓄。

詩序在運用上述思想以說詩時，就浮現若干觀念，足以藉此判斷其思想形成的時代。這些觀念是尙賢、祿仕、陰陽與男女類比、砥礪社會風氣。此外毛詩序曾用「挈壺氏」一詞，也足以爲證，今分別辨證如下。

魯、齊、韓、毛四家詩序都曾以求賢、美賢、悲賢者不遇來解釋詩篇大意。這說明詩序有尙賢思想。賢人本是任何時代都需要的，但是從春秋跨入戰國之後，因競爭激烈，而需賢孔殷。諸侯爲了富國強兵而需賢人，士人因爲增多，求仕逐漸不易，而需以賢自重。因此戰國初期儒、墨立說多尙賢。尙賢不僅是儒、墨的理想，也是因應實際經驗而生的觀念。然而國君需賢是希望置賢人於臣，士人則或懷抱理想而欲爲王者師友。於是有道與勢之爭，其事始於戰國初期的子夏、子思等人。（註一）如今詩序有求賢、美賢、悲賢者不遇的反映，則其思想顯然受戰國初期儒家的影響。

雖然士人不遇，懷抱理想者並不以此而稍屈其志。不過生活問題不能不顧，於是有祿仕的觀念。魯詩、韓詩、與毛詩都有祿仕的說法。據王先謙書，魯詩的祿仕觀念見於周南汝墳序，韓詩見於召南小星序，毛詩則見於王風君子陽陽序。祿仕之說源於孟子，而孟子論祿仕在游齊之時，約當宣王元年至十年間（西元前三一九——三一〇年），（註二）則詩序思想的形成不得早於此時，下距秦滅六國將近百年。

陰陽與男女類比是比尙賢、祿仕更晚的儒家思想。毛詩序的這個思想見於鄭風丰和小雅六月。鄭風丰序說：

丰，刺亂也。婚姻之道缺，陽倡而陰不和，男行而女不隨。

這是以陽比男，以陰比女。小雅六月序說：

……由庚廢，則陰陽失其道理矣。……

此處陰陽究竟何所指，不太明確。若據由庚序「萬物得由其道也」，則陰陽指萬物。陰陽所以能爲萬物代稱，應是萬物含有陰陽兩種質素。毛詩序將陰陽與男女類比，這個觀念到戰國晚期才流行。先秦典籍中，論語、孟子無陰陽二字。詩經、左傳、國語、墨子、荀子、老子、莊子雖有陰陽二字，却不與男女作類比。僅易傳首見這個觀念，繫辭下說：

乾，陽物也。坤，陰物也。

繫辭上又說：

乾道成男，坤道成女。

序卦則貫通天地人倫說：

有天地，然後有萬物。有萬物，然後有男女。有男女，然後有夫婦。有夫婦，然後有父子。有父子，然後有君臣。有君臣，然後有上下。有上下，然後禮義有所錯。

由此可見毛詩序與易傳的陰陽觀念是一致的。既然一致，可能毛詩序截取易傳的觀念以說詩，或可能易傳取毛詩序的觀念而進一步發揮，也可能二者各有所承。換句話說，詩序思想的形成時代可能在易傳之前、之後、或同時期。由於易傳的撰述時代缺乏直接的證據，因此，必須從思想的發展來推論。

類比思想必須有個前提：具有多與一的概念，而且多源於一。類比中各項的關係是相似，相似即兩物有同有異，有異，因此物可以爲多。有同，因此兩物可以類比。但是異物之同從何而來？必須異物出於一源。既出於一源，則異物本同。本同，何以有異？必須變化。由此而言，類比思想的前提是創有創生的觀念。（毛詩序和易傳將陰陽與男女類比是否有誤，此處姑且不論。先秦諸子具有創生觀念者爲道家，儒家僅荀子略有此意。荀子禮論說：

故曰：天地合而萬物生，陰陽接而變化起，性僞合而天下治。

這段話的重點在第三句，前兩句只是陪筆。雖然是陪筆，也顯示儒家的創生觀念初萌於此。若與易傳相較，無論就類比的前提或思想的詳略來看，詩序、易傳都晚於荀子。（至於易傳與道德經創生觀念的先後，無關本題，姑置不論。）根據錢穆先秦諸子繫年一四九、一五一條考證，荀卿書約成於西元前二六四至二六一年，則詩序思想的形成在此後。下距秦一統天下約半世紀。

四家詩序說詩所據的思想最重要者莫過於夫婦之道。這個思想與大學的修、齊、治、平之道有關，與中庸的「君子之道，肇端乎夫婦」也有關。有關固然不能說詩序的思想承大學、中庸，也可能大學、中庸推闡詩序的思想，不過二者的時代應是相去不遠。詩序旣本夫婦之道爲中心而說詩，於是寄其理想於后妃夫人之德，而痛斥亂君與淫泆之風。這些解釋多數集於十五國風。爲何詩序如此重視這件事？固然可以說受孔子「鄭聲淫」一語的影響，但是理由並不充份。淫有二義，一指情感不節，一指男女之事。孔子說：「關雎樂而不淫，哀而不傷。」就是從感情節宣與否來說淫或不淫，而「鄭聲淫」一語則兩種解釋都可通。然而詩序却特別重視男女之事的淫，並且標擧后妃夫人之德爲鵠的，這應有其社會背景。

大體而言，形上虛玄的學問可以和社會現象無關，形下徵實的學問則有社會現象爲其背景，常針對社會現象而反省。詩序砥砭社會風氣之意甚爲顯著，而戰國時代社會風氣不良頗見於載籍。如史記貨殖列傳敍述趙地風俗說：

丈夫相聚游戲，悲歌忼慨。起則相隨椎剽，休則掘冢，作巧姦冶，多美物，為倡優。女子則鼓鳴瑟，跕屣，游媚貴富，入後宮，徧諸侯。

寥寥數語，趙地的社會風氣宛如目睹，而鄭、衞風俗亦然。經濟活動頻繁，缺乏規畫，造成貧富懸殊，心生不平，勢利相誘，雖刼盜巧取，倚門媚視，甘心而不悔。秦雖一統，流風未變。始皇本紀載會稽刻石說：

飾省宣義，有子而嫁，倍死不貞。防隔內外，禁止淫泆，男女絜誠。夫為寄豭，殺之無罪，男秉義程，妻為逃嫁，子不得母，咸化廉清。

刻石本頌功德，而特詳此事，正足以反襯其地風俗。詳觀會稽刻石語意，幾乎與若干毛詩序如出一輒。所不同的是改善社會風氣的方法。秦「道之以政，齊之以刑」，因此「夫爲寄豭，殺之無罪，妻爲逃嫁，子不得母」。詩序則主張「道之以德，齊之以禮」，因此在風刺淫泆之餘，更追溯其原因，而風刺亂君、亂國、亂臣。從詩序風刺所反映的社會現象來看，其思想應形成於戰國晚期到秦漢之際。

除了陰陽與男女類比、重視夫婦之道的社會背景以外，還可以從詩序和周禮的關係考察其時代。詩序和周禮的教化思想是同一時代的。毛詩關雎序詩說：

關雎，后妃之德也。風之始也，所以風天下而正夫婦也。故用之鄉人焉，用之邦國焉。

鄉人與邦國表示詩序作者主張的政治制度是封建。而詩教要用之鄉人和邦國必須有個管道，就是一套教育行政系統。在戰國典籍中，主張封建制度，而又有教育行政系統的構想，只見於周禮。

周禮的教育對有兩個階層：一是國子，卽邦國卿大夫子弟，一是鄉人。鄉人的行政組織有六級，五家爲比，五比爲閭，四閭爲族，五族爲黨，五黨爲州，五州爲鄉。周禮教育制度是官師合一，官就是師。因此國子之師有師氏、保氏、大師樂、樂師、大師。鄉人之師則爲各級地方首長，如鄉師、州長、黨正、族師、閭胥。至於教育內容，鄉人除了接受大宰所頒佈的法令之外，又有十二教、六德、六行、六藝、五禮、五樂。國子則教以三德、三行、六藝、六儀、六詩等。

若比較關雎序和周禮的教育制度，可以看出兩個共同現象。關雎序將詩教用於鄉人和邦國正與周禮主張的教育對象相合。周禮教國子六詩也和關雎序六義相合，而六義在先秦典籍僅見於此二書。這兩個現象表示詩序思想和周禮出現在同一時期。於是可以借周禮的時代來判斷詩序思想形成的時代。

周禮的內容是理想的職官制度。先秦儒家重視禮樂制度而欲立爲一王大法者爲荀子。荀子多論禮樂精神，屬於理論，周禮詳於職官，屬於實踐。理論固然由實踐中逐漸體會、抽繹而成，但是在抽繹成理論之前的實踐是比較缺乏系統的，透過理論而落於實踐則系統比較周備。周禮的結構系統整齊，綱維詳密，顯然透過理論而後擬落於實踐。則周禮晚於荀子。據錢穆先秦諸子繫一四九、一五一條考證，荀卿書約完成於西元前二六四至二六一年之間。則周禮的時代不得早於此時。周禮既然欲立一王大法，應是有見於戰國漸趨一統。自西元前二六〇年秦昭王敗趙長平。秦國的勢力日益强大，四十年後一統天下。再者，周禮六官以天地春夏秋多爲名，與呂氏春秋八覽六論十二紀同爲天人感應思想的表現。呂氏春秋經始於呂不韋任秦相時（西元前二四九年），大致完成於始皇八年（西元前二三九年），至秦併天下，仍有增益。綜合以上三端，可知周禮撰述時代的上限約在西元前二六〇左右，而河間獻王得古文舊書有周禮，則其下限在秦漢之際，若衡以立一王大法的動機，則周禮成書約在秦併六國之前四十年間。既然如此，以周禮成書年代爲指標，則詩序思想應形成於這段時期。

秦始皇統一天下之後，於三十四年（西元前二一三年）從李斯議，訂挾書律，「非博士官所職，天下敢有藏詩書百家語者，悉詣守尉雜燒之，敢偶語詩書者棄市」。既不能偶語詩書，則不能聚生徒講學，因此伏生壁藏其書，而魯穆生、白生、申培、劉交也告別其師浮丘伯。自訂挾書律至秦亡共七年，這七年間實非詩序思想形成與傳佈的恰當時機。秦亡後至惠帝四年（西元前一九一年）共十六年，雖然挾書律未除，在爭戰、建國未遑之際，諒不至於嚴格執行此不急之務，則口授詩書應不禁止。所以伏生復以其壁藏殘書教於齊魯之間，而劉交也在高帝六年（西元前二〇一年）封爲楚王，以穆生、白生、申培爲中大夫。申培爲魯詩創始人，當時楚王劉交也編次詩傳，後人稱爲「元王詩」，漢書說元王詩「世或有之」，則流傳甚少，連藝文志都沒有著錄。既有魯詩、元王詩，則詩說分歧應不能免。其實同門異說不足爲怪，詩說分裂在初期也是自然的事，爾後始因祿利而競爭激烈。既然詩說在此時開始分裂，稍前又有秦挾書律，則詩序本源應在始皇三十四年以前。周禮和呂氏春秋等書的政治、社會思想極富理想色彩，詩序亦然，都有立一王大法的用意，則其背景應在戰國局勢明而未融的時期，也就是秦統一天下之前。

綜合上述尚賢、祿仕、陰陽與男女類比、礪砭社會風氣、挾書律、魯詩與元王詩、理想的社會政治思想諸端以推論，詩序思想的形成約在秦統一天下之前半世紀內。

## 肆、結　論

詩序問題的癥結在於辨明思想形成與著於竹帛的區別。鄭玄不辨，爲了推溯本源而說子夏作序，又無法解釋何以毛詩序中何以有高子之言，於是引起沈重的臆測而分大小序及其作者，適巧衞宏著述又以「毛詩序」爲名，遂使詩序問題更爲複雜。今依時序列述詩序問題，以明條貫。

第一，詩序思想形成於荀子成書之後，秦統一天下之前，前後約半世紀。此時無「詩序」一名。

第二，詩序思想以齊家、治國、平天下爲經，以五倫爲緯。爲了礪砭社會風氣而特別重視夫婦之道，尤其婦道。

第三，漢高祖年間，詩說已有分歧。這是自然的現象。

第四，魯、韓、毛、齊詩序陸續在文、景、武三朝著於竹帛。此時無「詩序」之名而有其實，其內容見於故訓。「序」字作動詞，爲普通語詞。

第五，四家詩序解釋各篇大義有同有異。三頌、二雅同者多，十五國風則異者多。因爲三頌、二雅每有具體事跡，難以發揮思想，所以同者多。十五國風多民間謠詠，少具體事跡，可以各騁思想，所以異者多。但是四家詩據以解說詩旨的思想無異。

第六，衞宏因謝曼卿的訓而作毛詩序。「詩序」一名始見於此。但不是毛詩故訓傳中的故訓（毛詩序），後人誤合。

第七，衞宏毛詩序被賈逵、馬融、鄭玄等大家所掩，因此不受重視。

第八，鄭玄據毛詩故訓傳作箋，而非據衞宏毛詩序作箋，因此不曾提到衞宏。

第九，鄭玄作箋時，將毛詩故訓傳中解釋篇義者稱爲「詩序」，於是「序」字從普通語詞成爲專門語詞。後人習稱的「詩序」一名正式成立。

第十，鄭玄認爲子夏作詩序，但是無法解釋何以毛詩序中有高子之言，以致語意含混。

第十一，舊說始分大小序，以「關雎，后妃之德也」至「用之邦國焉」爲小序，從「風，風也」至關雎序末爲大序。這是以內容爲分類標準。

第十二，沈重據鄭玄含混的語意推測子夏作大序與小序，毛公補述小序。並且認爲詩序首句爲大序，次句以下爲小序。這是以作者爲分類標準。

第十三，舊說與沈重的大小序分類標準爲後人所襲，但是實際運用則略有不同。承舊說以內容爲分類標準者如孔穎達、朱熹。孔穎達以關雎序爲大序，其餘各篇詩序爲小序。朱熹以「詩者，志之所之也」到「詩之至也」爲大序，其餘首尾爲小序。承沈重以作者爲分類標準者如程大昌、鄭樵。程大昌以發端兩語爲小序，此外爲大序，與沈重相反。鄭樵則與沈重的分法相同。

第十四，分類的目的是爲了便於瞭解資料、判斷資料。毛詩序著於竹帛者固然可說是毛公，但是形成思想以授弟子者却不知何人，因此以作者爲分類標準就缺乏堅實的基礎。不過這個分類的優點是有見於毛詩序文章結構可分兩部份。至於以內容爲分類標準則能劃分毛詩序的理論與應用。

第十五，詩序、大序、小序的作者難以明指爲何人所作，不便執實而言。從儒家思想的創始者而言，可說孔子所作。從子夏長於文學而言，可說子夏所作。從詩多引史事而言，可說國史所作。從毛詩故訓傳著於竹帛而言，可說毛公所作。從師生相傳宜有增損而言，可說漢儒所作。唯獨不能說詩人或衞宏所作。此外，從毛詩序有高子之言來看，可說高子作。從祿仕觀念來看，可說孟子作。從荀卿傳詩來看，可說荀子作。從毛傳引孟仲子、仲梁子來看，可說此二人作。其實，詩序思想本是歷時緜長的結集，至漢初陸續由儒者著於竹帛。「作」字的意義在此不指某人於某時將其思想筆之於書，而是某人結集前人思想而著於竹帛，猶如和尚化緣建寺，所得財物全是信衆所集，若要指明此寺某人所捐，勢必難服衆心。

【附　註】

註　一　見余英時「中國知識階層史論」第五七——六二頁。

註　二　見錢穆「先秦諸子繫年」第二三六頁。

# 宋代易學之復古、疑古與改經

汪惠敏

易本卜筮之書，始皇焚書，易得倖免；至漢儒傳易，雖有今古文之不同，然多僅專注於章句、訓詁，過分尊經，以為字字皆聖人言語，縱有難通矛盾之處，寧可委曲附會，強為說詞，亦不敢擅改經書。孟子嘗言：「盡信書，則不如無書，吾於武成，取二三策而已。」此為懷疑經書最早之文獻；漢代，鄭康成、王肅箋注，雖亦曾删改經文，然尚未成為風氣。唐代之時，疑經風始漸萌芽，自孔穎達以王弼易為本，撰定周易正義，弼易自此定於一尊，為學者所共用，未聞異端，直至唐郭京得家藏王弼、韓康伯手寫注定傳授眞本，比校當世流行本及國學鄉貢擧人等本，作周易擧正，凡一百三節，於是易之經文刊定始漸為學者重視；陸希聲作周易傳，又以易經文字古今謬誤，彌縫其闕，諸音以發。此為唐代易學復古與疑經之作；其影響至於宋代，則逐漸蔚成風氣。王應麟困學紀聞卷八引陸游云：「唐及國初，學者不敢議孔安國、鄭康成，況聖人乎？自慶曆後，諸儒發明經旨，非前人所及，然排繫辭，毁周禮，疑孟子；譏書之胤征、顧命，黜詩之序，學者不難於議經，況傳注乎？」司馬光論風俗劄子中亦云：「近歲公卿大夫，好為高奇之論，……流及科場，亦相習尚。新進後生，未知臧否，口傳耳剽，翕然成風，至有讀易未識卦爻，已謂十翼非孔子之言；讀禮未識篇數，已謂周官爲戰國之書，讀詩未盡周南、召南，已謂毛鄭爲章句之學；讀春秋，未知十二公，已謂三傳可束之高閣，循守注疏謂之腐儒，穿鑿異說謂之精義。」（司馬溫公集卷四十五）

以今觀之，宋代之疑經風氣，其中雖有部分學者高奇立異，然與宋代學者治學之態度亦頗有關焉：宋代學者讀書，格物、窮理，讀聖賢書，必欲跨越漢唐之注疏章句，而直指聖人本心；其求實求眞之治學方法，固使宋代義理之學、道學大興，附帶亦引起復古、疑古之風氣。宋代易學之疑古，可分爲復古易、疑經，與改經。其復古易，旨在考訂經文之錯簡、恢復古易經傳之篇次；其疑經，實出於尊經，既尊經書，必求經書之眞實，故程子勉學者：「學者要先會疑」，朱子曰：「大疑則大進」，楊簡曰：「學必有疑，疑必問，欲辨明其實也。」王柏曰：「讀書不能無疑，疑而無所考。缺之可也；可疑而不知疑，此疎之過也」。可見宋儒多富懷疑精神，遇經書可疑之處，則提出疑難，甚而大膽删改經文。其學者所疑，雖非盡然客觀、正確，然亦頗多可觀之處，甚而影響於後代之學者甚鉅。玆述宋代易學之復古、疑古與改經。

## 甲、復古

### 一、考訂經文之錯簡與脫譌

孔穎達作周易正義，經傳篇第悉依王弼、韓康伯所注之本，然唐代郭京周易舉正，已校正弼本之多處錯簡及脫譌。經義考（卷四）引洪邁所整理明白者二十處。

1.坤，初六「履霜堅冰至」，象曰：「履霜，陰始凝也，馴至其道，至堅冰也。」

今本於象文「霜」字下，誤增「堅冰」二字。

2.師，六三，象曰：「即鹿無虞，何以從禽也。」

今本脫「何」字。

3.師，六五「田有禽，利執之，無咎。」

元本「之」字，行書向下，引脚稍類「言」字，轉寫相仍，故誤作「言」，觀注義亦全不作「言」字釋也。

4.比，九五，象曰：「失前禽，舍逆取順也。」

今本誤倒其句。

5.「賁，亨，不利有攸往。」

今本「不」字誤作「小」字。

6.「剛柔交錯，天文也；文明以止，人文也。」注云：「剛柔交錯而成文焉，天之文也。」

今本脫「剛柔交錯」一句。

7.坎卦，「習坎」

上脫「坎」字。

8.姤，九四「包失魚」注云：「有其魚，故失之也。」

今本誤作「无魚」。

9.蹇，九三「往蹇來正」

今本作「來反」。

10.困，初六，象曰：「入于幽谷，不明也。」

今本「谷」字下多「幽」字。

11.鼎，象「聖人以亨上帝，以養聖賢」，注云：「聖人用之，上以亨上帝，而下以養聖賢。」

今本正文多「而大亨」三字，故注文亦誤增「大亨」二字。

12.震，象曰「不喪匕鬯，出可以守宗廟社稷以爲祭主也。」

今本脫「不喪匕鬯」一句。

13.漸，象曰：「君子以居賢德美風俗」，注曰：「賢德以止巽，則居風俗以止巽乃善。」

今本正文脫「風」字。

14.豐，九四，象：「遇其夷主吉，志行也。」

今文脫「志」字。

15.中孚，象：「豚魚吉，信及也。」

今本「吉」字下多「豚魚」二字。

16.小過，象：「柔得中，是以可小事也。」

今本脫「可」字，而「事」字下誤增「吉」字。

17.六五，象曰：「密雲不雨，已止也。」注：「陽已止下故也。」

今本正文作「已上」，故注亦誤作「陽已上故止也。」

18.旣濟，「亨小，小者亨也。」

今本脫一「小」字。

19.繫辭「二多譽，四多懼」注云：「懼，近也。」

今本誤以「近也」字爲正文，而注中又脫「懼字」。

20.雜卦，「蒙稚而著」，

今本「稚」誤作「雜」。

洪邁曰：

> 予頃於福州道藏書中見此書而傳之，及在後，省見晁公武所進易解，多引用之，世罕有其書。(經義考卷四)

李燾亦曰：

> 京此書使經、傳不相混亂，殘闕復為真全，有益於學者。(同上)

故宋代學者，其考訂易經傳之錯簡、脫譌，多以京本爲據，其可考見者如下：

1.范諤昌　易證墜簡

晁公武郡齋讀書志載曰：

易墜簡二卷，毗陵從事建溪范諤昌撰。……其上卷如郭京舉正，下卷辨繫辭非孔子命名。

2.宋咸　王劉易辨

陳振孫曰：

咸嘗撰易明凡一百九十三條，以正亡誤，及得郭京舉正於歐陽公，遂參驗為補注十卷。

經義考卷十七引余靖序補注曰：

……廣平宋君貫之，補注周易，蓋懲諸儒之失，而摘去異端，志在通王氏之說，合聖人之經。字有未安，意有未貫，必引而伸之，用明文王、周公之旨，初著易明數十篇，後得唐郭京舉正之說，與己意合，遂採郭氏舉正與易明相參，綴於經注之下，辨墜簡之所缺，啓後人之未悟，朱墨發端，粲然可觀，其自敍詳矣。

3.王晳　周易綱旨

經義考卷十七引蔡攸上其書曰：

晳著易衍注，又撮綱要成此書，其論名易之義，……末有脫誤一篇，大率稽述郭京、范諤昌之說，間出己意斷以去取。

4.易正誤

陳振孫直齋書錄解題著錄此書，陳氏曰：

不知何人作，但稱其名曰歆。……據序：為書三篇，曰正誤、曰脫簡、曰句讀，今所存惟止正誤一篇，大抵增益郭、范之說。

## 二、復古易之篇第

漢志，周易有十二篇，此古易之篇目。自費直以十翼解經，鄭康成合彖、象、卦、爻之辭，王弼又合文言於乾、坤二卦下，此後注易之家復多從之，則古易亡矣。宋代學者思欲恢復古易之面目，紛紛考訂古易之篇第次序，如王原叔撰古易、呂大防作周易古經、晁說之撰錄古周易、李燾撰周易古經、程迥撰古周易考、薛季宣撰古文周易、吳仁傑作古周易、稅與權校正周易古經、邵雍撰古周易等，各家論定古易之次第，雖有出入，要皆在試圖恢復古易之原來篇第。茲述如下：

### 1. 王原叔　古易

王原叔論古易次第，除上下經惟載爻辭外，另有卦辭、彖辭、大象、小象、文言、上繫、下繫、說卦、序卦、雜卦。經義考卷十七載葉夢得曰：

吾嘗於睢陽王原叔家得古易本，自乾坤而下，分咸恒為二篇，但有六爻之文與乾坤首言「初九潛龍勿用」、「九二見龍在田」之類，至繇辭、彖辭、大象、小象、序卦、說卦、雜卦、文言，與今上下繫辭，皆別為卷，今各本以彖、象之辭繫每卦之下，而取孔氏之傳謂之繫辭者，皆王輔嗣之誤也。

陳振孫亦曰：

古易十二卷，亦出王原叔家，上下經惟載爻辭外，卦辭一、彖辭二、大象三、小象四、文言五、上繫六、下繫七、說卦八、序卦九、雜卦十。葉石林以為卽藝文志所謂古易十二篇者。（同上）

2.呂大防　周易古經

呂大防考訂古易之次第爲：經上下、彖上下、象上下、繫辭上下、文言、說卦、序卦、雜卦十二篇。經義考卷十九引呂大防自序曰：

周易古經者，彖、象所以解經，各為一書，王弼專治彖、象以為注，乃分綴卦爻之下，學者於是不見完經，而彖、象、辭次第貫穿之意亦缺然不屬。予因案古文而正之，凡經二篇，彖、象、繫辭各二篇，文言、說卦、序卦、雜卦一篇，總一十有二篇。

胡一桂曰：

古易之亂，肇自費直，繼以鄭玄，而成於王弼，王易之後，始自元豐汲郡呂微仲，嵩山晁以道繼之，最後東萊先生又為之更定，實與微仲本暗合，而東萊不及微仲，嘗編此，蓋偶未見之也。（同上）

董眞卿曰：

呂氏周易古經上經第一、下經第二、上彖第三、下彖第四、上象第五、下象第六、繫辭上第

七、繫辭下第八、文言第九、說卦第十、序卦第十一、雜卦第十二，其次序本末並與東萊定本同，但東萊只分上經、下經，而無第一、第二字，又東萊稱彖上傳第一至雜卦傳第十，小有不同爾。（同上）

### 3.晁說之 錄古周易

晁說之改定古周易之篇次爲：爻、彖、象、文言、繫辭、說卦、雜卦，所以不復十二篇者，蓋以經彖、象、繫辭，古本皆有上下，以成十二篇之次，晁氏取其簡，合而一之耳。經義考卷二十引晁說之自序曰：

周易卦爻一、彖二、象三、文言四、繫辭五、說卦六、序卦七、雜卦八；按晉太康初，發汲縣舊塚，得古簡編科斗文字，散亂不可訓知，獨周易最為明了，上篇與今正同，別有陰陽說而無彖、象、文言、繫辭，杜預疑於時仲尼造之於魯，尚未播之遠國，而漢藝文志十二篇，是則彖、象、文言、繫辭始附卦爻，而傳於漢歟？先儒謂費直等專以彖、象、文言參解易爻，以彖、象、文言雜八卦中者，自費氏始，其初費不列學官，惟行民間，至漢末陳元方、鄭康成之徒皆學費氏，古十篇之易遂亡。孔穎達又謂輔嗣之易，象本釋經，宜相附近，分爻之象辭各附當爻，則費氏初變亂古制，時猶若今乾卦彖、象繫卦之末歟？古經始變於費氏，而卒大亂於王弼，惜哉！奈何後之儒生尤而效之。……唐李鼎祚又取序卦冠之卦首，則又效小王之過也。今悉還其初，庶幾學者不執彖以循卦、不執象以循爻云。昔韓宣子適魯，見易象，是古人以卦爻統名之曰象也。故曰易者象也，其意深矣，豈若後之人，卦必以象明，象必以辭顯，紛紛多歧哉？……劉向曾以中古文易經校施、孟、梁邱經，至蜀李譔，又嘗注古文易，則今之所傳者，皆非古文也。

晁公武亦評其書曰：

以諸家易及許慎說等九十五書是正其文，且依田何本分易經上下，並十翼通為十二篇，以矯費氏、王氏之失。(郡齋讀書志)

4.邵雍　古周易

邵雍考訂古易之次序爲：爻、彖、象、文言、繫辭、說卦、序卦、雜卦。經義考卷十九引邵博曰：

古易卦爻一、彖二、象三、文言四、繫辭五、說卦六、序卦七、雜卦八，其次第不相雜也。予家藏大父手寫百源易，實古易也。

5.李燾　周易古經

李燾古易八篇，兼取呂大防、晁說之二家之說，燾自序曰：

周易古經八篇，並呂氏後記各一篇。……呂氏於卦、爻、彖、象、繫辭並分上下，自咸以後為下經、下彖、下象，自八卦成列以後為下繫，而文言乃次下繫。

6.程迥　古易考

程迥古易考，其考古易十二篇之次第爲：經上下、彖上下、象上下、文言、繫辭上下、說卦、序卦、雜卦，與邵雍所考訂之古本相同。經義考卷二十八引宋藝文志序曰：

孝宗時，程迥作周易考十二篇，別為章句，不與經相亂。

董眞卿曰：

……迥作古易考，曰上篇、曰下篇，曰彖上、曰彖下，曰象上、曰象下、曰文言、曰繫辭上、曰繫辭下、曰說卦、曰序卦、曰雜卦，凡十有二篇，與康節百源次序同。(同上)

然陳振聲又曰：

程迥可久，……其論頗有源流，根據古易考十二篇，闕序、雜卦。(同上)

7. 薛季宣　古文周易

薛季宣作古文周易，其篇次爲經上下、彖、象、文言、繫辭、說卦、序卦、雜卦。經義考卷二十六引季宣曰：

古易經二篇，彖、象、文言、繫辭、說卦、序卦、雜卦總十篇，以參校別異同，定著十二篇，皆已刊正，可誦讀。道隱久矣，出存而著，可卽之見道者；聖人之遺經，不幸遭秦絕學，擧熛爐，無完書，惟易號數術家，故獨免而傳後，包羲之卦，文王、周公之辭，仲尼之贊，於是乎具在，天豈有意斯文哉？何其保之之固也。……八卦條陳，六爻咸列，係辭其下易之故也。仲尼贊述其義，未嘗不錯以成文，分係卦爻，非其旨矣。欲明聖人之意，舍故書何稽乎？是以差次其書，盡復於古，古文不可得見，故以正隸寫之，制文言為二篇，失其序，雖先儒謂次彖、象，或以為次係辭，以理言之，皆非其舊。夫乾坤，易之門也，非乾坤無以見易，故以文言起之，而係之彖、辭、象；若係辭之辭後，恐非必然，先儒所云，蓋卽今文以求故也。今布彖、象、卦、爻之下，故文言不得不居後，非元在後也；雖然不敢以己見為必得，姑從其近是者之次，以待後之明哲，若夫傳注之失得，在所不論。

8. 呂祖謙　古易

呂祖謙撰古周易，將經彖、象、繫各分上下，爲十二篇，又於十翼下皆加「傳」字，以別於晁氏，四庫提要謂祖謙本與呂大防同，殆未見大防本故也。經義考卷三十引呂祖謙自序曰：

漢興，言易者六家，獨費氏傳古文易而不立於學官，劉向以中古文易校施、孟、梁丘經，或脫去无咎、悔、亡，惟費氏經與古文同，然則真孔氏遺書也。東京馬融、鄭玄皆為費氏學，其書始盛行，今學官所列王弼易，雖宗莊老，其書固鄭氏書也；費氏易在漢諸家中最近古，最見排擯，千載之後，巍然獨在，豈非天哉？自康成、輔嗣合彖、象、文言於經，學者遂不見古本。近世嵩山晁氏編古周易，將以復於其舊，而其刊補離合之際，覽者或以為未安，祖謙謹因晁氏書，參考傳記，復定為十二篇，篇目卷帙，一以古為斷。

胡一桂亦云：

伯恭與復仲篇次一同，而微仲自一至十二之序小異爾。又吳氏所載費氏易，已自不能不小有變

動，而東萊謂費氏經真孔氏遺書，豈吳氏考之猶未的歟？（同上）

9.吳仁傑　集古易

吳仁傑古易十二卷，亦以上下經與十翼爲十二卷，然其次第名稱又與先儒異。經義考卷三十引吳仁傑自序云：

易與天地並，未有文字，先有此書。自伏羲畫八卦，以貞悔之象重之為六十四時，則有卦、有象、而無辭；始卦之重，占以定體，文王作彖，總論其義，謂卦不足以盡吉凶之變，迺附着變爻及覆卦之畫，以演其占。時則有彖、有爻，而未有爻辭；周公繼之於爻畫覆卦之下，皆繫辭焉，而易上下篇之文始備。孔子承三聖，為十翼以贊易道，彖、象、繫辭、文言、說卦、序卦、雜卦是也，謂之易傳。彖、象、繫辭，夫子所自著也，文言以下，弟子記之也。按：汲冢書有周易上下篇而無彖、象、繫辭，陸德明釋文孔壁所得古文傳，為十翼而不言經，然則十翼之作，其初自為簡，不與易經相屬，此冢、壁所藏，所以各得其一歟？漢田何之易，其傳出於孔氏，上下經、十翼離為十二篇，而解者自為章句，此古經也。……崇文總目序云：以彖、象、文言八卦中者，自費氏始。……劉向以中古文校施、孟、梁丘，或脫去无咎、悔、亡，惟費氏經與古文同，由是諸家之學寖微於漢末，而費氏獨興，康成因之，遂省六爻之畫與覆卦之畫，移上下體於卦畫之下，而以卦名次之，移初九至用九之文，而加之爻辭之上，又以彖、象合之於經，而加彖曰、象曰之文。今王弼易，乾卦自文言以前，則故鄭氏本也。……及王注易康成之本，謂孔子贊爻之辭，本以釋經，宜相附近，及各附當爻，每爻加象曰以別之，謂之小象，又取文言，附於乾坤二卦，加文言曰三字於首，若說卦等篇，則仍其舊，別自為卷，總曰繫辭，自是世儒知有弼易，而不知有所謂古經矣。原三經之初，欲學者尋省易了，日趨於簡便，而末流之弊，學者遂廢古經，使後世不見此書之純全，與聖人述作之本意。

10.稅與權　校正周易古經

稅與權古易之次第爲：經上下、彖上傳、彖下傳、象上傳、象下傳、繫辭上傳、繫辭下傳、文言傳、說卦傳、序卦傳、雜卦傳。經義考卷三十六載俞琰曰：

稅氏周易古經，分為二篇，彖上傳一、彖下傳二、象上傳三、象下傳四、繫辭上傳五、繫辭下傳六、文言傳七、說卦傳八、序卦傳九、雜卦傳十。其經卦如乾坤不可反，則畫兩卦，如屯蒙可反，則止畫一卦，從邵氏本刻石而反復觀，此古竹書體也。

## 乙、疑經、改經

一、疑經

唐以前，諸儒論易之作者、畫卦、重卦之人，凡有四說：一曰：伏羲畫卦、重卦，二曰：伏羲畫卦、神農重卦。三曰：伏羲畫卦、夏禹重卦。四曰：伏羲畫卦、文王重卦。宋之學者，除少數偶有疑卦辭、爻辭非文王、周公所作外，其他皆不出此四說；其學者疑經，輒多探討十翼之作者：有疑十翼中，間有後人所增補者；亦有疑序卦、文言非孔子之言，歐陽修並疑文言以下皆非聖人之作。玆略述如下：

1. 疑十翼有後人增補。

①王申子疑序卦非聖人之旨。經義考卷四載曰：

古今諸家說易，往往求之太過：或以性理，或以氣候，或以步占，或以老莊，雖切近，如太玄、潛虛、經世，亦各得其一偏耳。繫辭之文，先儒多疑其錯亂，以為非夫子所作，然其間發明作易之要，示人用易之法，委曲詳盡，有條有理，非胸中有全易者不能道；若夫經中序卦之文，義乖理淺，絕非聖人之旨也。

②歐陽修以爲十翼非聖人之言。經義考卷四載其言曰：

若十翼之說，不知起於何人，自秦漢以來，大儒君子不論也，非聖人之言也。

歐陽修並作易童子問三卷，以爲繫辭、文言、說卦而下、文辭繁複，非聖人之作，疑爲漢初之作。

童子問曰：「繫辭非聖人之作乎？」曰：「何獨繫辭焉，文言、說卦而下，皆非聖人之作，而衆說淆亂，亦非一人之言也。昔之學易者，雜取以資其講說，而說非一家，是以或同或異，或是或非；其擇而不精，至使害經而惑世也。……」童子曰：「敢問其略？」曰：「乾之初九曰：潛龍勿用。聖人於其象曰：陽在下也。豈不曰其文已顯而其義已足乎？而為文言者又曰：……，繫辭曰……，謂其說出於一人，則是繁衍叢脞之言也，其遂以為聖人之作，則又大繆矣。

孔子之文章，易、春秋是已，其言愈簡，其義愈深，吾不知聖人之作繁衍叢脞之如此也。……」童子曰：「……繁衍叢脞之言。與夫自相乖戾之說，其書皆可廢乎？」曰：「不必廢也。古之學，經者皆有大傳，今書、禮之傳尚存，此所謂繫辭者，漢初謂之易大傳也。至後漢已為繫辭矣。……繫辭者，謂之易大傳，則優於書、禮之傳遠矣，謂之聖人之作，則僭僞之書也。…」（歐陽文忠全集卷七十八）

③李清臣疑序卦非聖人之言。經義考卷四載曰：

十翼皆孔子之言乎？不得而知也，然有疑焉。序卦者，韓康伯雖已明非易之蘊，而未明其所以然也。易卦之序，二二相從，今序卦之名，蓋不協矣。有義苟合者，有義之不合而強通者，是豈聖人之言耶？

④王開祖疑繫辭原出於孔子，其間復有失墜及後人增補者。經義考卷四載言曰：

或曰：易繫辭果非聖人之言乎？其原出於孔子，而後相傳於易師，其來也遠，其傳也久，其間失墜而增加者，不能無也。

⑤蔡清彖、象、文言爲後人所知。經義考卷四載其言曰：

易傳：彖、象、文言傳亡，今易有「彖曰」、「象曰」、「文言曰」字，後之讀者不知為後之所加，此今易之所以亡失而古易之不可不復也。

⑥林之奇疑序卦雖有可疑者，然其間自有深旨。經義考卷四載曰：

易序卦雖若有可疑者，然其間自有深旨。

⑦程迥疑序卦出於經師之手。經義考卷四載其言曰：

朱待制新仲嘗謂迥曰：「序卦非聖人書。」唐僧一行易纂引孟喜序卦曰：「陰陽養萬物，必訟而成之，君臣養萬民，亦訟而成之。」然則今序卦亦出於經師可知也。

⑧吳仁傑疑彖、象、繫辭爲孔子所作，而文言以下則爲弟子所記。其古周易曰：

彖、象、繫辭，夫子所自著也？文言以下，弟子配夫子之言。

⑨葉適疑、繫辭、文言、序卦，皆後人所妄附。經義考卷四載其言曰：

周官三易，經卦皆八，其別皆六十有四，則六十四卦自舜、禹以來用之，而後世謂：伏羲始畫八卦、文王重為六十四卦；又謂：紂囚文王於羑里，始演周易。學者因之有伏羲先天、文王後天之謂，不知何所本始。

宋元學案卷五十四，水心學案亦載曰：

班固言孔子為彖、象、繫、文言、序卦之屬，于論語無所見，然彖、象辭意勁厲，截然著明，正與論語相出入，其為孔氏作，無疑；至所謂上下繫、文言、序卦，文義重複，淺深失中，與彖、象異，而亦附之孔氏者，妄也。

經義考又載曰：

班固用劉歆七略，記易所起，伏羲、文王作卦，文王重爻之屬，亦無明據。論語但言假我數

年，五十以學易而已，易學之成，與其講論問答，乃無所見，所謂彖、象、繫辭作於孔氏者，未敢信也。（卷四）

又曰：

以乾坤為父母，坎離震兌為男女，皆卜筮牽合之虛文，非孔氏之書所道。（同上）

又曰：

易傳惟序卦最淺鄙，於易有害。按諸卦之名，以象取之，聖人重復殷勤其辭以訓釋之，多至數十百言未已，蓋其難明如此；今序卦不然，鱗次櫛比而言之，使其果若是，則束而聯之，一讀而盡矣。（同上）

又曰：

卦之次序，無繫乎易之損益。（同上）

又曰：

易有上下經，因簡帙繁重，分之是也。序卦既錯舉以附合之，又為之說曰：有男女然後有夫婦，有夫婦然後有父子，學者因是謂上經首乾坤，下經首咸恒者，父母夫婦之象也。（同上）

又曰：

序卦至未濟，乃言易不可窮，審如其序，則易已窮於此，所謂不可窮者，從孰求之。（同上）

⑩李心傳疑繫辭、文言乃後人取孔子之言而彙次。丙子學易編曰：

文言傳者，十翼之第七篇也。先儒以其首章八句與春秋所載穆姜之言不異，疑非孔子所言。……愚案：春秋傳乃戰國時人所作，記獲麟後五十年事，疑其取諸此傳，如王肅采中庸為家記之比。……況繫辭傳文全體與此同，故愚疑此二傳往往後人取夫子之說而彙次之，故文勢、節目頗與中庸相似。

⑪趙汝談南塘易說亦辨十翼非孔子所作。直齋書錄解題卷三云：

禮部尚書趙汝談履常撰。專辨十翼非夫子作，其說亦多自得之見。

⑫馮椅疑文言、說卦、序卦、雜卦，皆孔門弟子追述、講說、問答之辭。其厚齋易學序曰：

孔子之贊易，止於彖、爻，蓋其成書也。……孔子沒，門人追述其平日講說問答之辭，與夫所傳於古而記之有補於易者，為之傳，則文言、說卦是已。何以知之？以其書有「子曰」，有古語，有占法而知之也。至於序卦、雜卦，其猶孔子之遺書與？不然何雜卦之聲韻與贊相似也。……至於文言、說卦雜卦諸篇，又其平日與門人講說與夫記錄古語之舊者。

⑬徐總幹疑繫辭下有漢儒僞竄之文。易傳燈卷四初上中爻曰：

愚以為下繫「易為書」三章，皆漢儒易緯之文，訛為夫子之作，而誑後世，兼有「若夫」與「噫」之言，信非夫子之筆也。若夫子贊易之文，典雅醇正，辭旨貫通，豈三章之可擬哉！

⑭趙汝楳疑繫辭爲孔子弟子各隨所聞而記錄者。又疑序卦、雜卦、說卦爲漢儒所附。其周易輯聞卷一云：

今上下繫乃孔門弟子記錄聖人論易之語。如：「大衍之數」一章，顚倒不倫，又他有冠以「子曰」者，有不冠者，有援爻辭於前者，有證於後者，皆門人各隨所聞，記錄而成，如論語，不可以為聖人所作。

又曰：

費直傳不載序、雜二篇，說卦至漢宣帝時始得之，安知非如張霸之泰誓？自當闕疑。

⑮鄭樵疑文言、繫辭爲孔氏門弟子所記，其易經奧論云：

文言非孔氏自作，繫辭乃七十二子傳易之大傳，皆出於夫子。

按：此書題名鄭樵，四庫全書總目提要已辨明作者非鄭樵，而爲宋末之人。

2.疑十翼中有文王、周公所作。

①范諤昌以爲彖、象、爻辭、小象、文言，並周公作，自文言以下，則孔子述也。經義考卷四引朱震曰：

范諤昌著易證墜簡，曰諸彖、象、爻辭、小象、乾坤文言，並周公作，自文言以下孔子述也。

直齋書錄解題卷一又云：

其上卷如郭京擧正，下卷辨繫辭非孔子命名，止可謂之贊繫，今爻辭乃可謂之繫辭，又重定其次序。

②李心傳疑文言爲周公作。經義考卷四載：

文言傳者，十翼之第七篇也。先儒以其首章八句與春秋傳所載穆姜之言不異，疑非孔子之言，

故梁武帝以此篇為文王所作。

## 二、改經

馮椅厚齋易學，改彖曰、象曰爲贊曰，以繫辭之卦爲彖，繫爻之辭爲象，改繫辭上下爲說卦上中，經義考卷三十一載中與藝文志曰：

寧宗嘉定十年，馮椅為輯注傳外，傳以程沙隨、朱文公，雖本古易為注，猶未及盡正孔傳名義，乃改彖曰、象曰為贊曰，以繫辭之卦卽為彖，繫爻之辭卽為象；王弼本彖曰、象曰，乃孔子釋彖、象，與商飛卿說同，又改繫辭上下為說卦上中。

胡一桂亦曰：

馮厚齋講明夷六五「箕子之明夷」云：「箕子，蜀本作其字，此繼統而當明揚之時之象，其指：大君當明揚之時而傳之子，則其子亦為明夷矣。」又謂：「文王作爻辭，移置君象於上六，以初登於天，後入於地，況明夷之主，六五在下而承明夷之主之子之象也；子繼明夷之治，利在於貞明不可復夷也。後世以其為箕，遂傅會於文王與紂事，甚至以爻辭為周公作，而非文王。蓋箕子之囚在文王羑里之後，方演易時，箕子之明未夷也。李隆山深然其說。（同上）

# 結論

清趙翼陔餘叢考論易之闕文、衍文云：

易未遭秦火，最為完書，然其中闕文、衍文又亦不一而定，如繫辭「能悅諸心，能研諸侯之慮」，「侯之」二字為衍文，固人所共知矣；漢書杜欽上王鳳書引易曰：「正其本，萬事理」，今周易無此文；沈作喆寓簡云：「公用射隼於高墉之上」，觀孔子言：弓矢者器也，射之者人也，則公用句原文應用「弓矢」二字，今無之；王昭素謂：「序卦『離者麗也』之下，諸本有『麗必有所感，故受之以咸，咸者感也。』凡十四字，今亦無之。」是皆闕也；朱子語類載：「郭京易『即鹿无虞』，鹿作麓；其象詞則云。『即麓无虞，何以從禽也』，謂入山麓而無虞人導之，何以從禽也，今作『即鹿无虞，以從禽也』，是誤一『鹿』字，脫一『何』字。」袁楷謂：「文言有錯入繫辭者！『鳴鶴在陰』以下七節，『自天祐之』一節，『憧憧往來』以下十一節，皆文言也，即「亢龍有悔」一節之重，可以明之矣，是又易之錯簡也。王鏊震澤長語云：「漢文帝時，十翼所存，惟彖、象、繫辭、文言，至宣帝時，河上女子掘冢得全易，上之，內說卦中、下二篇汚壞不可復識，十翼道亡其二，後人以序卦、雜卦足之。」今按：說卦中，乾為天、為圜、為玉、為金、為寒、為冰之類，朱子亦謂其多有不可曉者，而荀九家於乾之下，又有為龍、為直之類，坤之下又有為牝、為迷之類，以及震、巽等卦皆然，明是說卦已亡，而後人雜取以補之者，則說卦之原文久缺也。又如上繫第十章，自「易有聖人之道四焉」至「不疾而速，不行而至」皆是孔子語，其下又有「子曰：易有聖人之道四焉者，此之謂也。」二語，豈有孔子自作繫辭又有引己語以證之，則此「子曰」一字亦衍又也。

易之有錯簡、闕文、衍文，固學者所共知矣，宋之儒者，必求古易之眞，於是疑古易、復古易、改經書，雖其言未盡客觀，結論亦未必成熟，然其實事求是及大膽假設之治學態度，實予後學者莫大之啓示。時至今日，學者大抵皆信：卦爻、辭爲西周初年之作，十翼則爲戰國時代至漢初之書，而非文王、周公、孔子之作矣，此實賴宋儒先發其端有以致之也。

# 孟子詩義

黃海華

亞聖孟子，彰顯孔子儒學，其盤盤大才，鋒芒畢露，雄辯滔滔，英氣勃發。孟子之所以辯，並非逞口舌之能，而是以浩然之氣，發仁義之言，爲倡王道，道性善，明義利，其言辭斐然，抑揚開闔，善喻巧言，常引經據典，曲盡其妙。其盡心篇有云：「充實之謂美，充實而有光輝之謂大，大而化之之謂聖，聖而不可知之之謂神。」美、大、聖、神，孟子之學，正如是也。孔子之教，以詩爲先——「不讀詩，無以言。」——孟子承之，亦特重詩教。梁玉繩說孟子七篇（全書）中援詩三十五。然其中引述詩經句或只提及詩經處，再加上另有一詩，未詳其出處，故實際涉及詩之次數爲四十次。

## 一、尊王賤霸、推崇文王

### 甲、孟子見「何以利吾國」之梁惠王

孟子見梁惠王（梁惠王卽魏惠王，因其當時遷都至大梁，故稱之。）正是梁惠王最感悲憤之際。

因與齊國一戰，折損大將龐涓，太子申被擄。與秦國一戰，折損公子卬，割河西地，遷都大梁。爲想重振聲威，而求才若渴，卑禮厚幣以招賢者，故鄒衍、淳于髡、孟軻皆至梁。依據司馬遷孟子列傳中所述，當時情勢，正是天下陷於合縱連橫，以攻伐爲賢之際；秦用商君，富國强兵。楚、魏用吳起，戰勝弱敵。齊威王、宣王用孫子、田忌之徒，而諸侯東面朝齊。主張王道德治之孟子，鄙視不義之戰所成就之霸業。孟子游事於梁，梁惠王對其見解，自然「以爲迂遠而闊於事情」。雖不合時宜，難被重用，然善以詩、書爲舌戰利器，用心良深之孟子，開口言談，時時巧妙誘導，藉題發揮。如梁惠王上：

孟子見梁惠王，王立於沼上，顧鴻鴈麋鹿，曰：「賢者亦樂此乎？」孟子對曰：「賢者而後樂此，不賢者雖有此不樂也。①詩云：『經始靈台，經之、營之。庶民攻之，不日成之。經始勿亟，庶民子來。王在靈囿，麀鹿攸伏。麀鹿濯濯，白鳥鶴鶴。王在靈沼，於牣魚躍。』文王以民力為台為沼，而民歡樂之，謂其台曰靈台，謂其沼曰靈沼，樂其有麋鹿魚鼈；古之人與民偕樂，故能樂也。」（大雅、靈台）

有詩爲證：周文王建靈台，與民同樂，深得民心，所以才建立了延續近八百年之政權，足見要善爲人君，要與民同樂共享，方能眞樂也。倘若君王獨樂，難免會玩物喪志，恐遭「民欲與之偕亡」之命運。在君權至上之古代，孟子有此民有、共享、同樂之民主思想，誠爲可佩。孟子引靈台詩篇，盼梁惠王聽後能推己及民。

## 乙、孟子見「好樂、好勇、好貨、好色」之齊宣王

孟子見齊宣王，不談齊桓、晉文之霸業，只願談王道。王道之要，不過是推其不忍之心，以行不忍之政而已。孟子認爲齊宣王並非無此心，單憑齊宣王「不忍見其觳觫」之心理，擴而充之，卽可行王道。說得齊宣王飄飄然，認爲夫子之言，於我心有戚戚焉，而賦詩云：

②「他人有心，予忖度之。」（小雅、巧言）

話說齊國，乃戰國時之强國，據「蘇秦爲趙合從說齊宣王」文中得知，齊乃四塞之國，易守難攻，首都臨淄甚爲富實，臨淄之途，車轂擊，人肩摩，連衽成帷，擧袂成幕，揮汗成雨；家敦而富，志高而揚。（註二）見齊宣王時，齊宣王正有稱霸天下之野心，如今齊王大發善心，「以羊易牛」，孟子卽恭維其有善念，是位有仁術（非仁心）之君王；然齊宣王仍有些不解，爲何如此心態作爲，可屬所以「合於王者？」孟子卽引喻來「以問爲答」。談論「不能」與「不爲」之別，並暗示齊宣王有此權能行仁，只是不爲也。接着又告知中國傳統政治哲學之最高理想：是實行仁政，推行王道之大同世界；因而又云：

老吾老，以及人之老；幼吾幼，以及人之幼；天下可運於掌。③詩云：『刑于寡妻，至于兄弟，以御于家邦。』言擧斯心，加諸彼而已。故推恩，足以保四海；不推恩，無以保妻子。」

（大雅、思齊）

此乃藉詩誦文王之德，來勉齊宣王。文王能自修身、齊家做起，先做個榜樣給妻子看，使其亦爲之，

進而推廣至兄弟、家族，乃至天下國家。孟子勉齊宣王要善於推恩，那麼安天下，保四海，卽能如運於掌上。

齊宣王又請教外交策略，孟子言大致可分爲兩大原則，一爲「以大事小」，一爲「以小事大」；前者爲「仁」者風範，是順應天地生萬物之「樂天」心理，不願大欺小；後者乃明「智」之舉，以弱小臣服於大，是敬「畏天」理；擧凡樂天者，不以强壓弱，定能四海歸心，保有天下；而弱國服從强國，不懷叛逆，卽可保有國家，並引詩云：

④「畏天之威，于時保之」（周頌、我將）

此「威」字含義是指時代之大趨勢。（註三）故智者之外交政策，必須以敬畏謹愼之心，因應國際上自然之大趨勢，把握時間之契機，以維繫自己之生存。

齊宣王當時認爲强權卽公理，不欲聽孟子言畏天戒愼之高論，便轉話題，坦承其有好勇、好貨、好色等私欲，（在此之前，尙言好樂，孟子便曉以「獨樂樂不如衆樂樂」。）其實孟子早知齊王有君臨天下之大欲，是一貪黷主義者，其之所以招賢納士，禮敬孟子，不過隨戰國諸侯之風尙，爲舖排場，裝飾門面而已。故孟子話鋒亦隨之轉，繼續施行其王道仁政之教化。於是又將詩經上「文王之勇」加以解說。

「王曰：『大哉言矣！寡人有疾，寡人好勇。』對曰：『王請勿好小勇。夫撫劍疾視曰：『彼惡敢當我哉！』此匹夫之勇，敵一人者也。王請大之。⑤詩云：『王赫斯怒，爰整其旅，以遏

徂莒，以篤周祜，以對于天下。』此文王之勇也。文王一怒而安天下之民。」（大雅、皇矣）

自齊宣王不忍殺牛起，孟子始終採誘導式談話。齊宣王言好勇，孟子言只要擴大好勇境界，而百姓亦樂見王能培養大勇，能如文王一怒而安天下之大勇，此勇能除暴救民，天下稱善。

有次，齊宣王於雪宮見孟子，就眼前之享樂與設施，請問孟子：「賢者亦有此樂乎？」——此乃與梁惠王在沼池上相詢同——孟子言與民共同享樂納福，視民生疾苦如切身之痛，是最得民心而能稱王者，「然而不王者，未之有也。」又舉春秋時，齊景公與相國晏嬰之故事——藉晏子之口來達已意——如今流傳之徵招、角招兩樂章，便是君臣互相和樂之歌曲。歌詞中有句云：

⑥「其詩曰：『畜君何尤』畜君者，好君也。」（註四）

此詩不見出處。其意爲愛好君王（大欲）有何罪過？國君雖有大欲，若能推己及民，擴而充之，建設安康和樂之社會，也是一位好國君。孟子藉鑑古觀今之手法，啓發其與民「同樂同憂」之精神。

齊宣王又爲周初建築於泰山下之「明堂」是否該折毀，而請教孟子。孟子告之：明堂，是明政教化之堂，也是天子之廟堂。舉凡祭祀、朝會諸侯、饗功、養老、教學、選士等，重大活動，皆舉行於此；孟子亦不談尊周與否，只強調此乃王者之堂，象徵王道思想，要想推行王道，最好保存勿毀。齊宣王再問何謂「王政？」於是孟子又舉周文王政績來答覆，言文王發祥於岐山時，便行王政。如「耕者九一」（卽對農民只收九分之一之田賦。）「仕者世祿」（謂仕者子孫世承其俸祿，蓋其先世嘗有功德於民，故報之如此，忠厚之至。）「關市譏而不征」（言道路之關卡，都邑之市場，設吏察問非常，並不征稅。）「澤梁無禁」（即設置魚梁養魚，開發山林資源，皆不設禁令，與民同利。）「罪人不孥」（謂罪止其身，不及妻子。）周行王政，使社會上最困苦無依之鰥、寡、孤、獨等四人，要優先受惠。因窮獨之人實在可憐，詩上有云：

⑦「詩云：『哿矣富人，哀此煢獨。』」（小雅、正月）

此詩意指，衣食無虞之富者，生活可以過矣，但孤苦伶仃者，不知將如何活下去？對這些人，該多多給予關切援助！齊宣王聆聽大篇王政之道後，想以「善哉言乎」，奉承一句，便急欲轉換話題：「寡人好貨。」孟子見風轉舵，緊追不捨，言此亦無妨。並歌誦周朝先祖公劉，就是位好貨之人，且有詩爲證：

⑧詩云：『乃積乃倉，乃裹餱糧。于橐于囊，思戢用光；弓矢斯張，干戈戚揚，爰方啓行。』（大雅、公劉）

昔時公劉也喜歡財貨，但能推己及民。他會教民於秋收時，將禾粟儲藏於倉庫，收裝不了則露天堆放。另外製造乾糧，放在橐囊背包裏，以便百姓遷移時，可隨身携帶，好上路。由於仁心德政之施行，歸赴之民日衆；於是又整軍經武，集中訓練。在戰爭邊緣將願意離開之民帶走，是爲安集百姓，光大其辛苦創立之基業。故王如好「此貨」便是藏富於民，與民同享，齊國便得以富强，蒼生便得以安居。齊宣王對孟子引詩說教，極欲躲閃，便立即言「寡人好色。」孟子對於齊宣王自言爲好色之徒，仍興致盎然，又提出周朝之大王（文王之祖父）古公亶父，牽强其事蹟可印證「君王好色得宜」

於民反而有利。

（孟子）對曰：「昔者大王好色，愛厥妃；⑨詩云：『古公亶父，來朝走馬；率西水滸，至於岐下；爰及姜女，聿來胥宇。』當是時也，內無怨女，外無曠夫。王如好色，與百姓同之，於王何有？」（大雅、緜）

原詩意爲古公亶父爲避北狄侵擾，通宵整理行裝，次日清晨卽馳馬急行，沿着西河邊界，直至岐山脚下，這才停下，與妃子太姜，親自來察看可住之處。而孟子解釋爲古公亶父，因避亂至遷至西岐，於遷播流離之際，仍以百姓「宜室宜家」爲要務，奠下穩固基礎，人人有溫暖安定家庭，無後顧之憂，家家內無怨女，外無曠夫。孟子責難於君，循循善誘，不厭其煩，「聯想力」豐富，爲自圓其說，用心良苦矣！王船山有言：「天理卽在人欲之中。」可見人要滿足欲望，要注意是否得其正，適其度，卽不違天理！

孟子一生，全心全意以極救天下爲己任，認爲當今之世，舍我其誰。所以遊歷魏、齊之間，竭盡所能舌燦蓮花，盼能透過强權，推行王道，彰顯其理想及抱負。

## 二、仁者無敵，可以王天下

戰國時代，披仁義外衣，以武力爲後盾，强凌弱，大欺小，必先要有强大之國勢，方可成就覇業。然而以「德」服人，就不必靠强大國力，如湯以七十里，文王以百里。又如孔門七十子之信服孔子一般。故孟子於公孫丑上篇引詩云：

⑩自西自東，自南自北，無思不服。（大雅、文王有聲）

考此詩，乃云武王遷都於鎬京，築宮室於鎬京，於是自東西南北四方之國來觀者，皆受其德感化，心無不臣服矣。孟子藉此詩句，盼能喚醒時君，以德服人，不可以力假仁；以力服人，迫於勢也，非心服也；以德服人，是中心悅而誠服。

**甲、人禽之辨，在於幾希**

性善，爲孟子學說之核心，而此亦正爲「人禽之辨」。離婁下云：「人之所以異於禽獸者，幾希。庶民去之，君子存之；舜明於庶物，察於人倫，由仁義行，非行仁義也。」人禽之別在於「幾希」，君子若能存養擴大這幾希微少之「仁義」念頭，便能成聖賢如舜。告子上云：「仁，人心也。義，人路也。舍其路而弗由，放其心而不知求，哀哉！」說到「仁」更是上天賜給人類最尊貴之爵位，最平安之住宅。孔子亦云：「里仁爲美，擇不處仁，焉得智？」故當萬乘之國行仁政，民悅之猶解倒懸。時君亦應識時務，尊重賢能，推行仁政，可保四海，足以防患於未然。況天命靡常，完全是以「仁」爲依歸。孟子引詩曰：

⑪詩云：「商之孫子，其麗不億；上帝既命，侯于周服。侯服于周，天命靡常；殷士膚敏，祼將于京。」孔子曰：「仁，不可為衆也。」夫國君好仁，天下無敵。今也，欲無敵於天下，而不以仁，是猶執熱而不以濯也。⑫詩云：「誰能執熱，逝不以濯？」（⑪大雅、文王⑫大雅、桑

柔）

孔子讀文王詩而歎曰：「我周至仁，商孫至衆，以衆遇仁，則衆失其衆，而不可爲衆也。」（註五）即言人不可恃衆而與仁者敵，蓋衆將倒戈歸服於仁者也。故修德行「仁」是天意，順天者存，逆天者亡。孟子又引桑柔詩，來喩時君欲無敵於天下，而不肯行仁，如欲持熱物而不以冷水潤溼其手，簡直是安其危而利其菑。故治事必當用賢，猶執熱當「涼手」，是常理也。

今天下之君，有好行仁德者，則各國諸侯，等於替其驅趕人民來歸服，縱使不想稱王，也不可能，因民之歸仁，猶水之就下；然時君所爲，却令人擔心！離婁上孟子曰：

「今之欲王者，猶七年之病；求三年之艾也。苟為不畜，終身不得。苟不志於仁，終身憂辱，以陷於死亡。⑬詩云：其何能淑？載胥及溺。』此之謂也。」（大雅、桑柔）

桑柔詩「誰能執熱，逝不以濯？其何能淑？載胥及溺。」前二句方才引用，此時，孟子又繼續引證後二句，其意乃指現在諸侯之作爲，怎會有好結果？只有使大家相偕陷於亂亡而已！桀、紂之失天下，便是明證。足見行「不仁」則辱，行「仁」則榮，國君尊重賢士，崇尚道德，使賢者在位，能者在職，則天下之士，皆願立於其朝矣。故及時修明政教和省察刑罰，雖爲大國亦將畏之，此乃因行仁政而王，莫之能禦也。國君若貪圖逸樂，不理朝政，如同有人憎惡潮溼却又偏居低下處，是自取其辱之僾子。故孟子引詩云：

⑭詩云：「迨天之未陰雨，徹彼桑土，綢繆牖戶；今此下民，或敢侮予？」孔子曰：「為此詩

者其知道乎！能治其國家，誰敢侮之？」「今國家閒暇，及是時般樂怠敖，是自求禍也。禍福無不自己求之者！⑮詩云：「永言配命，自求多福。」（⑭豳風、鴟鴞⑮大雅、文王）

鴟鴞鳥乘天未陰雨，便剝取桑樹根之表皮，來纏結修補窩巢，是預作準備；貴爲萬物之靈者人類，豈不如禽！孔子讀此詩也贊歎到，做此詩者，只怕是知道這「未雨綢繆，防患未然」之道罷！故孟子接着引詩云，要自求多福，因禍福無門，皆由自取！修德性，行仁義，可有別於禽獸矣！

**乙、性善之說，自有淵源**

孟子道性善，以仁、義、禮、智四端皆自根於心，非由外鑠我也，故求則得之，舍則失之，而此性善之說自有其淵源，告子上孟子云：

⑯「詩云：『天生蒸民，有物有則；民之秉夷，好是懿德。』孔子曰：『為此詩者，其知道乎！』故有物必有則，民之秉夷也，故好是懿德。」（大雅、蒸民，毛詩夷作彝，蒸作烝。）

人類生活，必須依循事理法則而行，人民所秉持之常性，都是喜歡美好之道德。因上天生下衆百姓，有了形體事物之現象，就有行爲之準則。孟子認爲寫蒸民詩之作者，有「性善」說之意，並引孔子也曾贊言，爲此詩者，其知「性善」之道矣，來相互印證。

再說希尊望貴，是人之同理心。其實人人自有可以貴者在身，卽行仁義忠信而不厭，樂善好助而不倦，令譽美名自然而來，此乃天然爵位，至高榮耀，一般人只是弗思耳。孟子引詩云：

⑰詩云：『既醉以酒，既飽以德。』言飽乎仁義也，所以不願人之膏粱之味也。令聞廣譽施於

身，所以不願人之文繡也。（大雅、既醉）其詩原意乃言已承賜酒至醉，又承恩惠甚多。孟子引伸爲飽足仁義後，卽不再羡慕他人之膏粱美味和文繡華服，因此君子愼戒以榮華富貴來彰顯己身，而該注意精神層次卽修德行義之提昇。如此，雖貧亦樂也。

## 三、孟子論詩：以意逆志，知人論世

賦、比、興乃詩之作法也，善觀詩者，當細推求詩外之意。王應麟云：「以意逆志，詩之綱也，爲千古學詩心法。」「以意逆志」卽「以比興說詩」，比、興不離託喩，要以意逆志，方能得其言外之意。孟子論詩提出「以意逆志」尚且不足，更進一步還要「知人論世」。

### 甲、以意逆志

以讀者己「意」去迎合作者之情「志」，主觀乎？客觀乎？據告子上孟子云：「聖人與我同類者。……至於心，獨無所同然乎？心之所同然者，何也？謂理也，義也。聖人先得我心之所同然耳。故理義之悅我心，猶芻豢之悅我口。」孟子認爲人心無不皆然，故人同此心，心同此理，聖人不過先得到我們心中所認同之天理與正義而已。如此言之，以此理論詩，單憑直覺了悟，有時也易流於穿鑿附會，恐怕反會喪失詩之本義。故孟子若亦注意以「文」意去迎作者之「志」更佳。萬章上：

咸丘蒙曰：「舜之不臣堯，則吾既得聞命矣。⑱詩云：『普天之下，莫非王土；率土之濱，莫非王臣。』而舜旣為天子矣，敢問瞽瞍之非臣如何？」（孟子）曰：「是詩也，非是之謂也，勞於王事，而不得養父母也。曰：『此莫非王事，我獨賢勞也。』故說詩者，不以文害辭，不以辭害志；以意逆志，是為得之。如以辭而已矣，⑲雲漢之詩曰：『周餘黎民，靡有孑遺。』信斯言也，是周無遺民也。」（⑱小雅、北山⑲大雅、雲漢）

舊時以中國四面環海，依循國土之濱，猶言環四海之內。咸丘蒙據詩意以爲旣云四海之內皆爲王臣，大瞽瞍亦在四海之內，何以又得例外乎？按北山詩爲「普天之下，莫非王土，率土之濱，莫非王臣。大夫不均，我從事獨賢。」傳曰：「賢，勞也。」後兩句「大夫不均，我從事獨賢」卽孟子所謂「此莫非王事，我獨賢勞也」之意。足見原詩是述一行役大夫，勤勞爲國做事，但感勞役不均，難養父母，因而埋怨道：這些沒有一件不是國家之事，應該大家來做，爲何獨我因能者就要多勞？

孟子論說北山詩，不斷章取義，不牽强附會，而是依據全篇詩意而言。又舉「以意逆志」言解說詩旨者，不可以一字而誤解一句之義，不可以一句而誤解設辭之志，當以己意去迎合作詩者之志趣，方可得古人眞義。而孟子弟子咸丘蒙說北山詩，卽以「普天之下」等四句，以偏概全，未能契合詩旨。

爲重申「以意逆志」之意念，孟子復擧雲漢詩二句爲例，以明白之。而雲漢詩乃君王爲除旱災，祈禱求雨之詩。就「靡有孑遺」四字，朱熹注云：「則如雲漢所言，是周之民，眞無遺種也。惟以意逆之，則知作詩之意，在於憂旱，而非眞無遺民也。」凡詩句中採誇張舖飾筆法，是爲想「出語驚人。」如古詩十九首中：「西北有高樓，上與浮雲齊。」李白秋浦歌：「白髮三千丈，緣愁似箇長。」一望便知並非眞要樓高與雲齊，髮長眞有三千丈。文學並非完全作客觀眞實之紀錄，它是訴諸主觀之感覺。修辭學上所謂「修辭立其誠」「也只對主觀感覺之誠負責，而不對客觀眞實負責。」（註六）糜文開云：不以「文」害「辭」，即「孑遺」不解釋爲缺右臂之存遺，孑字本爲缺右臂，此要活用當作半個人之存遺。不以「辭」害「志」，即並非眞無半人存遺，而是極其形容災情慘重。「以意逆志，是爲得之」，即細讀全詩，不見「雨」「災」字眼，但玩味詩意，却知是爲求雨除災之祈禱詞。

託言寓意，乃詩之本色，不可泥辭以求，否則害志，不可不愼！除此之外，孟子以此法論說詩，於告子下篇，復見一例：

公孫丑問曰：「高子曰：『⑳小弁，小人之詩也。』」孟子曰：「何以言之？」曰：「怨。」曰：「固哉，高叟之為詩也！有人於此，越人關弓而射之，則己談笑而道之；無他，疏之也。其兄關弓而射之，則己垂涕泣而道之；無他，戚之也。小弁之怨，親親也；親親，仁也。固矣夫高叟之為詩也！」（公孫丑）曰：「㉑凱風何以不怨？」曰：「凱風，親之過小者也；小弁，親之過大者也。親之過大而不怨，是愈疏也；親之過小而怨，是不可磯也。愈疏，不孝也；不可磯，亦不孝也。孔子曰：『舜其至孝矣，五十而慕。』」（⑳小雅篇名。㉑邶風篇名）

高子與孟子爲同時人，是研究詩歌音樂之儒者。高子認爲小弁詩，詞多悲怨，少寬厚志，是以「小人」心態作詩，而非君子氣度。孟子認爲：此詩乃指父母信讒，所犯過大；誤會其子；就如有人敬酒，無不受之。今既被父母所棄，無可挽回，只有離去。然山莫不高，泉莫不深，父母之恩，莫不厚也。故小弁之怨，實因父母爲至親，子不忘其屬「于毛」（卽毛髮相連）「罹于裏」（卽附麗于母體）之意，故既怨又慕，交相煎迫而發。親愛其親者，仁人之事也，豈得視爲小人之詩乎？故孟子斥責高叟太過固執，不明親親之道也。

公孫丑又問：凱風何以不怨？

凱風詩篇，乃爲孝子念母氏劬勞而自疚之詩也，細讀全無怨親之詞。詩中「有子七人，母氏劬勞」「有子七人，莫慰母心」之客觀敍述，對七子有譴責之意；朱熹據詩中「我無令人」句，指爲兒子自責語。母親能養七子，功不可沒，而七子了無長進，無能爲善，以報母恩，是善養而不能善教，犯了「養不教，親之過」之「小過」也。

孟子認爲凱風詩中，母親過小，還要遷怒於母，未免太激動而量小；小弁詩中，父親過大，父親過大還不怨，未免太疏遠親恩了。疏離父親，不容母親，皆是不孝！爲闡明「仁親」之旨，故小弁、凱風兩詩，皆得性情之正，皆爲言近旨遠之好詩也。孟子如此論詩，才是溫柔敦厚而不愚，不愧是深於詩者。顧頡剛云：春秋時人說『賦詩言志』是主觀態度；孟子改爲『以意逆志』是客觀態度。有了客觀態度，才可以做學問，所以孟子這話：「說詩者，不以文害辭，不以辭害志；以意逆志，是爲得之。」是詩學之發端。（註七）

但全憑「己意」來斷，而不以「文意」來斷，孟子有時斷章取義後造成牽强附會亦有所見。如滕文公下：

昔者禹抑洪水，而天下平；周公兼夷狄，驅猛獸，而百姓寧；孔子成春秋，而亂臣賊子懼。㉒詩云：『戎狄是膺，荊舒是懲，則莫我敢承。』無父無君，是周公所膺也。」（魯頌、閟宮）

閟宮是魯頌四篇中之最後一篇，爲三百篇中第一長詩。原詩乃云新廟已成，魯僖公祀於廟，史臣作頌也。詩人借齊桓公之功，爲僖公鍍金耳。詩中「戎狄是膺」，膺者，擊也，是指魯僖公與齊桓公舉義兵，于北，去打擊那野蠻之戎人與狄人。「荊舒是懲」，懲者，止也，亦是指魯公與齊公于南，去懲戒阻止荊國與舒國。（註八）而孟子以爲是周公懲荊舒，實在無可考證，難予採信。故顧頡剛云：閟宮之時代尚未弄清楚，周公膺戎狄之志倒輕易斷出來。還有講王道時，亦如此。緜詩上只說古公亶父娶了姜女，而古公亶父好色之志就被孟子斷出『內無怨女，外無曠夫』之社會情形亦看出矣。（註九）

另一則，見滕文公上：（孟子對陳良之徒陳相曰）

吾聞用夏變夷者，未聞變於夷者也。陳良，楚產也。悅周公仲尼之道，北學於中國；……今也南蠻鴃舌之人（指許行），非先王之道，子倍子之師而學之，亦異於曾子矣！吾聞㉓出於幽谷，遷於喬木者；未聞下喬木，而入於幽谷者。㉔魯頌曰：「戎狄是膺，荊舒是懲。』周公方且膺之；子是之學，亦為不善變矣！」（㉓小雅、伐木「出自幽谷，遷於喬木」㉔魯頌、閟宮）

孟子言，只有聽說以中國文化去教化蠻夷，未聞反被蠻夷同化之事，故引詩經「遷於喬木」語，來責陳相背其師陳良而從許行。許行者，依託神農之言，要賢者與民並耕而食，饔飧而治，孟子則以堯舜治國之大道，來力闢其邪說。

此外，孟子答弟子萬章：若居上位者，欲延見賢人而不由禮，則不往也。借大東詩所言，將原本實際之「平坦大路」引伸為抽象之「正義之道」；原詩「君子」意指居上位者，引伸為「德術兼修」者；要居領導位者去行禮義大道，居下小民引為模範。充滿說教味矣。如萬章下：

（孟子曰：）「欲見賢人而不以其道，猶欲其入而閉之門也。夫義，路也；禮，門也；惟君子能由是路，出入是門也。㉕詩云：『周道如底，（同砥）其直如矢；君子所履，小人所視。』」

（小雅、大東）

且看大東詩首章：「有饛簋飧，有捄棘匕。周道如砥，其直如矢。君子所履，小人所視。睠言顧之，潸然出涕。」詩意乃指滿竹簍皆熟食。要用棗木作湯匙取物。國道平坦直如箭，卻是取賦者君子大人所履踐，平民但能望其財物西去耳。東方諸國賦稅繁重，人民勞苦，顧此情形，除怨西人驕奢外，不禁潸然涕下也。而孟子卻解釋為欲見賢人要由「義」「禮」之道，因義是條大路，禮是扇大門。只有君子才能走這條大路，出入這扇大門；若不以其道，就像要請賢人進屋，卻把大門關住。如此不得其體，是不苟往也。

## 乙、知人論世

由「論世」而「知人」，如同「養氣」而「知言」，同為「以意逆志」之要件，亦為孟子論詩時所重。孔子言詩可以「觀」。「觀」詩經時代（周朝）及上古制度，亦可知古人德行，亦可尚友古人，進而瞭解其爲人與時世。故孟子曾告訴萬章，見萬章下：

一鄉之善士，斯友一鄉之善士；一國之善士，斯友一國之善士；天下之善士，斯友天下之善士。以友天下之善士爲未足，又尚論古之人。㉖頌其詩，讀其書，不知其人可乎？是以論其世也。是尚友也。」

孟子有拯救天下，舍我其誰之精神，以天下之善士自許，友天下之善士爲未足，欲上友古人，然古人已矣，唯由詩書中求之。如滕文公問治國之道，孟子告以詩云，如何、如何，由此可推知周之時世，足爲人君參考斟酌。滕文公上云：

（孟子曰：…）夏后氏五十而貢，殷人七十而助，周人百畝而徹；其實皆什一也。徹者，徹也。助者，藉也……㉗詩云：『雨我公田，遂及我私。』惟助爲有公田。由此觀之，雖周亦助也。

（小雅、大田）

夏商周三代，對成年男子授田，名稱數目雖異，其實都是十分之一稅率。如夏授五十畝稅取五畝叫「貢」，商授七十畝稅取七畝，叫「助」，周授百畝稅取十畝，叫「徹」。而助法者，乃井田制也，井田九百畝，八家各授一區百畝，中間公田由八家合力助耕，卽私田不再交稅。蓋孟子之時，典籍殘廢，但由大田詩中，仍可見周之時世亦用助法。此乃觀詩知世一例也。

孟子爲「知人論世」，曾爲梁惠王、齊宣王薦擧文王。如對梁惠王引大雅靈台詩篇，說明文王有與民同樂之德，故國泰民安，上下一心；對齊宣王引大雅皇矣詩篇，說明文王一怒而安天下之民，勸齊宣王莫好匹夫之勇，而要好文王之大勇。（詳見前述）故欲建立文王之盛世，當知文王所爲。

再看孟子於盡心下篇，如何「論世」。

貉稽曰：「稽大不理於口。」孟子曰：「無傷也，士憎茲多口。㉘詩云『憂心悄悄，慍于羣小。』孔子也。㉙『肆不殄厥慍，亦不隕厥問。』文王也。」（㉘北風、柏舟㉙大雅、緜）

柏舟詩篇，原爲懷才不遇者，被羣小排擠，每靜思之，激憤不已。孔子亦曾遭此困境，因生逢亂世，有志難伸，即收徒講學，作春秋寓褒貶，而亂臣賊子懼！緜詩史詩也，原是敍述大王立國，而文王事混夷（註一〇）大王雖已於岐下建國，然岐下本混夷所居，玆不得已而要他離去，心必懷恨，故知不能阻絕混夷之怒也，然對混夷亦不失聘問之禮，立國漸久後，斬伐叢林，造爲大路。大道即通，混夷驚走而目服於周。此當時文王之時也。

當齊宣王請教孟子：「交鄰國有道乎？」孟子即答「有。惟仁者爲能以大事小，是故湯事葛，文王事混夷。」亦可相併參看。

以上援引詩經中古例以明之，使聽者有「彼不我欺」之感。

故知，欲論其人必先論其世，大時代之局勢，對個人言是息息相關，影響甚大矣。古人有其時代背景，不可以讀者之環境推求之。淸、吳淇云：「不殄厥慍」文王之世也，「慍於羣小」孔子之世也；苟不論其世爲何世，安知其人爲何如人乎？（註一一）

故知孟子之所以「以意逆志」「知人論世」是凡合於史者，則申論詩旨，以勸時君修德性、行王道，或有不合史者，則自作主張，自發議論，因其旨不在證史，而在教化。

## 四、法古聖先生、典範在夙昔

孟子嘗言「乃所願，則學孔子也。」「予未得為孔子徒也，予私淑諸人也。」因而對孔子作春秋，倍極推崇，認為可與詩經並列。離婁下云：

> 王者之迹熄，而㉚詩亡，詩亡，然後春秋作—晉之乘，楚之檮杌，魯之春秋，一也：其事則齊桓、晉文，其文則史，孔子曰：『其義，則丘竊取之矣。』」

孟子之意，蓋指春秋乃興於時無所詠，孔子以史家之筆，來匡正邪意，欲知詩、史之褒貶，但取孔子所作春秋讀之可也。凡人心中有了楷模指標，行為方不逾矩。孟子言「為政」之道亦然。離婁上，孟子曰：

> 今有仁心仁聞，而民不被其澤，不可法於後世者，不行先王之道也。故曰：徒善不足以為政，徒法不能以自行。㉛詩云：『不愆不忘，率由舊章。』遵先王之法而過者，未之有也。（大雅、假樂）

為政當以古聖先王之法制典章為依歸。因彼法規既經施行有效，因而用之，事半功倍，加以仁者居高位，要人治、法治並重。詩上有云：有威儀之君王，也莫忘依循舊有之「典章」制度，取法先王！

又如當滕文公即位後，也以禮聘孟子，孟子至滕，文公遂問治國之道。滕文公上，孟子曰：

> 設為庠序學校以教之；……皆所以明人倫也。人倫明於上，小民親於下；有王者來，必來取法，是為王者師也。㉜詩云：『周雖舊邦，其命維新。』文王之謂也。子力行之，亦以新子之國。」（大雅、文王）

如前所言，尊王賤霸，取法文王，是孟子再三强調也。孟子言，興學建校乃國之大本，因學校是文化薪傳之所，宣揚教化之處，夏商周時卽有之。若國君能闡明做人之大道，在下小民亦能見賢思齊相親相愛。詩云：周雖自后稷起卽爲諸侯，然其受命而有天下，則自文王始，此乃因文王勤勉奮進。不就印證「有王者起，必來取法。」孟子勸滕文公要如文王般勵精圖治，革新邦國。

當然要安邦定國，民事亦不可緩，否則將失民心。故孟子對滕文公云：

> 民事不可緩也。㉝詩云：『晝爾于茅，宵爾索綯；亟其乘屋，其始播百穀。』民之為道也，有恆產者有恆心，無恆產者無恆心；苟無恆心，放僻邪侈，無不為已；及陷乎罪，然後從而刑之，是罔民也。（豳風、七月）

國之本在民，要使民心安定，先要使民衣食無虞，更不可延誤「農時」，因以農立國。孟子十分重視養民，務使百姓仰足以事父母，俯足以畜妻子。管子亦曾云：「倉廩實，而後知榮辱。衣食足，而後禮義興。」皆值得執政者深省！居領導位者，切記要使民有恆產，方有恆心。

興建學校，使民有恆產，是治國要件，然推行「仁政」方爲根本大法。孔子曰：「道二，仁與不仁而已矣。」孟子以爲，聖人，人倫之至也，堯舜便是聖人。君臣之間，若不以仁，輕則身危國削，重則身弒國亡。故離婁上：

㉞詩云：「殷鑑不遠，在夏后之世。」（大雅、蕩）

殷人滅夏，因夏桀暴虐無道，殷之子孫，宜以覆亡爲戒。商紂之際，君不君，臣不臣，以致天命歸周，殷商失本，眼見其興廢存亡，此乃天命靡常。

論及個人修身，孟子於離婁上云：

愛人不親，反其仁；治人不治，反其智；禮人不答，反其敬。行有不得者，皆反求諸己；其身正，而天下歸之。㉟詩云：『永言配命，自求多福。』（大雅、文王）

此乃責己之道也。凡事不達理想，先反躬自問，是否有所缺失尚須改進。如此反求諸己，使舉止日趨端正，天下自然來歸服。詩上所云，是要人永久配合天命，行事合於仁禮；而天道亦公，禍福全由自求之。

## 五、君子形象

儒家思想，孝道爲先。離婁上孟子曰：「道在爾，而求諸遠；事在易，而求諸難。人人親其親，長其長，而天下平。」仁之根本是「孝弟」，古來忠臣必出孝子門，且看盡心上，孟子如何爲弟子公孫丑解釋「不素餐兮」之詩句。

公孫丑曰：「㊱詩曰：『不素餐兮。』君子不耕而食，何也？」孟子曰：「君子居是國也，其君用之，則安富尊榮；其子弟從之，則孝弟忠信。不素餐兮，孰大於是！」（魏風、伐檀）公孫丑所引，乃是刺貪者不勞而食詩篇中之一句；公孫丑以爲君子並未親耕却食祿，豈不無功而受祿？（如此想法，與許行所言邪說：賢者要與民並耕而食，饔飧而治，相似。）孟子言君子必先正己，方能立身於世，國君器重君子，受其潛移默化，則國泰民安，愈顯尊榮；年青子弟見賢思齊，亦能勤修孝弟忠信之美德。足見君子從政，上可救國，下可化民，如此看不見之「功德」，實大無比，決非無功而食祿。此乃君子形象也。

娶妻乃人之大倫，但必須先稟告父母，方合孝道。大孝者舜，居然不告而娶，萬章疑惑，請教孟子。孟子認爲不孝有三，無後爲大；舜之不告而娶，爲免無後，若告則不得娶，卽犯最大不孝罪—無後，故舜所爲乃權宜之計也。萬章上：

萬章問曰：「㊲詩云：『娶妻如之何？必告父母。』信斯言也，宜莫如舜；舜之不告而娶，何也？」孟子曰：「告則不得娶。男女居室，人之大倫也。如告，則廢人之大倫，以懟父母；是以不告也。」（齊風、南山）

舜遭人倫之變，乃不失天理之常也。若父非瞽瞍，子非大舜，而欲不告而娶，豈非成了天下罪人！在孟子眼中，舜之不告而娶，一樣合禮法。

孝子曾參云：「孝有三：大孝尊親，其次弗辱，其下能養。」孟子與弟子咸丘蒙對談時，亦有此看法。見萬章上：

孝子之至，莫大乎尊親，尊親之至，莫大乎以天下養，為天子父，尊之至也；以天下養，養之至也。㊳詩曰：『永言孝思，孝思維則。』此之謂也。（大雅、下武）

原詩乃讚美武王能從先人（大王、王季、文王）之德，長存孝順先人之思，此孝思天下足以爲法。孟子認爲，君子宜重孝道，舉止言行合乎孝弟忠信。可爲人表率，再修「禮」守正，不枉求富貴，卽能去糾正「枉」者。故當孟子之徒陳代，疑惑夫子何以不肯去求見諸侯，是否太過拘泥小節時，（此與孟子答萬章—見㉕詩云—相似。）孟子便曉以大義，推舉孔子曾贊美齊景公時之虞人（守苑囿之吏也），因不合禮之召喚而不前往之事，來說明自己豈可不待諸侯依「禮」招聘而自求見？滕文公下，孟子引詩云：

㊴不失其馳，舍矢如破。（小雅、車攻）

車攻詩篇，原寫田獵及射御之狀，此二句言駕車者能不失其驅馳之法，因而射箭者發矢卽能中也。孟子行事，亦有其法，卽是居「仁」由「義」行之以「禮」，絕不肯爲富貴枉屈了正道，去投靠無禮之諸侯。凜然之風骨，有爲有守之君子——孟子，令人肅然起敬。

## 六、以時語釋詩

爲臣之道，在於適時「進言」，若言不言衷，於國不但無益，反而有害。因而勉强要求君王行堯舜之仁，是恭臣；陳述善法，以禁閉君王之邪心，是敬君；君若不肖，多行不義，臣不諫正，是賊害其君也。離婁上，孟子曰：

㊵詩曰：『天之方蹶，無然泄泄。』泄泄，猶沓沓也。事君無義，進退無禮，言則非先王之道者，猶沓沓也。故曰：責難於君謂之恭，陳善閉邪謂之敬，吾君不能謂之賊。（大雅、板）

板詩乃言天意要顛覆此國家，汝等不可多言妄議不振作。「泄泄」即孟子當時所言之「沓沓」，「沓沓」即多言妄發之義。

此外，滕文公下，孟子曰：「當堯之時，水逆行，氾濫於中國，……書曰：『洚水警余。』——洚水者，洪水也——使禹治之。

此亦爲孟子以時語釋古詩之另一例。

## 結論

孟子生於戰國，當時天下洶洶，爾虞我詐，和談冷戰，功利思想正瀰漫。爲宣揚儒學，「不得已」而善辯。孔子善誘弟子學生，多談個人修身；孟子善誘君王權貴，多談治國之道。深具憂患意識之孟子，以「說大人則藐之，勿視其巍巍然」之態度，奔走於諸侯各國間。孟子引詩，頗重啓發，如「時雨化之者」。其慣用「詩云」及「此之謂也」，並偏好「雅言」（孟子本人引大雅二十次，小雅四次，其中文王篇四次，有兩次引「永言配命，自求多福」句）；孟子書中其餘五人，引詩皆爲國風及小雅。

孟子一書，深爲歷代儒者所熟讀，且各有心得，如陳澧東塾讀書記說得好：「其引蒸民之詩，以證性善，性理之學也。引雨我公田，以證周用助法，考據之學也。小弁之怨，親親也。親親仁也。此由讀經而推求性理，尤理學之圭臬也。蓋性理之學，政治之學，皆出於詩、書，是乃孟子之學也。」孟子眞思想大儒也！

有泰山巖巖之大人氣象者孟子，只要義之所在，卽本著「雖千萬人，吾往矣」全力以赴。韓愈謂其功不在禹下，程頤稱孟子有功於聖門，其正氣興發，如屹立風中千仞之峭壁；其淑世思想，如日月經天，萬古常新。其千秋「事業」，照耀於當世，指引於後世，具「永恆」價值目標之取向，是我輩人格精神之典範，在時間之洪流中，孟子能助我等，找到定位。

## 【附　註】

註一　見史記、魏世家。

註二　見戰國策、齊策。

註三　見南懷謹孟子旁通、梁惠王章句下。

註四　畜君，卽好君，亦卽愛君。詩小雅鹿鳴：「人之好我。」鄭箋：「好，猶善也。」好君，謂愛君以善也。

註五　見史師次耘孟子今註今譯、離婁篇上。

註六　見黃慶萱修辭學、第十一章夸飾丙原則。

註七　見古史辨第三冊下編、孟子說詩。

註　八　見王師靜芝詩經通釋、閟宮篇。
註　九　同註七。
註一〇　王國維觀堂集林：「鬼方、混夷，獯鬻，玁狁，匈奴皆同種。」
註一一　見吳淇六朝選詩定論緣起，卷一。

## 附錄：

### 一、梁惠王篇引詩九次

一：經始靈台，……於牣魚躍。（大雅靈台）①
二：他人有心，予忖度之。（小雅巧言）②
三：刑于寡妻，……以御于家邦。（大雅思齊）③
四：畏天之威，于時保之。（周頌我將）④
五：王赫斯怒，……以對于天下。（大雅皇矣）⑤
六：畜君何尤？（不詳）⑥
七：哿矣富人，哀此煢獨。（小雅正月）⑦
八：乃積乃倉，……爰方啓行。（大雅公劉）⑧
九：古公亶父，……聿來胥宇。（大雅緜）⑨

### 二、公孫丑篇引詩三次

一：自西自東，……無思不服。（大雅文王有聲）⑩

二：迨天之未陰雨，……或敢侮予。（豳風鴟鴞）⑭

三：永言配命，自求多福。（大雅文王）⑮

## 三、滕文公篇引詩七次

一：晝爾于茅，……其始播百穀。（豳風七月）㉝

二：雨我公田，遂及我私。（小雅大田）㉗

三：周雖舊邦，其命維新。（大雅文王）㉜

四：出自幽谷，遷于喬木。（小雅伐木）㉓孟子引爲「出於幽谷，遷於喬木者。」

五：戎狄是膺，荆舒是懲。（魯頌閟宮）㉔

六：不失其馳，舍矢如破。（小雅車攻）㊴

七：戎狄是膺，……則莫我敢承。（魯頌閟宮）㉒

## 四、離婁篇引詩八次

一：不愆不忘，率用舊章。（大雅假樂）㉛

二：天之方蹶，無然泄泄。（大雅板）㊵

三：殷鑑不遠，在夏后之世。（大雅蕩）㉞

四：永言配命，自求多福。（大雅文王）㉟

五：商之子孫，……祼將于京。（大雅文王）⑪

六：誰能執熱，逝不以濯。（大雅桑柔）⑫
七：其何能淑，載胥及溺。（大雅桑柔）⑬
八：孟子曰：「王者之迹熄而詩亡，……孔子曰：『其義，則丘竊取之矣。』」㉚

## 五、萬章篇引詩六次

一：娶妻如之何？必告父母。（齊風南山）㊲
二：普天之下，……莫非王臣。（小雅北山）⑱
三：周餘黎民，靡有孑遺。（大雅雲漢）⑲
四：永言孝思，孝思維則。（大雅下武）㊳
五：周道如底，……小人所視。（小雅大東）㉕
六：一鄉之善士，……頌其詩，讀其書，不知其人可乎？以論其世也。㉖

## 六、告子篇引詩四次

一：天生蒸民，……好是懿德。（大雅蒸民）⑯
二：既醉以酒，既飽以德。（大雅既醉）⑰
三：公孫丑問曰：「高子曰：『小弁，小人之詩也。』」……。⑳
四：『凱風，何以不怨？』……亦不孝也。㉑

## 七、盡心篇引詩三次

一：不素餐兮。（魏風伐檀）。㊱
二：憂心悄悄，慍于羣小。（邶風柏舟）。㉘
三：肆不殄厥慍，亦不殞厥問。（大雅緜）㉙

# 公羊傳之正統論

李新霖

## 壹、一統

「正統」之說，始於孔修春秋。歐陽修（西元一〇〇七—一〇七二）、原正統論曰：

正統之說，肇於誰乎？始於春秋之作也。當東周之遷，王室微弱，吳徐並僭，天下三王。而天子號令不能加於諸侯。其詩下同於列國，天下之人莫知正統。仲尼以為周平雖始衰之王，而正統在周也，乃作春秋。自平王以下，常以推尊周室，明正統之所在。故書王以加正月而繩諸侯。王人雖微，必加於上；諸侯雖大，不與專封。以天加王而別吳楚。刺譏褒貶，一以周法。凡其用意，無不在於尊周。……聖人之意，在於尊周，以周之正而統諸侯也。

是平王東遷，王室微弱，下同諸侯，天下人莫知正統所在。於是孔子哀周道衰廢，感時喪亂，遂作春秋，其書「王正月」、「天王」，所以推尊周室，明正統在周也。由歐陽氏所言，知春秋所謂正統，指周室而言，天下諸侯皆應奉周之正朔。大體而言，公羊傳言禮多屬封建禮制（註一），與孔子同情行將消逝之封建制度（註二），立場相同；故「正統」之義經公羊傳推闡，又可分爲「居正」與「一統」二端。歐陽修又曰：

傳曰：「君子大居正。」又曰：「王者大一統。」正者，所以正天下之不正也；統者，所以合天下之不一也。由不正與不一，然後正統之論作。堯舜之相傳，三代之相代，或以至公，或以大義，皆得天下之正，合天下於一。

「大居正」與「大一統」者，分見公羊隱公三年及元年傳。一統在使天下定於一，居正則指唯有守正之王者，方能一統天下。因此公羊傳所謂「正統」者，天下一統於居正之王者。換言之：天下者，一統之天下也；亦卽公羊傳之理想所在。治天下者，居正之王者也。苟定天下於一而不居正，抑或居正而不能定天下於一，皆不足與於正統也。

## 一，大一統之思想背景

欲探究公羊傳大一統之義，首須明瞭影響公羊至鉅之宗法封建制度。蓋周自武王建國，卽經由血緣關係，宗法制度，建立完整之封建體系。其後周公復益以禮文，定尊卑上下之分，使政治組織更爲堅固周密。所謂宗法，見於禮記喪服小記與大傳，二篇之記宗法，文字略異，專屬諸侯（註三）。今僅舉禮記大傳之說：

別子為祖，繼別為宗，繼禰者為小宗。有百世不遷之宗，有五世則遷之宗。百世不遷者，別子之後也，宗其繼別子之所自出者，百世不遷者也。宗其繼高祖者，五世則遷者也。尊祖故敬宗，敬宗、尊祖之義也。

別子者，諸侯嫡長世子之長母弟也。別子爲祖者，別子爲百代族人之始祖也。繼別爲宗者，別子嫡長子繼別子爲大宗，其後嫡長相承，謂百世不遷之宗也。禰者，繼別者之弟，以嫡長爲主也。繼禰者爲小宗者，禰之嫡長子繼繼別者之長弟爲小宗，亦長嫡世襲，謂五世則遷之宗也。要之，別子之後，嫡系乃萬代不易之大宗，庶系乃五世則遷之小宗。大宗唯一支，而小宗孳乳益多，於是又有遷宗之法，即就宗法圖而言：

（摘自梁啓超：中國文化史）

小宗傳至五代，禮合「祖遷於上，宗易於下」（禮記、喪服小記）。所謂「祖遷於上」者，上殺之高祖，遷其前之神主入大宗之廟，嫡小宗不再宗事之，使小宗地位不至長遠獨立，與大宗平行。所謂「宗易於下」者，先時繼高祖小宗之弟，分立一宗；繼新進父廟之庶子，又別成一小宗，以下皆類推。要之，備五宗者，五代來孫之世，六代昴孫之世，不復宗事原高祖，亦不復宗事原三從兄弟之嫡長，各立新小宗（註四）。由此而觀，宗法爲以嫡長繼統之家族組織法，至少具有以下數義：㈠就天然之血緣關係，形成情感之團結，此之謂「親親」。㈡由父終子及之嫡長相承，小宗可遷而大宗不可遷之主從關係，確立尊卑秩序，此之謂「尊尊」。㈢利用人生而愛親尊祖，培養「敬宗」習慣，藉收統

# 宗法圖

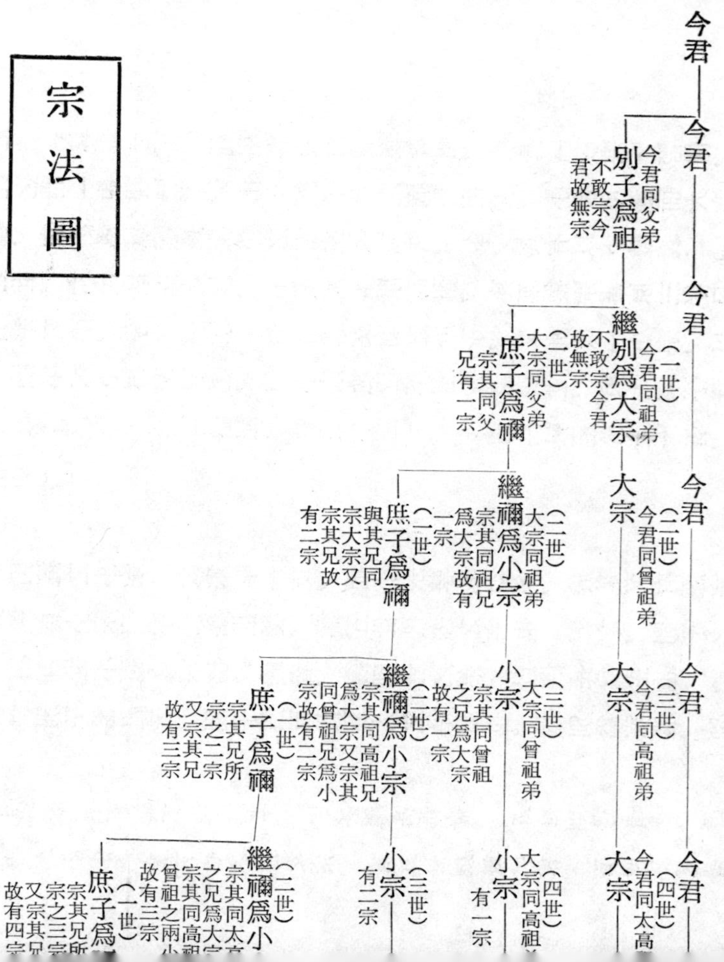
今君
今君
別子爲祖
今君同父弟不敢宗今君故無宗
今君
繼別爲大宗
(一世)今君同祖弟不敢宗今君故無宗
庶子爲禰
(一世)大宗同父弟宗其同父兄有一宗
今君
大宗
(二世)今君同曾祖弟
繼禰爲小宗
(二世)大宗同祖弟宗其同祖兄爲大宗故有一宗
庶子爲禰
(二世)與其同宗大宗又宗其兄故有二宗
今君
大宗
(三世)今君同高祖弟
小宗
(三世)大宗同曾祖弟宗其同曾祖之兄爲大宗故有一宗
繼禰爲小宗
(二世)宗其同高祖兄爲大宗又宗其同曾祖兄爲小宗故有二宗
庶子爲禰
(一世)宗其兄所宗之二宗又宗其兄故有三宗
今君
大宗
(四世)今君同太高
小宗
(四世)大宗同高祖
有一宗
小宗
(三世)
有二宗
(二世)

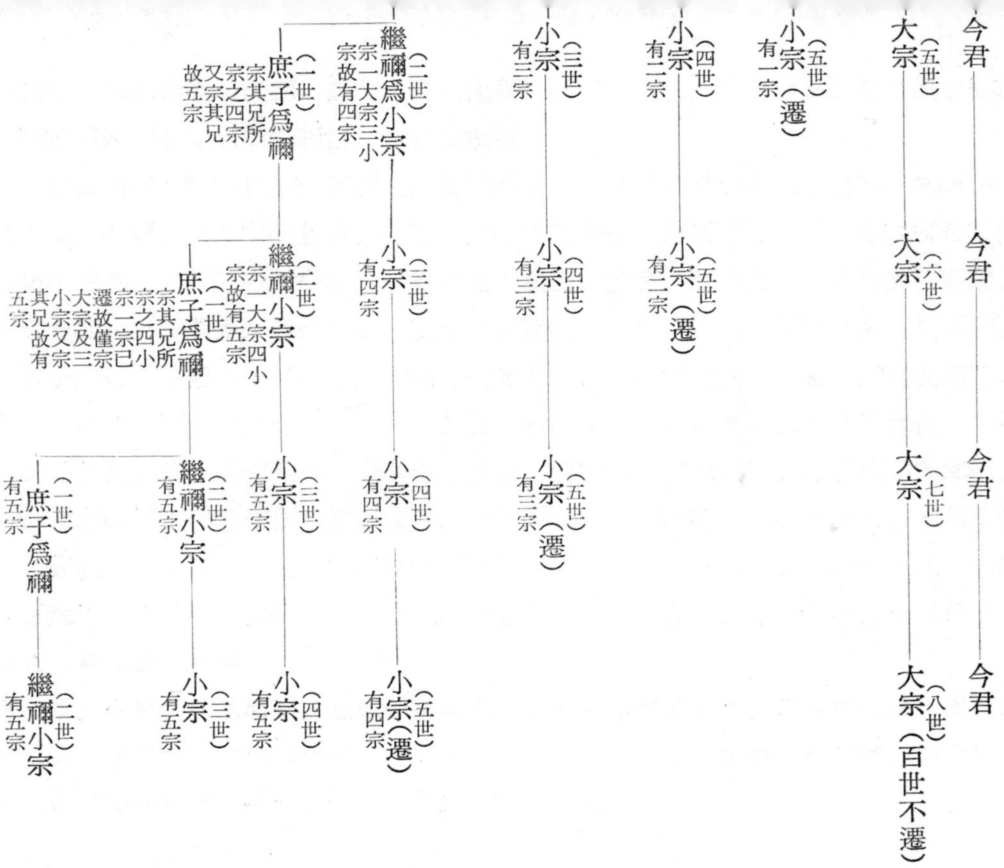
今君
今君
今君
今君
大宗（五世）
大宗（六世）
大宗（七世）
大宗（八世）（百世不遷）
小宗（五世）有一宗（遷）
小宗（四世）有二宗
小宗（五世）有二宗（遷）
小宗（三世）有三宗
小宗（四世）有三宗
小宗（五世）有三宗（遷）
繼禰爲小宗（二世）宗一大宗三小宗故有四宗
小宗（三世）有四宗
小宗（四世）有四宗
小宗（五世）（遷）有四宗
庶子爲禰（一世）宗其兄所宗之四宗又宗其兄故五宗
繼禰小宗（二世）宗一大宗四小宗故有五宗
小宗（三世）有五宗
小宗（四世）有五宗
庶子爲禰（一世）宗其兄所宗之四小宗一宗已遷故僅三大宗及宗小宗又宗其兄故有五宗
繼禰小宗（二世）有五宗
小宗（三世）有五宗
庶子爲禰（一世）有五宗
繼禰小宗（二世）有五宗

治之效。是故宗法施諸政治，其用大矣。卽禮記、大傳所謂：

是故人道，親親也。親親故尊祖，尊祖故敬宗，敬宗故收族，收族故宗廟嚴，宗廟嚴故重社稷，故愛百姓，愛百姓故刑罰中，刑罰中故庶民安，庶民安故財用足，財用足故百志成，百志成故禮俗刑。禮俗刑，然後樂。

然則宗法制度於政治上之實際運作又如何？蓋宗法制度中，宗子、一宗之主，上繼祖禰，族人兄弟皆須宗之。因此封建之世，天子與諸侯分土而治，諸侯與大夫分土而治。就天下言，王爲天下大宗，王室餘支或封爲諸侯者爲小宗；就封國言，諸侯爲大宗，公室餘支或爵爲卿大夫者爲小宗；就采邑言，卿大夫爲大宗，氏室餘支或爵爲士者爲小宗；就食邑言，士爲大宗，其餘支已無封土，或有謂小宗者（註五）。於是宗法之下，由天子至士，如同一大家族。而諸侯爲國內羣宗所共宗，又彼此相宗而同宗於周天子，周天子卽天下之總宗，謂之「宗周」（註六）。如此王室爲本幹，同姓諸侯以下爲枝葉，枝葉集於本幹，周室政權，因而立焉。此外，周制同姓不婚，藉族外婚制，使異姓之宗，皆爲甥舅，故天子之於諸侯，同姓稱伯父叔父，異姓稱伯舅叔舅。如此，異姓諸侯亦得由姻戚關係，促進血統與文化之融合。要之，周行封建制度，亦卽周天子用以分土而治之政治系統，因投入血統相連之宗族系統，藉由親親之情，尊尊之制，使政治與家庭社會，有强烈之粘合性與親和性，於是家國一統之方略生焉，而後此儒家倫理之政治思想，亦導源於此。

據以宗法爲主之封建政治理想，周天子以大宗宗子及天子之尊，統轄天下；卽靠親親與尊尊維繫政權。諸侯以下則本於宗人尊敬宗之習慣，同宗天子。又因宗子對宗人有權威，如宗主有殺宗人及逐放宗人之權；宗人對宗子有義務，如宗內有事皆告、爲宗子服喪等（註七）。是故天子與諸侯間亦有如此之對待關係，卽天子賜諸侯土田、人民、相稱之車服器物（註八），並盡保護及督導之責（註九）；諸侯對天子，除奉正朔及按時朝聘述職外，平時供應四時祭祀之需（註一〇），非常時則爲王室征伐城戍。封建天下卽賴此互相調和而不互相衝突。然而睽諸史實，周室政權雖得以維持數百年之久，實在漏隙中延續，其中關鍵，卽在於天子與諸侯之關係，未能盡如理想，亦卽每由王室之昏弱無道，破壞親親之情；諸侯之唯力是視，疏遠宗支關係，而無尊尊之心（註一一）；加以政治社會經濟上之變遷（註一二），終導致封建政治之全面崩潰。牟宗三於歷史哲學一書中，卽指出周所以不世，乃因：

> 就周之封建所成之現實歷史之勢言：周與諸侯各分土而治，有不純臣之義，敵體較顯，則周之所以籠罩天下者，全在其合法之王統，與文化上之文統。此超越者，形上者，不能與其現實勢力相對應。現實勢力，則周與諸侯各為一集團。而其所封之各集團，終必在滋長壯大中，表現其生命。現實生命，為強度者，亦為有封域而生根者。（封域言其空間性，生根言其歷史性。依此而成爲集團。）王室生命，其表現已過，終必為其他集團所代替。各集團生命，齊頭並列，生長龐大，終必爭戰。而一敵體爭戰，則必各為其集團。若王室尚有生命，則可携名號以行征討，勢必統一，而統一不必在秦。但強度之生命，在敵體中，很難長春。此蓋為自然物理之法則。（強度爲物理的）。若在時代中有新理念之號召，有新人才以參與王室，則亦可『以理生氣』，重振其生

命，使生命不純服從『強度原則』，而服從『精神原則』。（以理生氣，爲精神原則）。然此終未出現，遂使王室終於服從強度原則而消散。

是周代王室與諸侯分土而治之封建政策，原則上王室無論名或實，均陵駕諸侯；然就事實言，諸侯因封土而生根，必日益滋長壯大。如一旦諸侯旺盛之生命力，超越王室，王室將無以維繫分權之一統。雖然，若時代中有新理念新人才以擁戴王室，重振其生命，則天子仍可世繼不替；如春秋齊桓號召尊王攘夷，當時人心一度對王室之統一性與象徵性，信守不渝，使生命服從「精神原則」，惜齊晉霸業不旋踵而滅，致王室終於服從「強度原則」而消散。因此公羊傳之大一統，正爲平衡王室與諸侯間之上下關係，爲持續周之王統與文統，而求進一步之理據。

## 二、大一統

吾人未言「一統」前，不妨先分辨「一統」與「統一」之異。所謂一統者，以天下爲家，世界大同爲目標；以仁行仁之王道理想，卽一統之表現。然則一統須以統一爲輔，亦卽反正須以撥亂爲始。所謂統一，乃約束力之象徵，齊天下人人於一，以力假仁之霸道世界，卽爲統一之結果。「一統」與「統一」既有高下，公羊傳又每在霸道中展現王道（註一三），則「統一」寓於「一統」之中，自可知矣。復次，公羊傳開宗明義首揭「大一統」之旨者，見：

▲公羊隱公元年經：「春，王正月。」

傳曰：

元年者何？君之始年也。春者何？歲之始也。王者孰謂？謂文王也。曷為先言王而後言正月？王正月也。何言乎王正月？大一統也。

此段文字，經漢代公羊家之發揮，而有「五始」之說（註一四）。然公羊傳之「元」、「春」，不過爲「君之始年」、「歲之始」，別無其他深義。所謂「王」即「文王」，若參看：

▲公羊文公九年傳曰：

王者無求，曰是子也，繼文王之體，守文王之法度。文王之法無求而求，故譏之也。

知凡繼文王者，皆應謹守文王法度。故莊存與，春秋正辭、奉天辭曰：

受命之王曰大祖，嗣王曰繼體。繼體也者，繼大祖也。不敢曰受之天，曰受之祖也，自古以然。文王，受命之祖也。成康以降，繼文王之體者也。武王有明德，受命必歸文王，是謂天道。武王且不敢專，子孫其敢或干焉！命曰文王之命，位曰文王之位，法曰文王之法，所以尊祖，所以尊天也。

孔廣森，春秋公羊通義亦曰：

明令篇王者聽朔必居明堂，所以辨方正位，順時布政。周之初，蓋頒朔於文王之廟，故曰王正月者，文王之正月也。周人受命自文王始，雖今嗣王亦守文王之法度，行文王之正朔。春秋內魯，文王又魯之所自出，繫王於春，繫正月於文王，尊則統天，視則率祖，尊尊而親親，人道之始也。

是文王始受命制法度，且爲周天子及魯公之所自出，基于尊天敬祖之觀念，言「王」卽指繼文王者，「正月」曰文王之正月，藉以正人事與天道。如此，「王正月」不過爲親親尊尊下之產物，未有何特殊處。故對於該段文字，所須注意者，乃爲其言「王正月」，實欲明示之「大一統」之義。漢書、董仲舒傳云：

春秋大一統者，天地之常經，古今之通誼也。今師異道，人異論，百家殊方，指意不同，是以上亡以持一統；法制數變，不下知所守。臣愚以為諸不在六藝之科、孔子之術者，皆絕其道，勿使並進。邪辟之說滅息，然後統紀可一，而法度可明，民知所從矣。

則董氏所指之「大一統」，乃爲學術法制、文化思想之統一，此爲因應時代，而提出之建議（註一五），未便視爲公羊傳之要求。而公羊隱公元年傳何休注曰：

統者、始也，摠繫之辭。夫王者始受命改制，布政施教於天下，自公侯至於庶人，自山川至於草木昆蟲，莫不一一繫於正月，故云政教之始。

以爲王者受命，制正月，以統天下，令萬物無不一一皆奉之以爲始，因此奉「正月」爲始，卽爲「大一統」。何氏所言，似與其重「始」主張有關，故以「正月」爲政教之始，而足「五始」之數，如此唯在「正月」上立說，恐不足以涵蓋公羊傳言「王正月」，所以致「大一統」之義也。

董、何之言，旣屬發展性之公羊家論調，與傳文原意，未盡符合。因此欲探求本義，仍應由相關傳文入手，請先釋所謂「大一統」者。「大一統」一語，因「大」字用法不同，可分爲兩種解釋：一爲視「大」作形容詞，「大一統」則成一完整之概念。一爲視「大」作動詞，則「一統」成一完整之概念。二者孰是？吾人不妨參看其他傳文，如：

▲公羊隱公元年傳：

大鄭伯之惡也。

▲公羊隱公三年傳：

故君子大居正。

▲公羊莊公十八年傳：

大其為中國追也。

▲公羊僖公元年傳：

大季子之獲也。

▲公羊僖公十五年傳：

天戒之，故大之也。

▲公羊僖公二十二年傳：

故君子大其不鼓不成列。

▲公羊文公十四年傳：

大其弗克納也。

▲公羊宣公十五年傳：

大其平乎己也。

▲公羊襄公十九年傳：

大其不伐喪也。

▲公羊哀公十四年傳：

為獲麟大之也。

以上諸「大」字，皆爲重視或强調之意，屬於動態語詞。因此，「大一統」之「大」字，亦不能例外。且據文義判斷：「曷爲先言王而後言正月？王正月也。」係解釋「王」所以冠於「正月」之上者，在明此月乃王之正月也。「何言乎王正月？大一統也」，係解釋所以標明「王正月」者，其目的在重視、强調「一統」也。故「大一統」一語，不宜視成一種「大一統」現象，而抹殺傳文彰顯「一統」之意圖；後者之解釋，自較前者爲佳。

公羊傳大「一統」之義，在於使天下定於一。此可分從兩方面言之：即就一統之形式言，乃一統之天下；就一統之人物言，唯有定于一尊之王者。所謂一統之形式，意即天下之土地人民，均一乎一人之下。傳言「王者欲一乎天下」（公羊成公十五年傳）、「王者無外」（公羊隱公元年、桓公八年、僖公二十四年、成公十二年傳），表明天下一統爲王者之職志。就空間言，其政令教化，無遠弗屆，且無內外之分，亦卽詩小雅、北山所云：

「溥天之下，莫非王土。率土之濱，莫非王臣。」

然則此一統之天下，宜由何人領導？

傳云：

▲公羊文公十三年經：「世室屋壞。」

然則周公之魯乎？曰：「不之魯也，封魯公以爲周公主。」然則周公曷爲不之魯？欲天下之一乎周也。

周公望重天下，嫌之魯就封，恐天下廻心趣鄉之，故使其子伯禽之魯，所以一天下之心于周室，則天下應接受周天子之領導者至顯矣。且孔子據魯史修春秋，始於魯隱公卽位之年，書曰：「元年春王正月。」此元年卽魯隱公之元年，爲封建時代諸侯史記各自紀年曆。然而「王正月」，公羊傳言「王」指「文王」；文王係周始受命制法度之祖，無論天子抑或諸侯，皆應尊之敬之。故今周天子爲繼文王者，應守祖法；魯爲諸侯，則應守王法。如此，「王正月」，文王之正月，亦卽周之正月，明示諸侯所用正朔仍依周天子制度。此以魯紀年而奉周王之正朔，非但明正朔同，乃天下一統於周也；亦可見春秋以降，各國不奉周室正朔之非（註一六）。公羊曰：「元年，春，王正月，正也。」（公羊成公八年傳）卽此之謂也。又論語、八佾篇：

子曰：周監於二代，郁郁乎文哉！吾從周。

禮記、中庸篇：

子曰：吾説夏禮，杞不足徵也。吾學殷禮，有宋存焉。吾學周禮，今用之，吾從周。

禮記、中庸篇：

仲尼祖述堯舜，憲章文武。

論語、述而篇：

子曰：甚矣，吾衰也！久矣，吾不復夢見周公。

孔子生當周衰之後，目睹天下秩序紊亂，推究其因，不得不歸咎於宗法封建制度之崩壞、周禮之廢棄；於是「從周」，遂爲其政治思想之出發點；盛周制度，亦即文武之方策、周公之典章，即其依據之標準；藉以延續夏商以來歷史文化之精神傳統，開出家國天下之治道常軌。可見孔子懷想封建天下，意在尊周，以周之正而統諸侯也。如此，公羊傳主張由周天子一統天下，與孔子奉周政爲矩範，並無二致。而漢世公羊家王魯之說（註一七），不僅非公羊傳本意，亦與孔子「從周」之志不合，可勿辯矣。總之，封建之分土而治，亦即領導權合法之規劃分責；象徵公羊傳之天下一統，乃爲以周天子爲天下共主之分權一統；有異於秦漢以來之專制天下，强調集權絕對之一統，則不可不辨矣。

## 貳、居　正

天下所以能一統，實與統治者本身之權限與德性息息相關。所謂統治者之權限，意指統治者是否能爲天下主宰？亦卽是否定于一尊？蓋唯王尊，方可鞏固國家之統治權，强化中央政府力量。此禮記、坊記所謂：

子云：天無二日，土無二王，家無二主，尊無二上，示民有君臣之別也。

禮記、喪服四制亦曰：

天無二日，土無二王，國無二君，家無二尊，以一治之也。

天有二日，則萬物不生；國有二君，則民無所適從；家有二主，則家不可理；必也，隆一而治，二則亂，自古及今，未有二隆爭重而能長久者。故孔子爲政，必以「正名」爲先（論語、子路篇），並主「禮樂征伐自天子出」、「天下有道，則政不在大夫」（論語、季氏篇），明示自天子以至大夫，必名實相符，使有其名者在其位，在其位者有其權，有其權者負其責；反之亦然。如此，名不可僭，位不可越，職不可亂，皆統一之象徵。若一事有苟，則其餘皆苟矣。考之公羊，此義俯拾卽是，如：

▲公羊成公元年經：「秋，王師敗績于貿戎。」

傳曰：

孰敗之？蓋晉敗之，或曰貿戎敗之。然則曷爲不言晉敗之？王者無敵，莫敢當也。

蓋就天下言之，天子至尊無所屈，故「王者無敵」之「敵」，若就王者之尊嚴言，天下無人能與天子之名分相當，不足與天子相敵。若就王者之權勢及德性言，天子亦無敵於天下，無人能敵天子而敗之也。

▲公羊隱公元年經：「冬，十有二月，祭伯來。」

傳曰：

祭伯者何？天子之大夫也。……奔則曷為不言奔？王者無外，言奔則有外之辭也。

王者一統天下，以天下爲家，勢力所及，莫非王土，何有內外之分？故曰「王者無外」。

▲公羊桓公九年經：「春，紀季姜歸于京師。」

傳曰：

京師者何？天子之居也。京者何？大也。師者何？衆也。天子之居，必以衆大之辭言之。

天子位尊勢重，所居亦異乎常，故以衆大之辭言其居處，以爲天子象徵。至於其他禮文，天子之別於諸臣者，如天子死曰「崩」（公羊隱公三年傳），祭則郊天（公羊僖公三十一年傳），祭舞則八佾（公羊隱公五年傳）等。皆明天子至尊無二，宜標擧天子名號，使萬民歸往也。故春秋繁露、滅國上篇曰：

王者民之所往，君者不失其羣者也。故能使萬民往之，而得天下之羣者，無敵於天下。

然一統天下之天子，若僅以其至尊之威，君臨天下，則雖地跨四海，統領萬民，並不足貴，故公羊傳更進而主張天子雖定于一尊，仍須以居正爲基，方可統天下於一。其居正之義，見：

▲公羊隱公三年傳：

故君子大居正。

公羊傳雖未進而闡述何謂大居正，吾人可由其所推崇之人物，以證此義。蓋居正之道，要言之，不外二端：一曰居天道之正，一曰居人理之正（註一八）。公羊極推崇文王，文王之德業，據詩書及孟子所稱：

詩大雅、大明：

維此文王，小心翼翼，昭事上帝。

詩大雅、文王：

文王陟降，在帝左右。

詩大雅、思齊：

惠于宗公，神罔時怨，神罔時恫。刑于寡妻，至于兄弟，以御于家邦。

詩大雅、皇矣：

帝謂文王：予懷明德，不大聲以色，不長夏以革，不識不知，順帝之則。

尚書、無逸篇：

文王卑服，卽康功田功。徽柔懿恭，懷保小民，惠鮮鰥寡。自朝至于日中昃，不遑暇食，用咸和萬民。文王不敢盤于遊田，以庶邦惟正之供。

孟子、梁惠王下篇：

> 老而無妻曰鰥，老而無夫曰寡，老而無子曰獨，幼而無父曰孤，此四者，天下之窮民而無告者，文王發政施仁，必先斯四者。

以上所擧，於文王不免有溢美之辭，然文王能上順帝則，有德有能，下理民事，協和家邦，爲衆民所歸，自無疑義。故公羊傳好依文王之德評斷是非，如：

▲公羊文公九年經：「春，毛伯來求金。」

傳曰：

> 是子也，繼文王之體，守文王之法度。文王之法無求而求，故譏之也。

文王之法：天子不應貪財。今繼文王者，而不謹守文王法度，故譏之。

▲公羊僖公二十二年經：「冬，十有一月，己巳朔，宋公及楚人戰于泓，宋師敗績。」

傳曰：

> 故君子大其不鼓不成列，臨大事而不忘大禮，有君而無臣，以為雖文王之戰，亦不過此也。

文王雖於戰爭，亦有道焉。今宋襄公雖敗，公羊以其能體上天好生之德，造次顛沛之中，亦能守禮不渝，實有文王以仁而戰之精神，故大之。是知公羊乃將文王視爲王者之典範，而據之以評天子、諸侯也。此外，公羊傳推崇堯舜：

▲公羊哀公十四年經：「春，西狩獲麟。」

傳曰：

君子曷為為春秋？撥亂世，反諸正，莫近諸春秋。則未知其為是與？其諸君子樂道堯舜之道與？末不亦樂乎！堯舜之知君子也？制春秋之義，以俟後聖，以君子之為亦有樂乎此也。

孔子數稱堯舜，論語、泰伯篇：

子曰：大哉！堯之為君也。巍巍乎！唯天為大，唯堯則之。蕩蕩乎！民無能名焉。巍巍乎！其有成功也。煥乎！其有文章。

又：

巍巍乎！舜禹之有天下也，而不與焉。

堯舜之德峻極於天，故公羊以爲孔子作春秋，旨在撥亂反正，其聖治之隆，即以堯舜爲依歸。以堯舜爲理想王者之代表，冀後繼者能以堯舜之德爲楷模而行王道焉。總而言之，居正者，須本諸天道，通乎人理；堯舜文王奉天行仁，是得天道之正者；無私爲公，是得人理之正者；故公羊以堯舜文王爲居正之表率。或曰公羊傳於春秋「元年，春，王正月」之記載，並無後世公羊家「以元之深正天之端，以天之端正王之政」（春秋繁露、玉英篇），王者須奉天體元，方居天道之正等奧義，而僅視爲史書通例（註一九），似乎並不重「居天道之正」。吾人以爲「天地之大德曰生」（易繫辭下傳），天地四時之流行，即爲無上之美德，故天道下施而爲仁；且「天無私覆，地無私載，日月無私照」（禮記、孔子閒居），爲宇宙之公心。因此人與天地合其德，則人道可以參天，至德可以配天；而王者參贊化育，秉公行仁政，即爲得天道，合人理。觀於孔子「天何言哉」（論語、陽貨篇），將聖人與天同列之義，則公羊傳雖重人事而略天道（註二〇），吾人仍可透過其對堯舜文王之嚮往，以爲亦有此義也。既知天子一統天下，須以居正爲基，而居正之道，不在有土有民，居大位之尊，乃在能居天道與人理之正者。故對於不能居正、自貶身價之天子，公羊皆直陳其非而斥之。如：

▲公羊隱公三年經：「秋，武氏子來求賻。」

傳云：

武氏子者何？天子之大夫也。……何以不稱使？當喪未君也。武氏子來求賻，何以書？譏。何譏爾？喪事無求。求賻，非禮也，蓋通于下。

▲公羊桓公十五年經：「春，二月，天王使家父來求車。」

傳云：

何以書？譏。何譏爾？王者無求。求車，非禮也。

▲公羊文公九年經：「春，毛伯來求金。」

傳云：

毛伯者何？天子之大夫也。何以不稱使？當喪未君也。……毛伯來求金，何以書？譏。何譏爾？王者無求。求金，非禮也。然則是王者與？曰：非也。非王者，則曷爲謂之王者？王者無求。曰：是子也，繼文王之體，守文王之法度；文王之法無求而求，故譏之也。

按公羊桓公十五年傳何休注曰：

王者千里，畿內租稅足以共費；四方各以其職來貢，足以尊榮。當以至廉無為，率先天下，不當求。求則諸侯貪，大夫鄙，士庶盜竊。

又公羊隱公三年傳何休注：

禮本為有財者制，有則送之，無則致哀而已，不當求，求則皇皇傷孝子之心。

蓋天子爲天下表率，故不論財之多少，皆不當求之於下，以免上行下效，風俗偸薄。就人子之身分言，孝子臨喪，哀痛無已，亦豈復有心求財。況繼位之王，應以文王爲法，文王之法無求而求，故公羊以「王者無求，求之，非禮」深刺之。又如：

▲公羊僖公二十四年經：「冬，天王出居于鄭。」

傳云：

王者無外，此其言出何？不能乎母也。

普天之下，莫非王土，天子離其王畿，未有書「出」以絕之理。然今襄王不能稱惠后之心，令其寵專王子帶，致使狄人伐周，不得已出居于鄭（註二一），自絕于周。故何休注曰：「不能事母，罪莫大於不孝，故絕之言出也。」卽惡其所爲也。

▲公羊隱公元年經：「秋，七月，天王使宰咺來歸惠公仲子之賵。」

傳云：

惠公者何？隱之考也。仲子者何？桓之母也。何以不稱夫人？桓未君也。賵者何？喪事有賵，賵者蓋以馬，以乘馬束帛。……其言來何？不及事也。其言惠公仲子何？兼之。兼之，非禮也。

此事天子處置不當者二：㈠賵爲死者所需，賜應及事，而天子於葬事畢，方始來歸。㈡按何休注：「禮不賵妾，既善而賵之，當各使一使，所以異尊卑也。」今天子一賵二人，故曰兼之非禮也。

▲公羊文公五年經：「春，王正月，王使榮叔歸含且賵。」

傳云：

含者何？口實也。其言歸含且賵何？兼之。兼之，非禮也。

「含」爲殯前之禮，按何休注：「含者臣子職，以至尊行至卑事，失尊之義也。」是「夫人風氏薨」（公羊文公四年經），天子歸賵卽可，不當含，今兼歸含賵，故斥其非禮也。總上所述，凡天子貪利，不顧天子之尊，索求於諸侯；不能孝親，不能達禮；皆是內行有虧，不得謂其居正，故公羊斥之，欲明示天子雖能統一天下，居至尊之位，如不能居正，仍不足居於正統也。

## 叁、尊　王

春秋之初，王室名義上仍爲天下共主，諸侯猶能盡對王之義務。然因天子失德，諸侯爭雄，王室終於名存實亡，各諸侯無論形式或實質上，已脫離封建統治，不啻一獨立之國家。其間親親精神之淡忘，君臣體制之破壞，王室權威之喪失，表現於周鄭交質與交惡（左氏隱公三年傳）、周鄭繻葛之戰，祝聃射王中肩（左氏桓公五年傳）、楚子觀兵於周疆，問鼎之大小輕重（左氏宣公三年傳）、晉郤至與周爭鄇田，王命劉康公、單襄公訟諸晉（左氏成公十一年傳）、周與諸侯盟於洮（左氏僖公八年傳），同盟於鷄澤（左氏襄公三年傳）等。中原以外，楚與吳越之君，與周王並稱爲「王」；各諸侯因淩弱暴寡，互相兼幷，疆域與實力亦皆陵駕於天子之上。對此亂世，公羊傳所擬之反正方策，就天子言，欲其居正；就諸侯言，欲其尊王；蓋非如此，不足以達成一統之理想也。

公羊傳除爲撥亂反正，以「尊王」爲先務之急；又由宗法封建尊尊之制中，發展出「尊王」概念；皆在强調君臣上下自有分際，諸侯身爲臣子，須謹守君臣之義，接受天子號令，不得擅越職權。一如論語、季氏篇所載：

孔子曰：天下有道，則禮樂征伐自天子出。天下無道，則禮樂征伐自諸侯出。

禮記、中庸篇：

非天子，不議禮，不制度，不考文。……雖有其位，苟無其德，不敢作禮樂焉；雖有其德，苟無其位，亦不敢作禮樂焉。

此謂若非聖人在天子之位，則他人不能舉征伐，作禮樂，制法度，考定文字。蓋無德而妄作，必致愚而好自用；無位而妄作，則爲賤而好自專也；凡此皆天子之所以勢微，諸侯之所以僭上，天下之所以無道也。故諸侯如能謹守尊王之義，則不敢上陵天子。例：

▲公羊成公十三年經：「夏，五月，公自京師，遂會晉侯、齊侯、宋公、衞侯、鄭伯、曹伯、邾婁人、滕人伐秦。」

傳云：

其言自京師何？公鑿行也。公鑿行奈何？不敢過天子也。

春，晉侯向魯乞師，成公乃先如京師，再會諸侯伐秦。鑿猶更造之意，蓋成公以伐秦將塗過京師，不敢過天子而不朝，遂修朝禮而後行。

▲公羊莊公五年經：「冬，公會齊人、宋人、陳人、蔡人伐衞。」

傳云：

此伐衞何？納朔也。曷為不言納衞侯朔？辟王也。

▲公羊莊公六年經：「秋，公至自伐衞。」

曷為或言致會？或言致伐？得意致會，不得意致伐。衞侯朔入于衞，何以致伐？不敢勝天子也。

諸侯爲納公子朔而伐衞，而天子不欲立朔，乃使人救衞，事未果，朔終入于衞。魯君因事出境，反則告廟，藉申平安，是謂之「致」。經書「至自會」者，傳曰「致會」，表示所伐國服，故不復錄兵所從來，獨重其會。經書至自伐某者，則傳曰「致伐」，表示所伐國不服，故重錄兵所從來。今諸侯納朔，乃違反王意之行，故不直書納朔，以辟王；雖使朔入衞，亦不敢以得意致，意不敢勝天子。所謂

「辟王」、「不敢勝天子」，皆爲尊王之義而發。然天子亦不能無過：

▲公羊莊公六年經：「春，王正月，王人子突救衞。」

傳云：

王人者何？微者也。子突者何？貴也。貴則其稱人何？繫諸人也。曷爲繫諸人？王人耳。

朔之亂衞，徵兆早萌，天子旣不能防患未然（公羊桓公十六年傳），俟其坐大，方遣貴子突救衞，卒不能救，遂爲天下笑，故稱人以爲王者諱，其意乃謂遣微者救之，因無威重，故未成功，以爲天子殺耻也。雖然天子不免失德，對於王室之日益陵替，尊卑之分不明，公羊傳仍欲藉正天子之號以存王。如：

▲公羊昭公二十三年經：「天王居于狄泉。」

傳云：

此未三年，其稱天王何？著有天子也。

天子之法，喪三年然後方始稱王（公羊文公九年傳），今喪雖未滿三年，因有王子朝之亂（左氏昭公二十三年傳），天下莫知所王，故稱「天王」，以明天子之存在。復次公羊傳因宣揚尊王之義，對於天子之世子母弟及使者，亦一併禮遇之。如：

▲公羊僖公五年經：「夏，公孫慈如牟。及齊侯、宋公、陳侯、衞侯、鄭伯、許男、曹伯，會王世子于首戴。」

傳云：

曷為殊會王世子？世子、貴也，世子猶世世子也。

▲公羊宣公十年經：「秋，天王使王季子來聘。」

傳云：

王季子者何？天子之大夫也。其稱王季子何？貴也。其貴奈何？母弟也。

▲公羊僖公八年經：「春，王正月，公會王人，齊侯、宋公、衞侯、許男、曹伯、陳世子款盟于洮。」

傳云：

王人者何？微者也。曷為序乎諸侯之上？先王命也。

世子將世王位，天子母弟與天子有手足之親，王人雖微而銜王命，故殊之、貴之、先之者，尊其身份，尊其職權也，皆爲推尊王者之義矣。

綜觀春秋之世，諸侯實罕有尊王之心，公羊傳爲勉有德、勸爲善，對於稍有尊王之心，或有匡周之志者，無不爲之隱惡揚善；對於不從王命，僭越天子者，則必貶絕而痛惡之。以下即就褒美尊王與貶惡無王，擧例明之。

## 一、褒美尊王

國之大事，在祀與戎，諸侯於此，具有服從襄贊之義務。因此，

▲公羊桓公五年經：「秋，蔡人、衞人、陳人從王伐鄭。」

傳云：

其言從王伐鄭何？從王，正也。

初，周平王東遷，晉鄭是依，後不欲專任鄭伯，以致周鄭交質。桓王卽位，遂奪鄭伯政，鄭伯以是不朝，王乃以諸侯之師伐鄭。今不論周鄭是非，僅就蔡衞陳從王伐鄭而言，古天子於諸侯之不朝者，「一不朝，則貶其爵；再不朝，則削其地；三不朝，則六師移之」（孟子、告子下篇），所謂「天子討而不伐，諸侯伐而不討」（同上），卽天子出命以討其罪，而使方伯連帥，帥諸侯以伐之也。諸侯則奉天子之命，聲其罪而伐之。是故蔡人衞人陳人服從王命，以伐有罪，是有尊王之心，得君臣之正，故稱美而書之，用以褒獎從正也。

諸侯之中，能使公羊傳不惜多費筆墨且予以最高之評價者，唯有齊桓。蓋齊桓公四十三年之治世中（註二三），攘夷狄、救中國，存亡國、繼絕世，皆導源于匡周室、憂中國之心，故以天下爲己任也。茲就公羊爲齊桓特設之書法言之：

**㈠桓之盟不日，其會不致**

▲公羊莊公十三年經：「冬，公會齊侯盟于柯。」

傳云：

何以不日？易也。其易奈何？桓之盟不日，其會不致，信之也。……桓公之信著乎天下，自柯之盟始焉。

齊桓盟不書日，會不告致，亦見公羊莊公二十三年傳。按致者，本爲魯君因事出境，反則告廟，藉申平安；今因齊桓以信著乎天下，彼此能相親信，無後患，故不日不致以信之也。於是凡齊桓主宰之會盟，如鄄（莊公十四年、十五年）幽（莊公十六年、二十七年）之二度會盟，貫澤之盟（僖公二年），陽穀之會（僖公三年）等，莫不同此書法。

㈡爲齊桓諱惡殺恥

公羊疾滅國取邑之惡（註二三），但於齊桓之取邑滅國者，皆諱惡而不直書之。如：

▲公羊莊公三十年經：「秋，七月，齊人降鄣。」

傳云：

鄣有何？紀之遺邑也。降之者何？取之也。取之則曷為不言取之？為桓公諱也。

是時齊桓方以信著，漸重文德，尚可謂因褒獎有德而諱之。然而及齊桓德衰功廢，公羊仍不坐其滅人之罪。

▲公羊僖公十七年經：「夏，滅項。」

傳云：

孰滅之？齊滅之。曷為不言齊滅之？為桓公諱也，春秋為賢者諱。此滅人之國，何賢爾？君子之惡惡也疾始，善善也樂終，桓公嘗有繼絕、存亡之功，故君子為之諱也。

繼絕者，卽立僖公而城魯（閔公二年）也。存亡者，卽存邢（僖公元年）衞（僖公二年）杞（僖公十四年）也。公羊尊其德，彰其功，遂基于「善善也樂終」，終身除其滅人之惡，故不論齊桓霸業初起時之取紀遺邑，或霸業告終時之滅項，皆不直言齊滅之，其對齊桓珍愛之情，亦不難想見矣。

至於公羊爲齊桓殺恥之例者：

▲公羊僖公二年經：「春，王正月，城楚丘。」

傳云：

孰城？城衞也。曷為不言城衞？滅也。孰滅之？蓋狄滅之。曷為不言狄滅之？為桓公諱也。曷為為桓公諱？上無天子，下無方伯，天下諸侯有相滅亡者，桓公不能救，則桓公恥之也。

與此同例者，尙有僖公元年之救邢、十四年之城杞。其所以不厭其煩，反覆言之者，以公羊極重存亡之功，且陽穀大會（僖公三年），遠近大小國徧至，桓公功德隆盛，能不用盟，僅告誓而已，約之以「無障谷，無貯粟，無易樹子，無以妾爲妻」（公羊僖公三年傳），將內政、外交，時人之所大患者，變爲國際間之禮法，則齊桓已隱以諸侯之保護者自居，亦正爲公羊對齊桓之期盼。故一旦天下諸侯有相滅亡者，既上無天子，下無方伯，桓公必以救亡圖存爲己任，然而邢、衞、杞，皆不及救而滅，則是桓公有虧職守，公羊亦以不能救爲恥。雖然，公羊仍貴齊桓之志，是以不忍言「滅」，而爲之諱也。

及至桓公德衰，公羊傳先以「古人之討，則不然也」（公羊僖公四年傳），責桓公不修其師而執陳袁濤塗；繼以疆而無義，非難圍鄭新城（公羊僖公六年傳）；終以葵丘之會，桓公已無「憂中國之心」（公羊僖公九年傳），且其傲慢而尊大，再無可賢之理，公年遂不復隱惡而直刺之。即：

公羊僖公九年經：「九月，戊辰，諸侯盟于葵丘。」

傳云：

桓之盟不日，此何以日？危之也。何危爾？貫澤之會，桓公有憂中國之心，不召而至者，江人黃人也。葵丘之會，桓公震而矜之，叛者九國。震之者何？猶曰振振然。矜之者何？猶曰莫若我也。

是不再以「桓之盟不日」之通例推崇之，失望之情，溢于言表，公羊傳心目中理想之霸者，亦從此殞落。

齊桓而後，能繼之者，尚有晉文。唯公羊傳於晉文公，記事省略，不若對齊桓之重視（註二四）。反觀左傳，適得其反，詳記晉文公之功業，有納襄王，殺王子帶（左氏僖公二十五年傳）、救宋（左氏僖公二十七年傳）、敗楚城濮（左氏僖公二十八年傳）、召周天子爲踐土之盟（同上）等。然公羊傳雖未明示晉文霸功，然由其豫爲之諱，可知亦未嘗漠視之。

▲公羊僖公十年經：「晉殺其大夫里克。」

傳云：

然則曷為不言惠公之入？晉之不言出入者，踊為文公諱也。齊小白入于齊，則曷為不為桓公諱？桓公之享國也長，美見乎天下，故不為之諱本惡也。文公之享國也短，美未見乎天下，故為之諱本惡也。

初，晉獻公寵愛驪姬之子，而殺世子申生，公子重耳（文公）、夷吾（惠公）出奔（左氏僖公四年、五年傳）。獻公死，大夫里克弒驪姬子，迎立夷吾（左氏僖公九年、十年傳）。夷吾沒，其子懷公卽位（左氏僖公二十三年傳）。未久，重耳得秦之助返國，殺懷公自立（左氏僖公二十四年傳）。是知惠公、文公之「出」，既有不子之惡；其「入」復爲簒立，本當絕之。然因文公其後功大；足以並掩前惡，故惠公之入，懷公之弒，文公之入，悉皆不書，而豫爲文公諱也。反觀齊桓公之簒立（公羊莊公九年傳），公羊傳則直書不諱，所以如此者，蓋以晉文在位短而齊桓長，若不爲之諱，則嫌功不掩過，天下未知其有匡周之善，公羊美尊王之意，亦無從發揮也。

## 二、貶惡無王

公羊於稱美尊王之相反者，卽爲貶惡諸侯之目無天子，無君臣上下之分，故凡違抗君命，私心自用者，皆絕而惡之。如：

▲公羊桓公十六年經：「十有一月，衛侯朔出奔齊。」

傳云：

衞侯朔何以名？絕。曷為絕之？得罪于天子也。其得罪于天子奈何？見使守衞朔，而不能使衞小衆，越在岱陰齊，屬負兹舍，不卽罪爾。

天子使衞侯朔主持宗廟告朔，成爲一國之君，然天子小有徵發，朔卽不用命，逃至泰山北之齊國，託疾止，不就罪。因此，公羊以爲朔不能守衞，得罪天子，而至于出奔，有不臣之惡，故直書其名以絕之。莊公六年，朔又再犯天子之命。

▲公羊莊公六年經：「夏，六月，衞侯朔入于衞。」

傳云：

衞侯朔何以名？絕。曷為絕之？犯命也。其言入何？篡辭也。

公羊之例，「立」、「納」、「入」皆爲簒辭（註二五）。今朔假諸侯之力，强返衞國（莊公五年），一出一入，皆犯王命，於是非但書名以絕之，並明其不當入而入，以著其惡。

▲公羊成公十二年經：「春，周公出奔晉。」

傳云：

周公者何？天子之三公也。王者無外，此其言出何？自其私土而出也。

按何休注曰：

周公驕蹇，不事天子，出居私土，不聽京師之政，天子召之而出走，明當并絕其國，故以出國錄也。

凡小國諸侯，入爲天子三公，於王畿之內，本有采地，自周而言，應無言「出」之理，然因其不事天子，私歸其國，天子召之而私自出走，故其出也，非自采地，但從私土而去，遂不適用「王者無外」之例，因書「出」以絕之也。

公羊特惡無王，除直書而刺之外，復有無王之甚，至於不忍言者，蓋見於：

▲公羊隱公五年經：「（九月，考仲子之宮）初獻六羽。」

傳云：

> 初者何？始也。六羽者何？舞也。初獻六羽，何以書？譏。何譏爾？譏始僭諸公也。六羽之為僭奈何？天子八佾，諸公六，諸侯四。……僭諸公，猶可言也；僭天子，不可言也。

古制天子諸侯名位不同，禮樂亦異。如羽舞之數，天子八佾、諸公（天子三公、王者之後）六佾，諸侯（大國）四佾，各有定制。今魯本侯爵，於仲子之宮初祭，合舞四佾，反獻六羽，是失禮而僭諸公，故公羊譏之。然其譏也，又有深義存焉。以上僭天子，亂名犯分，莫大乎是，實不忍言者，因就其可言者譏，明示僭諸公六羽猶譏，則八羽可知矣。後周室既微，諸侯多僭，且已習焉不察，故子家駒歎曰：「諸侯僭于天子，大夫僭于諸侯，久矣。」（公羊昭公二十五年傳）。孔子目擊禍敗，追原本始，遂云「是可忍也，孰不可忍也」（論語、八佾篇），低徊之辭，深於痛哭焉。則公羊本此不可言、不忍言之意，於令不自天子出者，乃諱而恥之。率舉例以證：

**(一)諸侯實專地而使若不專地**

▲公羊桓公元年經：「鄭伯以璧假許田。」

傳云：

其言以璧假之何？易之也。易之，則其言假之何？為恭也。曷為為恭？有天子存，則諸侯不得專地也。許田者何？魯朝宿之邑也。諸侯時朝乎天子，天子之郊，諸侯皆有朝宿之邑焉。此魯朝宿之邑也，則曷為謂之許田？諱取周田也。諱取周田，則曷為謂之許田？繫之許也。曷為繫之許？近許也。

蓋鄭伯曾以泰山下之湯沐邑歸魯（隱公八年），今魯乃以畿內之朝宿邑易焉。因魯山東之國，與邴為鄰；而鄭畿內之邦，近於許田；以此易彼，各利其國也。然而「湯沐之邑，朝宿之地，先王所錫，先祖所受。私相貿易而莫之顧，是有無君之心，而廢朝覲之禮矣；是有無親之心，而棄先祖之地矣」（春秋胡安國傳），且「利者，人欲之私，放於利必至奪攘而後厭」（同上），故公羊以是為國惡而不足為訓。其書「假」者，何休注曰：

為恭遜之辭，使若暫假借之辭。

即以諸侯專天子之地，無尊事天子之心，背叛當誅，因不忍言而為之深諱，設詞若暫假借之，而終有歸還之日焉。

## ㈡諸侯實專封而諱若不專封

▲公羊僖公元年經：「齊師、宋師、曹師，次于聶北，救邢。」

傳云：

曷爲先言次而後言救？君也。君則其稱師何？不與諸侯專封也。

▲公羊僖公二年經：「春，王正月，城楚丘。」

傳云：

然則孰城之？桓公城之。曷為不言桓公城之？不與諸侯專封也。

▲公羊僖公十四年經：「春，諸侯城緣陵。」

傳云：

然則孰城之？桓公城之。曷為不言桓公城之？不與諸侯專封也。

公羊雖盛贊齊桓「繼絕存亡」之功，於其行事則有難以苟同者。蓋以興滅國、繼絕世，本天子秉此以懷人心，以永天命，所不可失者。先王經世，有賜諸侯弓矢，得專征伐之威，未嘗與臣下得私恩惠之福（註二六），是不與有國者，得作福于天下，以示王道之猶存也。公羊反覆言：「諸侯之義，不得專封也。」（公羊僖公元年、二年、十四年）即指唯天子有大封之禮，諸侯之居逼隘，乃命鄰國以其師城之，及其成也，又告於王，非有王命，不得專遷，亦不得專城。詩云：「王命仲山甫，城彼東方。」（大雅、烝民）「經營四方，告成于王。」（大雅、江漢）即此之謂也。而今邢、衞、杞三國爲狄所滅，齊桓本救患分災之義城之，然並未請王命而行，且陳儀本非邢地，楚丘、緣陵亦本非衞與杞地（註二七），彼皆失其故國，因桓公更與以地，始得建國，則齊桓不免掠天子之美，而有自專之嫌，侵權犯分，已犯無王之罪，王法所宜誅也。故於狄人滅邢、衞，徐莒滅杞，而齊桓更封之事，皆諱而不書；冀後之君子，觀其所書，而知天下之所以亂；索其所不書，而知王之所以存；臣道之防，因而得立焉。

此外，復有楚封宋魚石（襄公元年）、蔡侯陳侯（昭公十三年），吳封齊慶封（昭公四年）等事。惟公羊傳對以上三事，其「不與諸侯專封」之言雖同，其「不與」之理則異。蓋以魚石與慶封，皆宋齊之惡人也；楚之封蔡陳，本以利動；與齊桓更封邢、衞、杞之舉相較，齊桓尚有存亡國之善，故公羊「文不與而實與」，而楚吳之「不與」，則一無可取也。

### ㈢實致天子而諱若不致天子

諸侯至京師，朝天子，禮也。春秋書曰「公如京師」（成公十三年），即此之謂也。惜乎春秋之世，於此君臣之義，多不能守；甚且如晉文之以臣而召君。即：

▲公羊僖公二十八年經：「公朝于王所。」

傳云：

曷為不言公如京師？天子在是也。天子在是，則曷為不言天子在是？不與致天子也。

▲公羊僖公二十八年經：「天王狩于河陽。」

傳云：

狩不書，此何以書？不與再致天子也。魯子曰：「溫近而踐土遠也。」

晉文公於踐土之會（僖公二十八年）、溫之會（同上），二度招周襄王，春秋先書「公朝于王所」，雖不書踐土之地名，亦不書天子至踐土，然魯僖公朝王於京師之外顯矣。繼書「天王狩于河陽」，不直書天王在溫，而假溫之狩地——河陽，言天子自至河陽狩；然狩屬常事，例所不書，則天王身不由己明矣。公羊於此書法，以爲臣而召君，禮所難容，故不直書其事，一則爲天子諱，一則譏晉文之不臣。

茲再舉左傳、穀梁及公羊家董何之說，窮究公羊之深義。左傳於「踐土之會」，不言召王之事，直云「作王宮于踐土」（左氏僖公二十八年傳），晉文獻楚俘（城濮之戰，楚師敗績）于王，王享醴，策命晉侯爲侯伯，賜以征伐之權，遂盟諸侯于王庭，並載「君子謂是盟也信，謂晉於是役也，能以德攻」（同上）。是左傳非但無一貶辭，且以天子自往勞晉，晉文三辭，方始從命，尊王之情，表露無遺，則其爲霸者，可謂名正言順矣。而

▲穀梁僖公二十八年傳則曰：

諱會天王也。

朝不言所，言所者，非其所也。

以爲經不言「天王」，若諸侯自會盟然；朝而言所，非如京師朝也；左穀皆未直刺晉文之非。二者之非難晉文，直至「溫之會」：

▲左氏僖公二十八年傳曰：

是會也，晉侯召王，以諸侯見，且使王狩。仲尼曰：以臣召君，不可以訓。故書曰：天王狩于河陽。言非其地也。且明德也。

▲穀梁僖公二十八年傳曰：

全天王之行也，為若將守，而遇諸侯之朝也，為天王諱也。

朝於廟，禮也。於外，非禮也。獨公朝與？諸侯盡朝也。其日，以其再致天子，故謹而日之。

左、穀之非晉文者，卽孔子所謂「以臣召君，不可以訓」。而「天王狩于河陽」，卽爲假借天子有巡狩之禮，所至並非天子常狩之地，曲爲之諱。所須注意者，左傳非僅譏之而已，更以晉文能率諸侯而朝天子，有勤王之功焉。其後史記所載：「踐土之會，實召周天子，而春秋諱之曰：天王狩於河陽。」（孔子世家）「晉文公召襄王，襄王會之河陽踐土，諸侯畢朝，書諱曰：天王狩于河陽。」（周本紀）「晉侯會諸侯於溫，欲率之朝周，力未能，恐其有畔者，乃使人言周襄王狩于河陽。壬申，遂率諸侯朝王於踐土。孔子讀史記，至文公曰：『諸侯無召王。王狩河陽者，春秋諱之也。』」（晉世家）是謂晉文之召天子，一次而已，且有勤王之功，地又不分踐土與河陽也。

董仲舒於春秋繁露、玉英篇，亦有言曰：

春秋之書事，時詭其實以有避也。……故詭晉文得志之實，以代諱，避致王也。

又王道篇曰：

晉文再致天子，皆止不誅，善其牧諸侯，奉獻天子而服周室。

何休則注曰：

時晉文公年老，恐霸功不成，故上白天子曰：諸侯不可卒致，願王居踐土，下謂諸侯，曰：天子在是，不可不朝。迫使正君臣，明王法。雖非正，起時可與，故書朝，因正其義。不書諸侯朝者，外小惡不書，獨錄內也。不書如、不言天王者，從外正君臣，所以見文公之功。

又注曰：

，失禮尚愈，再失禮重，故深正其義，使若天子自狩，非致也。

無論董、何，皆一面諱致天子，一面彰顯晉文勤王之功，與左傳並無二致。然考周襄王始出居于鄭（僖公二十四年），諸侯未嘗救，及狐偃說文公曰：「求諸侯，莫如勤王。」（左氏僖公二十五年傳）晉文方始納王，又恃功請隧，圍畿內之邑而取之（同上），是晉文之尊王，乃挾天子以自重。故公羊於踐土、溫會之「致天子」，專責晉文；且强調「一致」已爲非禮，「再致」罪孽更深。其所以反覆糾彈者，欲使後人明縱使當時事勢不得不然，而基于諸侯之義，以臣召君，必嚴誅之，借以杜亂臣挾天子之漸也。則公羊之「不與」，正顯見尊王之苦心矣。

**(四)實伐天子而諱若不伐天子**

天子至尊無敵，凜然而不可犯。然而春秋之世，諸侯不僅專地、專封、致天子而已。尤有甚者，乃有侵伐天子之擧，如：

▲公羊宣公元年經：「冬，晉趙穿帥師侵柳。」

傳云：

「柳者何？天子之邑也。曷為不繫乎周？不與伐天子也。

▲公羊昭公二十三年經：「晉人圍郊。」

傳云：

郊者何？天子之邑也。曷為不繫于周？不與伐天子也。

柳與郊，並天子之邑，所以不繫于周者，何休注曰：

絶正其義，使若兩國自相伐。

卽若繫之於王，則明爲臣而侵伐天子，違背君臣之義，莫此爲甚，故諱若兩國相伐，亦爲天子殺恥也。

以上皆爲公羊諱王之說，其所以不忍言而諱之，乃深恥之；恥之，乃所以深痛之；蓋更甚於直書而刺之者矣。詩云：「不可道也，所可道也，言之醜也。」（鄘、牆有茨）庶幾之謂乎！

總之，公羊傳倡大一統，欲達成王道之理想，遂先從當時諸侯不尊事天子之心入手，於尊王者稱美之，心目中無王者貶惡之，旨在揭示君臣之義，恢復君臣體制，使王者能定于一尊，諸侯皆繫統于天子。如諸侯假仁義行事，雖暫能統一天下，終屬僭越，仍不與其自專，此尊王之義嚴矣。然則公羊非僅責諸侯之尊王而已，其所謂尊王，必王有可尊之道而後尊之，亦卽尊王乃尊其可尊，非尊其必尊，與君臣主奴之對待關係，不可同日而語。故公羊傳亦要求天子以正居至尊之位，繼文王之體，守文王之法，爲禮義之根源，乃道德之體現者；如周天子非禮悖德，不能居正，則直書而不諱，蓋「人必自侮，然後人侮之；家必自毀，而後人毀之；國必自伐，而後人伐之」（孟子、離婁上篇）。如此，公羊傳在現實之封建制度下，一方面强調無論世之治亂，尊王乃常久之經；一方面借對周天子之指刺，明示理想王者之形象；從而肯定經由明天子之領導，必可形成分權一統之天下，是爲正統所在，萬民所歸，理想之王道世界，庶幾可成。

〔註　解〕

註一　左氏所言之禮，多出自賢士大夫之口；禮之內容與範圍，已較周初以宗法爲中心之封建禮制，大有發展。公羊傳言禮，則多由傳者引用封建禮制，以衡斷是非；其內容較春秋賢士大夫所言之禮爲狹。見徐復觀，兩漢思想史卷二，再版（臺北：學生書局，民國六十八年九月），頁四三二。

註二　蕭公權，中國政治思想史，第六版（臺北：華岡出版有限公司，民國六十六年二月），頁一七—一九。

註三　喪服小記鄭注：「諸侯之庶子，別爲後世爲祖也。謂之別子者，公子不得稱先君。」有關考證參見沈恒春，「宗法制度研究」，國立臺灣師範大學國文研究所集刊，第二十七號（民國七十二年六月），頁二六—二七。

註四　以上說明，摘自沈恒春對宗法制度傳承之考辨，同上，頁二七—四六。至於宗法圖，錄自梁啓超，中國文化史，梁啓超學術論叢、通論類(二)，初版（臺北：南嶽出版社，民國六十七年三月），頁八〇三—八〇四。

註五　沈恒春，前揭書，頁二七。

註六　書、周官：「歸于宗周。」書、多方：「王來自奄，至于宗周。」禮記、祭統：「卽宮于宗周。」周代王都所在，如豐、鎬，皆可號曰宗周。蓋周爲天下之所宗也。

註　七　沈恒春於宗主對宗人之威權及宗人對宗應盡之禮數，可列舉四項，可參看。前揭書，頁五四—五九。

註　八　左氏定公四年春三月傳。

註　九　孟子、告子下篇：「春省耕而補不足，秋省歛而助不給。入其疆，土地辟，田野治，養老尊賢，俊傑在位，則有慶；慶以地。入其疆，土地荒蕪，遺老失賢，掊克在位，則有讓。一不朝，則貶其爵。再不朝，則削其地。三不朝，則六師移之。」

註一〇　國語卷一，周語上：「夫先王之制：邦內甸服，邦外侯服，侯、衞賓服，蠻、夷要服，戎、狄荒服。甸服者祭，侯服者祀，賓服者享，要服者貢，荒服者王。日祭、月祀、時享、歲貢、終王，先王之訓也。」

註一一　西周之世，已有穆王之侈心遠征、厲王之暴虐無道、宣王之不修籍禮，削弱王室威信，破壞封建經濟。東遷之後，王室缺乏向心力，更不足論。至於諸侯內則篡亂相乘，外則兼幷土地，更全以現實利害爲衡量標準。

註一二　李宗侗對於封建之解體，分從政治、經濟、農業、人口、階級、戰爭等各方面之變化探討之。詳見李宗侗，「封建的解體」，臺灣大學文史哲學報，第十五期（民國五十五年八月）。

註一三　公羊傳既强調王道，復肯定霸道，嘗利用「實與而文不與」獨特之論說形式，使「文」（理想之王道）從屬於「實」（現實之霸道），而違反「文」之「實」，又爲通往「文」之手段。

註一四　何休文謚例：「五始者，元年、春、王、正月、公卽位是也。」公羊隱公元年傳何休注曰：「故春秋以元之氣正天之端，以天之端正王之政，以王之政正諸侯之卽位，以諸侯之卽位正竟內之治。諸侯不上奉王之政，則不得卽位，故先言『正月』而後言『卽位』；政不由王出，則不得爲政，故先言『王』而後言『正月』也；王者不承天以制號令，則無法，故先言『春』而後言『王』；天不深正其元，則不能成其化，故先言『元』而後言『春』。五者同日並見，相須成體，乃天人之大本，萬物之所繫，不可不察也。」

註一五　徐復觀，前揭書（卷二），頁四二七—四二八。

註一六　史記曆書：「天下有道，則不失紀序；無道，則正朔不行於諸侯。幽厲之後，周室微，陪臣執政，史不記時，君不告朔。故疇人子弟分散，或在諸夏，或在夷狄，是以其禨祥廢而不統」。至於春秋初期到戰國初期之間，各國多不奉周室正朔之例。參見黃沛榮，周書周月篇著成的時代及有關三正問題的研究，第一版（臺北：國立臺灣大學文史叢刊，民國六十一年十二月），頁一〇〇—一〇六。

註一七　春秋繁露，三代改制質文篇：「故天子命無常，惟命是德慶。故春秋應天作新王之事，時正黑統，王魯尚黑，絀夏、親周、故宋。」何休文謚例：「新周、故宋、以春秋當新王，此一科三旨也。」並於公羊傳解詁中隨文闡發春秋王魯之義，如公羊隱公元年傳注曰：「春秋王魯，記隱公以爲始受命王，因儀父先與隱公盟，可假以見褒賞之法。」

註一八　張永儁主張大一統以居正爲治統，並將居正之道分爲居天道之正與居人理之正。今用其分類，而不採其引申公羊家之說法。見張永儁，「春秋『大一統』述義」，哲學與文化，第三卷，第七期（民國六十五年七月），頁二八。

註一九　公羊隱公六年經：「秋，七月。」傳曰：「此無事，何以書？春秋雖無事，首時過則書。首時過，則何以書？春秋編年，四時具，然後爲年。」

註二〇　公羊傳記災異者五十餘處，僅公羊僖公十五年傳云震夷伯廟，爲「天戒之」；公羊宣公十五年傳云初稅畝「變古易常，應是而有天災」。其餘但記自然異常現象耳。故知公羊不憑災異言人事，即爲不假天道言人道。

註二一　國語卷二，周語中：「初，惠后欲立王子帶，故以其黨啓狄人，狄人遂入，周王乃出居于鄭，晉文公納之。」並見左氏僖公二十四年傳。

註二二　大體而言，齊桓四十三年之治世，約可分爲四期。第一、即位（西元前六八五）至莊公十三年（西元前六八一），此爲攻滅弱小（莊公十年滅譚、十三年滅遂）之尚武期，北杏之會（莊公十三年），尚未爲諸侯所信鄉（何注）。第二、柯之盟（莊公十三年）至閔公元年（西元前六六一）：此爲重文德、漸以信著期，先後有柯盟、再會于鄄（莊公十四年、十五年）、再盟于幽（莊公十六年、二十七年）。第三、閔公二年（西元前六六〇）至僖公四年（西元前六五六）：此爲遠近大小諸侯齊集會盟，遂成霸功之最盛期，著者有立僖公而城魯（閔公二年），存邢（僖公元年）衞（僖公二年）杞（僖公十四年），貫澤之盟（僖公二年）、陽穀之會（僖公三年）、伐楚，盟于召陵（僖公四年）。第四、僖公四年至死（僖公十七年、西元前六四三）：此爲諸侯離叛，霸業衰微期，如執陳袁濤塗（僖公四年）、伐鄭（僖公六年）。

註二三　公羊隱公二年經：「無駭帥師入極。」傳曰：「無駭者何？展無駭也。何以不氏？貶。曷爲貶？疾始滅也。」公羊隱公八年經：「冬，十有二月，無駭卒。」傳曰：「此展無駭也，何以不氏？疾始滅也，故終其身不氏。」公羊隱公四年經：「春，王二月，莒人伐杞，取牟婁。」傳曰：「牟婁者何？杞之邑也。外取邑不書，此何以書？疾始取邑也。」

註二四　晉文公於魯僖公二十四年回晉，三十二年沒，在位僅八年，與齊桓公在位四十三年相較，春秋記載自不多，而公羊傳本用以解經，論述晉文之機會，乃相對減少。然觀其所僅論之六條，除僖公十年豫爲之諱，二十八年執曹伯，未置貶辭外；僖公二十八年伐衞、兩度致天子、逐衞侯而立叔武，均分就違反「君臣之義」、「親親之道」，不任仁而任力上，强烈非難之。因此公羊傳對同爲五霸之一之齊桓、晉文，自有輕重之別；大抵前者多從正面立言，後者則就反面立說。

註二五　國人立之曰立，如隱公四年「衞人立晉」。他國立之曰納，如哀公二年，晉趙鞅納衞世子于戚。從外曰入，如莊公九年「齊小白入于齊」。所以不直言「簒」者，事各有本，而皆屬於非殺而立者也。

註二六　淸儒春秋彙解，僖公二年，蕭楚曰：「王天下者大柄有二：曰威、曰福。二柄擧，則天下治矣。一有失焉，不以淪亡，則以敗亂。下或擅之，小則以霸，大則以王。然威之爲用，足以制人而已，王政之末也。福者積微以爲用，以晦而彰，以柔而强，及其至也，威不足以言之，是王道之本也。何謂福？恩惠是也。何謂威？甲兵是也。」

註二七　僖公元年「邢遷于陳儀」，而邢在今河北省邢台縣西南，陳儀則在山東省聊城縣西。又春秋於虎牢曰鄭虎牢（襄公十年），彭城曰宋彭城（襄公元年），而楚丘不繫衞，緣陵不繫杞，以見非其故有地也。

# 元音 i,u 與介音 i,u——兼論漢語史研究的一個方面*

何大安



在漢語音韵的分析上，元音 i，u 與介音 i，u 是應該仔細分別的。元音 i，u 是單元音，介音 i，u 則是上升複元音的起頭部分。單元音在一定時間長度之內，舌頭位置大體不變，複元音則舌位有所移動。元音 i，u 和介音 i，u 發音上的主要區別，就在這裏。這種舌位是否移動的區別，對前面的聲母會有不同的影響。從前的音韵學家，把元音 i 與介音 i 合稱齊齒，元音 u 與介音 u 合稱合口。這樣的處理有許多方便之處，但也容易誤導人忽略了其間的細微差別。這篇文章就打算從影響聲母演變的深淺這一方面，來說明元音 i，u 與介音 i，u 的不同。

在雲南的一些漢語方言中，中古見、精系的字在細音韵母（包括 i 元音和 i 介音在內）前都顎化成了 tś，tś'，ś。這些方言裏，墨江、石屏、邱北、江川、晉寧、建水、玉溪等地，更進一步把這類顎化音聲母 tś，tś'，ś 再舌尖化爲 ts，ts'，s。這種發展却只出現在 i 元音之前，而不出現在 i 介音之前。也就是說，在使得聲母顎化這一點上，元音 i 和介音 i 沒有什麼不同；但反過來讓顎化音聲母回頭舌尖化的時候，就有差別了。玆以墨江爲例，說明如下。

墨江有一套 ts，ts'，s，z 聲母，一套 k，k'，x 聲母，以及一套 tś,tś′,ś 聲母[1]。大致說來，ts,ts′,s 來自中古精系的洪音韻字，以及一部分莊系和知系字。k,k′,x 來自中古見、曉系的一等字，止、宕攝的三、四等合口字，和一部分通攝的舒聲字。tś,tś′,ś 則來自精系和見、曉系的細音韻字。這個方言，中古濁聲母（濁塞音、濁塞擦音和濁擦音）都已經淸化了，z 是影、疑、喩母在今韵 i,iŋ 之前的一部分字，如「衣、英、魚、運」等。所謂細音韵，指的就是帶 i 元音或 i 介音的齊齒韵，因爲墨江沒有撮口元音，中古三、四等合口韵大部分還保留着 i 介音。

墨江這三套聲母的音韵分佈，和一般的官話方言是很接近的。ts,ts′,s 接洪音，tś,tś′,ś 接細音。tś,tś′,ś 中有見曉系字，也有精系字。如:

| | 見曉系 | 精系 |
|---|---|---|
| tś: | 家角驕江 | 剪節爵酒 |
| tś′: | 屈犬强橋 | 千秋全祥 |
| ś: | 學香玄休 | 些邪蕭象 |

但是和一般官話不同的，是 ts,ts′,s 和 z 居然也接 i,iŋ 韵母，而 tś,tś′,ś 和來自影、疑、喩母的零聲母字恰好就不出現在這兩個韵裡。在 i,iŋ 韵母前的 ts,ts′,s 並不只有精系字，也有見曉系字在內。如:

| | 精系 | 見曉系 |
|---|---|---|
| i: | 集祭卽；齊妻七；西洗序 | 居鷄吉；區期去；希吸戲 |
| iŋ: | 侵靜俗；淸秦請；信心尋 | 金緊近；輕羣慶；行杏勳 |

對於這個現象，可能有兩種解釋。第一種解釋是認爲精系字在 i ,iŋ 韵之前不曾顎化，而見、曉系字却舌尖化如 ts,ts′, s；即下列之㈠。第二種解釋是認爲精系與見曉系字都曾經顎化過，但在 i ,iŋ 韵母之前，又回頭舌尖化了；即下列之㈡。

㈠ 1. *ts 系　ts 等／__ i ,iŋ [2]

　　　　　　tś 等／__其它細音韵

　2. *k 系　ts 等／__ i ,iŋ

　　　　　　tś 等／__其它細音韵

㈡ 1. *ts 系
　　*k 系　＞*tś 等／__細音韵[3]

　2. *tś 等　ts 等／__ i ,iŋ

　　　　　　tś 等／__其它

我個人比較願意採取第二種解釋。因爲一方面舌根音聲母在 i ,iŋ 之前不顎化却直接舌尖化的情形，相當罕見。另一方面，在 i ,iŋ 之前還有來自疑、喻、影的 z 母字。說這些 z 母字曾經經過零聲母的階段，然後再舌尖化，即㈢:

㈢ *ʔ
　*ŋ　　*ϕ　＜ z ／__ i ,iŋ
　*ϕ　　　　　ϕ ／__其它

要比個別舌尖化，即㈣:

(四) *ʔ　　z ／ __ i ,iŋ

　　　　　φ ／ __其它

　　*ŋ　　z ／ __ i ,iŋ

　　　　　φ ／ __其它

　　*φ　　z ／ __ i ,iŋ

　　　　　φ ／ __其它

經濟得多，也較符合官話方言的歷史發展[4]。根據當地的濁音實況，零聲母「開口洪音及合口 u- 起音都是純元音起頭，i 起音字略帶一點摩擦傾向」[5]，而「i 讀的很緊，前面往往帶個 j ，在無聲母時更顯著。」[6] 那麼零聲母字在 i ,iŋ 韵母前由一個半輔音的 j 因爲〔十緊〕而異化爲 z，便是很自然的事情。把 z 的產生與精、見曉系字的舌尖化放在一起看，可以用一條規律來說明變化的共通性，即(五)或(六):

(五)

$$\begin{bmatrix} \text{tś} \\ \text{tś}' \\ \text{ś} \\ \text{j} \end{bmatrix} \longrightarrow \begin{bmatrix} \text{ts} \\ \text{ts}' \\ \text{s} \\ \text{z} \end{bmatrix} \; / \; __ \begin{Bmatrix} \text{i} \\ \text{iŋ} \end{Bmatrix}$$

(六)

$$\begin{bmatrix} +\text{高位} \\ -\text{齦前} \\ -\text{舌尖} \end{bmatrix} \longrightarrow \begin{bmatrix} -\text{高位} \\ +\text{齦前} \\ +\text{舌尖} \end{bmatrix} \; / \; __ \begin{bmatrix} +\text{音節性} \\ +\text{高位} \\ -\text{齦前} \\ -\text{舌尖} \end{bmatrix}$$

這種元音 i 前異化的共通性，在(六)之中表現得尤其清楚。

墨江的細音韵母，一共有下列表(一)中的幾個，其中只有

i ,iŋ 是 i 元音韵母，ts,ts′, s , z 也只出現在這兩個韵裡；而出現在其它介音 i 韵母裡的，則是 tś,t′,ś, φ。

表(一)

| | i | ia | io | ie | iau | ieɯ | ien | iaŋ | iŋ | ioŋ |
|---|---|---|---|---|---|---|---|---|---|---|
| ts,ts′, s , z | + | | | | | | | | + | |
| tś,tś′,ś, φ | | + | + | + | + | + | + | + | | + |

因此，若依照我們的意見，墨江的精、見曉系字，在歷史的發展上，乃是先經過顎化，然後其中一部分再舌尖化。顎化的條件是細音韵母，不分元音 i 或介音 i 。舌尖化的條件則只限於元音 i ， 介音 i 的韵母並不在內。 這項舌尖化的演變， 也包括了來自疑、影、喻的部分零聲母字。 退一步來說，即使不依此地的設想而採取上文所擧的第一種解釋，即(一)，也一樣要同意在精系與見曉系字的舌尖化上，元音 i 與介音 i 的影響力有所不同。

精、見曉系的字顎化，是一種同化作用。顎化後的舌尖化，則是一種異化作用。同化是趨簡的表現，異化則旨在增强原有的區別。從墨江的例子，我們看到元音 i 和介音 i 在影響聲母發展上的相同和相異的兩個方面。換言之，我們不能因爲它們都寫作 i ，或是都歸之於齊齒韵、細音韵，便認爲在歷史的演變上，效果也是一樣的。

由於篇幅的限制，石屏、邱北等地的相似演變，就不再擧例了。我在另一篇文章裏有比較完整的討論(7)，讀者可以參看。

接着來看元音 u 與介音 u 的問題。在漢語方言分佈的西南地區，湖北、湖南、四川、雲南一帶，常有合口舌根清擦音 xu 與唇齒清擦音 f 的混讀現象。混讀中的 x 聲母，係來自中古的曉、匣二母字，f 聲母則爲非敷奉母字。這種混讀有不同的型式和演變程序。其中有一些變化，便與合口 u 之爲元音或介音有相當大的關係。

以四川的綵陽爲例[8]，f，x 聲母與所能相配的韵母有表㈡中的分佈情形。

表㈡

| | f | x | 例字 f- | 例字 x- |
|---|---|---|---|---|
| u | + | | 夫符戶呼 | |
| a | + | + | 法髮伐； | 下（白話） |
| ua | | + | | 花滑化 |
| o | | + | | 何火禍 |
| e | | + | | 黑赫核 |
| ue | | + | | 或獲 |
| ai | | + | | 鞋海害 |
| uai | | + | | 懷壞 |
| əi | + | | 飛肥廢 | |
| uəi | | + | | 灰回惠 |
| au | | + | | 毫好 |
| əu | + | + | 浮否； | 侯後厚 |
| ã | + | + | 凡反飯； | 酣含汗 |
| uã | | + | | 歡緩幻 |

| | | | |
|---|---|---|---|
| ən | + | + | 分粉奮；亨恒恨 |
| uən | | + | 昏魂橫 |
| aŋ | + | + | 方防放；行巷項 |
| uaŋ | | + | 荒黃謊 |
| oŋ | + | + | 風馮奉　薨紅宏 |

從平面上看，f，x是兩個對立的聲母。例如有 fa: xa，有 fəu:xəu，有 fã:xã，有 fən:xən 等等。但從所舉的例字上，我們却可以將與今天的x聲母相配的韵母分成兩類。一類是 a，e，ai，au，əu，ã，ən，aŋ 等韵母，另一類是其它的韵母。前者於古都是開口韵的字，後者則帶合口性韵母。進一步觀察，我們會發現這些來自合口的x聲母字與f聲母實在具有三種關係：(1)在 oŋ 之前，有f：x的對比，(2)在 a～ua 之間，əi～uəi 之間，ã～uã 之間，ən～uən 之間，aŋ～uaŋ 之間，有 f/x 的互補，(3)在u之前不分，都讀成f，也就是有了x 〉f /＿u的變化。就xu，f的混讀此一趨勢而言，這三種關係正可看成此一趨勢在緜陽發展的三個階段。在非合口的韵母 oŋ 之前，二者保持分別。在開合對待的韵母之前，而所謂合口韵母之合口乃係介音性之u，二者維持形式上之互補。在元音性的u之前，xu 與 f 則有實質上的合併。

離緜陽不遠的中江(9)，在 xu/f(10) 的混讀上，呈現了不同的步調。緜陽的舌根擦音x，在中江語音上爲喉擦音h。這個h和f聲母與所配韵母的分佈關係如下：

表(三)

| | f | h | 例字 | |
|---|---|---|---|---|
| | | | f- | h- |
| u | + | | 夫符戶呼 | |
| a | + | + | 法伐花滑； | 下（白話） |
| o | | + | | 何火禍 |
| e | + | + | 或獲； | 黑核 |
| ai | + | | 懷壞 | 鞋海害 |
| əi | + | | 飛肥灰惠 | |
| ao | | + | | 毫好 |
| əu | + | + | 浮否； | 侯後厚 |
| an | + | + | 凡反歡幻； | 酣含汗 |
| ən | + | + | 分粉魂橫； | 亨恒恨 |
| aŋ | + | + | 方防荒黃； | 行巷項 |
| oŋ | + | + | 風封奉； | 弘紅宏 |

對表(三)作和表(二)一樣的觀察，我們會看到中江的 xu/f 混讀只有兩個階段：在開口的oŋ之前，x(h) 和 f 有別；但相當於緜陽的 uəi,uã（〈 *uan）,uən,uaŋ 那些韵中的 x(h) 聲母字都讀成了 f，而介音 u 也消失了。這也就是說，中江保留了緜陽的(1)、(3)兩類分別，緜陽的第(2)階段的形式上的互補，在中江則進一步化爲實質上的合流而與(1)不分了。

因此緜陽和中江在 x 〉 f /__ u 的演變上，可以看成兩種相鄰類型的代表。用規律的形式來表現的話，可以將 x 〉 f /__ u 中的 u 的徵性值，在緜陽界定爲〔＋音節性〕，中江則爲〔±音節性〕。中江因此是將一個特指的（specified）

徵性值取消，使規律的限制減少而更形一般化，使這種演變更爲直接（transparent）。用傳統的話來說，則是元音性的u，造成了這兩處方言在同一音韵演變中遲速的不同。x ＞ f /__ u 是一種異化。從這兩個方言的比較來看，元音 u 的異化效力，先於介音 u；而介音 u 的異化則涵蘊(imply)了元音 u。

xu/f 在西南的發展，當然不只有這兩種類型。卽就緜陽、中江而論，也還有一些細緻的過程需要考慮。例如通、果兩攝韵母之爲 o 與 x ＞ f 孰先孰後，這兩個方言是否在歷史上曾經有過 xu/f 的完全合流，復因 u，o 之別而再行分化等等問題。不過就指出元音 u 與介音 u 作用上之差異而言，以上的說明應可認爲已足。試想，當 xu 要變成 f 的時候，如果其中可以再分階段，這個分段的依據何以不是主要元音之高低，如 u，ue，uəi，uən：uai，uan，uaŋ，而是 u：ue，uəi，uən，uai，uan，uaŋ，卽元音 u 與介音 u 的分別呢？

漢語的歷史語言學，卽使只從顧炎武（1613-1682）算起，也已有三百多年了。這門學術的主要課題，乃是古語的復原。所謂古語，先是詩經音，再是切韵音，民國以後更增加了早期官話、原始漢語和原始漢藏語在內。至於從事古語復原的主要工作，則首在疏解古代的文獻材料，並輔以方音證據。這樣的工作程序，是和十九世紀歐洲（特別是德國）的歷史語言學相反的。他們是從方言（語言）的對應開始，在對應的規律裏找出「音變」的次第，再進而重建古語。這兩種相異的工作程序，自有其文化和取材上的不同背景，因時制宜，原無所謂優劣。但取徑既異，不免就互有短長。以漢語的歷史語言學而論，其長在文獻旣充足，古語的復原便較容易入手。所以上古音自江有誥、王念孫以後，中古音自陳澧、曾運乾以後，這些古語的框架便已大致擬定，所餘只是刊謬補闕而已。其短則在對「音變」的認識不足。對音韵的生成、音韵的發展了解不够充分，在解釋文獻材料、爲古語擬音、並據擬音以談流變時，往往過分簡單化了應有的理論深度。因此，如何在「音韵變遷」這一課題上，提供「漢語的經驗」，分辨各音韵成分及其相互運作的「漢語的特徵」，似乎是值得治漢語歷史語言學的學者勉爲一試的工作。這篇文章，便是在這樣的認識下，所作嚐試的一部分。我們從現代方言的內部分析（墨江）與比較研究（緜陽、中江），界定了音韵發展的先後，注意到了元音 i,u 與介音 i,u 在影響聲母變化的效力上，程度有所不同，從而加强了元音 i, u 與介音 i, u 在音韵分析上的角色差異。這樣的觀察，在考慮古音中的相關問題時，相信不會只是徒勞。如果這樣的工作，能够獲得肯定，那麼我願意服膺下述的主張，即：這方面的研究，最好從現代方音的內部分析與比較研究入手，而且不同的方言區應該分別來看(11)。取現代方言，一方面便於立說檢證，一方面可以力求取材的深和廣。不同的方言區分別對待，是因爲對於同一種音韵發展，各方言可能有不同的方向。比方濁音清化，就是最好的例子。我們深信，必需在各方言區的經驗累積起來之後，才能談到所謂漢語的經驗。也只有在充分了解了各主要方言的「音韵性格」之後，才容易把握漢語的共同性格。而在另一方面，我們已經得到的古音研究的成績，乃是從事方言分析時一項最可寶貴的憑藉。古音的知識，可以幫助我們駕馭方言的材料。但是，古音的框架却也未必盡能說明方音的流變；而據文獻所勾摹出來的古音本身是否確爲一同質體，或同質性到何種程度，也還儘有可商。因此方音與古語之間，乃有一種互動或辯證的關係，可以彼此校正和疏通。不同方言區，其所直承的古音系統，可能不必相同。譬如吳語所承，可能爲中古早期，官話所承，可能爲中古晚期。(12)此一方言所承之古語梗攝入內轉，彼一方言所承之古語梗攝入外轉等等。用古音，但不視之爲一條鞭，爲一種解釋上的强制的規範；用方言，但不以之爲大一統，爲一種其用途僅在證古的活材料；這樣才能於一片籠統之中，見出眞正的異同。我想，一定要在同中別異之後，再去異中求同，才能即事見理，獲得眞正的「漢語的經驗」。我們以往把廣韵和韵鏡的分量看得太重，凡有所遇，無非廣韵或韵鏡的注脚。這樣不但會模糊了方言的不同面貌，對於古音的研究，究竟有什麼幫助，也是相當令人懷疑的。



**附　註:**

* 本文初稿曾承丁邦新師惠閱賜正，謹此申謝。

(1) 以下所引墨江的方言材料，取自楊時逢：雲南方言調查報告（1969，臺北，中央研究院歷史語言研究所），上册，頁 494—509。

(2) *ts 系代表精系字，卽精、淸、從、心、邪諸母字。*k 系代表見曉系字，卽見、溪、羣、曉、匣諸母字。ts 等指今讀 ts,ts′, s 諸母字，tś 等指今讀 tś,tś′,ś 諸母字。下文(二)1中之 *tś 等指中古和今音中間階段的 *tś,*tś′,*ś 諸母字。這個中間階段的確切年代不可指，但在從事歷史解釋時必須設定此一階段之存在。

(3) *ts 系，*k 系之顎化是否同時，還是有待深究的問題。這裏爲了表示演變方向的一致性，因此暫時以同一條規律來表示。

(4) 雲南的漢語方言是一種西南官話。在早期官話的發展史上，部分 *ʔ,*ŋ,*ϕ 母字讀成 *z 母的記載，尙未曾見；而反過來，它們之先合併爲零聲母的，却時有所聞。

(5) 見楊時逢前引書，頁 495。

(6) 同注(5)。

(7) 拙作「雲南漢語方言中與顎化音有關諸聲母的演變」，刋於中央研究院歷史語言研究所集刋，第56本第2分，1986。

(8) 綿陽的資料，取材自楊時逢：四川方言調查報告（1984，臺北，中央研究院歷史語言研究所），上册，頁 605—620。

(9) 中江的資料，取材自楊時逢（1984）前引書，下册，頁 1535—1550。又中的："懷、壞"二字，楊先生於同音字表（頁1545）中作huai，但據音的特點（頁1550）的討論，則當作 fai，本文所引據此而改。"或、獲"二字，同音字表（頁 1544 作fe，"或"之又讀作hue（頁1544）。"或"讀 hue，應係不同語言層之讀法，與fe非屬同系，表中暫不列入。

(10) xu/f 讀作〔xuf〕，用來表示中古曉匣母一二等合口字與非敷奉母字在現代方言中的可能合併方式，包括：(1)自由變讀，(2)條件變讀，(3)完全合併。請參看拙作「xu/f 在西南」（待刊稿）一文。

(11) 丁邦新師卽曾於討論中屢次道及此意。

(12) 中古早期和晚期，乃指邏輯上的先後，未必一定是文獻材料時間上的先後。

# 從聲訓看兩漢的名教世界

羅肇錦

## 一、引論

語言和文字都是人類爲了傳達思想而「約定俗成」的符號，這些符號的意義，常隨着時空的不同而改變，更有甚者，有些特定環境或特定的人，爲了某些特定的目的，而賦予這些符號特殊的意義。譬如同一個「仁」字，同在禮記一書之中，就有「仁者義之本也」「仁者人也」「仁者天下之表也」「仁者安仁」「仁者右也」「仁者以財發身」「仁者可以觀其愛焉」「上下相親謂之仁」等不同的解說。再如其他經典對「仁」的解釋有「克己復禮爲仁」「能行五者，恭寬信敏惠於天下爲仁矣」（論語），「爲天下得人者謂之仁」「親親，仁也」「仁，人心也」「惻隱之心，仁也」（孟子），「貴賢，仁也；賤不肖，仁也」「仁者愛物」（荀子），「以德予人者謂之仁」「非其所欲勿施於人，仁也」（管子），「寬惠行德謂之仁」（韓非子），「仁者不忍也，施生愛人也」（白虎通），

「愛在人謂之仁」「仁者，愛人之名」（春秋繁露），「畜義豐功謂之仁」「博愛於人爲仁」（國語），「愛人利物之謂仁」（莊子），「仁，體愛也」（墨子）……。同一個「仁」的符號，由於所採取的立場或角度不同，而有無數不相同的解釋，尤其在儒家的經典裏，爲了達到教化定名的目的，更常用特殊的解釋來替一些文物典章制度，做特殊的解說，聲訓就是在這種需求下產生的一種訓釋詞義的方法。

兩漢「罷黜百家，獨尊儒術」以後，這種利用特殊意義來維繫名教的風氣更爲盛行，幾乎有漢一代學者，或多或少都會用上一些「唯心主義」的聲訓辦法（註一），來替當代文物制度做一番新解，尤其帝王名號及典章制度有關的名詞，更極盡其敷衍誇飾的能事（註二）。這種以一己主見和目的，來替經典做註，或妄自定奪名號的風氣，和專制帝王所强調的「天道觀念」「大一統主張」「倫常教義」相結合（註三），遂使「聲訓」在有漢一代蔚爲流風，而且名教愈盛，這種風氣愈受推崇，終至由朝庭出面，召集袞袞諸公與濟濟文士，聚集一堂，爲整個國家名教，做個大一統的制定（註四），那就是影響後代甚巨的名教經典——「白虎通義」的寫成，其書採用許多聲訓來替三綱五常做最正式而又明確的定義。

自班固白虎通義以後，天子名教定於一尊，敷衍誇飾的工作也告一段落，儒學弟子才轉移方向，從求質和探源上下功夫，終有「說文解字」和「釋名」的寫定（註五）。

然而，這種爲名教而賦予字詞特殊意義的做法起於何時？這樣做的目的何在？近人雖提出不少看法，但大都站在聲訓的方式及現象去分析它（註六），還沒有人從思想史的立場，來分析聲訓與名教的關係。本文就嘗試從思想史的各個關鍵，把聲訓現象做更清楚的解釋，當然也希望藉這個研究，給兩漢思想史提供一些不同的消息。

## 二、聲訓源於維護封建

對聲訓的源起，近代學者一致認爲，最早是出於儒家的「正名」思想（註七），這種思想是從孔子所謂「名不正則言不順，言不順事不成，事不成則禮樂不興，禮樂不興則刑罰不中，刑罰不中則民無措手足」（註八）的要求下所提出來的解釋，因爲孔子「正名定分」是言行禮樂的第一步，所以不管社會政治，都要以「正名」爲出發，才能使社會封建導入秩序，於是有以聲訓來解釋「名教」的辦法，例如「政者正也」「仁者其言也訒」等，就成了聲訓的濫觴。接着孟子也用「庠者養也，序者射也，校者教也。」「周人百畝而徹，其實皆什一也，徹者，徹也。」（註九）「征者爲言正也，欲正己也，焉用戰」（註一〇），這也是用聲訓來解釋當時的教育、租稅、征伐之事，使各種制度各類行事都能合乎名分以便於執行。到了荀子把正名思想發揮得更明白，如王制篇：「君者羣也，羣當道則萬物皆得其宜，六畜皆得其長，羣生皆得其命。」君道篇又說：「君者，何也？曰能羣也，能羣也者，何也？曰善生養人者也，善理治人者也，善顯善人者也，善藩飾人者也。」兩段話都用「君者羣也」的聲訓法出發，談其君權教化的理想，所以譚嗣同在「仁學」卷上說：「名者，由人創造，上以制其下，而不能不奉之。」(註一一)更明白點出這些「名份」的訂定，完全是爲了政治上的「制下」之用。現在就從「創名制下」的觀點，來看孔子正名與維護封建的關係。

孔子生當封建瀕臨崩潰的春秋末期，爲了維護封建秩序，以「知其不可而爲之」的精神，呼籲天下諸侯「郁郁從周」(註一二)，以禮樂道德來塑造貴族形象，以「尊君」「大一統」來維繫封建領主的勢力(註一三)，以「親親之殺，尊尊之等」來劃分封建的階層意識，更以「正名定分」來安頓君臣之間的尊卑倫常。在孔子的理想社會藍圖裏，君主是天下共主，高居其位，以仁德服衆，以禮樂化民，而諸侯大夫亦在共主感化下，克盡厥職，束修其德以導其邦國，士階級更允文允武，術德兼修，上爲天子諸侯大夫服務，下爲農民奴隸表率，平日勤練武事，修養品德，戰時披掛上陣，保國衞民，臨陣不濫殺，不畏逃，所謂「不重傷，不擒二毛」(註一四)正是當時有武德精神的「大夫士」典範(註一五)。孔子心中有這樣美好的一個封建藍圖，所以推擁出「堯」「舜」「禹」等超高標準的道德形象，來讓天下人仰之彌高，鑽之彌堅，那麼在上者個個術德兼修，爲民楷模，在下者人人心慕聖人，則文武周公之道行矣。當然，孔子也認爲如果由他的鼓吹，天下油然從風，幡然向義，這個將頹的封建，或可因此振長策於宇內，而挽狂瀾於既倒也不一定。可惜，時局如此，歷史的大潮流毫不留情的沖來，新興地主已不願接受這種「行仁由義」的苦口婆心了。

有鑑於以上的需要，孔子也提出崇古的觀念，來配合禮樂教化與正名思想，及不可侵犯的尊君觀念，而這些觀念中又以「正名」爲最根本要求，因此孔子的言論中强調正名的言語屢屢出現，如「觚不觚，觚哉！觚哉！」（雍也篇）是慨嘆當日事物名實不符。「君不君，臣不臣，父不父，子不子，雖有粟，吾得而食諸？」（顏淵篇）是强調政治一定要君君臣臣父父子子，社會才能導入秩序。「夏后氏以松，殷人以柏，周人以栗」（八佾）講的是各時代有各時代用來當社主的木頭，不可以越名混用。從這些話，可以瞭解正名主義是要使封建制度下，每一階層的人都納入他自己那個規範之內，做他本份的事，否則越過本份就名不正言不順了。如果天下都可納入這框框內，那麼恢復封建的穩固才有可能，而聲訓就在這種爲了達成正名的需求環境下產生了。

總此言之，正名是爲了維護封建，聲訓是爲了達成正名，層遞推進，也可說聲訓是爲了維護封建，所以我說聲訓源於維護封建。

## 三、聲訓與先秦名學

雖然孔子在正名思想中，首先利用聲訓，替封建做有目的的解釋，但這種做法，並沒有被當時及戰國思想所接受，所以聲訓在先秦使用並不普遍，比較多的大概是易大傳，如象傳的「制，制也」「離，麗也」「咸，感也」，說卦的「乾，健也」「坤，順也。」序卦的「蒙者蒙也」，但十翼（易大傳）的寫成概屬何時，學者辯正頗多，有人以爲成於漢代（註一六），有人以爲成於戰國（註一七），但從易傳聲訓運用的普遍現象看，易傳應完成於戰國以後，聲訓漸受重視的時代。其他戰國諸子，用聲訓釋名的除了孟荀以外就很少發現了。這裏先把孟子的說法提前說明，並依墨、老、莊、楊朱、公孫龍、荀子、韓非的次序，敍述如後。

孟子對正名思想雖沒有專篇說明，但在論性，論「四端」時說「無惻隱之心非人也，無羞惡之心非人也，無辭讓之心非人也，無是非之心非人也，惻隱之心，仁之端也，羞惡之心，義之端也，辭讓之心，禮之端也，是非之心，智之端也。」以四端爲滿足人的條件，與孔子「君君臣臣父父子子」的要求相類。另外孟子在離婁篇說：「仁之實，事親是也，義之實，從兄是也，智之實，知斯二者弗去是也，禮之實，節文二者是也，樂之實，樂斯二者。」這裏很明顯的是以「仁義禮智樂」等爲「名」，而分別定之以「實」，來完成道德實踐的「名實」（註一八）。孟子採聲訓的地方已在前章舉過，只在租稅、教育等制度上維護時應用而已。

墨子與儒家並稱顯學，但他的「兼愛」「非樂」「薄葬」完全是徵對孔子的「階級」「厚葬」而發的對立思想，而孔子的正名主義，墨子也和他背道而馳，墨子文章除了樸實無華之外，還帶有嚴密的論證（如兼愛，非攻、非命、尙用、非儒等文），最後發展出邏輯論辯的形式，完全走入探原、類比、歸納的論辯方式（如經上、經下、經說上、經說下），與儒家把名分加以敷衍誇飾的方式，完全不同。例如「大故」「小故」（註一九）「辭援推伞」（註二〇）「同異之辨」（註二一）等，都與儒家用聲訓正名去撥亂反正的出發點不同。齊佩瑢氏在「訓詁學概要」中說：「古書中訓釋字義之最精確簡明者莫如墨經，如經上云：

平，同高也；中，同長也。

圜，一中同長；方，柱隅四讙也。

閒，不及旁也；盈，莫不有也。

窮，或有前不容尺也；盡，莫不然也。

勇，志之所以敢也；力，形之所以奮也。

利，所得而喜也；害，所得而惡也。

譽，明善也；誹，明惡也。

功，利民也；賞，上報下之功也；罪，犯禁也；罰，上報下之罰也。

墨家的「精確簡明」正好與儒家的「敷衍誇飾」為敵，所以墨家絕無為制度正名，決無用聲訓訂名。

老子也是反對孔子的「正名」(註二二) 所以提出「無名」的主張，目的就是要破除儒家的「階級」「正名」及一切繁文縟節，所以在開宗明義第一章就說：「道可道，非常道；名可名，非常名。無名天地之始，有名天地之母。」已清楚標出外在的名，如一經說出，就失去其眞質，就好像瞎子摸象一樣，每一個瞎子所說的都只是他所摸到那個部分而已，並非象的全貌。第二十五章又云：

有物湛成，先天地生，寂兮寥兮，獨立而不改，周行而不殆，可以為天下母，吾不知其名，字之曰道。

老子是採「不知其名」的態度，然後以「道」字來涵蓋它，這與「視之不見名曰夷，聽之不聞名曰希，搏之不得名曰微」一樣，不渲染，不硬給名號，而要「繩繩兮不可名，復歸於無物」那樣的聽任自然。第二十一章又云：

孔德之容，唯道是從，道之為物，惟恍惟惚，惚兮恍兮，其中有物，窈兮冥兮，其中有精，其精甚真，其中有信，自古及今，其名不去，以閱衆甫，吾何以知衆甫之然哉！

這般話反覆說明「名」自古及今都存於實體之中，我們看一切現象都要超出這些聲名色相，因此「道常無名，樸雖小，而天下不敢臣。」既然老子以「無名」爲宗旨，當然完全不會涉及「正名」的問題，而老子書自然也無聲訓釋詞法了。

另外屬於道家的莊子，以「離形去知」「見素抱樸」爲中心思想，當然不講正名主義，齊物論中有「道行之而成，物謂之而然，惡乎然，惡乎不然，不然於不然，物固有所可，無物不然，無物不可，可乎可，不可乎不可，不可乎不可而可乎可。」的說法，主要是說一切事物的名稱可如此，也可不如此，並不一定非要跟某一事物相當才行，也就是要把名實之間的關係打破，而歸於自然，在自然之中物的名稱只是人所叫出來的而已。其次楊朱的「廢名」主義，也是和老莊相同，所謂「實無名，名無實，名者僞而已矣」又說：「實者固非名之所與也。」就是認爲名是人類所造出來的，不實的空名而已，全無實在的體性，一個實體的存在，根本不須名號來證實它。今存楊朱思想以列子楊朱篇爲多（列子是東晉張湛所僞託）其中除了前學要「廢名」而外，全文也無「聲訓」釋詞的方式。總的說來，道家因强調「無名」「去知」「廢名」，一切在求超形象，超自我（註二三），因此對儒家的正名主義，持全力反對的態度，所以也不必採聲訓來爲名份設教。

公孫龍的名學，是純邏輯的辯證，他的「指物論」主要立論是「物莫非指，而指非指」意思說任何一個名所指的個體都有若干的共相，而在共相之中的物，也未必都有名來指稱它，亦即物是若干共相，聯合而成，但共相則不可復分爲共相。另外名實論中又說：「天地與其所產焉，物也，物以物其所物，而不過焉，實也。實以實其所實，而不曠焉，位也。」這裏的名位就是名實，公孫龍以爲名實之間是沒有絕對的關係的，「物不過」就是實，「實不曠」就是名。這與莊子的「物謂之而然」相同，都說物是人叫出來的，必須「不過」，必須「物其所物」，才是最眞實的。其他「白馬非馬」「堅白石」也都說明了名實之間有能包不能盡包，能名但不能必名的道理。公孫龍子全以辯證起家，當然也不會採聲訓來替名教做說明了。

荀子的正名思想，介於倫理與論理之間，介於探原與定名之間，所以提出「異實者須異名」「物有單名與兼名之分」「名有虛實之別」，這是很社會性的名實論法，容易爲人接受，所以歷來談名實，都喜歡荀子的「名無固宜，約之以命，約定俗成之謂宜，異於約者之謂不宜，名無固實，約之以名實，謂之實名。」另外，荀子又對當時的詭辯，提出三大錯誤去批評：

一、以名亂名：「見侮不辱，聖人不愛己，殺盜非殺人也，此惑於用名以亂名者也，驗之所以爲

有名，而觀其孰行，則能禁之矣。」

二、以實亂名：「山淵平，情慾寡，芻豢不加甘，大鍾不加樂，此惑於用實以亂名，驗之所緣以同異，而觀其孰調，則能禁之矣。」

三、以名亂實：「非而謁，楹有牛，馬非馬也，此惑於用實以亂實者也，驗之名約，以其所受，悖其所辭，則能禁之矣。」

荀子名論，基本上是很客觀的，但礙於環境的壓力，也提出「君者美羣也」「君者能羣也」之類的聲訓，來替正名主義辯護。張以仁先生說：「儒家的正名主義以聲訓爲工具，在它發展過程中，可能受到其他學派的攻擊，而荀子想把它奠定下來，一勞永逸」可謂鞭辟之論（註二四）。

先秦最後一個大思想家韓非子，他的「形名說」的「形」指的是政治工作中的成績，亦卽一般名學的「實」，所以「形名」其實就是「名實」之別。他在揚權篇中說：「上以名擧之，不知其名，復修其形，形名參同，用其所生」，二柄篇說：「人主將欲禁姦，則審合形名，言擧事也。」「故羣臣其言大而功小者則罰，非罰小功也，罰功不當名也，羣臣其言小而功大者亦罰，非不說於大功也，以爲不當名也，實甚於大功，故罰。」由此看來，韓非是强調「名」「形」必須相符，否則就變成賞罰不明了。另外韓非在定法篇中說：「術者，因任授官，循名責實，操生殺之柄，課羣臣之能者也，此人主之所執也。」這裏的「名」「實」關係，也是「成效」和「名份」的配合問題，在上位的人，應把握「名」「實」的本旨，巧妙運用，才算善於用術的權謀者。韓非精神，主要是運用權謀來對付屬下，並沒有刻意在定名分上下功夫，也沒有用聲訓去解釋名詞。

綜合先秦對名學的看法，我們大致可以瞭解，儒家極力提倡「正名字」「定名份」以「寓褒貶」，所以間或採用聲訓來做解釋。而墨家以樸實的筆調，來談邏輯辯證，其實用主義的唯物論者，與儒家的鋪飾不同。道家以「無名」攻擊儒家正名，也强調「名」是不必要的，唯有「實」才是超出形象的眞質所在，所以不必用聲訓來維護理論的必要。至於名家則全以邏輯辯證爲主，被後人說成「苛察繳繞」「專決於名而失人情」（註二五），當然也不會在名詞上牽引附會，所以也與聲訓絕緣，而法家着重「法」要「憲令着於官府，刑罰必於民心」（註二六），意思是說對法令的公布須明確而又深入民心，才能行之四方，爲人遵守，當然也不可隨便誇飾改動，所以也沒有走上聲訓的必要。唯有儒家，爲了維護封建，只有朝「正名定分」「崇禮崇德」的方向，把上位者裝扮成崇高尊貴的形象，才能垂拱而天下治。這是儒家思想走上正名的必然要求，所以聲訓的應用都與儒家典籍有關，到了兩漢罷黜百家，獨尊儒術，對領導者的王號尊名典章制度，更須大肆裝扮，所以聲訓也就在兩漢時代如火如荼的發展，遂有白虎通義，一統發令，多用聲訓。

## 四、兩漢聲訓的概況

### (一)聲訓的資料

前章談聲訓與先秦名學，已把先秦有關聲訓的資料附帶舉出，因先秦資料有限，無法分析，而兩漢有關聲訓的材料則多不勝舉，爲了下章分析聲訓與名教關係時，不致舉證太唐突，所以在這裏先把兩漢聲訓資料，做個梗概說明。

如果把易傳和禮記都歸入漢代作品，那麼有漢一代聲訓的材料有易傳、禮記月令、毛傳、春秋繁露、淮南子、史記律書、漢書律曆志、白虎通義、風俗通、緯書（如春秋元命包、春秋說題詞、孝經援神契、季經鉤命決……等），以及由義訓聲訓集成的說文解字和釋名。

現舉例如下：

乾，天也，健也；坤，順也；坎，陷也；離，麗也；兌，說也。（易說卦）

蒙者蒙也，比者比也，泰者通也，嗑者合也，剝者剝也，坎者陷也，離者麗也，需者須也，遯者退也，晉者進也，睽者乖也，蹇者難也，夬者決也，萃者聚也，漸者進也。（易序卦）

堯者高也饒也，舜者推也循也。春，出也，夏，假也。西方，鮮方，北方，伏方。（尚書大傳）

愒，息也；具，俱也；詒，遺也；翕，合也；威，滅也；調，朝也；閟，閉也；烈，列也。（毛傳）

膳之為言善也；庖之為言苞也；腊之為言昔也；寺之為言侍也；祼之為言灌也；師之為言帥也；禮之為言亶；柳之為言聚，副之為言覆；禋之為言煙也。（周禮）

夫者扶也，以知帥人者也；親之也者親之也；政者正也，君為正，則百姓從正矣；仁者人也，

義者宜也。（禮記）

春，蠢；夏，假；秋，愁；冬，中。（鄉飲酒）

甲，孚甲；乙，軋；丙，炳；丁，強；戊，茂；己，起；庚，更；辛，新；壬，任；癸，揆。（禮記月令）

天，顛也；日，實也；月，闕也；禮，履也；祺，吉也；祼，灌祭也；祈，求福也；帝，諦也；古，故也；羊，祥也；王，天下所歸往也；祰，告祭也；娶，取婦也；祡，燒柴焚燎以祭天神；帳，張也；春，推也；木，冒也，冒地而生；水，準也；火，燬也；土，地之吐生萬物者也。（說文解字）

亥，該也，言陽氣藏于下，故該；子，滋也，言萬物滋于下；壬，任也，言陽氣任養萬物于下；癸，揆也，言萬物可揆度；丑，紐也，言陽氣在上未降；……。（史記律書）

寅，萬物螾螾；卯，茂茂然；辰，振之；巳，生巳定；午，忤；未，昧；申，呻之；酉，飽；戌，滅。（淮南子天訓）

冬，終；夏，假；秋，⿰米隹⿰龺欠；春，蠢；北，伏；南，任；西，遷；東，動。（漢書律曆）

水，濡，陰化沾濡；木，觸，陽氣動躍；火，委隨，萬物有施；火，化，陽氣用事，萬物變化；金禁，土吐。（白虎通五行）

金，禁也，其氣剛嚴能禁制也；木，冒也，華葉自覆冒也；水，準也，準平物也；火，化也，

消化物也；亦言毀也，物入中皆毀壞也；土，吐也，能吐生萬物也。（釋名釋天）

王者皇也，王者方也，王者匡也，王者往也。（春秋繁露）

王者往也，為萬物所歸往也，夫擅風之謂王，能制創之謂王，制殺生之威之謂王。（風俗通）

王者往也，天下往之謂王。（韓詩外傳）

王者也往，神所輸向，人所樂歸。（春秋考耀文）

王者往也，言其惠澤優游，天下歸往也。（桓譚新論）

以上聲訓實例，大都是成書作品中的，另外，漢代經典箋註，也有不少用聲訓的，如馬融、服虔、高誘、鄭玄、許愼等的經解，也都常用聲訓，不過這些註大都與釋名同屬探原成分居多。

## (二)聲訓的訓釋方式

聲訓條例的研究，從淸顧廣圻的釋名條例分爲十例（註二六），張金吾言舊錄的釋名例補增爲十七小例（註二七），近人楊樹達的釋名新略例重新加以分類，得三大例、九小例（註二八），胡樸安中國訓詁釋名派之訓釋，又於顧氏十例中加入八例爲十八例（註二九），黃侃的說文聲訓則分三種（註三〇）。另外李維棻、林尹兩先生又綜合前人說法各有所見，爲了下面行文方便，各舉一例比較兩人對聲訓分類的梗概。

林尹在「說文與釋名聲訓比較研究」一文中，以基本例與變化例兩公式來概括它：

一、基本例：基本公式爲「被訓字」（A）—「聲訓字」（B）—「推闡聲訓之語句」（S）。

如：日—實也—光明盛實也。

二、變化例：依基本例而改易者。

1.有以本字爲訓者：其式爲A—A—S。

如：宿—宿也—星各止宿其處也。

2.有以比方譬況爲訓者：其式爲A猶B也+S

如：膞—猶柳也—柳氣所塞也。

3.有一名而兼以兩字爲訓者：其式爲A—B也—C也+S。

如：腹—複也—富也，腸胃之屬，以自裹盛，復於外複之，其中多品似富者也。

4.有展轉爲訓者：其式爲A—B也—B—C也+S。

如：姿—資也—資—取也—形貌之稟取爲資本也。

5.有兼存異說者：常用「亦言」「又言」「又謂」「又取」諸語連接。

如：天—顯也—坦也—又云易謂之乾，又謂之玄。

6.有以方言爲訓者：其例有二

(A)言方言詞彙之異：如厚—後也，有終厚也，故青徐言厚曰後。

(B)言方言發音之異：如天—豫司兗冀以舌腹言之，天顯也，在上高顯也，青徐以舌頭言之，天坦也，坦然高而遠也。

這種一個基本例，六個變化例的分法，雖能從形式上看聲訓的各種方法，但並不能對聲訓的現象，提出比較特殊的結論，與前面諸家的分法依然大同小異。另外李維棻先生在他的釋名研究（註三〇）裏，則採取全面分類辦法，總舉釋名全部的聲訓以歸入他所訂定的系統，用心可謂良苦，但這種純以音的關係去歸納的辦法，也不離前人雙聲、疊韻、同音等形式來囊括聲訓的辦法，從這種新的歸納裏也看不出比較特殊的消息來。他的分法大致如下：

一、直接取自各地方言：如兄—荒也，大也，靑徐人謂兄高荒。

二、同音爲訓：如身者伸也。

三、古雙聲爲訓。如口者空也。

四、古同韻爲訓：如秦者津也。

五、同字異音爲訓：如示者示也，過所至關津以示之也。

六、形聲與所從聲爲訓：如水草交曰湄，湄—眉也，如眉臨目也，水經以歸之處也。

七、形聲字互爲訓：如仇，軌也，流狹而長，如車軌也。

八、衍聲字互爲訓：如春曰蒼天，陽氣始發色蒼蒼也。

九、被訓字與訓字連成一語：如鐮，廉也，自障蔽爲廉恥也。

十、被訓字、再訓字與被訓字聲韻有關：如烏，言烏也。亦到也，

除了以上諸家分類，龍宇純先生在「論聲訓」一文中，打破前人的分類，專從語言孳生的角度去

分析（註三一），提出聲訓的三個條件：

1. 二者語音原則上應爲相同：如君溫、君羣、君尊、君元、君權。若只有韻相同但聲不同（如天顯），或只有聲相同但韻不同（如肺脖）是不可用的。

2. 二者之發生，必須一先一後而不可顚倒：如「人，仁也」，「長，萇也，」不足取信，必須「仁」「萇」之形成在「人」「長」之前，否則說不上訓的意義。

3. 二者語義上須具有必然之關係，而又不得爲相等：如春蠢，眉媚，首始，羊祥……等，在意義上都無必然關係，是不可用的。

依此三條件去檢查，古人聲訓符合條件的只有像蒙蒙、徹徹、政正、仁人、梳疏、蝕食、銘名、靡眉……之類而已。而古人聲訓所表現出來的現象，通常是「語義有無關係無所謂」「語詞發生之先後也無所謂」，但求一語音有關之字來解釋它而已。這種訓故的方法，嚴格說來是有訓等於沒訓，所以龍先生以爲「皆不足信」（註三二），龍先生這種嚴肅標準看古人聲訓，確是一針見血。本文並不打算提出新的分類法，或新的聲訓條件，倒是想從龍先生歸納的三個條件來反證聲訓的流行，不是爲了訓詁，而是爲了「名教」。

首先，「聲訓語音原則上應爲相同」一例，這個原則對「名教」運用聲訓而言，未免太難了，試想要找到聲韻都相同，又能達到名份教化目的的字詞，簡直難如上青天，所以達到這個標準的例子少之又少（只有前擧人仁、政正之類），漢人的聲訓目的在名教不在訓釋，所以要求很寬，只要如君溫、君羣、天坦、天顯之類，或聲母同，或韻母同都可以用來訓釋，可以用來敷衍誇飾名教。

其次，「字詞發生的先後必須是用來解釋的字（後字）比被解釋的字（前字）早發生，也就是說，用來解釋的字須大家都認識的，或已被普遍使用的，這樣以易解難才達到訓釋目的。否則，用不認識的、或較難的，去解認識的、或較容易的字，就變成愈解愈深了。然而從聲訓的材料看，像以「仁」解釋「人」（人者仁也），以「萇」解釋「長」（長者萇也）的例子隨處都是，可見這些聲訓的解釋法不是爲了使人明白被訓字的意義，而是爲了「名教」的目的，而找出與「名教」有利的解釋字，來附會穿鑿的。這種特殊須要下所做的解釋，當然不須要考慮字詞發生的先後了。

第三條件「語義上須有必然關係而又不得相等」，但漢的聲訓幾乎都不符合此項原則，而是爲了特殊目的而隨心所欲的做解爲多，例如「伯，把也，把持家政也。」（釋名釋親），很清楚的是爲政教的目的，而把「伯」和「把」兩個意義不相干的字扣連在一起，如此一來，可以推尊「伯」的地位，以便把持家政成爲天經地義，不可冒犯，不容懷疑的事。

另外張以仁先生在討論聲訓的若干特殊現象時（註三三），也提出聲訓有兩個特色：

1.同一語調各家說法不一：如「君」有羣也（荀子王制），有元也權也（春秋繁露深察名號），有尊也（說文）……等說法。

2.同一人對同一語詞說法不一：如「王」，同在春秋繁露深察名號篇，就有「王者皇也」「王者方也」「王者匡也」「王者黃也」「王者往也」……等說法。

這兩個特點，同樣是爲了加强帝制各號的權威而設的聲訓，完全與訓詁探原解釋無關，試想同爲一「君」字，可以訓「羣」，也可以訓「元、權」，也可以訓「尊」，可見同一語詞，雖然各家說法不一，但都是爲了擴大或加强君的權力和尊貴而做的解釋。再如「皇」有「中也，光也，弘也，含私履中，其施光明」（風俗通）又有「皇者大也，言其煌煌盛美」（應劭漢官儀）「皇者煌煌」（春秋之命包）「號之爲皇者，煌煌人莫違也」（白虎通義）「皇者煌也，盛德煌煌，無所不照」（蔡邕獨斷上）……等，都離不開宣揚皇帝是弘大光明，煌煌盛德，人莫敢違的意思，很明顯這些聲訓都是替「君」替「皇」的崇高地位所做的名教宣傳。

從龍、張兩先生所擬的條件和特點，正好給本文「聲訓是爲名教而設」，做了最有力的證言。而龍先生除三條件之外，又把聲訓歸爲四大類：

1. 各家所言歧義：如春之爲言蠢也（禮記鄉飲酒義），春出也（尚書大傳），春推也（說文）。
2. 以數字爲一字之聲訓：如天之爲言鎭也、神也、陳也、珍也（賀述禮統）。
3. 語源可因方音之不同而異：如風氾也，兗豫司冀橫口合脣言之；風放也，靑徐言風踧口開脣推氣言之。（釋名釋天）。
4. 以轉語或引申義爲聲訓：如「契刻也」「入內也」即轉語關係，而「首始也」「道導也」即引申義。（釋名）

這四大類中，前兩類與張先生兩特點同，後兩類則包容在李、林二先生所歸納項目中，而「論聲訓」一文早在一九七一年寫成（註三四），其構想論列，可謂精到。

### ㈢聲訓與上古音韻

所謂聲訓，用一般籠統的解釋是指通過聲音相同或相近來訓釋詞義的方法（註三五），進一步說，聲訓是利用語音關係，闡明所釋語的來源者爲聲訓（註三六）。這裏要把「聲音」或「語音」兩字加以說明，事實上，聲訓所涉及的語音關係有聲母，有韻母，也有聲調，譬如聲訓中有些是同字爲訓的（如釋名裏的「示，示也」「傳，傳也」「樂，樂也」「齊，齊也」……），這些同字的聲訓，大都是詞性不同而互相解釋，而且大都是一個名詞，另一個動詞。這些字，在後世韻書大都注明不同反切，可見當時讀法在聲調上是有差別的，所以同字爲訓又稱爲「同字異音」。

一般研究聲訓都以「釋名」爲分析對象，本文要談的是聲訓與兩漢名教世界，所以特別以名教大一統的著作「白虎通義」爲根據，分析裏面的聲訓現象。現在就依聲調、聲母、韻母的次第加以說明：

一、聲調：從中古平上去入四個聲調來分析白虎通義聲訓裏，被訓字與訓字的關係，大體而言是四個聲調混用的，但細分起來，也有多寡的不同，尤其入聲的聲訓，除了幾個例外，幾乎都是入聲與入聲爲訓，其次平聲不分陰陽混合訓釋，上聲與去聲，平聲與上聲，平聲與去聲，也常混用，但從整個比例看，還是平聲與平聲，平聲與去聲及去聲與去聲相爲訓釋的較多，現擧全部實例如下：

1. 入聲與入聲爲訓：

伯白，嚳極，角躍，祿錄，北伏，祝屬，木觸，袷合，嶽捔，雹合，辟璧，辟積，篡奪，伐擊，乙節，妾接，日實，月闕，竹鼈，瑟嗇，紼蔽，伯迫，魄白，朔革，贄質，瀆濁，夾甲，覇迫，覇伯，蓐縮，族聚。——共三十一則

2. 平聲與平聲爲訓：

公通，卿章，商張，金禁，琴禁，唐蕩，笙生，秋愁，西遷，鄉庠，芒萌，霜亡，巡循，妻齊，夫扶，宮容，申身，宮中，宗尊，喪亡，婚昏，姻因，聲鳴，鹹堅，妃匹，星精，桑相，肝干，君羣，臣纏，風萌，辛信，陽明，堯蕘，堯高，顓專。——共三十六則

3. 平聲與上聲：

女如，衣隱，仁忍，朋黨，子孳，龜久，洗鮮，羽舒，寅演，音飲，王往。——共十一則

4. 平聲與去聲：

男任，桐痛，嫁家，姑故，辰震，聖聲，著者，征正，鍾動，射終，南任，侯候，天鎭，仲中，姓生，精靜，脾辨，心任，義宜，智知，情靜，性生，兄況。——共二十三則

5. 上聲與上聲：

祖始，禮履，友有，甫輔，丑紐，己起，土吐，火委，水准，微止。——共十則

6. 上聲與去聲：

胥寫，父鉅，賈固，說屬，呂拒，卯茂，覇把。——共七則

聘問，禘諦，廟貌，賻助，冠帣，歲遂，地易，肺費，項正，弟悌，舅舊，教效，瑁冒，弑試，戰憚，太大，戊茂，夏大，未味，味昧，士事。——共二十一則

7.去聲與去聲：

近代學者研究上古音（如董同龢先生），大都認爲先秦材料中，聲調不同字押韻情形是：⑴平上去多兼叶⑵去與入多兼叶⑶平上與入兼叶的極少。他們的推測是⑴平上去多兼叶，是因爲同爲陰聲字（韻尾同是 *-d 或 *-g）⑵去入韻尾不同（*-d 與 *-t 或 *-g 與 *-k）而多兼叶是因爲調值近似。⑶平上與入韻尾既不同，調值又遠，所以兼叶極少。（說見董同龢「漢語音韻學」十三章「上古聲調問題」）但從「白虎通義」聲訓，本文所引一百二十一則聲訓中，則現象與先秦不同：⑴入聲只與入聲訓釋⑵平聲與平聲，上聲與上聲，去聲與去聲同調相訓的比例最多，⑶平聲與上聲，上聲與去聲互爲訓釋的很少。可見漢聲訓材料所顯示的聲調與後代並沒有太大差異，可能當時陰聲尾的 *-b*-d *-g 已經消失，才會入聲與入聲（*-p*-t*-k）互爲訓釋的情形那麼明顯有規律。

二、聲母：聲訓中的聲母相同或相近爲訓的情形，有同音字爲訓及雙聲字爲訓（相同）爲最普遍，其次是形聲字與所從聲母爲訓及形聲字互爲訓釋（相近），現在分述如下：

1.同音字爲訓：

指解釋字和被釋字聲韻調都一樣的聲訓，如禘者諦也，顓者専也，士者事也，微者止也，

祿者錄也，申者身也，笙者申也。

2. 雙聲字爲訓：

指解釋字與被解釋字聲母相同，這裏涉及上古音與中古音的問題，如端 t-透 t'-定 d-泥 n-和知 ȶ-徹 ȶ'-澄 ȡ-娘 ȵ-不分，幫 p-滂 p'-並 b-明 m-和非 f-敷 f'-奉 v-微 ɱ 無別，從聲訓可以很清楚看出「白虎通」時代是「舌頭」「舌上」不分，「輕唇重唇」無別的。

A 一般雙聲：如伯白 (p-)，琴禁 (k-)，仲中 (t-)，朔蘇 (s-)。

B 古無舌上：如鍾動 (t-)，典鎭 (t-)，天鎭 (t-)。

C 古無輕唇：如北伏 (p-)，妃匹 (p'-)，紼蔽 (p-)，婦服 (p-)。

D 娘日舌歸泥：如男任 (n)，女如 (n-)。

3. 形聲字與所縱聲母爲訓：

如寅演，嫁家，妾接，伯白，秋愁，姓生，婚昏，姻因等。都是聲母相同，而形聲字是以所從聲母爲訓的。

4. 形聲字互爲訓釋：

如祿錄，贄質，友有，己起，戰憚，味昧等，都是聲母相同而形聲字也相同，甚而韻母也相同。

三、韻母：聲訓在韻的部分所採取的標準是，同韻部的字都可以互相訓釋。如喪亡，巡循，妻齊，夫扶，琴禁，卿章，祝屬，夾甲，角躍，仁忍，膊助，父矩。從這些疊韻例子，可發現在不少聲訓，應該是同韻的字，却與中古音系不符合，極可能保存了某些上古的消息，有待進一步研究。王力在「中國語言學史」談聲訓時曾舉出白虎通以「遷方」訓「西方」，尙書大傳以「鮮方」訓「西方」，可見「西」字上古收-n（註三七），其他以「範」訓「風」應收-m，以「徹」訓「達」古音同部，以「推」訓出，是微物平入相轉，以「恤」訓「私」是脂質兩部平入相轉。而前面談聲調時，把全部白虎通聲訓列出時，幾乎所有入聲都與入聲相訓釋，唯有「朔蘇」「叔少」「婦服」「融續」等特例，極可能也是古韻部可通訓的現象，有待進一步證明。至於以「委」訓「火」，以「仍」訓「年」，以「引」訓「腎」，以「辨」訓「脾」，以「況」訓「兄」，以「黨」訓「朋」，以「傷」訓「夷」，以「衆」訓「林」，都可以找到古音現象給予解釋，本文重在聲訓與名教的問題，不擬在此多談。

## 五、聲訓與兩漢名教

從前章所列出的聲訓材料，加以分析，可以發現這些聲訓與兩漢名教有密不可分的關係，下面就舉其出重要部分，加以闡述。

漢代自叔孫通制禮作樂以來，經義就成了法治的重要依據，於是一些有心攀附權貴的經師，就極力推動禮誼教化，以達到顯貴的目的。於是經義解釋都傾向於與政令教化有用的解說，加上從賈誼「以禮代刑」開始，經竇嬰田蚡的「崇儒運動」，到公孫弘的「選士」「選吏」制度，都是以德禮文教為中心。武帝時董仲舒更罷黜百家，獨尊儒學，使六經成為一切價值的標準。漢宣帝甘露年間更在石渠閣，詔諸儒講五經同異，史稱「石渠閣奏議」，完成了封建政權的完整法典，可惜其書今已不傳。東漢光武年間，更宣布圖讖于天下，進一步把經學庸俗化，以完成經典（國教）的形式。到章帝時集合大批儒生為名教立言，為皇帝立法，而訂出三綱六紀，再配以讖緯，完成一部東漢綱常名教的巨著白虎通義。（註三八）

從白虎通義的引經傳來看，這是一部雜糅易、詩、書、春秋、禮、樂、論語、孝經及各種逸文，來和圖讖緯書混合在一起的書，其中望文附會，曲解引申之處，多不勝舉。白虎通三綱六紀上說：

三綱者，何謂也？謂：君臣、父子、夫婦也。六紀者謂：諸父，兄弟，族人；諸舅，師長，朋友。

君臣者，何謂也？君者羣也，羣下之所歸心也。臣者繵堅也，厲志自堅固也。父子者何謂也？父者，矩也，以法度敎子也。子者，孳也，孳孳無已也。夫婦者，何謂也？夫者扶也，以道扶接也。婦者，服也，以禮屈服也。朋友者，何謂也？朋者，黨也，友者，有也。

文中對「君」「臣」「父」「子」「夫」「婦」「朋」「友」選用聲訓字「羣」「繵」「矩」「

孳」「扶」「服」「黨」「有」來附會，而解出「天下歸心」，「厲志自堅」，「法度教子」……等有利名教的字眼來做大一統的說明（註三九）。

另外，白虎通義除了三綱六紀之外，還訂了一套與天相應的宗教化系統理論，配合聲訓來附顯皇權。譬如白虎通義天地篇：

> 天者何也？天之為言『鎮』也，居高理下為人鎮也。

很明顯的可以看出「天鎮」這種聲訓，是要把皇權神權結合在一起，不但加强天的神威，也相對加强天子的權威。天地篇又說：

> 天道所以左旋，地道右周何？以為天地動而不別，行而不離，所以左旋右周者，猶君臣陰陽相對之義也。

這是從「天地」「陰陽」相對，轉引到「君臣」「父子」「夫婦」「朋友」的綱紀關鍵，當然我們也可以從這裏看出，這一套神權與君權結合在一起的理論，是以陰陽五行爲藍本的（註四〇），譬如五行篇說：

> 五行者何謂也？謂金木水火土也。言行者，欲言為天地行氣之義也。地之承天，猶妻之事夫，臣之事君也，其位卑，卑者親視事，故自同于一，行尊于天地也。

這樣的說法，也是白虎通義把三綱的意識套入五行，然後把五行庸俗化、政治化、最後達到「地承天」「妻事夫」「臣事君」的目的。其他以人事取法陰陽五行的道理，白虎通義更時時加以敷衍誇飾，譬如：

子順父，妻順夫，臣者君何法？法地順天也。
臣有功歸于君何法？法歸明于日也。
君有衆民何法？法天有衆星也。
王者賜，先親近后疏遠何法？法天雨，高者先得之也。
父死子繼何法？法木終火王也。
兄死弟及何法？法夏之承春也。
主幼臣攝政何法？法土用事于季孟之間也。
不以父命廢王父命何法？法金不畏土而畏火。

從這些「法天」「法日」「法天有雨」「法天有衆星」「法木終火」「法夏承春」的道理，儼然把皇權統治下的一切制度，都歸於天所指揮的五行變化，而人世最高指揮者乃代天行道的「天子」，任何違背此道的就都違背了天意，違背了五行。辟雍篇說：

天子曰辟雍者何？辟者璧也，象璧圓以法天也，雍者雍之以水，象教化流行也。辟之言積也，積天下之道德，為言雍也，天下之儀則，故謂之辟雍。」
「諸侯曰泮宮者，半於天子宮也，明尊卑有差所化少也。」
「天子所以有靈臺者何？所以考天人之心，察陰陽之會，揆星辰之證驗，為萬物獲福無方之元。」

諸如此類以君王高居其上，法天積德，以教化君民，都是用神權來附顯君權的最佳明證，而在這些明證裏，每一個名詞的解釋都喜歡用一個聲訓，先作總解（如「辟者璧也」「泮者半」），然後導引出一系列君尊臣卑民歸德化的說辭。

更有甚者，把君王或聖人，都說成是天生異稟，所以能通天人，所以能君臨天下，爲天下臣民所畏服，完全走入神話的階段，譬如聖人篇：

聖人者何？聖者通也，道也，道無所不通，明無所不照，聞聲知情與天地合德，日月合明，四時合序，鬼神合吉凶。

聖人皆有異表：伏義日祿衡連珠，犬目山准龍狀，作易八卦以應樞。黃帝龍顏，得天匡陽，上法中宿，取象夕昌。顓頊戴干，是為清明，發節移度，蓋象招搖。堯嚳騈齒，上法月參，康度成紀，取理陰陽。堯眉八彩，是謂通明，歷象日月，璇璣玉衡。舜重童子，是謂滋涼，上應提以象三光。禹耳三漏，是謂大通，興利除害，決河疏江。皋陶馬喙，是謂至誠，決獄明白，察于人情。湯臂三肘，是謂柳翼，攘去不義，萬民咸息。文王四乳，是謂至仁，天下所歸，百姓所親。武王望羊，是謂攝揚，盱目陳兵，天下富昌。周公背僂，是謂強俊，成就周道，輔于幼主。孔文反宇，是為尼甫，德降所與，藏元通流。

這些聖王異狀的比附雖然不用聲訓，但在白虎通其他地方有「顓者專也，項者正也，能專正天人之道，致謂之顓頊也。」「嚳者極也，言能施行窮極道德也。」「堯者嶢嶢也，至高之貌，清妙高遠，優游博衍，衆聖之王，百王之長也」「舜猶僢僢也，言能推信堯道而行之也。」（白虎通義）的說明，仍離不開以聲訓解釋聖王，合乎天人之道爲臣民表率。在風俗通義裏也有不少附會聖王的聲訓，如：

> 伏者，別也，變也，義者獻也，法也，別八卦，以變化天下，天下法則，咸伏貢獻，故曰伏義。
>
> 神農者，神者信也，農者濃也，德厚若神也。
>
> 黃帝者，黃者光也，厚也，中和之色，德施四季，與地同功。
>
> 顓項者，顓者專也，項者信也，言其承文，易之以質，使天下蒙化，皆貴貞慤也。
>
> 嚳者考也，成也，言考明法度，醇美嚳然，若酒之芬香也。
>
> 堯者高也，饒也，言其隆興煥炳，最高明也。
>
> 舜者推也，循也，言其推行道德，循堯緒也。
>
> 禹者輔也，輔續舜後，庶績洪茂。
>
> 湯者攘也，昌也，言其攘除不軌，改亳為商，成就王道，天下熾盛，文武皆以其所長。（以上錄自風俗通第一卷三皇五帝三王部分）

從「伏羲連珠犬目、黃帝龍顏、顓頊戴干、帝嚳駢齒、堯眉八彩、禹耳三、皋陶馬喙、湯臂三肘、文王四乳、武王望羊、周公背僂、孔文反宇」的神話情景，可以知漢代如何把聖王的特質從臣民中抽離出來，使臣民對之瞻仰莫及，又用聲訓（神農信濃、黃帝光厚、顓頊專信、嚳者考成、堯者高饒、舜者推循、禹輔、湯者攘昌）把聖王德威塑造附會成至高無上，人莫能及，所以有「變化天下」「德厚若神」「德施四季」「天下蒙化」「若酒之芬香」「隆興煥炳」「循堯緒、輔舜後」等美麗的解釋語言，讓天下人在神權與君權結合的氣氛籠罩下，除了天地聖王以外，沒有個人，這就是漢代的名教世界。

董仲舒在春秋繁露卷十深察名號篇，就已把「名號」說得很清楚，他說：「治天下之端，在審辨大，辨大之端，在深察名號。名者，大理之首章也，錄其首章之意以窺其中之事，則是非可知，逆順自著，其幾通於天地矣。是非之正取之逆順，逆順之正，取之名號，名號之正，取之天地，天地爲名號之大義也。」「名生於眞，非其眞弗以名，名者聖人所以眞物也，名之爲言眞也。」言下之意是要以名號爲天地之標準，爲天地之眞義，捨此名號則天地不立其位，人倫不得其序。除此而外，他的春秋繁露也對春秋微言褒貶加以發揮成正名定分的思想。如深察名號篇又說：「春秋辨物之理以正其名，名物如其眞，不失秋毫之末，故名隕石則後其五，言退鷁則先其六，聖人之謹正名如此。」「古之聖人謞而效天地謂之號，鳴而施命謂之名，名之爲言鳴與命也，號之爲言謞與效也，謞而效天地者爲號，鳴而命者爲名。」這些都是爲聖王設名號，然後用最有利於君王名號的言辭替君王達成「至尊之稱，號令天下」的目的（註四二）。譬如董仲舒對「王」和「君」的名號解釋，更是無所不用其極：

王者皇也，王者方也，王者匡也，王者黄也，王者往也。王意不普大而皇，則道不能正直而方，道不能正直而方則德不能匡運周徧，德不能匡運周徧則美不能黃，美不能黃則四方不能往，四方不能往則不全於王。君者元也，君者原也，君者權也，君者溫也，君者羣也。故君意不比於元則動而失本，動而失本則所為不立，所為不立則不效於原，不效於原則自委舍，自委舍則化不行，用權於變則失中適之誼，失中適之誼則道不平德不溫，道不平德不溫則衆不親安；衆不親安則離散不羣，離散不羣則不全於君。

董氏把「王」和「君」先用聲訓的辦法立出名號（如王皇方匡黃往，君元原權溫羣），然後用各種穿鑿附會的文詞，把本來全無關係的聲訓字，描述得好像有次序，有因果，有體用，有教化的標竿名言一般（註四三）。試想由「君不比於元」→「動而失本」→「所爲不立」→「不效於原」→「自委舍」→「化不行」之間有何因果可言，由「用權於變」→「失中適之誼」→「道不平德不溫」→「衆親不安」→「離散不羣」「不全於君」的次序，也無必然的先後，但爲了使「君元原，權溫羣」得到圓滿的教化解釋，不得不用這些强詞奪理的辦法來護衞名教，來敷衍誇飾。

總之，兩漢的名教，從叔孫通、公孫弘到董仲舒、班固是一代比一代嚴密，一代比一代深重，終於弄得全國上下競相修名，而走上「重名輕實」的「名教」神話的路途上去了，也因此產生專爲「名份」「忠君」而設的「孝經」等僞書（註四四），以出現專爲名教而設的緯書來與經書相亢衡。這些僞經與緯書在設「名號」時，最常用的自以爲精確不移的辦法，就是聲訓（註四五），所以聲訓的盛行完全是爲了配合漢的名教制度而突出，而被重視的，我們研究聲訓，或研究漢的崇儒尊經不能不注意這個關鍵所在。

## 六　結　語

儒學在漢代定爲一尊以後，與政治名號緊密的連結在一起，歷唐宋明淸而不衰，追究其原因不外儒家講「正名」，强調「尊君」，擁護「大一統」，這三個基本的思想，在孔子當時，是爲了挽救卽將崩潰的封建社會而提出的呼籲，然而，封建終究解體了，代之而起的是君主專制的社會，帝王爲了使自己名位尊貴，使自己承天順人的大業，能够傳衍千秋，所以就利用儒家的「正名」思想來使名號美化尊化，用「尊君」的思想來抬高君王在臣民心中的地位，更以「大一統」思想，來讓臣民順服聽命，不敢僭越。而這些名號的訂定和政教的傳播，最好用音義最美，傳播最易的文詞來推廣天下，才能收到最好的教果。於是一班趨炎附勢的術士儒者，就趁機賣弄文詞以表功一番，終於採取了精簡有效，合音有義的「聲訓」來替王號制度立名說教。其中「春秋繁露」「白虎通義」「風俗通義」……諸書是最典型的爲政制而立聲訓的巨著。本文經過一番整理分析，大致可以得到如下的消息：

1. 聲訓源於維護封建，盛於君主專制。

2. 名教愈受重視，聲訓的運用愈普遍。

3. 聲訓在兩漢被用來附會神權以附顯君權。

4. 聲訓以當時音同或音近字來立名說教，保存許多古語現象。

5. 漢聲訓從董仲舒春秋繁露到班固白虎通義，都是唯心主義的敷衍誇飾，到劉熙釋名時才漸漸走上探原之途。

6. 兩漢的名教太盛，導致魏晉反抗名教，走向自然。

7. 兩漢講名教，士人互相修名競名，終於產生品評人物的風氣，如漢書人物志，劉劭人物志，魏晉九品中正，世說新語品藻，鍾榮詩品……等名教風格的品味，大爲流行。

以上七點，爲寫本文所思所見，舉其犖犖大者，其中六、七兩點在前文中並無論述，僅在結論時提出做一延續說明，但願這些消息能給聲訓與兩漢思想提供更深一層的認識。

## 【注　釋】

註　一　王力在「中國語言學史」第五節聲訓中，稱聲訓的人爲唯心主義者，他的意思是指，這些用聲訓釋詞的人，從心所欲地隨便抓一個同音字（或音近字）來解釋，彷彿詞的眞詮是以人的意志爲轉移似的。

註　二　例如白虎通義解釋「族」字，是這樣訓釋的：族者何也？湊也，聚也，謂恩愛相流湊也。上湊高祖，下至元孫，一家有吉百家聚之，合而爲親，生相親愛，死相哀痛，有會聚之道，故謂之族。

註三　文亞南在「論中國傳統思想之取得存在與喪失存在的問題」一文中，指出儒家學說有三大中心思想，那就是「天道觀念」「大一統主張」「倫常教義」，因爲這三種中心思想被專制官僚封建統治者所賞識，所以後儒就朝著這方面發揮。文見中國傳統思想之檢討，中華書局。

註四　東漢章帝建初四年（公元七九年），召集諸儒於白虎觀，講論「五經同異」，命班固記錄整理成書，名爲「白虎通義」，又名「白虎通德論」。白虎通義引論了不少緯書的文句，其中對「三綱五常」有正式而又明確的說法。（說見張岱中「中國哲學史史料學」一四一頁）

註五　「白虎通義」作於西元七九年（見前注），而「說文解字」是東漢和帝永元十二年（西元一〇〇年）許愼所作。至於「釋名」成書年代雖不敢確定，但學者們的考證當爲漢末（見李維棻「釋名研究」第一八六頁）劉熙所作。

註六　王力的「中國語言學史」，齊佩瑢的「訓詁學概要」，楊樹達的「釋名新略例」，胡樸安的「訓詁學史」，胡楚生的「釋名考」，龍宇純的「論聲訓」，張以仁的「聲訓發展與儒家關係」，林尹的「說文與釋名聲訓比較研究」等，都是聲訓研究的大作，其中龍宇純、張以仁兩先生之作，已從政治，社會的角度去看聲訓，有開啓之功。

註七　龍宇純以爲「孔子所謂正名，只是要確定名稱和確定名與實間的絕對關係，換句話說，就是主張維繫舊日社會的名分，他對齊景公問政所說『君君、臣臣、父父、子子』，即是正名思想的具體說明。」（說見龍著「荀子正名篇重要語言理論闡述」，臺大文史哲學報第十八期），張以仁認爲「孔子認爲要寧息紛爭，必須根本由正名做起，因此這種正名思想的發展，最後必定落在名實的探討上，而且必定要求名與實間的絕對關係，這種意思，後來荀子在正名篇以及董仲舒在春秋繁露深察名號篇，都發揮得相當透澈。」（說見張著「聲訓發展與儒家關係」）

註八　文出論語子路篇，子路曰：「衛君待子而爲政，子將奚先？」子曰：「必也正名乎？」子路曰：「有是哉，子之迂也，奚其正？」子曰：「野哉！由也，君子於其所不知，蓋闕如也，名不正則言不順，言不順則事不成，事不成則禮樂不興，禮樂不興則刑罰不中，刑罰不中則民無所措手足，故君子名之必可言也，言之必可行也，君子於其言，無所苟而已矣。」

註　九　語見孟子滕文公篇。

註一〇　同註九注。

註一一　譚嗣同仁學卷上云：「嗟呼！以名爲教，則其教已爲實之賓，而決非實也。又況名者，由人創造，上以制其下，而不能不奉之，則數千年來，三綱五倫之慘禍烈毒，由是酷焉。君以名桎臣，官以名軛民，父以名壓子，夫以名困妻，兄弟友朋各夾一名以相抗拒，而仁尚有少存焉者得乎？然而仁之亂於名也，亦其勢自然也。」很坦率的指出中國「專決於名而失人情」的弊害，是對名教世界的當頭棒喝。

註一二　牟宗三在「中國哲學十九講」中論中國哲學之重點及先秦諸子之起源問題，一再强調「周文疲弊」「郁郁乎文哉，吾從周」是孔子學說的根本目標。

註一三　范寬的「戰國史」，談春秋劉戰國社會經濟制度的轉變時提出三大改變：一爲從勞役地租到實物地租，二爲從領主經濟到地主經濟，三爲社會等級變動。這些變動使原本世襲的、尊君的、大一統的制度受到破壞，孔子就是處在破壞的階段，而想極力維護的思想家。

註一四　語出左傳僖公廿二年。

註一五　雷海宗在「文化形態史觀」一書，論大夫士與士大夫時說，大夫士是 Noble-Knight，士大夫是 Scribe-Official，也就是說大夫是貴族武士，士大夫是文人官僚，西周至春秋大部分是大夫士中心，秦漢以後的社會是士大夫中心，而春秋末世與戰國時期是轉捩過渡時代。

註一六　勞思光「中國哲學史」卽把十翼（易傳）放在漢代哲學之部來討論。

註一七　張岱年「中國哲學史史料學」認爲易傳應成於戰國。

註一八　說見勞思光「中國哲學史」名家與名學。

註一九　經上：教，所得而後成也。經說：故，小故，有之不必然，無之必不然，體也，若有端。大故，有之必然，無之必不然，若見之成規也。說明詳見王冬珍「墨家邏輯論證探研」。

註二〇　小取篇：辟也者，舉他物而以明之也。侔也者，比辭而俱行也。援也者，曰：子然，我奚獨不可以然也。推也者，以其所不取之同，於其所取予之也，是猶謂他者同也，吾豈謂他者異也。

註二一　經上：同，異而俱於之一也。經說：二人而俱見是楹也，若事君。經上：同，重、體、合、類。經說：同，二名一實，重同也，不外於兼，體同也，俱處於室，合同也，有以同，類同也。

註二二　老子應在孔子之後，近代學者從先秦思想發展背景及論語，道德經文體的比較，已有確鑿之說。可參見侯外廬，勞思光之說。

註二三　說見虞愚的「中國名學」。

註二四　文見「聲訓的發展與儒家的關係」，中國語文論集之一篇，東昇出版社。

註二五　勞思光「中國哲學史」就把易傳禮記列入漢代哲學。

註二六　顧廣圻釋名略例分為本字與易字兩大例，細分為本字、疊本字、本字而易字，易字、疊易字、再易字、轉易字、省疊易字、易雙字第十例。

註二七　張金吾則依顧廣圻的十例再增加易字兼本字、省再易字、借字、借本字、借易字、借雙字、省借字，合為十七例。

註二八　楊樹達强調應從聲音上求其條貫，約分三大例，九小例。一、同音例（1.以本字為訓：以宿釋宿，以蒼蒼釋蒼天。2.以同音字為訓：以懸釋玄，以顥顥釋昊。3.以同音符之字為訓：以閔釋旻，以燿釋曜。4.以音符之字為訓：以止釋趾，以殿釋臀。5.以本字所孳乳之字為訓：以愾釋氣，以蠢釋春。）二、雙聲例（6.以雙聲字為訓：以坦釋天，以散釋星。7.以近紐雙聲字為訓：以健釋乾，以踝釋寡。8.以旁紐雙字為訓：以假釋夏，以祝釋熟。三、疊韻例（9.以疊韻字爲訓：以闕釋月，以顯釋天。）

註二九　黃侃說文聲訓義例分同音爲訓、雙聲爲訓、疊韻爲訓三種。

註三〇　見釋名研究。

註三一　見龍宇純「論聲訓」清華學報第九卷。

註三二　同前文，聲訓三條件。

註三三　見張以仁「聲訓發展與儒家關係」。

註三四　龍宇純「論聲訓」成於一九七一，李維棻「釋名研究」成於一九七八，林尹「說文與釋名聲訓的比較研究」成於一九八一，張以仁「聲訓發展與儒家關係」成書於一九八一。

註三五　說見李新魁「古音概說」第一一二頁。

註三六　說見張以仁「聲訓發展與儒家關係」。

註三七　見王力「中國語言學史」第六十八頁。

註三八　侯外廬「中國思想通史」第二卷漢代思想，第七章漢代白虎觀宗教會議與神學思想部份，於此有詳細深入的剖析。

註三九　三綱的成立，徐復觀以爲出自專制政治完全成熟以後的東漢，也就是「白虎通義」完成後，此說由此段的分析可以證明。說見徐復觀「中國孝道思想的形成演變及其在歷史中的諸問題」，此文收錄在「中國思想史論集」。

註四〇　參見丘爲君「自然與名教」頁三十二。

註四一　引例參用侯著「中國思想通史」第二卷漢代思想，第二三六頁。

註四二　參看徐復觀「先秦儒家思想發展中的轉折及天的哲學大系統建立——董仲舒春秋繁露研究」文收錄在徐著「兩漢思想史卷二」。

註四三　賴慶鴻著「董仲舒政治思想研究」第三章第三節「正名以伸春秋義」對「深察王號」「深察君號」有詳細說明。

註四四　徐復觀「中國孝道思想的形成」一文，標出「被專制壓歪以後的孝道——僞孝經的出現」，於孝經的形成演變有發人所未發之見。

註四五　如樂記正義引樂緯聲動儀：「商爲臣，臣者，當發明君之號令，其聲散以明，其和溫以斷，動勝也。角者爲民，民者當約儉不奢僭差，故其聲防以約，其和淸以靜，動肝也。宮者爲君，君當寬大容衆，故其聲宏以舒，其和淸以柔，動脾也。」這些緯書解名號也都配合君臣民等各書自以爲是的唯心辨法，去爲名教設詞。

**參考資料：**


1. 張岱年　中國哲學史史料學　崧高書社
2. 雷伯倫　文化形態史觀　地平線
3. 徐復觀　兩漢思想史卷二　學生
4. 徐復觀　中國思想史論集　學生
5. 范　寬　先秦史（戰國之部）
6. 丘爲君　自然與名教　木鐸
7. 勞思光　中國哲學史　三民
8. 侯外廬　中國思想通史第二卷
9. 侯外廬　漢代社會與漢代思想
10. 虞　愚　中國名學　正中
11. 江建俊　漢末人倫鑒識之總理則　文史哲
12. 金兆梓等中國傳統思想之檢討
13. 賴慶鴻　董仲舒政治思想之研究　文史哲
14. 班　固　白虎通義　商務
15. 蘇　輿　春秋繁露義證　河洛
16. 應　劭　風俗通義　四部叢刊
17. 牟宗三　中國哲學十九講　學生
18. 方克立　中國哲學小史　木鐸
19. 譚嗣同　譚嗣同全集　華世
20. 齊佩瑢　訓詁學概要　華正
21. 李維棻　釋名研究　大化
22. 胡樸安　中國訓詁學史　商務
23. 訓詁學要略　新文豐
24. 訓詁學簡論　新文豐
25. 李新魁　古音概說　崧商
26. 王　力　中國語言學史　莊嚴
27. 張以仁　中國語文學論集　東昇
28. 董同龢　漢語音韻學　學生
29. 龍宇純　正名主義之語言與訓詁　史語所集刊
30. 龍宇純　論聲訓　清華學報九卷
31. 龍宇純　荀子名篇重要語言理論闡述　臺大文史哲學報十八期
32. 林　尹　說文與釋名聲訓比較研究　國際漢學會議論文集
33. 王冬珍　墨家邏輯論證探研　中國學術年刊四期

# 假借與引申

李添富

## 一、前言

顧炎武日知錄云：「自隸書以來，其能發明六書之指，使三代之文尚存於今日，而得以識古人制作之本者，許叔重說文之功爲大。」錢大昕跋大徐本說文亦曰：「自古文不傳於後世，士大夫所賴以考見六書之原流者，獨有許叔重說文解字一書。」孫星衍與段若膺書更曰：「生平好說文，以爲微許叔重，則世人習見秦時徒隸之書，不睹唐、虞、三代、周公、孔子之字，竊謂其功不在禹下。」是知古今字書雖多，其能明古人制字之本源者，說文解字一書而已。

許君說文解字敍嘗譏評俗儒鄙夫「翫其所習，蔽所希聞，不見通學，未嘗覩字例之條。」所謂「字例之條」者，「六書」是也。而說文一書之最爲可貴者，亦在明乎字例之條也（註一）。「六書」一稱，雖自周禮而出，然周禮所載，止有「六書」之總名，而未見其分名（註二），班固漢志始著而載有六書之分名（註三），鄭衆周禮解詁亦有六書之名而與班志互異（註四），及至許君說文敍云：「周禮保氏教國子，先以六書：一曰指事，指事者，視而可識，察而見意，二二是也。二曰象形，象形者，畫成其物，隨體詰詘，日月是也。三曰形聲，形聲者，以事爲名，取譬相成，江河是也。四曰會意，會意者，比類合誼，以見指撝，武信是也。五曰轉注，轉注者，建類一首，同意相受，考老是也。六曰假借，假借者，本無其字，依聲託事，令長是也。」六書名份於是始定，六書之說亦始完備。

然後之學者疑於班、鄭與夫許君六書名目、次第之異，是以六書之說蠭起而頗有紛歧，要而言之，指事、象形、形聲、會意四者大抵相類，轉注、假借二者則聚訟紛紜而莫衷壹是，蓋體用之爭故也。

黃季剛先生嘗云：「六書中最難解者，莫如假借。」（註五）蓋以假借一事，「始於本無其字，及其後也，既有其字矣，而多爲叚借，又其後也，且至後代譌字，亦得自冒於叚借。」（註六）且其用也無窮，於是疑假借係乃造字之法者有之（註七），謂假借有依聲、託事二法有之（註八），疑說解例字譌誤者有之（註九），疑說解例字係後人妄加者亦有之（註一〇），更有以爲許君說文解字一書之論假借多有譌亂者（註一一）。竊以爲凡此皆誤解許君說解之故也，是取諸說論而述之，以明其中失。

## 二、假借者，本無其字，依聲託事，令長是也

班固漢志、鄭衆周禮解詁與許君說文六書之說皆源自劉歆而其名目、次第互異，正可用以說明六書非倉頡預立造字之法，而爲西漢經學大師整理吾國文字之所得也（註一二）。或謂班固漢志既云六書爲「造字之本也」，宜以六書爲造字之法爲是，而顏師古注漢書此節則云：「文字之義，總歸六書，故曰『立字之本』焉。」似唐人所見漢書不作「造字之本」，且班固象形、指事、會意、形聲四者通謂之「象」，義有未安，或「造字之本」之「造」字亦其類而未可知也。

至於許君說文，其自敍嘗云：「博采通人，至於小大，信而有證。」又曰：「其偁易孟氏、書孔氏、詩毛氏、禮周官、春秋、左氏、論語、孝經，皆古文也，其於所不知，蓋闕如也。」是知其說解多有依據而不容妄加指駁竄改也。故言六書假借，自當取許君說解例言而論之也。

許君說文論六書假借曰：

假借者，本無其字，依聲託事，令長是也。

段氏注云：

託者寄也，謂依傍同聲而寄於此，則凡事物之無字者，皆得有所寄而有字。如漢人謂縣令曰令長，縣萬戶以上為令，減萬戶為長。令之本義發號也，長之本義久遠也，縣令，縣長本無字，

而由發號、久遠之義引申展轉而為之，是謂假借。

瑞安林先生更進而釋之曰：

> 所謂假借，就是在記錄語言時，因為同音多同義的道理，借用已造出的同音文字代替未造出的文字。所謂「本無其字」，是表示語言上已有這種詞彙，可是文字的形體未曾造出；所謂「依聲託事」是指記錄語言時，依靠同聲音的文字，來寄託一下會說不會寫的意思。「本無其字」是指字形言，「依聲」是指字聲而言，「託事」是指字義而言。（註一三）

卽以令、長二字言之。「縣令」之「令」與「令聞」之「令」，一爲「官長之名」，一爲「善良美好」，與「發號」之義不同而都無其字，故借用同音「發號」之「令」字以傳其「官長」、「美善」之義；「縣長」之「長」與「成長」之「長」，一爲「官名」，一爲「茁壯」，而與「久遠」之義有殊，然亦以無字而借用同音「久遠」之「長」字以表其「官長」、「成長」之義。此皆許君所謂假借是也。

## 三、假借不爲造字之法

自戴震倡言：「指事、象形、形聲、會意四者，字之體也；轉注、假借二者，字之用也。」段氏譽爲「聖人復起，不易斯言」以降，斥指其說，而以爲六書皆是造字之法者夥矣，如黃以周六書通故云：

象形、指事，為文之初基；會意、諧聲、轉注、假借，其孳乳者矣。此六者，皆古造字法，故曰「造字之本」。或以前四者為體，後二者為用，非也。

又令長假借說云：

漢志以轉注假借，皆造字之本，斯意可於說文中求之，毋庸妄生異說，汩亂古義。……令，號令也，從亼卪；長，久遠也，從兀從七，兀者高遠意也，久則變化，亾聲，𠂆者，倒亾也，𠑼，古文，𠑹亦古文，所以明令長之為假借也。

今按令既爲亼卪，屬會意矣；長爲從兀從七亾聲，又形聲字矣，且依其說，則「本無其字，依聲託事」二語，似爲贅疣，是知黃氏之說，宥於漢志而又欲以文字構造說明假借係乃造字之法，致有未安之處也。

至於以假借爲「以不造字爲造字」（註一四）或「造字之變法」（註一五）者，無非察於轉注、假借二者有異於指事、象形、形聲、會意四者，而又莫肯從於戴、段體用之說者也。竊以爲所謂「以不造字爲造字」，實乃戴氏所謂「一字具數用者」（註一六）；所謂「變法」者，專就假借在先，製字在後者言之（註一七），其所謂通權達變之法，實乃後人欲求義有專屬，期於意義表達更爲精確而能免於混淆，故或就借字而增益形符偏旁，或另造新字。方其借用他字形體表達意義之時，是爲「本無其字，依聲託事」之用字方法則一也。

## 四、「依聲託事」止是一事

段氏說文解字注云：「假借者，古文初作，而文不備，乃以同聲爲同義。」又云：「託者，寄也，謂依傍同聲而寄於此，則凡事物之無字者，皆得有所寄而有字。」是知假借者，依其聲而託之事也，亦卽瑞安林先生所謂「記錄語言時，依靠同聲的文字，來寄託一下會說不會寫的意思。」然則「依聲託事」止是一事而已。

今有以「依聲」爲借聲，「託事」爲借義，析四字以爲二事；謂假借者，有借聲不借義之「依聲類」，有借聲兼借義之「託事類」，如侯康說文假借釋例云：

> 蓋假借有依聲者，有託事者，有兼聲與事者。託事之假借，與引申相類，義恆繫乎事也；依聲之假借，與引申不類，義不盡繫乎聲也。假借依聲者多，兼聲與事者多，專主事者少。說者遂謂依傍同聲以寄託事物之無字者，是為依聲託事，如此，則假借專主聲而已，何以解夫屮之為草，疋之為足，丂之為亏，臭之為澤，汙之為沒，且之為几哉。故必分依聲託事為二端，而後諸字可通，而後假借之與引申或類，或不類，其故亦可明。

按段氏說文解字注申明許君說文解字說解中發明假借之方式云：

> 原夫叚借放於古文本無其字之時，許書有言以為者，有言古文以為者，皆可薈萃擧之。以者用也，能左右之曰以。凡言以為者，用彼為此也。如來，周所受瑞麥來麰也，而以為行來之來。

……其云古文以為者：洒下云：古文以為灑埽字。……許書又有引經說叚借者，如：㚼，人姓也。而引商書無有作㚼，謂鴻範叚㚼為好也。……此皆許偁經說叚借，而亦由古文字少之故，與云古文以為者正是一例。

考說文言「以爲」者凡三十一字三十五條（註一八）大體假借之字多與本字同音，然亦有本字、借字音讀相去甚遠而不可解者，侯氏所擧屮、疋、丂、臭、汙、且諸字正是。據此，似許君說文本身亦自汨亂其例，惟考說文屮部云：「古文或以爲艸字，讀若徹。」而段氏注曰：

漢人所用尚爾，或之言有也，不盡爾也。凡云古文以為某字者，此明六書之叚借。以，用也，本非某字，古文用之為某字也。如古文以洒為灑埽字，以疋為詩大雅字……皆因古時字少，依聲託事。至於古文以屮為艸字，以疋為足字，以丂為亏字，以侯為訓字，以臭為澤字，此則非屬依聲，或因形近相借，無容效尤者也。

又云：

上言以為，且言或，則本非艸字，當何讀也？讀若徹。徹，通也，義存乎音。此尹彤說。尹彤見漢人艸木字多用此，故正之。言假借必依聲託事，屮艸音類遠隔，古文假借尚屬偶爾，今則更不當爾。

是知聲韵乖違之字雖不得假借，然於許時確有音類遠隔而相假借之例，許書既然博采通人，信而有證且又不知闕如則其說自有可取之處；今取偶有不合之處以爲論證，似有未允。或許君言以爲者大抵皆言依聲託事之假借，間亦涉及義近通用、形近而譌之例（註一九），唯不論義近而通抑或形近而譌，當皆「用彼而以爲此者」也。且若此之例，雖不盡「依聲」，亦未必「託事」，是知侯氏之說有未安矣。至如廖登廷六書說亦分假借爲依聲、託事二類，細覽其說則又在侯氏下矣（註二〇）。

## 五、假借與引申

易繫辭云：「引而申之，觸類而長之，天下之能事畢矣。」引申之名，蓋出乎此。所謂引申者，乃資本義而衍繹，而字形、字音均同者也。

試以「心」字言之。禮記少儀云：「牛羊之肺，離而不提心。」鄭注：「不提心，謂不絕中央也。」此「心」宜爲中央之義。詩小雅菁菁者莪：「既見君子，我心則喜。」「既見君子，我心則休。」巧言：「他人有心，予忖度之。」淮南子詮言訓：「聖人勝心。」注云：「心者，欲之所生也。」此「心」字則爲感情之心。而說文云：「心，人心，土臧也，在身之中。」本義是爲心肺之心，惟肺之所在爲身體中央，於是引申而有中央之意，且又以古人謂人間情感莫不出之於肺，故而又以引申而有感情之意矣。要之，引申之義，皆由本義展轉而出也。

段氏說文敘注云：「令之本義，發號也；長之本義，久遠也。縣令、縣長本無其字，而由發號久遠之義，引申展轉而爲之，是爲假借。」段氏之說極其明確，而後之疑於此說者亦夥，如侯康說文假借釋例云：

欲明假借之本，心深思乎本無其字之說而可也。若然則假借得無近於引申乎？曰否。引申之義，皆就本義展轉相生，假借之義或與本義相蒙，或與本義絕遠，其不同一也。引申皆因文生義，義在文後，假借則本應有此義，而無其字，乃託於他字以為之，義在文先。其不同二也。引申之例，有數字同引申一義者，假借之例，無數字同假借一義者，其不同三也。

黃以周令長叚借說亦云：

夫許君說文解字，信以本義立訓為多，而亦有據引申為說者，有據叚借為說者。如羊之訓祥，馬之訓武，此引申義也。又云：羊象角尾四足之形，馬象頭髦尾四足之形，此說本義也。牛之訓理，龜之訓舊，此叚借義也。又云：牛象角頭三，封尾之形，龜象足甲尾之形，此說本義也。

陳夢家卜辭綜述更衍之曰：

字的意義有三種，一是本義，如牛之為牛，河之為河；二是引申義，如象太陽之形的日引申今日明日之日，象人下山坡的降引申為降雨之降；三是假義，如羽象羽毛借用為明天之昱，凡假借字只能有假義，象形和形聲有本義有引申義。

按陳氏以為「象形、假借和形聲是從以象形為構造原則下逐漸產生的三種基本類型，是漢字的基本類型。」（註二一）其所謂象形則包含許君象形、指事、會意三者，其所謂假借，正是說文「本無其字，依聲託事」者，而其言形聲者，則是「象形與假借在發展過程中加上形符和音符，如此形成了形聲字」，亦卽解說文序「形聲相益謂之字」爲「㈠形與聲之相益，㈡形與形之相益，㈢聲與聲之相益。」而通謂之「形聲字」（註二二）。至於轉注一項，未加詳述，大抵同意唐氏六技之說。

陳氏又云：

一切象形字可以有形的分合（如企），義的引申（如「日」象太陽，引申為每日），聲的假借（如羽象羽毛，假借為翌日），但是「企」、「日」、「羽」等字它們原來都是象形。

按，「企」字說文從人從止，爲形形相益之會意，（依陳氏之說則當屬形聲）而陳氏則以爲「企字從人足下有『止』（趾、脚）象人顚起腳來望遠之形，後來分寫成『人』、『止』，它原來是象形。」是陳氏文字構造、起源之說，似於唐氏三書之外又樹一格矣，且其所謂「義的引申」、「聲的假借」等，又視假借有「依聲類」、「託事類」者又同矣。

侯氏所云引申假借之三不同者，亦不必然也。其言曰：「引申之義，皆就本義展轉相生；假借之義或與本義相蒙，或與本義絕遠。」按假借之義既是「本無其字，依聲託事」初無其義相蒙與否之限閾，義絕遠而無字者，依傍同聲而寄之；義相蒙而無字者，亦得依傍同聲而寄之矣；是假借者固不必皆爲引申，而引申者則必假借明矣。（註二三）又曰：「引申皆因文生義，義在文後；假借則本應有此義，而無其字，乃託於他字以爲之，義在文先。」考訓詁之法固然可以因文生義，以之而論文字起源則非矣。且「聖人之製字，有義而後有音，有音而後有形；學者之考字，因形而得其音，因音而得其義。」（註二四）著以「令」字爲例：縣令之「令」本無其字，以其可以發號，故借義爲發號而同音之「令」字言之，是以縣令可以發號故借同音之「令」字言之；非縣令之「令」以借發號之「令」爲之而後可以發號也。亦卽縣令之「令」既有發號之義而無其字，故借發號之「令」爲之也。今以「發號」、「可以發號者」義相引申且又同字，而以爲「義在文後」，其眞不知假借者也。其三曰：「引申之例，有數字同引申一義者；假借之例，無數字同假借一義者。」試以陳夢家氏卜辭綜述形聲加形於聲、加聲於聲之例言之：陳氏謂「加形於聲，『羽』是羽毛的象形，假借爲明日之『昱』，如形符『日』爲『昍』（仍作昱用）。」「加聲於聲，『羽』假借爲『昱』，加音符『立』爲『翊』（仍作『昱』用）。」然則「羽」、「昍」、「翊」皆借爲明日之「翌」矣。卽「昱」字亦假「日光」之意以爲「明日」矣。

至於黃以周之說，牽於字形構造，致有滯礙難解之處，不足訓矣。

然則假借、引申是一事乎？假借與引申之關係若何？潘石禪先生中國文字學云：

叚借乃是一件事物，還沒有製造文字表達他，這樣又使得文字減省了數量。所以叚借乃是用不造字的方法來造字。舉例來說，古代人造了一個鳥棲的𠧧字，象鳥歸巢的形狀。後來他們又想造一個字來表達「西方」的意思，他們腦海中聯想到太陽落山的時候，正是倦鳥歸巢的時候；而他們要表達的「日落」的方向，也正是「鳥歸巢」時候的太陽的方向，於是就把「西方」的意思，寄託於「鳥棲」的「西」字，這便是許慎所說的「本無其字，依聲託事」的意義。……我們要特別注意的，是叚借字所借的字，必定與他所要表達的意義有意義的關聯。如鳥棲的西，與西方的西，意義上是有關聯的。（註二五）

又云：

……例如文章中用「蚤」代「早」，只是同音的關係，決無任何意義的關係。……提到西字，我們知道他的本義是鳥棲，至於西方的意義，仍然和鳥棲有引伸的關係，並且西方的西字也並沒有另外一個本字，除非你另造一個字來表達他。（註二六）

雖潘先生以假借爲造字之法，謂「本無其字，依聲託事」者爲假借，「倉卒無其字」者爲通借之說（註二七），猶有可議之處；又謂假借之字「必定與他所要表達的意義有意義的關聯」一說，亦有待商榷，而其指出「縣令」、「命令」之「令」，「縣長」、「長幼」之「長」，「西方」、「鳥棲」之「西」等字是爲引申關係，誠的論也。

黃季剛先生論本義與引申義、假借義之別曰：

凡字於形音義三者完全相當，謂之本義。於字之聲音相當，意義相因，而於字形無關者，謂之引申義。於字之聲音相當而形，義皆無關者，謂之假借義。（註二八）

又云：

假借之道，大別有二，一曰有義之假借，二曰無義之假借。有義之假借者，聲相同而字義又相近也。無義之假借，聲相同而取聲以為義也。故形聲字同聲母者，每每假借；語言同語根者，

每每假借；進而言之，凡同音之字皆可假借。（註二九）

林景伊先生據黃季剛先生之意，約而言之曰：

有義的假借是指：文字除本義外，又有「引申展轉而為之」（語本段玉裁，見說文敍注。）的借假義；無義的假借大都為「語言假借」（語亦本段玉裁，見說文易篆下注。），僅借其字音，而不借其字義。（註三〇）

然則所謂「展轉引申其義」者，實亦依聲以寓其義，宜屬假借為是矣。

## 六、令、長二字即是假借正例而不誤

許君既立「本無其字，依聲託事」以為假借之界說，復舉令、長二字以為其例，令、長二字自是假借而無疑義。然後之學者或以令、長二例不妥，或疑二例後人妄加，故有易之比他字者；如王棻（子莊）與趙撝叔大令書云：

自來言六書者，皆以四象為經，借注為緯，是名六書，實止四書矣。因思班孟堅謂六書皆造字之本，則假借一書，必非用字之法，況令長乃漢官名，可謂之假借，則三代時命官賜爵，凡公孤將相侯伯子男，無一非假借矣。何乃下取漢官以為訓哉？且許氏豈不思倉聖造字之時，保氏設教之日，安知後世有令長之官，而乃漫為舉似耶？是令長之說，必不可通矣。竊嘗反復推詳，豁然大覺，蓋令字乃今字之誤，今從反及，長從倒亡，所謂本無其字也。今、及同部，長、亡同韻，所謂依聲也。及者，及前人也，反及則今人矣；亡者，不長也，倒亡則不亡矣，所謂託事也。

王氏另有與孫仲容（詒讓）書，亦論此事，而孫氏答之曰：

……夫反及到亾以為本無其字，則信然矣；至於依聲託事，細審許敘語氣，本自相冊成文，蓋謂依其聲而託之以事也。若如尊說，今從反及，長從到亾，乃叚及亾之形，反到之以明事，則註敘宜云「依形託事」，何得謂之依聲乎？若云長諧亾聲，卽為依聲，今從到及，卽為託事，無論其與許書語氣不合，夫依者，憑藉之詞；託者，坿寄之義。曰依聲，則非諧聲，曰託事，則非指事，訓詁本殊，不宜併為一論，其不敢信一也。晉書衞恆傳載恆作四體書勢，敘所述六書之義，卽檃括許敘為文，其於假借一條，亦擧令長為證，是知巨山所見許書，亦本作令長。夫西晉去漢未遠，不宜其時許書傳本，已多譌互，其不敢信二也。……許敘之外，鄭君之說，足為左證，陸氏經典釋文敘錄引鄭康成曰：「其始書之也，倉卒無其字，或以音類比方，叚借為之，趣於近之而已。」據此，則鄭君之說假借，亦與衞徐江段諸家無異，而謂許必不然，其不敢信三也。（註三一）

孫氏之說是矣。蓋王氏執於班氏六書皆爲造字之本說，謂假借必非用字，故雖斥指戴氏、朱氏之易令長爲韋豆、朋來是乃謬說（註三二），而亦自陷於妄改之列矣。

黃季剛先生云：「令之本義爲發號，假借爲令尉。令字無令尉之義，卽爲本無其字；依令字之聲，託以令尉之義，卽爲依聲託事。」(註三三) 今可衍之曰：「長字本義爲久遠，假借爲縣長。長字無縣長義，卽爲本無其字，依長字之聲，託以縣長之義，是爲依聲託事。」然則令長二字之用正合許敍，安得謂其非例而妄改之。

另有尹桐陽氏著六書假借之定律，以「令良」、「良長」釋之；吳敬恒氏說文解字詁林補遺敍以爲令長二字乃「令良」之譌，皆以誤解許君六書十二例字是爲六組對稱之文故也。按許君六書十二例字各自獨立而不必互爲依存，著以令長二字言之，縣令之令假發號之令字爲之是一例；縣長之長借久遠之長字言之又是一例，卽以轉注考老二例言之，亦然也。

至疑許君六書十二例字後人所加，亦泥於六書皆是造字之法者也；卽若眞是後人所加，無害假借之爲用也。

## 七、結　語

由上列論述，可以得出有關假借之說如次：

1. 所謂假借，依傍同聲以寓其義者也。
2. 假借是爲用字之法，假此以施於彼，用彼而以爲此，莫非假借。以爲造字之法者，多執於漢志或牽於字形。

3.假借之字必以音同音近行之，其音類遠隔者不得爲之。古文中偶有聲韵乖違而假借者，宜非其例也。

4.「依聲託事」止是一事，不可妄分以爲假借得有「依聲」、「託事」二類。

5.假借初無本字、借字意義相蒙與否之限閾，義不相蒙，可以依傍同聲以託其事，義相蒙者亦然。

6.假借不必引申，引申則必假借。一皆「本無其字，依聲託事」者也，惟其義或展轉可通，或全然無涉之異耳。

7.許君假借界說明晰，例字不誤，未有所謂含混乖違之病，段注亦然。不必疑於許君說解或疑令長非例矣。

【附　註】

註　一　說文可貴之處有二：一曰明字例之條，前人所以垂後也；一曰字有定形（篆體），此後人所以識古者也。

註　二　周禮地官保氏：「保氏掌諫王惡，而養國子以道，乃教之以六藝：一曰五禮，二曰六樂，三曰五射，四曰五馭，五曰六書，六曰九數。」

註　三　漢書藝文志：「古者八歲入小學，故周官保氏掌養國子，教之六書，謂象形、象事、象意、象聲、轉注、假借、造字之本也。」

註　四　周禮解詁：「六書：象形、會意、轉注、處事、假借、諧聲也。」

註　五　見林景伊先生文字學概說頁一百八十五引。

註　六　段玉裁說文解字注語。

註　七　如黃以周令長假借說、汪榮寶轉注說等。

註　八　如侯康說文假借釋例、廖登廷六書說等。

註　九　如王棻與趙撝叔大令書、朱駿聲說文通訓定聲等。

註　十　如蔣伯潛文字學纂要等。

註十一　如許錟輝先生「說文以爲研究」。在中國學術年刊第七期。

註十二　王棻與孫仲容書云：「…且此六條義類十二韵語，蓋倉聖造字之時，親製以訓後儒者，不徒非許君所能爲，亦豈三代小學大師所能懸擬也哉。」段氏說文解字注則曰：「趙宋以後，言六書者，匈襘陿隘，不知轉注、叚借所以包訓詁之全，謂倉頡造六法，說轉注多不可通。戴先生曰：『指事、象形、形聲、會意四者，字之體也，轉注、假借二者，字之用也。』聖人復起，不易斯言矣。」

註十四　如汪榮寶轉注說等。

註十五　如弓英德六書辨正等。

註十六　戴震答江慎修先生論小學書云：「…由是而之於用，數字共一用者，如初哉首基之皆爲始，卬吾台于之皆爲我，其義轉相爲注曰轉注；一字具數用者，依于義以引申，依于聲而旁寄，假此以施于彼曰假借，所以用文字者，斯其兩大端也。」今按戴氏所言甚是，唯舉爾雅釋詁爲例，稍失之矣。

註十七　如說文洒，古文以爲灑；哥，古文以爲歌等字。

註十八　詳見許錟輝先生「說文以爲研究」。

註十九　同上。

註二十　廖登廷六書說云：「竊謂凡字之非本義者，卽爲假借，初無有義無義之別。……許書依聲託事四字，本當合讀，以見義與聲同之例；但古讀不可考，南北方音，又復淆雜，必一一求合，徒勞脣吻。今謹分爲二類：立「依聲類」，以有聲者歸之，如段之假借，朱之假借是也；立「託事類」，以有聲有義者歸之，如段之引申，朱之轉添是也。不背許書，亦合時義，殊爲允協，庶不致如段之添引申而七，與朱之合轉注而五也。

註廿一　見陳氏殷虛卜辭綜述「甲骨文字和漢字的構造」節。

註廿二　同上。

註廿三　侯氏說文假借釋例云：「…… 然必謂假借中絕無引申，則又不可。蓋假借有依聲者，有託事者，有兼聲與事者。託事之假借，與引申相類，義恆繫乎事也，依聲之假借，與引申不類，義不盡繫乎聲也。」分假借爲二類固非所宜，知引申爲假借則是矣。

註廿四　段玉裁廣雅疏證序語。

註廿五　見中國文字學頁八十四。東大圖書公司印行。

註廿六　見中國文字學頁八十五。

註廿七　釋文引鄭康成曰：「其始書之也，倉卒無其字，或以音類比方叚借爲之，趨於近之而已。受之者非一邦之人，人用其鄉，同言異字，同字異言，於玆遂生矣。」

註廿八　見黃焯文字聲韻訓詁筆記頁四十七。

註廿九　見林景伊先生文字學概說頁一百八十五。

註三十　同上，頁一百八十六。

註卅一　見孫詒讓與壬子莊論叚借書。

註卅二　戴侗六書故易令長以爲韋昱，朱駿聲說文通訓定聲則移令長於轉注而易之以朋來；王棻與趙撝叔大令書斥以爲非。

註卅三　見黃焯文字聲韻訓詁筆記頁八十。

# 切韻詩「十六聲」說集證

金周生

南宋紹興年間張麟之刊行了一本韻圖——韻鏡。在「韻鑑序例」「橫呼韻」一項中引述古代兩句「切韻詩」：

一字紐縱橫，分數十六聲。

「十六聲」一詞在當今研究漢語音韻學的論著裏，似乎並沒有受到重視，對其含義也不甚瞭解。韻鑑序例的作者提出他的看法：

人皆知一字紐四聲，而不知有十六聲存焉。蓋十六聲是將平上去入各橫轉故也。且如東字韻，風、豐、馮、瞢是一平聲，便有四聲；四而四之，遂成十六。故古人切韻詩曰：「一字紐縱橫，分數十六聲」。今韻鑑所集，各已詳備，但將一二韻只隨平聲五音相續橫呼，至於調熟，或遇佗韻，或側聲韻，竟能選音讀之，無不的中。今略舉二韻為式：二冬韻——封峯逢蓫、中傭重酉、恭蛩顒、鍾衝慵舂庸魚、邕匈雄容、龍茸；一先韻——邊篇蹁眠、顛天田年、堅牽虔研、箋千前先涎、煙祆賢延、蓮然。

仔細推敲這段話，「十六聲」的內容是：平聲清、平聲次清、平聲濁、平聲清濁、上聲清、上聲次清、上聲濁、上聲清濁、去聲清、去聲次清、去聲濁、去聲清濁、入聲清、入聲次清、入聲濁、入聲清濁，四聲和清、次清、濁、清濁相配的意義，除了認定當時漢語具備十六種不同的「音調」外，並沒有其他方法對它作一更完滿的解釋。

中古漢語「四聲八調」學說，近代學者已陸續提出佐證，杜其容先生「論中古聲調」一文更有所發揮；本文主旨在爲「十六聲」說蒐證，乃以傳統「四聲說」、「八調說」爲基礎，凡有利於「十六聲說」的，一一加以採集，必要時略作解釋，資料依時代先後排比，民國以來學者的研究不多加引述以省篇幅。

## 一

唐代日僧弘法大師文鏡秘府論天卷調聲條：

> 律調其言，言無相妨，以字輕重清濁間之須穩。至如有輕重者，有輕中重，重中清，當韻即見。且莊字全輕，霜字輕中重，瘡字重中輕，床字全重。

杜其容先生論中古聲調一文說：「以莊字爲全輕，牀字爲全重，而莊爲照母，床爲牀母，兩者實即清濁之異。」以爲四聲中聲母的「清」「濁」都影響「調値」高低，所以四聲中共有八種調値。依照這種說法，莊是照母、霜是審母、瘡是穿母、床是牀母，照母爲「全清」、穿母爲「次清」、牀母爲「全濁」、審母爲「全清」、「次清」或更立一類「又次清」不一，那麼至少「全清」、「次清」和

「全濁」字在「調值」上顯然是有分別的。

## 二

南宋張麟之刊刻韻鏡前附有「韻鑑序例」，在「橫呼韻」下一條是「上聲去音字」：

> 凡以平側呼字，至上聲多相犯。（如東、同皆繼以董聲，刀、陶皆繼以禱聲之類。）古人制韻，間取去聲字參入上聲者，正欲使清濁有所辨耳。（如一董韻有動字，三十二皓韻有道字之類矣。）或者不知，徒泥韻策分為四聲，至上聲多例作第二側讀之，此殊不知變也。若果為然，則以士為史、以上為賞、以道為禱、以父母之父為甫，可乎？今逐韻上聲濁位，並當呼為去聲，觀者熟思，乃知古人制韻，端有深旨。

這段話說得仔細點，應該可以翻成：「凡是我們依照平上去入聲的次序讀字音，到了上聲字時多有重複一音的現象。比如說唸『東、董、凍、豚』、『同、董、洞、獨』，『董』音重複出現；唸『刀、禱、到』、『陶、禱、導』時，『禱』音重複出現。古人編寫韻書，時或將一個去聲調的字參雜放進上聲韻裏，他的目的就是要讓人對『全清』和『全濁』的音不同，產生辨別的能力。比方說在『一董』韻裏收了去聲『全濁』的『動』字，『三十二皓』韻裏收了去聲『全濁』的『道』字就是如此。可是有些人不知其中的道理，拘泥於韻書內所分的平上去入四聲，唸到上聲字，不論是清是濁，多讀成去聲音，這是不知變通所造成的錯誤。果真上去聲清濁音可以任意互通，那麼把『去聲』濁母的『士』，唸為上聲清母的『史』；『去聲』濁母的『上』，唸為上聲清母的『賞』；『去聲』濁母的

『道』，唸爲上聲清母的『禱』；『去聲』濁母的『父』，唸爲上聲清母的『甫』，如此混淆不清，可以嗎？現在每個韻如果遇到上聲，又是濁聲母的字，就按濁音去聲唸。看韻圖的人如果仔細深想，才知道古人作韻書時，將一些濁去聲的字放入上聲內，是有深意的，正是爲了辨別清與濁音是不同的。」全濁上聲讀爲去聲，是一種音變的結果，「韻鑑序例」作者對這點並不知曉，而有「古人制韻間取去聲字參入上聲」的錯誤觀念。因漢語這種音變現象只可推始於唐代中晚年（註一），所以並不影響切韻詩「十六聲」的理論；當然，「橫呼韻」的十六聲和「上聲去音字」全濁上讀去是相衝突的，我們只有暫時認爲後者的理論不够嚴實（註二）。

引述「上聲去音字」一條的最大目的，是說明「全濁」上變成「全濁」去，而「次濁」上並沒有跟着「全濁」上產生音變，正可以間接證明「全濁上」和「次濁上」原來調值就是有差別的。

## 三

南宋張炎曾著有「詞源」一書，其中論述字音的「音譜」條下說：

> 先人（按：指其父張樞）曉暢音律，有寄閒集，旁綴音譜，刊行於世。每作一詞，必使歌者按之，稍有不協，隨卽改正。曾賦「瑞鶴仙」一詞云：「捲簾人睡起。放燕子歸來，商量春事。芳菲又無幾。減風光，都在賣花聲裏。吟邊眼底。被嫩綠、移紅換紫。甚等閑，半委東風，半委小橋流水。還是。苔痕湔雨，竹影留雲，做晴猶未。繁華迤邐。西湖上，多少歌吹。粉蝶兒，撲定花心不去，閒了尋香兩翅。那知人，一點新愁，寸心萬里。」此詞按之歌譜，聲字

皆協，惟「撲」字稍不協，遂改為「守」字迺協；始知雅詞協音雖一字亦不放過，信乎協音之不易也。又作「惜花春早起」云：「瑣窗深深」，字意不協，改為「幽」字，又不協，再改為「明」字，歌之始協。

戈載詞林正韻發凡說：

玉田所謂清濁，卽陰陽也。「明」字為陽，「深」「幽」為陰，故歌時不同耳。

「明」爲「次濁」，「深」「幽」爲「全清」，這段話充分表示出「全清」和「次濁」平聲字的調值是不同的。

## 四

元代周德清作中原音韻，是第一本將平聲字分成兩類而標出「陰」「陽」的韻書，「陰平」和「陽平」字如果與中古字母比較，正可發覺「清」母爲「陰」字，「濁」母爲「陽」字。平聲分陰陽的現象及原因，在中原音韻序裏曾多次提及，虞集序：

高安周德清工樂府、善音律，自著中州音韻一帙，分若干部，以為正語之本，變雅之端。其法：以聲之清濁，定字為陰陽，如高聲從陽，低聲從陰，使用字者隨聲高下，措字為詞，各有攸當，則清濁得宜而無淩犯之患矣。

高音階用「陽」字，低音階用「陰」字，可以推知元代陽平字較陰平字的調值爲低。周德清自序前序：

言語一科，欲作樂府，必正言語；欲正言語，必宗中原之音。……字別陰陽者，陰陽字平聲有之，……平聲獨有二聲：有上平聲，有下平聲。上平聲非指一東至二十八山而言，下平聲非指一先至二十七咸而言。前輩為廣韻，平聲多分為上下卷，非分其音也；殊不知平聲字字俱有上平、下平之分，但有有音無字之別，非一東至山皆上平，一先至咸皆下平聲也。如東紅二字之類，東字下平聲屬陰，紅字上平聲屬陽；陰者即下平聲，陽者即上平聲。……歌其字音非其字者，合用陰而陽、陽而陰也。

調值較低的是「下平」，較高的是「上平」，用上下來形容高低調，和虞序說法相合。周氏後序：

謳者歌樂府四塊玉，至「彩扇歌，青樓飲」，宗信止其音而謂予曰：「『彩』字對『青』字，而歌『青』字為『晴』，吾揣其音，此字合用平聲，必欲揚其音，而『青』字乃抑之，非也。疇昔嘗聞蕭存存言，君所著中原音韻，迺正語作詞之法，以別陰陽字義，其斯之謂歟？細詳其調，非歌者之責也。」予因大笑，越其席，捋其鬚而言曰：「信哉！吉之多士！而君又士之俊者也。嘗遊江海歌臺舞榭，觀其稱豪傑者，非富即貴耳；然能正其語之差，顧其曲之誤，而以才動之之者鮮矣哉！」語未訖，復初前驅紅袖，而白：「同調歌曰：『買笑金，纏頭錦』則是矣。」乃復嘆曰：「予作樂府三十年，未有如今日之遇宗信知某曲之非，復初知某曲之是也。」

又再三說明平聲陰字陽字不可任意取用，否則必有「歌其字音非其字」的弊病。關於曲詞平聲字何時當用陰，何時當用陽字？這和樂曲音譜應當有絕對的關係；周德清在「中原音韻正語作詞起例」第二十五項「作詞十法」中也曾舉例說明。「陰陽」條下首先列有「用陰字法」：

點絳唇首句韻脚必用陰字，試以「天地玄黃」為句歌之，則歌「黃」字為「荒」字，非也；若以「宇宙洪荒」為句，協矣！蓋荒字屬陰，黃字屬陽也。

「用陽字法」下解釋道：

寄生草末句七字內，第五字必用陽字，以「歸來飽飯黃昏後」為句歌之，協矣！若以「昏黃後」歌之，則歌「昏」字為「渾」字，非也；蓋黃字屬陽，昏字屬陰也。

「定格」條下：

寄生草——「……但知音、盡說陶潛是。」評曰：「……陶字屬陽，協音！若以淵明字，則淵字唱作元字，蓋淵字屬陰。……陶潛是務頭也。」

雁兒——「……君，敢做箇真人。」評曰：「……妙在君字屬陰。」

迎仙客——「……望中原，思故國……。」評曰：「……原、思字屬陰，……尤妙。」

普天樂——「……鴻鴈來，芙蓉謝……。」評曰：「妙在芙字屬陽。」

喜春來——「……細雨調和燕子泥，綠窗蝶夢覺來遲……。」評曰：「調字、遲字俱屬陽，妙！」

滿庭芳——「……修禊義之……。」評曰：「……義字屬陰，妙！」

四塊玉——「買笑金，纏頭錦……。」評曰：「纏字屬陽，妙！」
感皇恩——「……愁黛長顰……。」評曰：「……妙在長字屬陽。」
塞鴻秋——「……風輕柳絮天……。」評曰：「……若得天字屬陽更妙！」
寨兒令——「……看，流下蓼花灘。」評曰：「……看字屬陰，妙！」
沉醉東風——「……綠楊堤，紅蓼灘頭……。」評曰：「妙在楊字屬陽以起其音。」
德勝令——「宜操七絃琴……。」評曰：「……務頭在德勝令起句頭字，要屬陽。」
殿前歡——「……黃虀菜……。」評曰：「……黃字急接，且要陽字好。」
慶宣和——「……大似彭澤……。」評曰：「妙在彭字屬陽。」
折桂令——「……詩句就雲山失色……。」評曰：「此詞稱賞者衆，妙在色字上聲以起其意，平聲便屬第二著，平聲若是陽字，僅可，若是陰字，愈無用矣。」

以上抄錄的資料，都爲說明元代北音平聲字具有兩種音高，對證明「十六聲」的實質意義，是周德清等人首先揭示陰、陽平字高低不同的調值，使我們知道與中古字母的清濁相關。

中原音韻「入派三聲」，我以爲對證明中古具備「十六聲」，是極具價值的。周德清中原音韻正語作詞起例第二十條：

余嘗於天下都會之所，聞人間通濟之言，世之泥古非今，不達時變者衆。呼吸之間，動引廣韻為證，寧甘受鴂舌之誚而不悔。亦不思混一日久，四海同音，上自縉紳講論治道，及國語翻譯，國學教授言語，下至訟庭理民，莫非中原之音。

中原音韻自序：

言語一科，欲作樂府，必正言語；欲正言語，必宗中原之音。

當時中原正音是不是仍然有「入聲」？「正語作詞起例」幾段話可供採取。第五條：

入聲派入平上去三聲者，以廣其押韻，為作詞而設耳，然呼吸言語之間，還有入聲之別。

第十八條：

亳州友人孫德卿長於隱語，謂中原音韻三聲，乃四海所同者，不獨正語作詞。夫曹娥義社，天下一家，雖有謎韻，學者反被其誤，半是南方之音，不能施於四方，非一家之義；今之所編，四海同音，何所往而不可也！詩禪得之，字字皆可為法。余曰：「嘗有此恨，切謂言語既正，謎字亦正矣。從葺音韻以來，每與同志包猜，用此為則，平上去本聲則可，但入聲作三聲，如平聲伏與扶、上聲拂與斧、去聲屋與誤字之類，俱同聲則不可，何也？入聲作三聲者，廣其押韻，為作詞而設耳，毋以此為比，當以呼吸言語還有入聲之別，而辨之可也。德卿曰：然。

由上面兩段話，元代中原正音在呼吸言語中，入聲仍然讀一種特殊調子是不容置疑的。第十二條：

漢書東方朔滑稽，滑字讀為骨；金日磾，日字讀為密，諸韻皆不載，亦不敢擅收，況不可押於韻脚，姑錄以辨其字音耳。

第二十四條「略舉釋疑字樣」：

可汗——音克寒　冒頓——音墨特　角里先生——角音鹿　万俟卨——音木奇眉　姑射——下音益　無射——下音益　疆場——下音益　率更——上音律　彳亍——音躑躅、小步也　落魄——下音託　閤閣——上音割，黃閤、東閤之類；下音各，天祿、石渠諸閣之類

凡中古讀成入聲調的字，在此都仍然用一個入聲字標音，決不用其他三聲的字擬音，可以間接證明元代字音中仍有入聲一調。漢語中古入聲字的塞音韻尾，含雙唇阻塞、舌尖阻塞、舌根阻塞三種，元代入聲字韻尾已產生變化，「正語作詞起例」第十四條：

廣韻入聲「緝」至「乏」，中原音韻無合口。

則雙唇塞音韻尾的入聲類型，在當時已不復見。第二十二條：

入聲以平聲次第調之，互有可調之音。且以開口「陌」以「庚」，至「德」以「登」六韻；閉口「緝」以「侵」，至「乏」以「凡」九韻，逐一字調平上去入，必須極力念之，悉如今之搬演南宋戲文唱唸聲腔。考自漢魏無製韻者；按南北朝史，南朝吳晉宋齊梁陳建都金陵，齊史沈約，字休文，吳興人，將平上去入製韻，仕齊，為太子中令，梁武帝時，為尚書僕射。詳約製韻之意，寧忍弱其本朝，而以敵國中原之音為正耶？不取所都之內通言，却以所生吳興之音；蓋其地鄰東南海角，閩浙之音無疑，故有前病。且六朝所都，江淮之間，「緝」至「乏」俱無閉口，獨浙有也。以此論之，止可施於約之鄉里矣。又以史言之約才如此，齊為史職，梁為大臣，孰不行其聲韻也。歷陳、陳亡，流入中原，自隋至宋，國有中原才爵如約者何限，惜無有

以辨約之韻乃閩浙之音，而製中原之韻者。嗚呼！年年依樣畫葫蘆耳。南宋都杭，吳興與切隣，故其戲文如樂昌分鏡等類，唱念呼吸，皆如約韻。……予生當混一之盛時，恥為亡國；搬戲之呼吸以中原為則，而又取四海同音而編之，實天下之公論也。

陌、麥、昔、錫、職、德六韻，中古音的韻尾是舌根塞音；緝、合、盍、葉、帖、洽、狎、業、乏九韻，中古收雙脣鼻音韻尾，從周德清以上大加抨擊的立場看，這十五個韻-K、-P韻尾必定已經改變。因為上文並沒有對中古其他收舌根塞音的入聲韻目提出異議，也沒有對中古收舌尖塞音的入聲韻目作一說明，所以元代入聲字究竟以何種型態出現？尚無法得到確切的解答。不過，「正語作詞起例」第十一條說：

音韻內每空是一音，以易識字為頭，止依頭一字呼吸，更不別立切腳。

而中原音韻「立粒笠曆歷櫪瀝癧靂皪力栗」十二字是「一空」，「逸易譯驛益溢鎰鷁液腋掖疫役一佾泆逆乙邑憶揖射翊翼」等字是「一空」，都包含中古雙脣、舌尖、舌根塞音韻尾的字，所以我們雖然不知道元代中原音的入聲是無塞音韻尾的短調、收喉塞音抑或收舌尖塞音……？但中古三種韻尾到周德清時代的「中原音」已混一，卻是可確定的。

既然證明了元代口語中仍有入聲，中原音韻為什麼要「入派三聲」？派入三聲的規律性如何？都值得重視。首先我們要瞭解「中原音韻」的成書性質，中原音韻正語作詞起例第一條：

音韻不能盡收，廣韻如崆峒之崆、覂駕之覂、倥傯之倥、鵓鴿之鵓字之類，皆不可施於詞之韻腳，毋識其不備。

第十二條：

漢書東方朔滑稽，滑字讀為骨；金日磾，日字讀為密。諸韻皆不載，亦不敢擅收，況不可押於韻腳，姑錄以辨其字音耳。

因為這本書只是為曲詞用韻定音而作，與「音節字典」式的傳統韻書截然不同，收字因此不多，比如第三條：

余與清原曾玄隱言，世之有呼屈原之屈為屈伸之屈字同音，非也，因注其韻。玄隱曰：嘗聞前輩有一對句可正之：投水屈原終是屈，殺人曾子又何曾。明矣！

屈申的屈收在韻書的「魚模」韻，當成姓氏用的屈音却沒有收錄，恐怕就是不作韻腳字的緣故。曲詞韻腳入聲字必「派入三聲」，周德清在韻書前序中說：

夫聲分平仄者，謂無入聲，以入聲派入平上去三聲也。作平者最為緊切，施於句中不可不謹，派入三聲者，廣其韻耳。

正語作詞起例第四、五兩條：

平上去入四聲，音韻無入聲，派入平上去三聲，前輩佳作中間備載明白。

入聲派入平上去三聲者，以廣其押韻，為作詞而設耳。

「作詞十法」第一項「知韻」：

知韻——無入聲，止有平上去三聲。平聲——有陰有陽，入聲作平聲，俱屬陽。上聲——無陽無陰，入聲作上聲亦然。去聲——無陰無陽，入聲作去聲亦然。

以上都是入聲當派入三聲的理論，「作詞十法」第四項「定格」，就實際曲詞入派三聲的用法舉例道：

普天樂——「浙江秋、吳山夜，愁隨潮去，恨與山疊，鴻鴈來、芙蓉謝，冷雨青燈讀書舍，怕離別，又早離別……。」評曰：「……看他用疊字與別字，俱是入聲作平聲，字下得妥貼，可敬。」

喜春來——「閑花醞釀蜂兒蜜，細雨調和燕子泥，綠窗蝶夢覺來遲，誰喚起簾外曉鶯啼。」評曰：「調字、遲字俱屬陽，妙！蜜字去聲好。」

折桂令——「長江浩浩西來，……詩句就、雲山失色，酒杯寬、天地忘懷……。」評曰：「此詞稱賞者衆，妙在色字上聲以起其意。」

馬致遠雙調「秋思」——（原文省略）評曰：「此詞迺東籬馬致遠先生所作也，此方是樂府：不重韻，無襯字，韻險，語俊。諺曰：百中無一。余曰：萬中無一。看他用蝶、穴、傑、別、竭、絕字是入聲作平聲，闕、說、鐵、雪、拙、缺、貼、歇、徹、血、節字是入聲作上聲，滅、月、葉是入聲作去聲，無一字不妥，後輩學去。

以上都是當時口語中的入聲字，凡用在押韻位置，周德清說「入作某聲」，甚至直接說是平聲、上聲、去聲，可見只要是曲詞押韻字爲入聲調，必須派入三聲。至於爲什麼會「轉調」？虞集在序中原音韻時說得明白：

以聲之上下，分韻為平仄，如入聲直促，難諧音調，成韻之入聲悉派三聲，註以黑白，使用韻者隨字陰陽，置韻成文，各有所協，則上下中律而無拘拗之病矣！

周德清自序中也說：

唱得者，有句中用入聲，不能歌者。……入聲於句中不能歌者，不知入聲作平聲也。

入聲字爲配合樂譜節拍，勢必不能保持「短促急收藏」的特性；而延長字音，或許調値會和其他三聲近似或相同。周德清曾再次提出入聲作陽平時必須小心，自序：

聲分平仄者，謂無入聲，以入聲派入平上去三聲也。作平者最為緊切，施之句中，不可不謹。

「作詞十法」入聲作平聲下說：

入聲作平聲——施於句中不可不謹，皆不能正其音。澤國江山入戰圖——第一澤字無害。

「入聲作平聲」的音和原本平聲字音並不完全相同，只是用了「無害」，所以周德清自序提及：

派入三聲者，廣其韻耳，有才者，本韻自足矣。

作詞起例第六條：

入聲派入平上去三聲，如鞞字次本韻後（註三），使黑白分明，以別本聲外來，庶使學者、有才者，本韻自足矣。

並不主張韻脚字多用口語中的入聲字。明代王驥德方諸館曲律「論平仄」中說：

> 大抵詞曲之有入聲，正如藥中甘草，一遇缺乏，或平上去三聲字面不妥，無可奈何之際，得一入聲，便可通融打諢過去，是故可作平、可作上、可作去。……韻脚不宜多用入聲代平上去字。

似乎更能說出入派三聲的實質意義。

北曲「入派三聲」是有定法的，中古全濁聲母字派入平聲陽，次濁聲母字和「影」母字派入去聲，清聲母字派入上聲，極少例外（註四），並且與所有現代入派三聲的方言不合。因爲中原音韻的聲母系統已經可以察覺「濁音清化」的現象，如「帝弟」同音，中古分屬「端定」兩母，「背倍」同音，中古分屬「幫並」兩母，「逸益鷁」同音，中古分屬「喩影疑」母……，所以入聲字有規律的分派，唯一只能解釋作：當時入聲字因中古聲母清濁而產生不同的調值，在濁音清化後，如平聲分陰陽般，仍然保存了三種不同的調型，因爲入聲短促，配合音樂節拍延長其音時，原來不同調型變得極爲顯著，類似平聲陽的高調入聲字就派入平聲陽，近於上去聲的就派入上去聲。

上文對中原音韻內部問題的釐清，讓我們瞭解當時中原入聲字含「清入」、「全濁入」、「次濁入」三種音高，並且現代方言裡同一調類「全濁」「次濁」聲母不具兩種調値的現象（註五），在古代未必如此，因爲中原音韻「全濁」「次濁」入聲字調値仍然有異，這對瞭解中古「十六聲」是具重大意義的。

## 五

明清二代顧曲家喜歡引用「清濁」「輕重」「陰陽」等相對詞彙形容字音，這些資料對瞭解古代字調具參考價值，以下就收錄一些較富啓示性的論說。

王驥德著「曲律」，「論陰陽」一段說：

古之論曲者曰：聲分平仄，字別陰陽。……周氏以清者為陰，濁者為陽，故於北曲中凡揭起字，皆曰陽，抑下字，皆曰陰；而南曲正爾相反。南曲凡清聲字，皆揭而起，凡濁聲字，皆抑而下。今借其所謂陰陽二字而言，……倘宜揭也而或用陰字，則聲必欺字，宜抑也而或用陽字，則字必欺聲；陰陽一欺，則調必不和，欲詘調以就字，則聲非其聲，欲易字就調，則字非其字矣。……周氏以為：陰陽字惟平聲有之，上去俱無。夫東之為陰，而上則為董，去則為凍，籠之為陽，而上則為隴，去則為弄，清濁甚別。又以為入作平聲皆陽；夫平之陽字，欲揭起甚難，而用一入聲，反圓美而好聽者何也？以入之有陰也。

用「揭起」「抑下」形容平聲清濁字，明明指調值高低的分別，那麼「四聲」各有清濁，自然就含有八種調值了。沈寵綏著「度曲須知」，「四聲批窾」中說：

昔詞隱先生曰：「凡曲去聲當高唱，上聲當低唱，平入聲又當酌其高低，不可令混。」其說良然。然去聲高唱，此在翠字、再字、世字等類，其聲屬陰者，則可耳；若去聲陽字，如被字、淚字、動字等類，初出不嫌稍平，轉腔乃始高唱，則平出去收，字方圓穩；不然，出口便高揭，將被涉貝音，動涉凍音，陽去幾訛陰去矣。……又陰平字面，必須直唱，若字端低出而轉聲唱高，便肖陽平字面。

陰平陽平、陰去陽去不同吐收字音，也顯出音高的差異。「陰出陽收考」中說：

中原字面有雖列陽類，實陽中帶陰，如絃、迴、黃、胡等字，皆陰出陽收，非如言、圍、王、吳等字之為純陽字面，而陽出陽收者也。蓋絃為奚堅切，迴為胡歸切，上邊胡字，出口帶三分呼音，而轉聲仍收七分吳音，故呼不成呼，吳不成吳，適肖其為胡字；奚字出口帶三分希音，轉聲仍收七分移音，故希不成希，移不成移，亦適成其為奚字。夫切音之胡、奚，業與吳、移之純陽者異其出口，則字音之絃、迴，自與言、圍之純陽者，殊其唱法矣。故反切之上邊一字，凡遇奚、扶、以及唐、徒、桃、長等類，總皆字頭則陰，腹尾則陽，而口氣撇嚘者也。

中原音韻列入「平聲陽」的字，中古聲母多爲「全濁」的並、奉、定、澄、從、牀、邪、禪、匣以及「次濁」的明、微、泥、娘、疑、喻、來、日諸類字；上文引述絃、迴、黃、胡等字，以及奚、扶、唐、徒、桃、長等類「陰出陽收」、「陽中帶陰」的字，分屬中古奉、定、澄、匣四個「全濁」字母；而言、圍、王、吳等字，則分屬中古疑、喻「次濁」的字母。平聲陰、陽字的唱唸在調值上有高、低的不同，在此不正强烈顯示出平聲字「全濁」和「次濁」字在調值上也有差異！不僅如此，沈氏又把口頭常見「陰出陽收」的字，一一列舉，並標示反切。今將每一音的第一字照錄於下，並注明所屬中古字母：鞋、絃、霞、下、行、杏、咸、轞、嫌、閑、玄（以上「匣」母），雄（「匣」母）

(註六)，巷（「匣」母），懈（「匣」母）(註七)，縣、效、限、學、狎、奚（以上「匣」母），同、藤、唐、臺、桃、頭、潭、團、甜、檀、洞、徒、田、迤、唐（以上「定」母），回、紅、黃、懷、華、還、莞、晃、會、混、鵠、胡、魂、和、桓、戶、壞、換、患、禍（以上「匣」母），房、馮、肥、焚、煩、扶、飯、復（以上「奉」母），杭、憾、含、寒、痕、豪、孩、侯、旱、恨、何、號、害、賀、后、盒（以上「匣」母），迢、停、題（以上「定」母），長、陳（以上「澄」母），孱（「床」母），呈、蟲（以上「澄」母），垂（「禪」母），宅、塵、朝、橙（以上「澄」母），傳（「床」母），蟾（「禪」母），沈、着、除（以上「澄」母），窮、求、競、乾、喬、勤、傑、擎、琴、鈐（以上「群」母），叢、藏（以上「從」母），囚（「邪」母），才、樵、摧、咋、慈、秦、墻、匠、情、前、齊（以上「從」母），琵、蒲、婆、旁、蓬、裴、盤、頻、平、琵（以上「並」母），強、葵、拳、郡、群、瘸、狂、渠（以上「群」母），存、誚、就、慙、殂、曹、殘、攢、曾（以上「從」母），鋤、孱（以上「牀」母），茶（「澄」母），愁、岑、讒、巢（以上「牀」母），紬、陣、鄭、軸、池（以上「澄」母），其（「群」母），術、實、蛇、繩、神（以上「床」母），時、受、誰（以上「禪」母），全（「從」母）。所有音首字，包含平、去、入三聲的字，都屬於中古九個「全濁」聲母，甚至其他非音首字，沒有一個屬明、微、泥、娘、疑、喻、來、日八母的「次濁」字，這不正顯示明代末葉江蘇吳江曲律大家沈寵綏能夠辨析全濁和次濁平、全濁去和次濁去、全濁入和次濁入聲調值是有分別的！更有甚者，中原音韻「杏幸倖脛興行」六字同音，除去「興」是

「次清」的「曉」母外，其他五字都是「全濁」的「匣」母字，沈氏彙集「陰出陽收」字曾說：

今除口生字眼，間有不錄外，餘並列左用備稽覽焉。

在此却獨收五個「匣」母字，而「遺錄」了「與」這一「次清」「曉母」常用字。同樣地，中原音韻「獻現憲縣」同音，沈書只收錄了「縣現」兩個「匣」母字，屬於「曉」母的「獻憲」遭到刪除；中原音韻「孝効傚校」同音，沈書收錄了「效効校」三個「匣」母字，刪除了常見的「曉」母「孝」字；中原音韻「洞動棟凍蝀」同音，沈書收錄了「洞慟動」三個「定」母字，刪除了「棟凍蝀」三個「全清」端母字；中原音韻「飯販畈範泛范犯」同音，沈書收錄了「飯範梵犯」四個「奉」母和一個「非」母的「販」字(註八)，刪除了「畈泛」二個清聲母字；中原音韻「敬徑俓經鏡獍竟競勁更」同音，沈書只收錄了一個「群」母「競」字，其他九個「見」母字則一併不錄；中原音韻「葬藏」同音，沈書只收錄「從」母的「藏」，而刪去了「精」母的「葬」字；中原音韻「俏峭誚」同音，沈書刪去「清」母的「俏峭」，只收錄「從」母的「誚」字，中原音韻「正政鄭證」同音，沈書刪去「照」母的「正政證」，只收錄「澄」母的「鄭」字；中原音韻「受授綬壽獸首售狩」同音，沈書刪去「審」母的「獸首狩」三字，只收錄了五個「禪」母字「受授綬售壽」……，在在顯示「全濁」去聲字和「全清」、「次清」去聲字調值的不同。

由以上沈寵綏的幾段論說，可以推知沈氏至少能分析出清平、次濁平、全濁平、清上、次濁上、清去、次濁去、全濁去、清入、次濁入、全濁入十一種調值，至於「全濁上聲」字，從「陰出陽收」

字組內去聲匣母「憾」字和上聲匣母「撼頷」字同音，可知已經讀同「全濁去聲」字了。

清代吳江人徐大椿作樂府傳聲，「四聲各有陰陽」條下說：

> 字之分陰陽，從古知之。宋人填詞極重，只散見於諸家論說，而無全書。惟中原音韻，將每韻分出，最為詳盡；但只平聲有陰陽，而餘三聲皆不分陰陽，不知以三聲本無分乎？仰難分乎？抑可以不分乎？或又以為去入有陰陽，而上聲獨無陰陽，此更悖理之極者。蓋四聲之陰陽，皆從平聲起，平聲一出，則四呼皆來，一貫到底，不容勉強，亦不可移易，豈有平聲有陰陽，而三聲無陰陽者，亦豈有平去入有陰陽，而上聲獨無陰陽者。此等皆極荒唐之說，後人竟不深求，不得不急為拈出，使天下後世作曲與唱曲之人，確然有所執持，而審音不惑。如宗字為陰，宗、總、縱、足，皆陰也；戎字為陽，戎、冗、誦、族，皆陽也。上八字豈可刪去一字，亦豈可互易一字，亦豈可宗戎有陰陽，而下六字無陰陽，更豈可縱足與誦族有陰陽，而總與冗無陰陽？此有耳者之所共察，不必明於度曲者而後知之也。余常欲以中原音韻四聲之陰陽，每字皆為分定，以息千古紛紛之說，尚未遑而有待。但作曲者能別平聲之陰陽，已屬難事，若併三聲而分之，則尤艱於措筆，不必字字苛求，然不可以作曲之難而併字之陰陽亦泯之也。

陰字、陽字若僅僅是聲值清濁不同，不影響調型，那麼與作曲詞者以字配合樂譜無關，就不必「確然有所執持，而審音不惑」了。因爲中原音韻平聲區分陰陽確在調値上有高低的不同，所以上文很清楚的分別了四聲各有陰陽的八種不同音調。

清代王德暉徐沅澂合著「顧誤錄」，第一章「四聲紀略」中說：

昔詞隱先生論曲，謂去聲當高唱，上聲當低唱，平聲當酌其高低，不可令混。其說良然。凡唱平聲，第一須辨陰陽，陰平必須平唱、直唱，若字端低出而轉聲唱高，便肖陽平字面矣。陽平由低而轉高，陰出陽收，字面方准；所謂平有提音者是也。……去聲宜高唱，尤須辨陰陽。如翠、再、世、殿、到等字，屬陰聲者，則宜高出，其發音清越之處，有似陰平，而出口卽歸去聲，方是陰腔。如被、敗、地、動、義等字，屬陽聲者，其音重濁下抑，直送不返，取其一去不回，是以名去。然初出口不妨稍平，轉腔乃始高唱，則平出去收，字面方能圓穩；所謂去有送音者是也。若出口便高揭，必將被涉貝音，敗涉拜音，地涉帝音，動涉凍音，義涉意音，陽去幾訛陰去矣。

將陰平、陽平與陰去、陽去字不同的唱法詳加描述，也顯示出彼此音調的差異。第十八章「度曲十病」末條論「陰陽」中說：

四聲皆有陰陽，惟平聲陰陽，人多辨之。上聲陰陽，判之甚微，全在字母別之，曲家多未議及。入聲陰陽，中州全韻分之甚細，可以逐類旁通。至於去聲陰陽，最為要緊，輕清為陰，重濁為陽，如凍、洞、壯、狀、意、義、帝、地、到、道之類，不可不審。

作者認爲四聲都分陰陽，但是在其口語中對上入二聲陰陽調的差異，恐怕已不能細分，所以並不十分强調。第三十三章「毛先舒陰陽略」中說：

四聲俱有陰陽，惟上聲不講可以無礙，其餘三聲，俱當細細體認，使之判然有別，方不致拗喉棘耳。其法每部以四字為准，諧聲尋理，逐類可通。

陰平聲——冲、該、箋、腰。　陽平聲——蓬、陪、全、潮。　陰去聲——貢、介、霰、釣。

陽去聲——鳳、賣、電、廟。　陰入聲——穀、七、妾、鴨。　陽入聲——孰、亦、熱、蠟。

毛氏對平、去、入聲的陰陽辨析甚是仔細，對上聲則較爲疏略，但基本上仍應是主張「四聲八調」的。

## 六

最近葉祥苓氏發表了「吳江方言聲調再調查」一篇短文，首先就現代學者研究吳江方言聲調的歷史及發現作了介紹：

一九二七年，趙元任氏調查江蘇、浙江兩省的吳語。「現代吳語的研究」所記錄的吳方言的聲調，一般是七個或八個，而聲調最多的要數吳江縣，調查點黎里和盛澤各有十個聲調，聲調總數相同，但在調類的歸併上稍有參差。黎里比盛澤多一個次陰入，盛澤比黎里多一個次陰上。一九五七年我整理吳江方言的材料，發現吳江縣城（即松陵鎮）也是十個聲調。見拙作「吳江方言的聲調」，後來又發現老年人還能區分次陰上和次陰去，如：丑不等於臭，彩不等於菜。這樣松陵鎮的聲調應該增加到十一個。見拙作「類音五十母考釋」，一九六二年左右，我又初步了解到松陵鎮南邊的平望鎮的陰平以不送氣、送氣為條件，調值有高低之分。

作者於是再實地調查吳江縣所屬七個鎮的方言，所得到各地聲調的情形如下表：

| 古調類 | 古清濁 | 例字 | 今調類 | 今調值 松陵 | 同里 | 平望 | 黎里 | 蘆墟 | 盛澤 | 震澤 |
|---|---|---|---|---|---|---|---|---|---|---|
| 平 | 全清 | 剛知丁邊三安 | 全陰平 | 55 | 55 | 55 | 55 | 55 | 55 | 55 |
| | 次清 | 開超初粗天偏 | 次陰平 | 33 | 33 | 33 | | 33 | | 33 |
| | 濁 | 陳窮唐寒人雲 | 陽平 | 13 | 13 | 24 | 24 | 13 | 24 | 13 |
| 上 | 全清 | 古走短比死好 | 全陰上 | 51 | 51 | 51 | 51 | 51 | 51 | 51 |
| | 次清 | 口丑楚草體普 | 次陰上 | 42 | 42 | 34 | 34 | 併入次陰去 | 34 | |
| | 濁 | 近是淡厚老染 | 陽上 | 31 | 31 | 23 | 21 | 併入陽去 | 23 | 31 |
| 去 | 全清 | 蓋醉對愛漢送 | 全陰去 | 412 | 412 | 513 | 412 | 412 | 513 | 412 |
| | 次清 | 寇臭菜怕退氣 | 次陰去 | 312 | 312 | 313 | 313 | 312 | 313 | 312 |
| | 濁 | 共大備樹飯帽 | 陽去 | 212 | 212 | 213 | 213 | 212 | 212 | 212 |
| | 全清 | 各竹百說發削 | 全陰入 | 5 | 5 | 5 | 5 | 5 | 5 | 5 |

| | | | | | | | | | | |
|---|---|---|---|---|---|---|---|---|---|---|
| 入 | 次清 | 四尺切鐵拍曲 | 次陰入 | 3 | 3 | 3 | 3 | 3 | | 3 |
| | 濁 | 局讀白服岳六 | 陽入 | 2 | 2 | 2 | 2 | 2 | 2 | 2 |
| 今音聲調總數 | | | | 12 | 12 | 12 | 11 | 10 | 10 | 11 |

所有城鎮「全清」與「次清」聲母都可出現不同的音高，並且「清」「濁」異調；所以現代方言常見到的「四聲八調」，在吳江縣的松陵、同里、平望三地，竟有「四聲十二調」！

## 結語

六朝人從語言裡發現了「音調」，就立下「四聲」一詞，而早在詩經中已知道依「四聲」押韻；現代學者從事方言調查，發現各地「音調」的數目從三聲、四聲一直可多到十二聲，雖然由歸納獲知音調數和中古音聲母的清、濁相關，却沒有重視切韻詩裡古人能分出「十六聲」的事。本文蒐集了一些相關資料，說明聲母的清、濁，足以影響音高而區別出陰、陽調，更找出中古「四聲」同一調類「全清」與「次清」、「全濁」與「次濁」聲母屬字音高不同的證據，除了希望能瞭解「十六聲」一詞的指意，更希望能爲中古漢語曾擁有「四聲十六調」的理論奠定下基石。

## 【註　釋】

註一　中晚唐李涪刊誤「切韻」一條：「吳音乖舛，不亦甚乎！上聲爲去，去聲爲上。……恨怨之恨，則在去聲；很戾之很，則在上聲。又言辯之辯，則在上聲；冠弁之弁，則在去聲。又舅甥之舅，則在上聲；故舊之舊，則在去聲。又皓白之皓，則在上聲；號令之號則在去聲。又以恐字、苦字俱去聲。今士君子於上聲呼恨，去聲呼恐，得不爲有知之所笑乎！」可知切韻中的全濁上聲字在李涪時代非吳音地區，已有讀宼、全濁去聲字同音的了。

註二　「上聲去音字」下：「古人制韻，間取去聲字參入上聲者，正欲使清濁有所辨耳。」並不合制韻者當時語音的實情。

註三　「韡」字中原音韻失收，今依李殿魁先生校訂本補。

註四　齊微韻「逼」字，廣韻「彼側切」，全清幫母字，中原音韻收在「入聲作平聲陽」；魚模韻「兀」字，廣韻「五忽切」，次濁疑母字，中原音韻收在「入聲作上聲」；……是例外。

註五　全濁上變讀去聲的字及入派三聲的字除外。

註六　雄，廣韻羽弓切，喻母；集韻胡弓切，匣母。今依集韻。

註七　懈，廣韻古隘切，見母；康熙字典以爲「俗讀匣母，非。」今從俗讀。

註八　現代方言有陰去和陽去調兩種讀法。

# 從說苑看劉向的思想

左松超

說苑爲劉向所編撰。

劉向字子政（註一），本名更生。漢高祖同父少弟楚元王交四世孫。交生富，富生辟彊，辟彊生德，德生向。宣帝時初立穀梁春秋，徵向受穀梁，講論五經於石渠。復拜爲郎中給事黃門，遷散騎諫大夫給事中。

元帝初卽位，向與太傅蕭望之、少傅周堪、侍中金敞同輔政，以宦官弘恭、石顯弄權，蕭望之自殺，向坐免爲庶人，遂廢十餘年。

成帝卽位，顯等伏辜，向乃復進用，召拜爲中郎，使領護三輔都水。數奏封事，遷光祿大夫。是時，帝元舅陽平侯王鳳爲大將軍秉政，倚太后，專國權，兄弟七人皆封爲列侯。時數有大異，向以爲外戚貴盛，鳳兄弟用事之咎。而上方精於詩書，觀古文，詔向領校中五經秘書。向見尚書洪範，箕子爲武王陳五行陰陽休咎之應。向乃集合上古以來歷春秋六國至秦漢符瑞災異之記，推迹行事，連傳禍福，著其占驗，比類相從，各有條目，凡十一篇，號曰洪範五行傳論，奏之。天子心知向忠精，故爲鳳兄弟起此論也，然終不能奪王氏權。

向睹俗彌奢淫，而趙、衞之屬起微賤，踰禮制。向以爲王教由內及外，自近者始。故採取詩書所載賢妃貞婦，興國顯家可法則，及孽嬖亂亡者，序次爲列女傳，凡八篇，以戒天子。及采傳記行事，著新序、說苑凡五十篇奏之。數上疏言得失，陳法戒。書數十上，以助觀覽，補遺闕。上雖不能盡用，然內嘉其言，常嗟歎之。

向爲人簡易，無威儀，廉靖樂道，不交接世俗，專積思於經術，晝誦書傳，夜觀星宿，或不寐達旦。常顯訟宗室，譏刺王氏及在位大臣，其言多痛切，發於至誠。上數欲用向爲九卿，輒不爲王氏居位者及丞相御史所持，故終不遷。居列大夫官前後三十餘年，年七十二卒。卒後十三歲而王氏代漢。

謂說苑爲劉向所編撰者，蓋說苑之內容，固有小部分應爲劉向所自作；但大部分爲「采傳記行事」，本屬固有。劉向所做工作，主要爲編輯；但劉向之於說苑，又不同於一般編輯，他實在是藉着編輯古代歷史故事及賢聖教訓來表達其思想及對於當世之批評諍諫，不僅編輯而已，故謂之編撰。漢元帝永光四年，張猛被誣自殺，「更生傷之，乃著疾讒、擿要、救危及世頌凡八篇。依興古事，悼己及同類也」（漢書劉向傳）。「依興古事」及新序說苑之「采傳記行事」乃劉向著書之體例，淵源自戰國中期以後，受孔子作春秋之影響而產生之另一種表達思想之方式。（註二）

漢書劉向傳載向幼時誦讀淮南枕中鴻寶苑秘書，書中所載爲神仙使鬼物爲金之術，及鄒衍重道延命方，是劉向曾習陰陽家之學。成帝時，外戚擅權用事，向上洪範五行傳論以諷諫，其書集合上古以來歷春秋六國至秦漢符瑞災異之記而成。其他向所奏諸封事，亦常以符瑞災異爲說，而因果報應之說，說苑亦所載多有。凡此，俱可見陰陽之說對於劉向之影響。錢穆先生曾曰：「彼其時言黃老如淮南，言儒如江都，習申商如長沙，何莫有陰陽之色彩者，是誠西漢之特徵，則治國學者不可不曉者。」(註三)劉向亦可爲一例。同時，西漢文、景之後，黃老之學盛行，傳載向父德「修黃老術，有智略」，「常持老子知足之計」，「妻死，大將軍光欲以女妻之，德不敢取，畏盛滿也」。「家產過百萬，則以振昆弟賓客食飲，曰：『富，民之怨也。』」向生於此種背景之下，其思想自不免雜入一些道家成分。雖然如此，劉向之思想基本上是儒家的。劉向在經學上世傳詩學，又曾修習穀梁，可知儒學乃劉向之家學。其儒家思想，在說苑中是表現得很清楚的。漢初天下初定，民生凋敝，財用匱乏，道家與民休養生息之說，應運而生；文景之世，盛行黃老之學；武帝推崇儒術，其實儒法並重，政治實際運作上，法又超過儒，所以宣帝有「漢家自有制度，本以覇王道雜之」之說。在這樣情況下，儒有時不免爲人所輕。下面一段文字，卽劉向針對這種情形爲儒者所提之辯護。

今夫辟地殖穀以養生送死，銳金石雜草藥以攻疾苦，知構室屋以避暑雨，累臺榭以避潤濕，入知親其親，出知尊其君，內有男女之別，外有朋友之際，此聖人之德教。儒者受之傳之，以教誨於後世。今夫晚世之惡人，反非儒者曰：何以儒爲？如此人者，是非本也。譬猶食穀衣絲，而非耕織者也；載於船車，服而安之，而非工匠者也；食於釜甑，須以生活，而非陶冶者也。此言違於情，而行矇於心者也。如此人者，骨肉不親也，秀士不友也。此三代之棄民也，人君

之所不赦也。（建本）

重儒則必然尊孔，孔子在劉向心目中具有特別地位。孔子周流應聘，不避恥患，其目的蓋在行道濟民。

孔子生於亂世，莫之能容也。故言行於君，澤加於民，然後仕；言不行於君，澤不加於民，則處。孔子懷天覆之心，挾仁聖之德，憫時俗之汙泥，傷紀綱之廢壞，服重歷遠，周流應聘，乃俟幸施道以子百姓；而當世諸侯莫能任用，是以德積而不肆，大道屈而不伸，海內不蒙其化，羣生不被其恩。故喟然歎曰：「而有用我者，則吾其為東周乎！」故孔子行說，非欲私身運德於一城，將欲舒之於天下，而建之於羣生者耳。（至公）

大道屈而不伸，羣生不被其化，是以孔子作春秋，明素王之道，以示後人。以下資料，劉向說明了孔子作春秋之意義。

仁人之德教也，誠惻隱於中，悃愊於內，不能已於其心，故其治天下也如救溺人。見天下強凌弱，衆暴寡，幼孤羸露，死傷係虜，不忍其然。是以孔子歷七十二君，冀道之一行而得施其德，使民生於全育，烝庶安土，萬物熙熙，各樂其終。卒不遇，故睹麟而泣，哀道不行，德澤不洽，於是退作春秋，明素王之道，以示後人。思施其惠，未嘗輟忘。是以百王尊之，志士法焉，誦其文章，傳今不絕，德及之也。（貴德）

夫子行說七十諸侯無定處，意欲使天下之民各得其所，而道不行。退而脩春秋，采毫毛之善，貶纖介之惡，人事浹，王道備。精和聖制，上通於天而麟至，此天之知夫子也。於是喟然而歎曰：天以至明為不可蔽乎？日何為而食？地以至安為不可危乎？地何為而動？天地尚有動蔽，是故賢聖說於世而不得行其道，故災異並作也。夫子曰：「不怨天，不尤人，下學而上達，知我者其天乎。」（至公）

以上三段文字，並不見於他書記載，尤有參考價值。說苑中稱頌孔子，善用比喻。善說篇載子貢形容孔子偉大，分別使用三個不同比喻。回答太宰嚭，謂孔子猶大山林，百姓各足其材焉。答趙簡子，謂孔子猶江海也，己何足以知之？答齊景公說，今謂天高，人皆知之；高幾何，皆曰不知。孔子之賢如天高，是以知仲尼之賢而不知其奚若。貴德篇載子游批評季康子以子產比孔子曰：「譬子產之與夫子，其猶浸水之與天雨乎！」下面是曾子贊頌孔子：

曾子曰：吾聞夫子之三言未之能行也。夫子見人之一善而忘其百非，是夫子之易事也；夫子見人有善，若己有之，是夫子之不爭也；聞善必躬親行之，然後道之，是夫子之能勞也。夫子之能勞也，夫子之不爭也，夫子之易事也，吾學夫子之三言而未能行。（雜言）

學爲儒家所特重，說苑中亦多此意。蓋人幼必愚，非以學愈愚不可。故人之幼稚童蒙之時，非求師正本無以立身。學所以益才也，學所以長德也，學所以反情治性盡才者也。人才雖高，不務學問，不能成聖。建本篇自「成人有德，小子有造，大學之教也」以下十四章，皆論爲學之重要。且習焉而能行之，爲學之最終目的，故「君子博學患其不習，既習之患其不能行之。」（談叢）

子貢問子石：「子不學詩乎？」子石曰：「吾暇乎哉？父母求吾孝，兄弟求吾悌，朋友求吾信。吾暇乎哉？」子貢曰：「請投吾詩，以學於子。」（反質）

公明宣學於曾子，三年不讀書。曾子曰：「宣，而居參之門，三年不學，何也？」公明宣曰：「安敢不學？宣見夫子居宮庭，親在，叱吒之聲未嘗至於犬馬，宣說之學而未能；宣見夫子之應賓客，恭儉而不懈惰，宣說之學而未能；宣見夫子之居朝廷，嚴臨下而不毀傷，宣說之學而未能。宣說此三者，學而未能。宣安敢不學而居夫子之門乎！」曾子避席謝之曰：「參不及，宣其學而已。」

論語子夏曰：「賢賢易色，事父母能竭其力，事君能致其身，與朋友交言而有信，雖曰未學，吾必謂之學矣。」德行能於行爲中表現出來，實已達學之目的，故不重記問之學。

他如孝親、修身，均儒家所重視者，說苑中亦多有此類資料。賢子事親，以順爲要，所謂「發言陳辭，應對不悖乎耳；趣走進退，容貌不悖乎目；卑體賤身不悖乎心（身下疑脫二字）」。且「天之所生，地之所養，莫貴乎人。人之道莫大乎父子之親，君臣之義」。把「君臣」與「父子」連貫起來，賢臣之事君，當如賢子之事父，所謂「以主爲父，以國爲家，以士人爲兄弟」也。（註四）修身方面，提出「愼五本」，五本是「一曰柔以仁，二曰誠以信，三曰富而貴毋敢以驕人，四曰恭以敬，五曰寬以靜。」五者之中，又以「恭敬」最爲重要。（註五）

以上所言重儒、尊孔、重學、孝親、修身，皆可表現劉向基本上之儒家思想。說苑一書實以論政爲主，在政治問題上，更可看出劉向之儒家立場，其對於政治之若干看法、主張，實不出儒家傳統範圍。成帝時，政由王氏出，災異浸甚。向以己爲宗室遺老，蒙漢厚恩，己而不言，孰當言者，遂上封事極諫。又每召見，數言公族者國之枝葉，枝葉落則本根無所庇廕。（註六）於此可見劉向以宗親身分，十分關切劉氏政權之存亡，自覺有較他人更多之責任。惟超越此一層現實利害，其政治理想却爲儒家「天下爲公」之一脈相承，因此說苑特有至公一篇。至公篇首章引孔子曰「巍巍乎惟天爲大，惟堯則之」及易「無首吉」以美堯之「人君之公」。蓋堯「貴爲天子，富有天下，得舜而傳之，不私於其子孫也」。天下爲公，天命不專主一人，得民者昌，失民者亡。虐民之君，身死國亡，咎由自取。

夫天之生人也，蓋非以為君也；天之立君也，蓋非以為位也。夫為人君行其私欲，而不顧其人，是不承天意，忘其位之所以宜事也。如此者，春秋不予能君而夷狄之。（君道）

齊人弒其君，魯襄公援戈而起曰：「孰臣而敢殺其君乎！」師懼曰：「夫齊君治之不能，任之不肖，縱一人之欲，以虐萬夫之性，非所以立君也。其身死，自取之也。今君不愛萬夫之命，而傷一人之死，奚其過也。其臣已無道矣，其君亦不足惜也。」（君道）

故向於上成帝疏中感歎言曰：「世之長短，以德爲效，故常戰栗，不敢諱亡。」（註七）君與民之關係原屬相對，民之爲親爲讎，端視君之作爲而定。政理篇曰：

子貢問治民於孔子。孔子曰：「懍懍焉如以腐索御奔馬。」子貢曰：「何其畏也？」孔子曰：「夫通達之國皆人也。以道導之，則吾畜也；不以道導之，則吾讎也。若何而毋畏？」

> 成王問政於尹逸曰：「吾何德之行而民親其上？」對曰：「使之以時而敬順之，忠而愛之，布令信而不食言。」王曰：「其度安至？」對曰：「如臨深淵，如履薄冰。」王曰：「懼哉！」對曰：「天地之間，四海之內，善之則畜也，不善則讎也。夏殷之臣反讎桀紂而臣湯武，夙沙之民自攻其主而歸神農氏，此君之所明知也。若何其無懼也。」

所謂天命，實爲民意，故「君人者以百姓爲天，百姓與之則安，輔之則彊，非之則危，背之則亡。」（建本篇「齊桓公問管仲曰王者何貴」章）

由於劉向對西漢政權之能否維持十分關心，又體認到君臣相對之關係，因此主張對人民行仁愛之政。君道篇載河間獻王之言曰：

> 堯存心於天下，加志於窮民，痛萬姓之罹罪，憂衆生之不遂也。有一民饑，則曰此我饑之也；有一人寒，則曰此我寒之也；一民有罪，則曰此我陷之也。仁昭而義立，德博而化廣，故不賞而民勸，不罰而民治，先恕而後教，是堯道也。

貴德篇「聖人之於天下百姓也，其猶赤子乎」，「仁人之德教也，誠惻隱於中，悃愊於內，不能已於其心，故其治天下也，如救溺人」，晏子對景公曰「吾君仁愛禽獸之加焉，而況於人乎，此聖王之道也」。視民如赤子，治天下如救溺人，皆仁愛之政；而仁愛之政，聖王之道也。

行仁愛之政之具體表現卽爲省刑罰，薄賦歛。政理篇「季孫問於孔子曰如殺無道以就有道如何」章，孔子以爲「治國有二機，刑德是也，王者尚其德而希其刑」，「德者養善而進闕者也，刑者懲惡而禁後者也」。德化導之於先，刑罰禁之於後，刑罰所以濟教化之不足。故政理篇又曰：

政有三品，王者之政化之，霸者之政威之，彊者之政脅之。夫此三者各有所施，而化之為貴矣。夫化之不變，而後威之，威之不變而後脅之，脅之不變而後刑之。夫至於刑者，則非王者之所貴也。是以聖王先德教而後刑罰。

刑罰不能解決根本問題，而且法令愈嚴苛，人民處處可能觸犯法網，反而產生民不畏法之情況，愈引致混亂。故政理篇曰：

水濁則魚困，令苛則民亂……故夫治國譬若張琴，大絃急則小絃絕矣。

劉向在政治上之若干主張，非但表明其儒家立場，實亦反映其時之政治現實，說苑中許多歷史故事武賢聖教訓記載，即表達出他對於身處之現實政治之關注、諍諫、建議和期望。據漢書刑法志記載，及帝時「禁罔寖密，律令凡三百五十九章，大辟四百九條，千八百八十二事，死罪決事比萬三千四百七十二事，文書盈於九閣，典者不能徧睹。」至成帝時，「大辟之刑千有餘條，律令煩多，百有餘萬言，奇請它比，日以益滋，自明習者不知所由，欲以曉喻衆庶，不亦難乎！」情況更為嚴重，「令苛則民亂」云云，正反映此種事實。

政理篇「武王問於太公曰治國之道若何」章，太公以為重賦斂於民，即是奪民之財，非治國之道也。愛民之政，應當是「與之勿奪」。為政者如果重賦於民，聚斂錢財，必將招致民怨。反質篇「魏文侯御廩災」章，載魏文侯御廩火災，羣臣皆弔，公子成父不但不弔反而入賀，文侯不悅，公子成父解釋說：

天子藏於四海之內，諸侯藏於境內，大夫藏於其家，士庶人藏於篋櫝。非其所藏者，不有天災，必有人患，今幸無人患，乃有天災，不亦善乎！

大凡統治階層奢侈淫佚，享樂無度，必然向人民需索搾取，厚斂暴徵，供一已享用。故欲減輕人民賦稅負擔，統治階層必須儉約。說苑反質篇，卽為「針對漢代自武帝時代起，朝廷社會的奢侈浮虛的風習以為言」。（註八）篇中有「楊王孫病且死」一章，載楊王孫欲死後倮葬，其友不可。王孫曰：

吾將以矯世也。夫厚葬誠無益於死者，而世競以相高，靡財殫幣而腐之於地下，或乃今日入而明日出，此真與暴骸於中野何異？……其尸塊然獨處，豈有知哉？厚裹之以幣帛，多送之以財貨，以奪生者財用。古聖人緣人情不忍其親，故為之制禮，今則越之，吾是以欲倮葬以矯之也。

漢成帝時，營起昌陵，數年不成，復還歸延陵，制度泰奢。向上疏諫，極言厚葬之非。（註九）楊王孫為武帝時人，說苑中錄此漢代故事，表現了一致觀點。

徐復觀先生說：「尊賢乃儒家不同於道家、法家的大傳統。說苑卷八尊賢篇，是特為發揮此一大傳統的。」（註一〇）「人君之欲平治天下而垂榮名者，必尊賢而下士。」「朝無賢人，猶鴻鵠之無羽翼也。」（註一一）「國無賢佐俊士而能以成功立名安危繼絕者，未嘗有也。故國不務大而務得民心，佐不務多而務得賢俊。」（註一二）「故無常安之國，無恒治之民，得賢者則安昌，失之者則危亡，自古及今，未有不然者也。」（註一三）以上並見尊賢篇，反覆申明國必須賢俊之士輔佐，方得以平治安昌，「故明君在上，愼於擇士，務於求賢。」（註一四）而求賢之先決條件，要國君眞能好賢，又能出之以謙虛下士之態度，方可以召致賢士。

趙簡子游於河而樂之，歎曰：「安得賢士而與處焉？」舟人古乘跪而對曰：「夫珠玉無足，去此數千里而所以能來者，人好之也。今士有足而不來者，此是吾君不好之乎？」（尊賢）

周公旦白屋之士所下者七十人，而天下之士皆至，……雖有賢者，而無以接之，賢者奚由盡忠哉！（尊賢）

一個君主如果尊賢，却不信用他，賢人在實際政治上不能發揮良好作用，不過徒具好賢之虛名，卽太公所謂「舉賢而不用，是有舉賢之名，而不得眞賢之實也」。（註一五）范中行氏尊賢而不能用，賤不肖而不能去，孔子以爲雖欲無亡，不可得也。（註一六）尊賢篇「春秋之時天子微弱」章及「禹以夏王，桀以夏亡」章，列舉歷史許多用賢而昌强，不用賢則敗亡的實例。

國君旣當用賢，則如何辨識臣之是否爲賢非常重要。如果「以非賢爲賢，以非善爲善，以非忠爲忠，以非信爲信」，不但是「有舉賢之名，而不得眞賢之實」，甚至「舉賢而以危亡」也。（註一七）

楚文王有疾，告大夫曰：「筦饒犯我以義，違我以禮，與處不安，不見不思，然吾有得焉：必以吾時爵之。申侯伯吾所欲者勸我為之，吾所樂者先我行之，與處則安，不見則思，然吾有喪焉：必以吾時遣之。」（君道）

筦饒與申侯伯是一個賢、不肖相反例子。

一個國君之能否用賢，端視其能否納諫；而臣之是否爲賢，則端視其能否進諫。

故人臣之所以蹇蹇為難而諫其君者，非為身也。將欲以匡君之過，矯君之失也。君有過失者，危亡之萌也。見君之過失而不諫，是輕君之危亡也。夫輕君之危亡者，忠臣不忍為也。（正諫）

故高繚仕晏子三年，晏子因爲其未嘗弼過而逐之。（註一八）正諫篇中所載多臣能諫君、君亦能納諫之故事。

賢臣除當諍諫於君，匡君之失，其另一種職責卽薦擧人才爲國所用。孔子以爲齊之鮑叔賢過管仲，鄭之子皮賢過子產，因爲鮑叔嘗進管仲，子皮嘗進子產，而未聞管仲、子產有所進也。（註一九）

劉向所處時代爲由宣帝中興走向哀、平衰亡之過渡時期。黃龍元年（前四九）宣帝死時，向大約三十歲，在這以前尚未眞正介入政治問題。元、成兩代爲劉向政治活動主要時期，其時宦官外戚交相擅權，元帝和成帝依違因循，不能有所主張。向曾屢次上書諍諫。前文所說明之有關任賢、納諫、用忠貞、退讒佞諸問題，如配合當時現實政治來看，則更饒具意義。漢書劉向傳曰：

元帝初卽位，太傅蕭望之為前將軍，少傅周堪為諸吏光祿大夫，皆領尚書事，甚見尊任。更生年少於望之、堪，然二人重之，薦更生宗室忠直，明經有行，擢為散騎宗正給事中，與侍中金敞拾遺於左右。四人同心輔政，患苦外戚許、史在位放縱，而中書宦官弘恭、石顯弄權。望之、堪、更生議，欲白罷退之。未白而語泄，遂為許、史及恭、顯所譖愬，堪、更生下獄，及望之皆免官。語在望之傳。其春地震，夏，客星見昴、卷舌間。上感悟，下詔賜望之爵關內侯，奉朝請。秋，徵堪、向，欲以為諫大夫，恭、顯白皆為中郎。冬、地復震。時恭、顯、許、史子弟侍中諸曹，皆側目於望之等，更生懼焉，乃使其外親上變事。……書奏，恭、顯疑其更生所為，白請考姦詐。辭果服，遂逮更生繫獄，下太傅韋玄成、諫大夫貢禹，與廷尉雜考。劾更生前為九卿，坐與望之、堪謀排車騎將軍高、許、史氏侍中者，毀離親戚，欲退去之，而獨專權。為臣不忠，幸不伏誅，復蒙恩徵用，不悔前過，而教令人言變事，誣罔不道。更生坐免為庶人。而望之亦使子上書自寃前事，恭、顯白令詣獄置對。望之自殺。

又佞倖傳曰：

石顯字君房，濟南人；弘恭，沛人也。皆少坐法腐刑，為中黃門，以選為中尚書。宣帝時任中書官，恭明習法令故事，善為請奏，能稱其職。恭為令，顯為僕射。元帝即位數年，恭死，顯代為中書令。是時，元帝被疾，不親政事，方隆好於音樂，以顯久典事，中人無外黨，精專可信任，遂委以政。事無大小，因顯白決，貴幸傾朝，百僚皆敬事顯。顯為人巧慧習事，能探得人主微指，內深賊，持詭辯以中傷人，忤恨睚眦，輒被以危法。初元中，前將軍蕭望之及光祿大夫周堪、宗正劉更生皆給事中。望之領尚書事，知顯專權邪辟，建白以為「尚書百官之本，國家樞機，宜以通明公正處之。武帝游宴後庭，故用宦者，非古制也。宜罷中書宦官，應古不近刑人。」元帝不聽，繇是大與顯忤。後皆害焉，望之自殺，堪、更生廢錮，不得復進用。

漢元帝之個性「優游不斷」，（註二〇）在蕭望之與石顯之政治鬪爭中，明知「蕭太傅素剛，安肯就吏？」却任令石顯「詘望之於牢獄」，結果使望之飲鴆自殺。元帝聞之驚，「却食爲之涕泣，哀慟左右」，「召顯等責問」，而又不了了之，（註二一）說苑尊賢篇「春秋之時」章有云：

> 夫得賢失賢，其損益之驗如此，而人主忽於所用，甚可疾痛也。夫智不足見賢，無可柰何矣；若智能見之，而強不能決，猶豫不用，而大者死亡，小者亂傾，此甚可悲哀也。

此一段文字，實爲漢元帝之最佳寫照，西漢政權自元帝漸趨沒落，向豈能中無所感，此所以一則曰「甚可哀痛也」，再則曰「此甚可悲哀也」。

向於元帝朝被免爲庶人後，曾在其所上封事中指出：「今賢不肖渾淆，白黑不分，邪正雜糅，忠讒並進。」進一步分析說：「正臣進者，治之表也；正臣陷者，亂之機也。」「讒邪進則衆賢退，羣枉盛則正士消。」盼望元帝能「放遠佞邪之黨，壞散險詖之聚，杜閉羣枉之門，廣開衆正之路，決斷狐疑，分別猶豫，使是非炳然可知」。由此可知，說苑中類似之言論記載，卽爲何對當時現實政治革新之要求與期望。

劉向自元帝初元二年（前四七）被廢，直至成帝建始元年（前三二）石顯罷免，才再被起用，中間被廢達十五年之久。元帝時宦官用事，成帝時則換成外戚擅權。成帝以帝舅王鳳輔政，政治權力落入王太后一家之手，而帝「湛於酒色」，又「趙氏亂內」，（註二二）終於導致了王莽代漢、西漢政權滅亡之結果。政理篇曰：

齊桓公問於管仲曰：「國何患？」管仲對曰：「患夫社鼠。」桓公曰：「何謂也？」管仲對曰：「夫社束木而塗之，鼠因往託焉。燻之則恐燒其木，灌之則恐敗其塗，此鼠所以不可得殺者，以社故也。夫國亦有社鼠，人主左右是也。內則蔽善惡於君上，外則賣權重於百姓。不誅之則為亂，誅之則為人主所案據腹而有之。此亦國之社鼠也。人有酤酒者，為器甚潔清，置表甚長，而酒酸不售。問之里人其故，里人云：『公之狗猛，人挈器而入，且酤公酒，狗迎而噬之，此酒所以酸不售之故也。』夫國亦有猛狗用事者是也。有道術之士，欲明萬乘之主，而用事者迎而齕之，此亦國之猛狗也。左右為社鼠，用事者為猛狗，則道術之士不得用矣。此治國之所患也。」

社鼠猛狗，雖爲古人之喻，然用以指斥成帝當時政治情形，則甚爲切實。劉向對於當時之政治危機是看得非常清楚的，曾不只一次藉着說苑所編輯故事指陳出來。如敬愼篇「單快」章中單快謂國有五寒而冰凍不與焉：「一曰政外，二曰女厲……」。「石讎」章中石讎列擧幾種亡國之徵：「妃妾不一足以亡」，「公族不親足以亡」，「大臣不任足以亡」，「親佞近讒足以亡」。都極爲切中當時之弊端。向不但屢次諍諫，書數十上，又編撰新序、說苑等書以警天子。惜乎成帝雖「內嘉其言，常嗟歎之」，（註二三）而終不能行也。

## 【附　註】

註　一　劉向生卒年歲，說者不一，約之有以下四說：一、生於元鳳元年辛丑（前八〇），卒於元延四年壬子（前九），葛啓揚主之。二、生於元鳳二年壬寅（前七九），卒於綏和元年癸丑（前八），錢大昕、吳榮光、錢穆等主之。三、生於元鳳三年癸卯（前七八），卒於綏和二年甲寅（前七），姚振宗主之。四、生於元鳳四年甲辰（前七七），卒於建平元年乙卯（前六），葉德輝、吳修、王先謙等主之。參周杲劉子政生卒年月及其著述考辨，見文學年報第二期。

註　二　參徐復觀先生劉向新序說苑的研究，見大陸雜誌五十五卷第二期。

註　三　見錢著國學概論第四章。

註　四　參建本篇「天之所生，地之所養」章。

註　五　參敬愼篇「修身正行不可以不愼」以下五章。

註　六　參漢書劉向傳。

註　七　見漢書劉向傳。

註　八　見徐復觀先生劉向新序說苑的研究。

註　九　見漢書劉向傳。

註一〇　見徐著劉向新序說苑的研究。

註一一　尊賢篇「人君之欲平治天下而垂榮名者」章。

註一二　尊賢篇「禹以夏王，桀以夏亡」章。

註一三　同註一二。

註一四　君道篇「湯問伊尹三公九卿」章。

註一五　君道篇「武王問太公曰舉賢而以危亡者何也」章。
註一六　見尊賢篇「子路問於孔子曰治國何如」章。
註一七　參見君道篇「武王問太公曰舉賢而以危亡者何也」章。
註一八　見臣術篇「高繚仕於晏子」章。
註一九　見臣術篇「子貢問孔子曰今之人臣孰爲賢」章。
註二〇　漢書元帝紀贊語。
註二一　參見漢書蕭望之傳。
註二二　並漢書成帝紀贊語。
註二三　見漢書劉向傳。

# 中國哲學思想之特質

陳維德

## 一、中國哲學思想之起源

思想之起源，非止一端，而且是積漸而成，難以確指。不過若就中國哲學思想所顯現的特殊性質以探究之，則約有下列二事，可資證驗：

### (一) 報本反始的宗教意識

人類思想之起源，大多是胎始於原始的宗教意識。因爲人生活於自然之中，對於自然界之種種現象，自不能視若無睹，於是他們多以爲在冥冥之中，有天神爲之主宰，因而產生嚴恭寅畏之情。但由於中國自古以農立國，生活大致安定。世世代代，生於斯、長於斯，因而對自己所處的自然環境，由熟悉而漸具濃厚的情感，所以驚奇之心與外慕之情，都較西方遠遊而易方之商業生活者爲少。並且由四時的循環，以及萬物的生生不息中，漸漸體悟到天地化育萬物的妙理；尤其在農物收成之時，更會不期然而然地對主宰之天乃至於自己的祖先，在感激贊歎之餘，而思有以報之，從而冲淡了對上天的恐怖意識。此一意識形態，與周朝的宗法制度相結合，因而「報本反始」的觀念，於以確立。禮記郊特牲中說：「萬物本乎天，人本乎祖，此所以配上帝也。郊之祭，報本反始也。」又說：「社所以神地之道也。地載萬物，天垂象，取材於地，取法於天，是以尊天而親地，故教民美報焉。」正足以說明此一現象。這與耶教之視人類皆有原罪，在上帝的面前，只有戰懼恐惶地請求寬恕的恐怖意識，大異其趣。

## ㈡ 悲天憫人的憂患意識

中國古代的聖人，率皆有恫瘝在抱的胸懷。他們面對現實人生的種種問題，往往會產生一種憂患意識，而思所以改善之。

孟子說：「人之有道也，飽食煖衣，逸居而無教，則近於禽獸，聖人有憂之，使契爲司徒，教以人倫。」（孟子滕文公）正是此一憂患意識之具體表現。而自夏、商、周以後，由於政權之興替所導致的社會之動盪，益使中國人的憂患意識更趨强烈。易繫辭下說：「易之興也，其於中古乎？作易者，其有憂患乎？」又說：「易之興也，其當殷之末世，周之盛德耶？當文王與紂之事耶？」尤其是到了春秋戰國之世，由於禮壞樂崩，導致整個社會架構，產生了史無前例的巨變；舊有的制度，已不足以維繫人心，因而「邪說暴行有作：臣弑其君者有之，子弑其父者有之。」（孟子滕文公）這些活生生的社會問題，在在使中國的先哲們苦心焦思，而本着一種悲天憫人的胸懷，投身於社會中，而以自己的生命與智慧，去尋求安邦定國，救世救人的合理途徑，冀能徹底解決社會、人生的種種問題。這與西方哲學家，由於旣無偉大的政治場面引發其興致，亦無嚴重之憂患迫使其解決，因而徒然關在自己的書齋裏，海闊天空地去追求宇宙的本源，超乎人我地去探討自然的理律，或滿懷幻想地去編織其人生夢境之作爲，顯然也是大異其趣。因此，西方的哲學家，往往只是善於思考的智者，而中國的哲學家，則往往是身體力行的聖賢；西方哲學，都是智者思考的記錄；而中國哲學，則都是先哲們救世救人的種種方案。

## 二、中國哲學思想之特質

中西文化，由於地理環境、生活形態與民族性格等等之不同，而有根本之差異，已如上述。循此發展，其表現於哲學思想者，亦有其獨特之風貌。玆就本質上、精神上與統緒上，以闡明中國哲學之特質。

### (一) 在本質上——以生命為中心

西方的哲學，旣是產生於對自然的好奇心，因此，他們對自然界的種種現象，以及宇宙的本源，總是抱着打破砂鍋問到底的態度，窮究不捨。例如希臘的哲學始祖泰里士（Thales）以水爲萬物的根源；安那西明斯(Anaximenes)以一切事物皆由空氣之凝聚與發散而成。安彼多克斯(Em-pedocles)則以爲萬物不外地水風火四元素之聚散離合。一直到較晚期的蘇格拉底、柏拉圖、亞里斯多德等，才開始注意到人類本身的問題。但他們仍舊以對自然的態度來對待人事，因而採取邏輯的分析，作純理智的思辨，專着重於觀念與定義之建立，而與實際的道德、人生無涉。

至於中國的先哲們，並不把哲學當做一門純理智的知識來研究，而是把它當作經邦濟世，成己成物的人生智慧，而此種智慧，大多是從實踐中獲得。它是以自己的生命爲中心，而關連着人、事、天三方面。因此，中國的先哲們，在實踐的過程中，要處理這些問題，使臻於圓滿，除了要具有超人的智慧與才能之外，更要具備可爲萬民所嚮慕而瞻依的內在之德。而當其落實於現實社會，又以人際關係之調適爲切要之務。因此，「尊德性而道問學」，遂成爲人人所當努力以赴的理想境界，而「序人倫」亦爲人生之主要課題。這與西方以知識爲中心所產生之獨立哲學，在本質上，是大異其趣的。

## 1.尊德性

在中國人的思想觀念中，重視人心之德，實在遠勝於周密的思想與高深的理倫；儒家心目中的「聖人」，道家心目中的「至人」、「眞人」、「神人」，無不以德性之美爲其根本。所以與其稱孔子、孟子、老子、莊子爲哲學家，不如稱之爲道德的實踐家。

何謂德？論語皇侃義疏引郭象云：「德者，得其性者也。」韓愈也說：「足乎己，無待於外之謂德。」換句話說，就是能自得其天性之本然，而無待外求者，便是德的表現。

在宗教家的眼光裏，人世間的一切，終歸是空的，所以基督徒嚮往於天堂；佛家嚮往於涅槃的境界。然此二者，都不是在現實人生中所能察覺而驗證者，因此，並不爲中國的哲人所嚮往，所輕信。因爲在中國哲人的觀念裏，認爲人生還是可以有所得的。他們也瞭解，有形的生命終將死去，而隨附於此生命之一切，諸如：功、名、利、祿，也終將隨生命之結束而歸於烏有。只是他們確信：在生命的過程中，若能在可證、可驗的事物上，求充實、求滿足、求推展、求進步，以散發出「生之光輝」，那還是有所得的。所以孟子說：「充實而有光輝之謂大；大而化之之謂聖；化而不可知之謂神。」能大、能化，而躋於聖、躋於神，那就是自我生命之提昇與人生意義之肯定。這難道不是有所得嗎？所以孔子之教，一言以蔽之，就是要人們自覺於人之所以爲人的「內心之德」。因此，他强調「仁」、强調「義」、强調「禮」、强調「信」，以陶鑄完美的人格。

至於孟子，更强調「仁義禮智，非由外鑠我也，我固有之也。」上天既賦我以善性，則我之成德，乃得於我之所固有，而非向外求得者。所以客觀的環境儘管隨時都在變，只要我們能自我修持、自我增進，就必然能有所得。所以孔子說：「仁遠乎哉？我欲仁，斯仁至矣！」中庸說：「君子素其位而行，不願乎其外。素富貴，行乎富貴；素貧賤，行乎貧賤；素患難，行乎患難；素夷狄，行乎夷狄：君子無入而不自得焉。」所以我們只要對這天賦的善性，有一念之自覺，則人生價值與宇宙價值，就會立卽呈現，圓滿而具足；我們的生命，也就能當下安頓於此一念之中。這就是「無待他求，當下卽是。」的人生境界。孟子說：「萬物皆備於我矣！反身而誠，樂莫大焉。」此種莫大的快樂，正是基督徒所嚮往的天堂，佛家所嚮往的極樂世界。所不同者，就是這種自得之樂，既不待他求，而又能在現實人生中，立刻獲得證驗。

例如孟子所稱的三聖人，伊尹是聖之任者也；伯夷是聖之淸者也；柳下惠是聖之和者也。他們却各自將天賦的善性，推向一個極致，這不但使他們自己心安理得，獲得最大的滿足，而且他們也成就了三種做人的典型，而在黑暗、渾濁的人世中，放射出萬丈的光芒。他們不但獲得了自救，同時也指引了無數徬徨無措的人，也使他們得救。

至此，我們便可眞切地體悟到叔孫豹所謂的「三不朽」，實在比宗教家的「永生」，更富有積極的意義。尤其是「立德」，他可以做爲萬世的典範，萬世的師表，不但完成了自己，也陶鑄了別人。這好比是一大筆無形的財富，可以任人取用，雖歷千萬年，造就了無數的富翁，而其原有的財富，非但無損分毫，而且愈益見其充盈。此非神而何？如此的人生，又怎能說是空的？我們若以中國人的此一觀點，來衡量世界各宗教，則耶穌、釋迦，也都是有德者。卽此而言，固不必有此疆彼界，而且在中國人文文化的大熔爐裏，是可以一齊銷融的。

此外，中國人在講德之餘，更强調行的重要，所以常常德、行連用。孔子說：「知之者，不如好之者；好之者，不如樂之者。」知之，只是思想；好之，則有行爲；樂之，則必根源於內心之德。因此，有了行，其知才不至落空；而有了德，其行才能有源源不斷的動力。尙書中說：「知之匪艱，行之維艱。」王陽明說：「知是行之始，行是知之成。」乃至　國父「知難行易」的學說，無一而非鼓勵人們去行。這種務求體、驗合一，而不讓思想單獨向前，正是中國思想穩健處。

至於西方的哲學家，往往都只是關在書房中窮思冥索，像柏拉圖的理想國，乍看之下，非無奇偉可觀之處，但如果以之施行於現實人世，不僅不能達於至公、至愛，各揚其德的理想；反之，將較共產黨的人民公社，更爲荒誕不經而不切實際。餘如探究宇宙何由始？萬物何由生？人生之終極爲何？雖亦能持之有故，言之成理，而自成一套理論。但與實際人生，則愈離愈遠，所謂「彌近理而大亂眞。」於是眞理是眞理，人生是人生，難免有脫節的現象。所以中國人認爲人生眞理當由行爲中見之。因爲行爲中就包含有思辨與理智。若單從純思辨、純理智的路去求眞理，則絕不能把握到人生的切要處。

2. 道問學

「尊德性」是一個人生理想的境界，欲達此境界，以臻於圓滿，則又當以「道問學」爲之階。所謂「道問學」，根據朱子的解釋：「道問學，所以致知，而盡乎道體之細也。」所以中國人之做學問，乃着重於追求人生之道，探究宇宙之理。明其道，悟其理，則德性之充，自能圓滿而無憾。

何謂「道」？莊子說：「道，行之而成。」也就是說：道是由人走出來的。韓愈原道也說：「由是而之焉之謂道。」也就是說，道就是通往某一特定目標的一條途徑。因此，所謂道，必由我們的理想而確定，又必由我們的行動而完成。

由此觀之，道旣是行之而成，則由誰行之，就是誰之道。所以有天道、地道、人道、鬼神道等等的區別。又由於所通往之目標不同，所以有君子之道、小人之道、堯舜之道、桀紂之道。所以說：「道不同，不相爲謀。」但也有目標相同，而途逕各異。因此，儒家有儒家的道，道家有道家的道，墨家有墨家的道、法家有法家的道，但卻是：「道並行而不相悖。」「天下一致而百慮，同歸而殊途。」中國人做學問的主要目的，就是要學習如何爲自己尋找及開闢一條通往理想目標之道。而古聖先賢之教，也正是據其畢生之經驗，爲我們所揭示的一條條人生大道，供我們抉擇。這與西方哲學家，不爲政治、不爲社會，也不爲人生——完全只是爲哲學而哲學，爲學問而學問的態度，實有其根本上的差異。

至於「理」，也就是蘊含於宇宙萬物中的所以然之理。王弼注易經說：「物無妄然，必有其理。」又說：「統之有宗，會之有元。故自統而尋之，物雖衆，則知可以執一御也；由本以觀之，義雖博，則知可以一名舉也。」意思是說：宇宙間萬事萬物既各有其所以然之理，而萬事萬物，如是其衆多，則其理，不就很駁雜了嗎？但王弼以爲事物之理雖似駁雜，但如果把它融會起來，就可以得到一個元（卽是同一的起始）；把它統合在一起，就可以得到一個宗（卽同一的歸宿）。如此，就可以發現宇宙間的萬事萬物，在其背後，有一個最原始最基本的理，爲宇宙一切萬象所由生。

到了稍後的大和尙竺道生所創的「頓悟」之說，也正是根據「理不可分」的觀點中悟得。到了唐代的華嚴宗，又據此推演出「事理無礙」、「事事無礙」的理論。既是如此，又何必有出世入世之分？於是在家也可以修道、悟理。由此乃引發了宋儒的理學。

所以朱子說：「合天地萬物而言，只是一個理字。有此理，便有此天地；若無此理，便亦無此天地。」這與王弼之言，是若合符節的。因此他又說：「今日格一物，明日格一物，一旦豁然貫通，衆物之表裏精粗無不到，吾心之全體大用無不明。」這與竺道生的頓悟，又有極其相似之處。

由此言之，我們可以說；理是本然的，而道則是待人行之而始然；理是固定的，所以說「人同此心，心同此理。」道是可以創造的，所以說：「人能宏道，非道宏人。」

現在，我們若把中國人所講的道與理，和西方的思想相比較，則道頗似西方的宗教精神；而理頗似西方的科學精神。只是西方的宗教與科學，分道揚鑣，苦於無法調和，而中國的道與理，却是一體的兩面，相輔而相成。因此，宗教與科學的界線，在中國思想裏，能够融會調和而不見其有何衝突。這也是中國思想的一大特色。

### 3. 序人倫

尊德性與道問學，都是自我修持、自我增進的工夫；當其落實於現實社會中時，則以序人倫爲第一要務。所以孟子稱：「舜以契爲司徒，教以人倫：父子有親、君臣有義、夫婦有別、長幼有序、朋友有信。」而孔子答齊景公問政，亦以「君君、臣臣、父父、子子。」爲根本要圖。

因爲人一生下來，既不能單獨生存，就必有一些和他共同生活而且關係密切的人。按照一般常情，最先具有密切關係的人，就是父母，然後就是兄弟姊妹、伯叔姑嬸。及長，則有夫婦、有子女，而戚族緣此而生。在社會上，於學則有師、徒；於業則有主、傭；居官，則有君臣僚屬；交遊，則有鄰里友朋。均隨其生活之外緣，漸次開展。而社會之安定，人心之輯睦，就完全仰賴於這些人彼此間關係之調適。因此，處此社會中的每一分子，對於這些與他有關係的人，都應分別盡其應盡的義務；同時，與他有關的這些人，也都對他各負有相對的責任。若此，整個社會的人，無形中就形成一種關係密切而有條理的狀態。此之謂倫理。

然而這些複雜的倫理關係，欲求其一一調適，絕非一蹴可幾，而必因其親疏遠近之別，以定其施行之方法與先後之順序，此卽大學所謂：「物有本末，事有終始，知所先後，則近道矣！」因此，在這些倫理關係中，中國人最重視子女對父母間所應盡的孝道。這一方面固然是根源於前面所說的「報本反始」的宗教意識，而另一方面，實爲人類天性之自然表徵。因爲父母與子女，具有血肉相連的關係，他們之間的相親相愛，乃是至情至性的自然流露，這不但是家庭倫理的基礎，也是維繫社會安定的主要力量。所以有子曰：「其爲人也，孝弟，而好犯上者，鮮矣！不好犯上，而好作亂者，未之有也。君子務本，本立而道生，孝弟也者，其爲仁之本與？」（論語學而）因爲一個人，對父母能孝，乃合於仁心、人性之基本要求；惟其合於此一基本要求，然後乃可望其推此愛敬之心，以愛敬他人。所以說：「老吾老，以及人之老；幼吾幼，以及人之幼。」社會上種種不同之關係，皆可取譬於家庭，而本此家庭倫理推衍之，所以說「四海之內，皆兄弟也。」只是關係之遠近，難免影響自然情感之厚薄；所處之地位不同，亦各有其所應盡的本分。所以中庸說：「親親之殺，尊賢之等，禮所生也。」大學說：「爲人君，止於仁；爲人臣，止於敬；爲人子，止於孝；爲人父，止於慈；與國人交，止於信。」不但順應自然之情性，而且各有其切當之分際，把整個社會，渾融爲一體。只見一義，不見利害，相安相保，敦睦祥和。這也是中國以生命爲中心的哲學所獨具的人生智慧。

至於西方社會中，人與人間，雖然同樣也具有上述種種關係，只是一則因以集團生活爲中心的西方人，只注重團體與個人間權利、義務的劃分，其餘各倫遂爲其所掩蓋而不顯；另一則乃因以知識爲中心的哲學，心思恒向外追求，因而忽於人事而詳於物理。這也是中、西哲學思想根本上的差異。

## (二) 在精神上——通天人、合內外

在西方的宗教裏，人、神之間，恒居於對立。希臘神話中，多言人、神之衝突，以及神之如何愚弄人類。猶太教中之上帝耶和華，原意爲一戰伐者，亦極具威嚴，其意志常不可測度；印度神話中，亦亟言神之威靈。在在都襯托出人類之渺小，而上帝之於人，永遠是超越而外在。所以在一般宗教生活中，人們只能賴祈禱與信仰，來接觸上帝。

中國經典中，雖然也有「上帝震怒」、「天命殛之」等等說法，但究竟缺乏上帝如何威嚇人類之具體描述。相反地，在中國人的觀念中，上帝是最富體恤之德的仁者，而且神、人之間，是可以相互溝通的。所以詩經上說：「皇矣上帝，……監觀四方，求民之莫。」「惟天之命，於穆不已。」尚書裏說：「民之所欲，天必從之。」在這種觀念籠罩下，一方面大大地減低了人們對上帝的恐懼；另一方面，也拉近了人、神的距離。像中國之自古卽以祖考配享上帝或天，也正是導源於此一觀念。所以

詩經有：「文王陟降，在帝左右。」之文，孝經有「孝莫大於嚴父，嚴父莫大於配天。昔者周公郊祀后稷以配天，宗祀文王以配上帝。」之記載。抑有進者，那就是當其人具有超凡之人格或作爲時，在後人的心目中，亦可升格而爲神。所以伏羲、神農、倉頡、后稷，在中國人的心目中，都是令人景仰的神祇。卽此而論，我們可以說，西方的宗教，是「天人相離」，而中國的哲學思想，則是「天人合一」。

此外，西方的文化，不論是宗教或科學，都是向外的，而中國則言「內聖外王」、「合外內之道」。這都是中、西哲學精神之根本差異。

由此通天人、合內外之精神，其表現於哲學思想中者，至少有如下兩種特殊的內涵：

### 1. 盡性知命

中庸云：「天命之謂性」。也就是說：人之性乃得自上天所賦予。進一步言之，天旣把此性給予人，則此性爲人所有，故可稱之爲「人性」；但此性旣稟受於天，則亦可稱之曰「天性」。所以左傳成公十三年引劉康公語云：「民受天地之中以生。」這個「天地之中」，其實就是「天性」、「天道」；人旣承受了這個「天性」、「天道」，則性命與天道之間，自然就沒有隔閡。所謂「天人相應」、「天人合一」的思想理念，實卽植基於此。

中庸又說：「率性之謂道」，也就是說，人們只要依循此天賦之性而向前推進，那便是道。像這樣的道，旣是依循人性而成者，自然是「人道」，但「人性」得自於天，則「人性」無異於「天性」

所以「人道」自然也與「天道」相通。因此，率性所成之道，也正是「天人合一」之道。

率性之道，既然就是天人合一之道，那麼我之一切行事，但需率此天賦之性而爲，不必一一探詢上天之旨意，上天也必然會同意，所以說：「先天而天弗違。」這就是上天所賦予我們的一種絕大的自由。至於我之率性而爲，不敢有所踰越，也正是我遵奉天意的表現，所以說：「後天而奉天時。」這又是人類行爲的絕大規範。因此，天人合一，也就是人生自由與人生規範的合一。也正是前一節所謂「道」與「理」的合一。

但是「天道」與「人道」，也自有其分際。例如上天賦人以善性，則是「天道」；而人們發揮此善性，則屬「人道」。因此，天道只是賦予人類一個「可能」，而其完成，則有待於人道。所以中庸說：「誠者，天之道；誠之者，人之道。」天既賦人以「善性」，則是天已經盡到了「天道」，那麼我們自應就上天所賦予者，盡其力以擴充之、發揮之，以期達於其極，此之謂「盡性」。至於「盡性」的具體作法，又在於「踐其形」。因爲人的一身，諸如五官百骸，每一機能，都各有上天所賦予之性，我們若能一一地順之以發揮其最高之可能，以至於其極，那就是踐其形，也就是盡其性了。

至於西方的耶教中，主張人類帶有原罪，因此非皈依耶穌、皈依上帝，將永遠不得贖罪。但如果人人都贖罪而獲救，則人類罪惡消盡，人人回歸天堂，那世界也就絕滅了。這與中國人認爲人類一生下來，就擔負着一個至善的使命，而上天又早已賦予人類以完成此一至善使命之可能，因此人們須率此性而爲之，就能符合天意；而天意無終極，人們也就永遠朝着至善之境，邁步向前，永無止息的與

法，也是大異其趣的。

至於「命」，中庸朱注云：「命，猶令也。」而揚子法言問明篇亦云：「命者，天之令也，非人爲也。」若據此引申之，則所謂「命」，乃指上天所賦予人類的種種條件和限定，或「莫之致而至」（孟子萬章語）的種種遭遇。

就上天所賦予的條件或限定言之，也正是程伊川易乾卦辭中所說的「天賦爲命」。這裏包括了上天賦予全體人類之條件與限定，以及對個體的若干個別差異。譬如「人皆有死」，這是上天對全體人類的一種限定，而非人力所能克服者。所以自古及今，不知有多少人曾試圖逃避死亡，却始終沒有一個人能够超越此一鐵則。此非天命而何？至於有人雖注重養生而夭，有人未刻意養生而壽，這又是上天所賦予之個別差異。儘管這些條件或差異，可以藉後天之努力得到一些彌補，但終究有其限度。無怪乎子夏要以「死生有命，富貴在天。」之言；來消解司馬牛內心之遺憾了。

至於「莫之致而至」的種種遭遇，也正是荀子所謂：「節遇之謂命」。這種命，大抵是環境與機緣所造成。像人的窮通、禍福，多屬此類。譬如有些人偶有稱心如意之事，却未必因其才力所獲致；偶遭疾病禍祟之苦，也未必皆緣於乖戾所使然。至於「智慮深而無財；才能高而無官；懷銀紆紫，未必稷契之才；積金累玉，未必陶朱之智。」（論衡命祿篇）的現象，在現實社會中，也是屢見不鮮的事實。此乃環境有優劣，時運有否泰，機緣有巧合，而未必都是墨子所謂「力與不力」的差別。所以無怪乎孔子在經過漫長的奮鬥歷程之後，只好慨然歎道：「道之將行也與？命也；道之將廢也與？命也！」這也是無可如何的事啊！

命的存在，既如上述，則「處命」之道，乃爲人們所關切的問題。這是在儒家，既不教人委心任運，也不主張盲目妄撞、鑽營苟求，而是孟子所說的「順受其正」。也就是接受正當的命運，但這裏有一個先決的條件，就是要先「盡其道」。也就是確實盡到我自己所應該做的。所以孟子說：「莫非命也，順受其正。是故知命者，不立乎巖牆之下。盡其道而死者，正命也；桎梏而死者，非正命也。」

因此，對於一切事情，只要順乎天理而盡其在我，仰不愧而俯不怍，就可算是「盡其道」，至於盡其道以後，是否即能達其所願，則亦只得歸之於天命，坦然處之而已；決不可逞慾强求，而或怨天尤人，這就是「順受其正」。自古忠臣義士，往往爲義之所在，雖鼎鑊在前，猶甘之如飴；雖殺生成仁，亦毫無所懼：這就是能够「順受其正」。孟子曰「生亦我所欲，所欲有甚於生者，故不爲苟得也；死亦我所惡，所惡有甚於死者，故患有所不辟也。」（告子上）正是「知命」「安命」的表現。反之，一個人若不能「順受其正」，則必致盲目妄撞，甚至爲了達到目的，不擇手段；而或爲了求取苟活，不惜降志辱身，賣國殃民。則其即使或可得意於一時，然此不能知命、安命的表現，亦適足以違背天理，成其罪孽而已。

同時，儒家更深切體驗到：人事中，有可自作主宰者，亦有不可以自作主宰者。孟子說：「有天爵者，有人爵者。仁義忠信，樂善不倦，此天爵也；公卿大夫，此人爵也。」（告子上）這裏所謂的

「天爵」，亦卽仁義忠信之德，是我們所能自作主宰的，所以孔子曰：「我欲仁斯仁至矣！」因爲仁義忠信之德，原在我性分之中而不假外求，絕不可藉口於命，而不盡我之材；至於「人爵」，也就是功名利祿之屬，則非我所得而主宰者，那就是「求之有道，得之有命。」（孟子盡心上）決不可違背天理，有所妄求。所以孟子又進一步地說：「口之於味也，目之於色也，耳之於聲也，鼻之於臭也，四肢之於安佚也，性也，有命焉，君子不謂性也；仁之於父子也，義之於君臣也，禮之於賓主也，智之於賢者也，聖人之於天道也，命也，有性焉，君子不謂命也。」（盡心）此卽易乾卦所謂「各正性命。」實亦爲中國哲學思想極精微而圓融之處。

此外，還有一種與「命」頗相類似的觀念，就是「氣運」。

所謂「氣」，我們可以把它看成是一種極微小而具有「能量」的元素，它必待積聚到一個相當的數量，然後才能發生大的變化，所以叫做「氣數」。

例如某人製造了一種新產品，起初並不爲人所注意。儘管到處推銷，卻只有極少數人抱着試試看的態度加以採用。漸漸地，在採用者中，偶有一、二較具影響力的人，在某些場合加以揄揚，於是採用者逐漸增加。這就是「氣數」的逐漸積聚。一般人見此趨勢，亦紛紛採用，於是銷售量直線上升，甚至形成一種熱潮。這就是氣數的極度擴張。但是當其銷售量達到最高峯時，也往往是走向下坡的開始，這就是「日中則昃」、「物極必反」。或由於其人之自滿而不知精益求精；或由於他人之羣起仿造，瓜分市場；或由於有人針對其缺點而製造出更優良的產品與之競爭。於是此一產品又漸漸爲人所捨棄，因而苟延殘喘，日趨沒落。這就是「氣數已盡」。

個人事業的興衰是如此，一種學術宗派，乃至一個國家、一個民族的盛衰更迭，也莫非如此。因此，氣數未到，就需耐心地等待；氣數到了，則一個嶄新的局面，就會如同水到渠成般地展現在面前。但如果不懂得持盈保泰，則到達巔峯之時，也正是逐漸走向下坡的開始。

中國人因爲有了這種氣運的觀念，所以懂得不居故常，與時消息；得意得勢不自滿，失意失勢不自餒；朝惕夕厲，居安思危，見微知著，把握機運。因而形成了一種洞達、通透的人生觀。

**2. 仁智合一**

以知識爲中心的哲學，由於一味向外追求，因而偏向「智」的高度發揮，從而閉塞了內在的道德心靈之活動。而中國以生命爲中心的哲學，雖以內在的人心之德爲主要對象，但人心之德的完成與昇進，却有賴於外在的知識之配合，因此也未嘗忽視智。所以中國哲學之精神，乃是仁智合一，內外兼顧的。

中庸裏說：「誠者，自成也；而道，自道也。誠者，物之終始。不誠無物，是故君子誠之爲貴。誠者，非自成而已也，所以成物也。成已，仁也；成物，知也；性之德也，合外內之道也，故時措之宜也。」這個「誠」，就是存在於內心的一種動力。但眞正的「誠」，不但要「成已」，還要「成物」。成已，就是以誠爲基礎，然後透過內心之仁，以成就自已內在完美的人格，所以說：「成已，仁也。」「成物」，則亦必以誠爲基礎，然後運用高度的智慧，以成就外在的事功。所以說：「成物，智也。」二者互相配合，使各得其宜，那就是中國人所嚮往的「內聖外王」的境界。

內聖與外王，雖然好像是兩件事，但實在是不可分的。因爲內聖是外王的基礎，而外王是內聖的完成。所以一位眞正的聖人，除了個人人格之完美外，亦必有其外在的事功。所以說：「有德者，必有言；有言者，不必有德。」「仁必者有勇，勇者不必有仁。」譬如堯、舜、禹、湯諸聖王，固有其外在的事功，就是幾乎未嘗從事政治的孔子，亦有祖述堯、舜，憲章文、武，爲中華文化，放射出萬丈光芒的偉大事功。

但是要成就偉大的事功，光靠內心之德是不够的，所以在大學八目中，誠意、正心之前，又先之以格物、致知。因爲惟有具備充分的知識，始足以明利害、辨得失，始足以尋獲通往目標的正確途逕。惟有如此，才不至有愚忠、愚孝的行爲，也不會有孟子所講的「守株待兎」、「揠苗助長」之類的事情發生。亦惟有如此，才能「言滿天下無口過，行滿天下無怨惡。」若此，然後其內在的品德與外在的事功，才可以獲得成功的保證。

然而我們要想獲得知識，又當如何？那就是必須向外去接觸各種事物而研究其理，然後才能有所得。因此，小如一草一木之消長，大至天下國家之治亂與衰，皆須實實在在以探究之，這就是格物。所以欲求知識之充盈，就必須向外求取；而知識之運用，又必須與內心之德相結合，始足以成己成物，圓滿而俱足。這就是中國哲學中，合外內之道的精神。這種內外合一，仁智並重的精神，固然減緩了科學文明的脚步，但是若就全人類之幸福着眼，則這種內外合一的精神，實爲一個理想的文化發展，所應有的嶄向。

至於今日西方的科學精神，乃導原於古希臘哲學爲求知而求知的態度。此種求知的態度，乃是要先置定一客觀對象，並且要暫時收斂一切實用的活動及道德踐履的活動，而讓人們的認識的心靈主體，一方面冷靜地去觀察外在的客觀對象所呈現於此主體前之一切現象，一方面順其理智之運用，以從事純理論的推演。如此，固然在科學上有了高度的成就，但因與內在道德的心靈主體脫節，忽略了自身對世界人類所應盡的職責，隱沒了崇高的文化理念，因而在發展的方向上，產生了很大的偏差。雖然在物質文明方面確有飛躍的進步，却也爲人類帶來了許多因科學文明所造成的生存之危機，也攪亂了文明社會所應有的秩序。這就是內、外未能合一所產生的結果。

## ㈢ 在統緒上——統之有宗、會之有元

西方的哲學，乃原於希臘，而其發展之型態，皆屬少數哲學家作遺世獨立之思辨。故自泰里斯之後，每一哲學家，皆欲自創一思想系統，以表現於文字著作之中。此類著作，皆嚴於界說，詳於論證，折理亦甚繁富。而究其內容，無不以立異爲高，所謂惟物、惟心、惟名、惟實，這些「惟」，正說明了西方哲學思想之分歧性。所以亞里斯多德雖很敬愛他的老師，但是面對哲學體系之異致，他只好說：「吾愛吾師，吾尤愛眞理。」

中國的哲學思想，則自古以來，皆有其一本性。它在政治形勢上，固然有分有合，但總以大一統

為常道。且政治的分合，從未影響到學術、文化的大歸趨。此卽所謂「道統」之相傳。因為在中國人的思想觀念中，認為一切的生命皆有其本源，好比一棵大樹，儘管其花實累累，爭姸鬪艷，枝葉扶疏，氣象萬千，但却出於同一個根幹。如果離開了此一根幹，則不但無法滋長，且將立見其枯萎。惟有把它們全部合在一起，才是一棵完整而有生命的大樹。中國哲學思想，就如同一棵大樹般，儘管其流派衆多，論旨互異，但是討源溯流，却是共出於一本。若是捨去其根本，則其哲學之慧命，不但難於延續，且亦將立見其中絕。

今天我們常喜歡講變，但從舊的變成新的之後，新的裏面還是蘊含了舊有的因子，所以絕不能完全捨去其舊。因為舊的一旦完全捨去，則其生命亦卽中斷，如何能變出新的？所以說：「萬變不離其宗。」

我們就中國哲學發展之歷程以觀之：中國的哲學思想，自春秋戰國以迄於兩漢，儘管百家爭鳴，各售已說，但他們所追求的，乃是合理的社會，合理的人生。不僅目標一致，問題相同，而最後所要到達的境界也是相通的。所以易繫辭說：「天下同歸而殊途，一致而百慮。」這就是中國哲學思想的同歸性。

如果我們再往上追溯其各家的本源，則又會發現他們竟然都是同出於一源。所以莊子說：「聖有所生，王有所成，皆原於一。」又說：「後世之學者，不幸不見天地之純，古人之大體，道術將為天下裂。」換句話說，就是認為諸子百家之源流，都是源於天地之純，而道術未裂之時。

至於東漢以迄於唐朝，由於羣倫共處之道已大致獲得結論，此時哲人們努力的方向，是進一步求取人生內在基本問題之解決。而隨着佛學之大量輸入，更使得許多才智之士，在佛門的旗幟下，潛心追求人生的眞正旨趣，思欲解決人生的最後問題。他們面對那些浩如煙海的佛家經典，以及莫衷一是的說法，經過不斷的努力，都組成有中心、相通貫的系統，因而前後成立了十三個具有中國情調的「宗」。這些宗，大體上可以說是揉和了印度佛學的旨趣，和中國固有的儒、道之精神所蘊育成的一種嶄新的思想風貌。換句話說：就是印度的佛學，經過中國哲人的咀嚼、消化，到了唐朝，已經汰蕪存精地銷融於源遠流長的中國文化的大溶爐之中了！

而自唐朝以後，中國的哲人，有鑑於明心見性、了生脫死等等人生內在之問題，固然有了相當精彩的答案，但同時也產生了否定現世生養之道的流弊。所以不倫是程、朱的「理學」，或是陸、王的「心學」，都是一面汲取佛學的精華而排佛，一面藉之以革新儒家之面貌，而自詡爲上承孔、孟之眞傳。其目的，乃是一方面接受佛家所提出的問題和答案，一方面又要本着傳統入世的精神，把走向出世的奮鬪，搬回到現世，使明心見性，卽心卽佛的要求能够體現於現實的人生及社會之中。

我們由以上的論述，不難着出歷來中國哲人們的主張與見解儘管互有歧異，各時代奮鬪的重點也有不同，但滙合起來着，却都是先後相承，而向着同一個途程邁進。就好像是接力賽一般，一棒緊接一棒，路段雖然不同，目標却是一致。這正是中國哲學家一貫相承的傳統精神。因此我們在研究中國哲學思想之時，可以發現各宗各派之間，都有其關連性。如果把前後切斷，單單研究某一個思想家，則不僅無以窺見中國哲學思想之眞相，同時也無法眞切地瞭解該思想家的哲學思想之眞相。就好像我們單單從一片葉子或一粒果實中，不但無法瞭解整棵樹的情況，而且也無法眞切地瞭解這片葉子或這粒果實中所蘊含的一切生命現象。因此，我們可以說，一整部中國思想史，都是統之有宗，會之有元的。此乃研究中國哲學與研究西方哲學大不同之所在。

## 三、中國哲學思想之展望

中國哲學思想，就好比長江大河，不但源遠流長，而且每一階段都各擅勝場，各有其雄奇瑰麗的景觀。它融合了無數先民的智慧，也消融了許多外來的文化。它有時是踔厲風發，光焰萬丈；有時則是沈潛醞釀，玄默沈寂。但就其整個發展的過程而觀之，實未嘗間斷。因爲踔厲風發，光焰萬丈，固所以顯現其內含之豐富與生命力之充沛；而沈潛醞釀，玄默沈寂，也正所以充實其內含，調整其步調，以爲大顯揚之基礎。如今，由於西洋科技文明之極度澎脹，使得中國傳統思想，遭受史無前例的最大衝擊，因而較長的沈潛醞釀與玄默沈寂，也是必然的現象。但是我們由數千年來中國哲學思想發展之歷程，並對應當前的情勢，我們不難看出未來中國哲學思想之發展所應走的方向：

### (一) 融合中西宗教精神重開生命的學問

人類之生命與智慧的正當出路，實爲中國傳統哲學與西方宗教所終極關心的問題。此一問題必須獲得適當的安頓，人們才能保有清明的文化心靈，開顯遠大的文化理想，人的生命與智慧，也才能向上昇進，向外擴展，以創造充實而圓滿的人生，建立和樂而幸福的社會。

因爲任何一種文化，不能沒有它最基本的內在心靈，這是一切文化的「動原」所在，也是使文化具有其獨特性的所在。而不論是西方的宗教，或是中國的倫理道德，都確確實實地擔負着此一重大的使命。所以儘管美國的科學技術和民主政治已經是如此地進步，但是他仍然需要宗教生活，就連他們的總統就職，都要按禮聖經而宣誓。

至於中國傳統哲學中所終極關心的問題，乃是如何成就完美之人格的問題。對於此一問題，孔子擺脫了類似猶太教中的人格之神，而進一步點出了主體之「仁」，要人們直接經由此道德心性之自覺，以成己、成物，從而開啓了中國歷史文化獨特的動力之原與方向。它一方面規範了人們日常生活的軌道，一方面也啓發了人們精神向上之機，指導了精神生活的途徑，使人們的精神與心靈，獲得適當的提昇與安頓。

到了魏、晉時代，在政治上雖然是一個衰世，而王弼、向秀之倫，却把道家的玄理，發揮得淋漓盡致，而與儒家生命的學問，滙合成一股文化思想的主流。及至南北朝，佛學大量輸入中國，然而其根源於苦業意識的教義，並未能全然適合於中國人的脾胃，因此乃與中國傳統的文化思想，產生了很大的激盪。後來經過僧肇、竺道生、智顗、慧能等諸大師長期的努力，又使得傳統儒、道合流的生命的學問，在大本不失的原則下，吸收並銷融了佛家的智慧。

時至今日，我們相信中國傳統儒、釋、道三家所融會而成的生命的學問，在與基督教義長期地激盪之餘，當亦能接受其刺激，而作更深的反省。並且亦必在大本不失的原則下，從而融攝基督教義，以增益其慧命，重開更精微、更博大的生命的學問，使人類的文化心靈，具有更正確的導向。此乃歷史運會所必趨，也是中國哲學思想發展之正當途徑。

## (二) 調整文化心靈、開展科學領域

自晚清以來，一般學者多以中國文化中，缺乏西方的民主與科學之精神相詬病。因而極力以鼓吹之，效顰之。殊不知中國文化心靈中，果眞缺乏此一精神，則在大本未立的情況下，徒事鼓吹與效顰，那將是統之無宗，會之無元，難以在文化生命中，建立强固的基石的。實者如前所論，中國文化，乃是仁、智合一，內外兼顧的。因此，若依其本身發展之蘄向，則中國人不僅應透過其道德心性，以自覺爲道德實踐的主體；同時亦當求其在政治上爲一政治的主體；在自然界、知識界爲一認識的主體。但事實上，中國文化之發展，在這兩方面，確有其不足。究其原因，實乃後世發展上的偏頗，而非根本上之缺陷。

就科學發展而言，我們雖然也强調對外的格物之學，而傳說中的一些聖王，也往往是器物的發明者。並且「正德、利用、厚生」也一直是我們追求的目標。但因基於當時社會的現實需要，因而多偏

尚於格人事之理，而未遑致其力於格自然現象之理。又由於中國思想非常重視道德的實踐，恒使其不能超越道德價值之判斷，以致力於對客觀之事物，作超乎人我，超乎實用的純理論的推演。因而在「正德」與「利用厚生」之間，始終缺少一個純理倫的科學知識爲其媒介。遂使其在追求正德之餘，在物質文明方面，只停留在最基本的製器利用的目的之上，而無以更深入地通往利用厚生的道路上去。這種現象，若無外力侵入，自然還能維持其文化生命之延續，而不自覺其有何缺憾。但當其與西方高度的科技文明相遭遇時，自不免顚躓蹉跌，恐恐然而不知所措了。

因此，我們今天所要努力以赴的，不僅僅是要學習西方的科學技能，更不能不顧自身的文化背景，將西洋的文化，作無根的移植。而是要自覺地調整自身文化心靈的表現形態，使認識的主體，能在道體主體的籠罩下，獨立地透顯出來，以開展我們科學的領域。斯乃更符合於中國傳統哲學思想中，仁、智合一，內、外兼顧的本然嶄向。惟有如此，科技文明，乃能在中國的文化土壤中生根，並且還能免除西方因科技文明所帶來的種種病症。

## ㈢ 落實外王之學，完成民主建國

中國傳統的外王之學，其政治之理想，非謂不崇高；民主之理念，非謂不發達。然因格於君主世襲之制度已然形成，因此在現實政治上，只能藉着「居其所，而衆星共之。」「所欲，與之聚之；所惡，勿施爾也。」等等難以期其必然的「治道」以維繫之。遂使政治的理想，民主的理念，始終無法落實。其流弊所及，則君主在政府內部的權力，雖然也要受到一些制度上及道德上的限制，但這些限制，往往並無絕對的約束力，仍當視君主本身之君德爲定。而其更大的流弊，就是因未嘗建立一個透過全民之意願爲斷的君位轉讓制度，遂使儒家所稱述的禪讓政治，到後世，乃轉化爲篡奪之假藉；而孟子所羡稱的湯、武革命，到後世更轉化爲羣雄並起，紛爭割據，喋血山河，伏屍百萬的局面。所以中國的歷史，始終是循環於一治一亂，而無以致萬世之太平。此一現象，實爲君主制度與傳統文化道德間，所存在的一種矛盾。

因此，我們今天在强調傳統的民主精神之餘，更應本此精神，謀求完美的民主制度之確立。使人人在自覺於爲的一道德主體之餘，兼以自覺於爲一政治的主體，以肯定人人具有平等的政治地位與權力，杜絕中國歷史上最大的亂源，完成民主建國的理想。從而使全體中國人的自由與人權，獲得更確實的保障，以符合中國傳統文化中道德精神自身發展之要求。

## 參考書目

從中國歷史看中國民族性及中國文化——錢穆
中國哲學的特質——牟宗三
中國文化之精神價值——唐君毅
中國哲學思想批判——韋政通
中國哲學的生命和方法——吳怡

# 先秦天人思想內荀子之主張及其價值定位試估

黃湘陽

（本文之目的，在討論荀子天人思想之內容，並嘗試另闢一途，爲其主張，在先秦天人思想內，依學理本身之要求，覓一價值定位。靜公師屢教以爲學須與時並進，依理探討。今以本篇爲　靜公師壽，深感慚愧。敬祈　靜公師及學者方家，鞭正指教。）

## 一、導　言

事物皆有其價值。在人之主客觀判斷中，各事物之價值可有高下先後之分，將此高下先後之分加以辨清排列，卽成價值級距。若由主觀認定一事物在價值級距中之位置，是爲價值判斷；若由客觀之分析，合理之比較，確定一事物在某一價值級距中之位置，則爲價值定位。價值判斷與價值定位之意義一致，惟有主客觀之區別而已。（註一）

荀卿爲儒家大師之一，地位雖不如孟子崇高，但其思想學說，仍有可供精研之處。一般言之，儒家學術，欲求內聖之術，可循孟子知性養氣擴充四端之說；若欲由天下國家以反論個人，則荀子之主張亦有其不易之理。學術思想之討論，尤其人文範疇之內者，固然應以抽象之人之本質性出發（如此方可適用於普世人類），發展出由簡入繁，以一馭萬之社會生活系統主張；但因人生與社會國家，實爲同出並進交互影響者，故以一馭萬之主張，常人初則可以欣然接受，奉爲理念，然一入實際，每難以奉行，甚且反生迷惑。此無它，關於人生本質之說，每屬先驗性道德性者，其獲致過程之艱辛，非常人所易知；而常人生活於實際社會中，於社會現狀，執著於因果律與功利心，難有超越之觀察，一切辛酸悲苦違理橫逆之事，或目擊，或身受，傷痛之餘，焉能不起天道寧論人生無依之歎。（註二）人生不能自外於社會，社會亦不能盡如人意，故由社會之一面以反論人生，亦可以發展出一套學說理論。惟此套學說理論，其方法乃爲歸納性者，其功用亦屬參考性者，可使後來研究者藉此社會與人生之歸納說明，檢驗前述以一馭萬理論之眞確性及可行性，並發展出更周密之理論系統。（註三）如以儒家爲例，孟子荀子之後，又有學庸兩篇出現，即可見荀子主張之不可廢。

在此須補充說明者，所以稱由社會反論個人人生之理論功用只許爲參考性之理由，蓋因社會之本身，並非人生之目的。約略言之，人生之目的，不論在追求理想幸福之生活，或在完成某種價值理念之追求，皆必須在社會內完成，亦必須在社會之發展延續中顯現意義。故社會或類如社會之一切人羣組織，只可謂爲人生在完成其目的追求之過程中所使用之一種工具而已。社會既屬工具，則爲人之造物。依被造物之一切價值不得大於其造物者本身之理，一切由被造物而得之知識及價值亦不得超越造此物者之本身。是故工具物之知識本身至多只可爲檢證之用，不可爲造此工具者之指導。社會或一切人羣組織之構成，根基於人之活動，而人之活動則受人心意理之支配，受人心之宇宙觀世界觀價值觀之支配，而此一切觀念之來又根源於人之本質性之存在及作用。故人文範疇內之思想學說討論，最後仍不能離開人之本質、人生目的及人之能力等方面之討論，終仍宜以人之本質爲其最中心，向外推擴及於社會國家天下。荀子學說之價值之定位，似亦可由此得一基準性之決定。

學術思想之討論，必有其起點。惟起點之選擇，人人皆可不定，此在我國先哲，因其學說本不以系統表現爲目的，故起點之選擇更具多變性。此狀況似予後來之研究增加甚多困難，然以今日而論，因各門學科之精密發展，資料之繁多普及，故此種困難已減輕甚多。今本荀子書由勸學始，不論荀子原本之排列是否以此篇爲首，此篇非其理論之中心則顯爲不爭之事實，故研究者自己可以另尋起點，下手討論。事實上，發明理論與介紹理論之方式可以不同，介紹理論可以捨繁就簡，重爲系統之排列。惟此排列必須忠實把握此學說之中心問題及主張乃可。

荀子書之學術思想，本以達成禮樂社會之正理平治爲目的，以探討社會構成之理由爲中心，以社會人羣之共同表現共同需要爲立論根據。故社會規範與個人行動之關係實爲其學說之中心問題。(註四)古代社會之另一重大問題爲人與自然之關係。古人科學思想不足，對天地自然之變化有莫測高深之敬畏，以爲社會之變化亦受天地自然之控制，故從而有天命觀念及崇天敬天之活動。荀子旣重社會與人，自亦不能不論及天人之關係，以爲人及社會求得一地位。惟此地位之求得，在荀子而言，仍以人生及社會之需要爲中心。故荀子主自然天而倡天生人成之說，並以此指明人生努力之方向。以下即以荀子之自然天主張爲起點，敍述其天人思想之內容，並嘗試爲其主張尋一價値定位。

## 二、荀子之天人思想

### 甲、天之觀念及其發展

自有生民以來，萬事初創，民生日用，一切皆有賴於天地自然之供應，若行事不合天常，則衣食所需將無著落；然人類雖一切依天常而行，天災地變仍時時破壞人類之生活。故初民有畏天敬天之觀念，乃自然而然之事。宗教迷信思想，爲人類最初出現之思想，可不待言。在中國，天人思想之發展，其內容爲逐漸由純迷信之上帝天觀念進化爲形上天及自然天之主張。上帝天觀念存於三代之時，惟其道德性之訴求則愈後愈顯。西周時形上天觀念萌芽，天命之說之內容亦由人格性或主宰性轉爲宇宙自然之理序或規律，失却意願性之意義，宇宙自然成爲一實體，成爲萬理之存有性根據。後世天道觀念之出現亦根源於此。（註五）

形上天觀念出現後之大轉變爲人世之理善獲致根本依據，並形成崇高意義。進而言之，人世間之理善由人造出，而能根於形上實體合於最高理序，則造此理善之人者自身必有合於最高理序之本質，否則不可能有此成就。

根據形上天觀念發展而出的兩大理論體系卽爲原始儒家之孔孟與原始道家之老莊。孔孟以爲旣以天道爲超經驗之形上實體。爲人世理善之根本及規律之所在，則人世間卽有追求及宏揚此實體之義務，表現此實體之崇高意義之使命。故原始儒家依此使命之認識而强調剛健創造之生命進程，倡言人生應以積極有爲之態度行仁求義以達於社會及世界之美善。老莊則以爲形上天道已形成最高完美與至善之自然境界，人類不僅不可能再爲改進，且每動必敗。故倡無爲以尊自然之說，於個體但求精神之通達無礙，樂觀逍遙之生命情狀，於學說則盡力釋闡此形上之本體。正如莊子所謂：「天地有大美而不言，四時有明法而不議，萬物有成理而不說，聖人者，原天地之美而達萬物之理。」（知北遊）

形上實體之說爲先驗性者，屬純粹概念性者，爲演繹性者，根本不能亦不應就感官或實際世界之邏輯推理求其解決者。故老子雖極力言道，終究不得不承認此道難以解釋，恍兮惚兮，莫名其妙。非理性天資超越者，不能窺其堂奧。（註六）上帝天觀念因人文進化而漸打破，形上天觀念又難得其解，自然天觀念遂有伸張之機會。

自然天觀念之起源亦甚早，可能與上帝天同時，其逐漸入於人心，公開排斥上帝天觀念，脫離鬼神迷信，則在春秋時代。由左傳之記載，可發現持自然天以棄鬼重人之觀念已甚普遍。如桓公六年，季梁曰：

夫民，神之主也。是以聖王先成民，而後致力於神。

莊公十四年，申繻曰：

人之所忌，其氣燄以取之。妖由人興也。人無釁焉，妖不自作。人棄常則妖興，故有妖。

莊公三十二年，史嚚曰：

國將興，聽於民，將亡，聽於神。神聰明正直而壹者也。依人而行。

僖公二十一年，臧文仲曰：

（焚巫尪）非旱備也。修城郭，貶食省用，務穡勸分，此其務也。巫尪何為。天欲殺之，則如勿生。若能為旱，焚之滋甚。

宣公十五年，伯宗曰：

天反時為災，地反物為妖，民反德為亂，亂則妖災生。

昭公十八年，子產曰：

天道遠，人道邇，非所及也。

昭公二十六年，晏嬰曰：

君無違德，方國將至，何患於彗。詩曰：我無所監，夏后及商，用亂之故，民卒流亡。若德回亂，民將流亡，視史之為，無能補也。

由以上所引傳文，可見春秋時代之賢臣，常主盡心國事，捨棄迷信。亦可謂當時已確立盡人爲之努力以存社稷國家之精神。此精神爲荀子所服膺，遂開出其天人思想之主張。惟此時期之自然天主張，只是當時賢士大夫之一種判定，尚不見理論意義。

## 乙、荀子天人思想之內容及架構

荀子天人思想之內容，乃以天爲自然天，倡天生人成之說，以爲天人應分職而合作，使天地人生呈現兩得彰顯皆有價值之光明意義。就荀子書中主張，可知荀子之天人思想，其架構之表現爲由天人分立以至天人合作，由天人合作以至天生人成。其架構之根極問題爲人生之需要，而主導之原則爲社會之維繫。其目的在爲人生尋模範、立意義，從而表彰人生之價值所在。

荀子首先確立其自然天之主張，以爲天乃一自然存在，其本身只爲一固定之運行而已，其生養萬物之成就，至爲神妙，然究其實，只爲自然而然，並無目的意願存焉。荀子云：

> 列星隨旋，日月遞炤，四時代御，陰陽大化，風雨博施，萬物各得其和以生，各得其養以成，不見其事而見其功，夫是之謂神。皆知其所以成，莫知其無形，夫是之謂天。（天論篇）

故天之於其所生，無愛無憎，亦無任何計較。荀子云：

> 天能生物，不能辨物也；地能載人，不能治人也。（禮論篇）

> 天不為人之惡寒也，輟冬；地不為人之惡遼遠也，輟廣……天有常道矣，地有常數矣。（天論篇）

> 星隊（墜）木鳴，國人皆恐。曰：是何也？曰：無何也，是天地之變，陰陽之化，物之罕至者

也。怪之，可也；而畏之，非也。夫日月之有蝕，風雨之不時，怪星之黨見，是無世而不常有之。上明而政平，則是雖並世起，無傷也。上闇而政險，則雖無一至者，無益也。（天論篇）

故荀子僅視天爲生養萬物之來源。對此來源，荀子設定其職分卽爲生養，而對此職分之形成與過程，則不爲人應注意之對象，人自有其應注意及完成之職分，荀子云：

不為而成，不求而得，夫是之謂天職。如是者雖深，其人不加慮焉，雖大，不加能焉；雖精，不加察焉；夫是之謂不與天爭職。天有其時，地有其財，人有其治，夫是之謂能參。舍其所以參，而願其所參，則惑矣。（天論篇）

「人有其治」卽爲人之職分，此職分在抽象或個體之人而言，荀子以爲應屬順人生之本然及需要，盡人之能力以求其正確之滿足之道。荀子云：

天職既立，天功既成，形具而神生，好惡喜怒哀樂藏焉，夫是之謂天情。耳目鼻口形能各有接，而不相能也，夫是之謂天官。心居中虛，以治五官，夫是之謂天君。財（裁）非其類以養其類，夫是之謂天養。順其類者謂之福，逆其類者謂之禍，夫是之謂天政……聖人清其天君，正其天官，備其天養，順其天政，養其天情，以全其天功；如是，則知其所為，知其所不為矣；則天地官而萬物役矣。（天論篇）

而在全體人羣方面，則爲謀求社會羣治之道：

天行有常，不為堯存，不為桀亡。應之以治則吉，應之以亂則凶，彊本而節用，則天不能貧；

養備而動時，則天不能病；脩道而不忒，則天不能禍。故水旱不能使之饑，寒暑不能使之疾，妖怪不能使之凶。本荒而用侈，則天不能使之富；養略而動罕，則天不能使之全；倍道而妄行，則天不能使之吉。故水旱未至而饑，寒暑未薄而疾，妖怪未至而凶，受時與治世同，而殃禍與治世異，不可以怨天，其道然也。故明於天人之分，則可謂至人矣。（天論篇）

並一再申言社會羣治之安危，必不受天之指導，全在此社羣之本身而已。荀子就歷史之證據云：

治亂天邪？曰：日月星辰瑞曆，是禹桀之所同也；禹以治，桀以亂，治亂非天也。時邪？曰：繁啓蕃長於春夏，畜積收藏於秋冬，是又禹桀之所同也；禹以治，桀以亂；治亂非時也。地邪？曰：得地則生，失地則死，是又桀禹之所同也；桀以治，禹以亂，治亂非地也。（天論篇）

荀子重個體而更重羣體。主張「人生不能無羣」，以爲羣體乃個體之寄託與保障。由是言之，發展羣道，以維繫羣體，遂成爲天人分職中人職一面之重點，而社會之成立與維繫，亦遂成爲其天人思想之主導原則。荀子云：

故人生不能無羣，羣而無分則爭，爭則亂，亂則離，離則弱，弱則不能勝物，故宮室不可得而居也，不可少頃舍禮義之謂也。（王制篇）

（彊國篇）

而此主導原則所欲完成之根極問題仍爲人生之需要。荀子云：

人莫貴乎生，莫樂乎安，所以養生安樂者，莫大乎禮義。（彊國篇）

觀荀子之意，蓋以爲生養人者，固然爲天，實際安頓人者，則爲羣體社會，以荀子之意說之，則爲國家。人生不得安頓，則人之生命僅爲無意義之存在；人生既無意義，則天之生養，亦無意義可言。

社會國家既爲人生安頓之所，則此所在之安治與否，遂成爲重要問題。社會國家之安治，如何而可以出現，如何而可以維持？荀子以爲必賴合理之治道。此合理之治道，在荀子言即爲禮義之道，亦爲人所必行之道。

先王之道，仁之隆也，比中而行之。曷謂中？曰：禮義是也。道者非天之道，非地之道，人之所以道也，君子之所道也。（儒效篇）

由是，荀子天人理論架構中應解決之問題乃發展爲禮義之道如何而可以出現？及何以禮義之道足以解決並維持社會之安治？此二問題若不得解決，則其禮義之道主張終爲空談。

禮義之道如何而可以出現一問題，荀子由人特具辨知之能一事實，著手解決此問題。荀子云：

人之所以為人者何已也？曰：以其有辨也。饑而欲食，寒而欲暖，勞而欲息，好利而惡害，是人之所生而有也，是無待而然也，是桀禹之所同也。然則人之所以為人者，非特以二足而無毛也，以其有辨也。今夫狌狌形笑亦二足而毛也（俞樾說笑作狀。毛字上當有無字。王先謙云：宋人所見荀子本，形笑作形相，而毛作無毛。），然而君子啜其羹，食其胾。故人之所以為人者，非特以其二足而無毛也，以其有辨也。夫禽獸有父子，而無父子之親，有牝牡，而無男女

之別，故人道莫不有辨。（非相論）

辨屬心之能力，爲分別取捨可能之根源，因人有此心之能力，故除有感性之知，分別黑白美惡，更有理性之知，能別社會生活內之是非善惡。既能有所分別，遂能有所取捨，故荀子以爲辨能生義，義則定人之取捨，人能擇善而爲，故有父子之親，男女之別。而社會組織遂得出現焉。荀子並强調，宇中萬物，惟人類有此辨分之能，人類實爲宇內萬物中最珍貴者：

水火有氣而無生，草木有生而無知，禽獸有知而無義；人有生有知亦且有義，故最為天下貴也。（王制篇）

將人類與萬物加以辨分之後，荀子確定人類可獨立於水火草木禽獸之外，別爲最貴之一類，因人類獨具辨分之能，且能行此辨分之能。

辨分之能得自於天生，天何以生此能予人，依天人分職原則可不必討論。而依一物之所以爲一物，在其具有並實現其特殊之性質之理言，則人類之實現其辨分之能亦屬自然而無可逃避之事。辨分之實現，荀子以禮義稱之，故禮義之道，遂由此出現。

其次，關於何以禮義之道足以解決並維持社會之安治問題，荀子由人之欲求及社會構成之條件兩方面解決此問題。荀子云：

禮起於何也？曰：人生而有欲，欲而不得，則不能無求。求而無度量分界，則不能不爭；爭則亂，亂則窮。先王惡其亂也，故制禮義以分之，以養人之欲，給人之求。使欲必不窮於物，物

必不屈於欲。兩者相持而長，是禮之所起也。（禮論篇）

據此而言，禮義之起，不僅爲人生社會之需要，並且爲人生社會之必要。唯有禮義，方可解決並維持社會之安治。詳細言之，義爲禮之本質，禮爲義之表現。荀子云：

故禮者養也。夫義者，所以限禁人之為惡與姦者也。……夫義者，內節於人，而外節於物者也；上安於主，而下調於民者也；內外上下節者，義之情也。然則凡為天下之要，義為本，而信次之。（彊國篇）

禮者，以財物為用，以貴賤為文，以多少為異，以隆殺為要。文理繁，情用省，是禮之隆也。文理省，情用繁，是禮之殺也。文理情用相為內外表裏，竝行而雜，是禮之中流也。（禮論篇）

孰（審也）知夫出死要節之所以養生也！孰知夫出費用之所以養財也！孰知夫恭敬辭讓之所以養安也！孰知夫禮義文理之所以養情也！故人苟生之為見，若者必死；苟利之為見，若者必害；苟怠惰偷儒之為安，若者必危；苟情說之為樂，若者必滅。故人一之於禮義，則兩得之矣；一之於情性，則兩喪之矣。（禮蔽篇）

故有禮義，人生社會乃得生養安治。

此無他，禮義使社會之組織獲保障，社會之分工得確立。荀子並據此而解決其第二問題。荀子云：

禮者，貴賤有等，長幼有差，貧富輕重皆有稱者也。（富國篇）

禮義不脩，內外無別，男女淫亂，則父子相疑，上下乖離，寇難並至：夫是謂人妖。妖是生於

亂。（天論篇）

萬物同宇而異體，無宜而有用為人，數也。人倫竝處，同求而異道，同欲而異知，生也。皆有可也，知愚同；所可異也，知愚分。執同而知異，行私而無禍，縱欲而不窮，則民心奮而不可說也。如是，則知者未得治也；知者未得治，則功名未成也；功名未成，則羣衆未縣也；羣衆未縣，則君臣未立也。無君以制臣，無上以制下，天下害生縱欲。欲惡同物，欲多而物寡，寡則必爭矣。故百技所成，所以養一人也。而能不能兼技，人不能兼官，離羣不相待則窮，羣居而無分則爭；窮者患也，爭者禍也，救患除禍，則莫若明分使羣矣。（富國篇）

彊脅弱也，知懼愚也，民下違上，少陵長，不以德為政：如是，則老弱有失養之憂，而壯者有分爭之禍矣。事業所惡也，功利所好也，職業無分；如是，則人有樹事之患，而有爭功之禍矣。男女之合，夫婦之分，婚姻聘定，送迎無禮；如是，則人有失合之憂，而有爭色之禍矣。故知者為之分也。（富國篇）

由以上兩問題之解決，禮義之道乃得確立。故荀子以禮義之道爲「人道之極」，其言曰：

繩者，直之至；衡者，平之至；規矩者，方圓之至；禮者，人道之極也。（禮論篇）

禮義之道之功效，亦遠勝其他法則，如賞罰勢詐之類：

無禮義忠信，焉慮率用賞慶、刑罰、埶詐，除阨其下，獲其功用而已矣。大寇則至，使之持危城則必畔，遇敵處戰則必北，勞苦煩辱則必犇，霍焉離耳，下反制其上。（議兵）

而禮義之道旣立，荀子之天人思想理論亦可由天人分職推前一步，進入天人合作。所謂天人合作，卽天之所生，與人之所爲，可以相得益彰。荀子云：

> 北海則有走馬吠犬焉，然而中國得而畜使之；南海則有羽翮齒革曾青丹干焉，然而中國得而財之，東海則有……故澤人足乎木，山人足乎魚，農夫不斲削不陶冶而足械用，工賈不耕田而足菽粟，故虎豹為猛矣，然君子剝而用之，故天之所覆，地之所載，莫不盡其美，致其用，上以飾賢良，下以養百姓而安樂之，夫是之解大神。（王制篇）

> 春耕夏耘，秋收冬藏，四者不失時，故五穀不絕而百姓有餘食也。汙池淵沼川澤，謹其時禁，故魚鱉優多而百姓有餘用也。斬伐養長不失其時，故山林不童而百姓有餘材也。聖王之用也，上察於天，下錯於地，塞備天地之間，加施萬物之上。（王制篇）

所謂相得益彰，卽天生之物，因人之能利用而顯其價值，人亦因能使物之價值出現，而更見其優越。就物之價值之出現言，此完全爲人之造成。因天之生物，本無目的，本無意義，故本無價值可言。今因人之依禮義而成社會：因成社會而使天生之物出現其價值，則是天生之自然世界，因人之成就而出現意義，出現目的，從而出現其價值，則荀子之天人思想理論，又可由天人合作而更上推一層，進入「天生人成」一層次之內。荀子云：

> 大天而思之，孰與物畜而制之！從天而頌之，孰與制天命而用之！望時而待之，孰與應時而使之！因物而多之，孰與騁能而化之！思物而物之，孰與理物而勿失之也！願於物之所以生，孰

於有物之所以成！故錯人而思天，則失萬物之情。（天論篇）

而荀子天人思想之結構，亦至此而告完成。

天人思想之研究，本以尋求人生在天地內之地位爲目的。荀子之天人思想，由天人之分而天人合作，由天人合作而天生人成，其目的可見在指明人應依其在社會內之身份，盡其能力，完成其所應爲之「天生人成」工作。如荀子云各色人等在天地社會中之工作與貢獻：

兼足天下之道在明分：掩地表畝，刺草殖穀，多糞肥田，是農夫衆庶之事也。守時力民，進事長功，和齊百姓，使人不偷，是將率之事也。高者不旱，下者不水，寒暑和節，而五穀以時熟，是天之事也。若夫兼而覆之，兼而愛之，兼而制之，歲雖凶敗水旱，使百姓無凍餧之患，則是聖君賢相之事也。（富國篇）

傳曰：農分田而耕，賈分貨而販，百工分事而勸，士大夫分職而聽，建國諸侯之君分土而守，三公總方而議，則天子共己而已矣。出若入若，天下莫不平均，莫不治辨，是百王之所同也，而禮法之大分也。（王霸篇）

各色人等，依當時社會等級分之爲二，即爲君子與小人。君子爲小人之領導，故君子之工作，較小人更爲重要。而荀子立天生人成主張之最大目的，亦在指明此點。荀子云：

故曰：君子以德，小人以力；力者，德之役也。百姓之力，待之而後功；百姓之羣，待之而後和；百姓之財，待之而後聚；百姓之埶，待之而後安；百姓之壽，待之而後長；父子不得不

親，兄弟不得不順，男女不得不歡。少者以長，老者以養。故曰：「天地生之，聖人成之。」此之謂也。（富國篇）

「天地生之，聖人成之。」故人生之目的，在使其自身成爲聖人，得聖人之成就，聖人之成就如何？荀子云：

天地合而萬物生，陰陽接而變化起，性偽合而天下治。天能生物不能辨物也，地能載人不能治人也；宇中萬物生人之屬，待聖人而後分也。詩曰：「懷柔百神，及河喬嶽。」此之謂也。（禮論篇）

具體言之，在參天地之化育，在爲社會立人倫、在爲國家立制度。荀子云：

以類行雜，以一行萬。始則終，終則始，若環之無端也。舍是而天下以衰矣。天地者，生之始也；禮義者，治之始也；君子者，禮義之始也；為之，貫之，積重之，致好之者，君子之始也。故天地生君子，君子理天地；君子者，天地之參也，萬民之總也，民之父母也。無君子，則天地不理，禮義無統，上無君師，下無父子，夫是之謂至亂。君臣、父子、兄弟、夫婦，始則終，終則始，與天地同理，與萬世同久，夫是之謂大本。故喪祭、朝聘、師旅一也；貴賤、殺生、與奪一也；君君、臣臣、父父、子子、兄兄、弟弟一也；農農、士士、工工、商商一也。（王制篇）

故人生之目的，確乎在學爲聖人，成爲聖人，捨此之外，別無可求。荀子云：

凡以知，人之性也；可以知，物之理也。以可以知人之性，求可以知物之理，而無所疑止之，則沒世窮年不能徧也。其所以貫理馬雖億萬，己不足浹萬物之變，與愚者若一。學、老身長子，而與愚者若一，猶不知錯，夫是之謂妄人。故學也者，固學止之也。惡乎止之？曰：止諸至足。曷謂至足？曰：聖也（梁啓超據下文改也為王，見荀子柬釋）。聖也者，盡倫者也；王也者，盡制者也；兩盡者，足以為天下極矣。故學者以聖王為師，案以聖王之制為法，法其法以求其統類，以務象效其人。嚮是而務，士也；類是而幾，君子也；知之，聖人也。故有知非以慮是，則謂之懼；有勇非以持是，則謂之賊；察孰非以分是，則謂之篡；多能非以脩蕩是，則謂之知；辯利非以言是，則謂之詍。傳曰：「天下有二：非察是，是察非。」謂合王制不合王制也。天下不以是為隆正也，然而猶能分是非治曲直者邪？（解蔽篇）

學惡乎始？惡乎終？曰：其數則始乎誦經，終乎讀禮；其義則始乎為士，終乎為聖人。真積力久則入。學至乎沒而後止也。故學數有終，若其義則不可須臾舍也。為之人也，舍之禽獸也。故書者，政事之紀也；詩者，中聲之止也；禮者，法之大分，類之綱紀也。故學至乎禮而止矣。夫是之謂道德之極。（勸學篇）

人生之目的既立，人生之意義亦顯，人生或人之價值亦由是而出，荀子之天人思想，亦至此而告完成。

以上所述，爲荀子天人思想之大要。荀子所謂之天，一般歸類爲自然天。荀子自然天之理論來源，詳見本文第三部分之乙節中，此處爲獨立其天人思想之特殊意義，故暫不討論之。

## 三、荀子天人思想之價值定位試估

### 甲 價值定位之困難、必要及成立法則

欲爲一事物之價值定位，已屬大膽。欲爲一學術思想從事價值定位，更屬妄爲。然人不可無嘗試，從事學術思想之研究與介紹，更不可不勉力爲價值定位之探討。蓋苟無決定，研究者自身必無體客觀清明之瞭解，學習者亦僅知其大概而無法獲得啓示。其實，研究者即學習者，故雖明知係屬妄爲，亦只有大膽爲之。

價值定位之所以困難，可以事物之價值本可由多種角度加以觀測見之。有多種角度之觀測，遂有多種價值級距，故一事物之價值定位，在各種價值級距中，可有不同之位置，或前或後，或輕或重，不必一律。（註七）此不必一律之結果，似將令人迷惑，轉有無從確定之感；惟此不必一律之結果，正可顯示該事物在各種需要或目的追求中，所能發揮之極限功效。功效之意義在提供滿足，故價值定位之探討，在確定事物於各種需要或目的追求中所可達成之滿足程度。此滿足程度，使人於從事事物之選擇時，可依其需要而爲清明客觀之取捨，並有產生更新發展之可能。故價值定位，爲多重考慮之價

值判斷，非單一性考慮之價值判斷，實爲客觀性且具科學精神之價值判斷。困難固爲事實，其確具必要性則不可抹殺。

研求價值定位之困難，首在發現事物所可提供之全般角度。而欲發現一事物之全般角度，幾爲事實上所不可能者。蓋事物雖皆有其固定性與極限性，亦皆有其與他物之相關性、替代性及互補性，故欲求全，實不可能。然求全雖不可能，求近乎於全仍屬可能。近乎於全者，卽就一事物可能有之角度，盡量羅列，排出其各種價值級距。惟因人之識見有限，無論其如何求全，終不免掛一漏萬之憾，可爲者唯在盡量勿失其主要而已。

價值之確定，應在其功效，蓋功效提供需要或目的之滿足。故滿足之來，實基於需要或目的之追求。需要或目的不一，滿足亦不一，滿足旣不一，則其價值亦不一。由是言之，事物之各種價值級距之發現，似應由對此事物之需要或目的入手爲之，方不失其主要，且似亦爲一最直接可行之道。

需要與目的，其意不同，而可以爲一事。如飢則欲食，渴則欲飲，故飲食爲需要；然飲食表面爲解除饑渴之痛苦，實則爲達到維生之目的。又如讀書在求明理，此爲目的；明理則須讀書，故書及讀書爲人之所必需者。由此言之，需要之出現，必爲某種目的；而目的爲眞實，需要方有意義。故需要與目的，實爲一事，就明顯性言，需要常明顯，目的常不明顯；就眞實性言，目的爲眞實，需要則非眞實；惟目的之達成必藉需要之滿足而後可。一事物之價值如何，當視其對需要與目的所可提供之功效如何而決定。如水及食物，可滿足饑渴之需要而達成解除饑渴之目的；就饑渴言，水及食物不可互相取代，或可謂有同等價值，然就維生之眞實目的言，數日不食猶可，數日不飲則不可，數分鐘無空氣則更不可。由是可知，如以維生爲目的，需要空氣之迫切性大於水，水則大於食物。故空氣、水及食物可形成一列以維生爲目的之價值級距，空氣之價值定位最高，次爲水，次爲食物。

以上之討論如可成立，則可知事物之價值定位，端視其在某一目的內，依需要之迫切性所提供之滿足功效如何而定，且此確定，較單純之有無價值，更爲精細及眞實，因其具有目的內之眞正價值比較意義。而啓示亦可由此而得開展。（註八）

## 乙　荀子天人思想之價值定位

天人思想之研究，其目的在爲人類覓一地位；爲人類求一生命之意義；爲人類得一生活之場所。就地位言，其意在指人類可能提升之極限；就意義言，其意在指人類生命中應然之理。地位與意義自須結合爲一，卽依何種生命應然之理以達成何種提升之極限，而此提升必有一起始之場所。（註九）提升必有目標，生活場所必有性質範圍。故天人思想之研究內容，應在指明人類當以何種生活爲範圍，實踐此範圍內生活應然之理以達成人類可能提升之極限地位。（註一〇）

依以上所述，則可知欲建立一種天人思想，其最迫切之需要，表面似爲人類可能提升之極限地位，其實應爲人類正確之生活範圍，其次則爲在此範圍內之生命應然之理。蓋生活範圍若不能確立，則應然之理亦不能確立，此二者不能確立，則人類可能提升之極限地位必不能達成，無論其形容爲何種之聖哲名王眞人大儒，終爲空洞之號召而已。

人類生活之範圍，由有形言，可以爲個人形軀、家庭、族姓、社會、國家、國際乃至於星際；由無形言，可以爲情意、道德、思辨、理念、文化、宇宙永恆。不論有形者或無形者，其範圍皆可以有大小之分，久暫之別。人生範圍之選擇，究竟應以何者爲理想？欲解決此問題，應就選擇而設標準，合標準者近乎理想，最合標準者卽爲最近理想者。人生爲一段持續發展之過程，此過程前有所承，後有所啓，故其時間性必非短暫一時者；人生自少自老，必有各種階段各種需要，故其接觸面必非狹窄單一者。自此言之，則選擇之標準，應爲根據人生之需要而求其可大可久者。可大，故人生能有充分之生活自由，可久，故人生之幸福安全能得保障。依此標準，人生之範圍及應然之理，不應限於有形之天地之內或個人形軀上，亦不可限於個人之情意。家庭族姓爲個人生命之根源，社會國家爲個人寄託之場所，而道德、理念、文化又爲社會與國家所共享之財富及維持並發展之根據。故人類生活之範圍及應然之理，應自家庭族姓之倫常始，盡力於道德、情意、思辨、理念、文化之豐富與提升，以維護其社會國家，進而使人類之文明提升及永存於宇宙之內。故人類生活之範圍，實不可劃地自限，應隨其生命之成長而求生命意義之日益擴大提升，自狹窄有限而日進於廣遠無限之境。

若以上述之要求爲目的，求之於先秦天人思想之提供於生活範圍與應然之理者，則似可以客觀衡量其功能而論其價值定位之前後高下矣。

先秦天人思想中，有主上帝天者。此初見於書經所記夏商周三代時期，自表面言之，其以爲人類生活之範圍，應以上帝所允許之範圍爲範圍，其應然之理，爲天命及祖先聖王之教訓。然究其實際意義，其所謂生活範圍，在政治權力之爭逐與確保，實以種姓之興旺及政治集團之利益維持爲生活之最大最久範圍。其所謂應然之理，就天命言爲迷信；就祖先聖王之教訓言爲自私目的之理性告示。此不合道德之公義原則。天命信仰可生種姓之力量；理性考慮可使成就高大；但不合公義終不能獲致廣大維持久長。再就其所達成之提升地位言，無論如何努力，在天命之下，人類終不能獲得精神或德性之超越。

其次，墨家之主張亦言天志，以「天下」爲人類生活之範圍，以天志兼愛義利爲生命應然之理。其所謂「天下」，乃就全體人類而言，具體之形容，則爲國家，而不分種姓。惟墨家之主張乃針對戰國時代之亂世而提出之救世主張，假借人心中天命之傳統信念而發爲兼愛義道（義屬義外之義）之說，爲一種時代性之理論，空間範圍雖大於三代，時間性則仍有限制。其於人生之提升，亦一如三代時期，永無精神或德性超越之可能。

上帝天觀念之外，先秦天人思想中另有一類以形上天爲根據之天人思想。此類天人思想啓自於詩易，而發揮於道儒二家，形成三種不同之天人思想主張。

形上天者，係將天視爲一形上學意義之實體而言者。此實體有其本身之表現，有其內在之法則，爲超經驗事象之事物，同時亦爲全體經驗事象之根本及規律之所在。

詩之言形上天者，如「上天之載，無聲無臭。」（大雅文王之什文王）此謂上天自有特性，且言其無意願性命令性；又如「天生烝民，有物有則。」（大雅蕩之什烝民）此謂天爲理序之根據，表示一種必然之法則而非天之意志，故烝民下卽云「民之秉彝，好是懿德。」諸天生之民，亦自有其自願之理法，依此理法，則合形上之理而爲善，否則卽自食其惡，故詩又云「下民之孽，非降自天。」（小雅　十月之交）故詩以文王爲證，言其能合形上天之理法。成其完德「維天之命，於穆不已，於乎不顯；文王之德之純，純亦不已。」（周頌　淸廟之什　維天之命）

由詩之所言，一則可見天人之分；一則可見天人之合。天人之分者，謂天無意願而人可自由。天人之合者，謂人心之理與人世之善皆以天爲根源，爲天德流行，自然所生所有，人生如循天理而爲，亦自然可得善果。

易之爲形上天主張，其本身並無明言，然可由其自乾坤陰陽之象徵發展爲六十四卦之組合見之。陰陽象宇宙自有之質與能，爲化生之理及根源，合此質能，遂有不息之生生。六十四卦之兩相對反，分之可見事物之種種對立差異；合之則可見宇內之平衡和諧。

故易所表現者，爲自然之生生不息與永恆之和諧均衡。此爲一實體，自有能生創新之發展體系，亦有內在對立而平衡和諧之秩序。由能生至和諧而又生，此爲一行動，而行動必有目的，此目的自應爲善。爲善之行動自必有其意義，此意義當爲積極而進化者。

人類爲宇內萬物之一，宇宙有其目的與意義，則人類之生活生存當同於宇宙之基本理法，亦有其目的與意義，此非宇宙自然之命令或意願，實爲不得不然之天然發展。惟亦因宇宙自然本無命令或意願，故人類亦可以有其自由之選擇，人類可以不依天然之理法發展而違生生和諧之道，而自食其惡果。

詩易之形上天主張，可謂已具知識性意義，較書經所錄之三代上帝天宗教性迷信主張，遠爲高明可取。惟因其將天人分立，又予人類以自由之選擇，遂啓以後道儒兩家不同之天人思想主張。道儒兩家之天人思想，由形上天落實於人生日用，於是有自然天與道德天之不同發展。老莊言自然天，孔孟主道德天，而荀子則採自然天而輔以孔子道德之說。此爲先秦天人思想之大開大合處，雖已逸出本節之主題，然在此不得不先敍明者也。

謂老莊之言自然天，實僅就其稱天之本身意義而言，老莊以爲天亦爲形上之道之化生結果之一，與萬物相同。老莊之所謂道，卽其稱宇宙第一原理之名，如詩易所意謂之形上天是也。此意可由老子之言「人法地，地法天，天法道，道法自然。」（老子第二十五章）見之。老莊所眞正注意者爲道而非天。自然天之强調，實至荀子而極盛，而荀子之自然主張中，亦並未否定其天仍有形上意義。此可由其仍言天之種種理法而見之。如荀子天論篇云「列星隨旋，日月遞炤，四時代御，陰陽大化，風雨博施，萬物各律其和於生，各律其養以成，不見其事而見其功，夫是之謂神。皆知其無形，夫是之謂天。」又如「天有常道矣，地有常數矣。」又如「天行有常，不爲堯存，不爲桀亡。」等皆是。謂荀子之主自然天，實就其强調天之無意願無命令性意義而言之也。老莊以天歸道，故多言道而少言天；荀子以道歸人，故謂道爲禮義，爲「人道之極」（荀子禮論篇）。荀子自然天之主張，實用春秋時代自然天之說，參以老莊之理，豐富其內容而成者。

老莊據形上本體之道以言其天人思想，以爲人類生活之範圍實在道之內，不僅在天地之內而已。老莊以爲天地萬物人類，皆爲道所化生，可謂本質一律平等，無高下，無優無劣；且無論爲物爲事（事爲物與物種種往來行爲），其變化皆不離道之理法，呈現一定而圓滿自足之循環往復狀態，此一定而圓滿自足之循環往復狀態，本身已盡美盡善，不必再有人之設計用力。人力之任何改變，皆屬破壞此盡美盡善狀態之舉，故於人生取無爲自適，清靜順守之態度。人生至此，遂一切皆無可用力。由是言之，在人生範圍內，所可行者，惟存一情意我之靜觀欣賞，逍遙自得而已；而自然之道所予人之自由意志與創造力，不僅不爲人之財富，反成爲人之累贅。故老子主「損」，莊子主「忘」，以求提升人之德性情意於通明無滯而得「天和」、「天樂」（天道篇）之境。（註一一）

孔孟之天人思想，爲主道德天之天人思想。其根源在詩易之形上天。孔孟推形上天之自然理法爲生生不息之德，爲均衡無偏之善。落實於人生言之，即爲道德之表現。蓋道德之目的，即爲形上天心天理之美善表現，道德之內容，即爲人性自發之仁義及其一切德目如四維八德之類也。故孔孟以爲人類之生活範圍，應以道德之探究及發揚爲範圍；又應由人性自身可能之善以探求人生應然之理；自親子宗族鄉黨師友部屬乃至一切人種物類，皆以仁民愛物之心包之，以合理之義行待之。由此而言，人類之生活範圍，爲本心之道德活動範圍，初顯於家庭內之孝悌之行，逐漸擴及社會天下，最後可至於宇中人物自然全體。故天予人類之自由意志與創造能力皆得發用；而情意我之欣賞，思辨我之理智在道德我之顯發中亦將全顯其功用及價值。此無他，道德我之活動原無妨於情意我之欣賞，如孔子顏回皆有其至樂，有天地自然之欣賞；而道德我之探究及發揚且必以思辨我（或稱認知我）爲輔佐，以人生事實證其理論；此二者之合作所創造之新世界必更爲情意我所欣賞；而人生至此自可提升於天德流行幸福圓滿之境矣。（註一二）

荀子之天人思想乃主自然天者。其所着眼，在以思辨心與人力改造其所處之社會，使社會理想，並使自然界之事物能爲社會內之全體人羣役用。

故荀子所主張之生活範圍，實以個人及社會之生存爲中心。個人不能離羣而生，羣體亦賴以個人爲單位之組成份子分工合作而得維持。因而荀子以社會爲人類之活動範圍，以形成維護社會健全之禮義爲生活應然之理，用人類之思辨心以達成其要求。由是言之，荀子實以社會之成立與維護爲人生之目的，思辨心之正確活動爲人生之意義。

然生存並非人類存在之目的，故社會羣體之健全與維護亦非人類存在之目的。人類存在之目的，應在藉社會之功能以達成更高之價值追求，而此更高之價值追求亦不僅在條理萬物以供人類之役用而已。

其次，思辨心爲人心之功能之一，如何正確運用此心爲人類當然之事。思辨活動爲基於目的性之活動，意義因正確之目的達成而顯，並不因思辨之活動而顯，故思辨心之正確活動，亦非人生之意義所在。

人類有思辨心，故有思辨我（或云認知我）之存在。人生之意義如僅在思辨之正確活動，則人生之範圍亦僅爲思辨我所及之範圍之內。思辨我之活動，可及於人，亦可及於自然及萬物，及於人者，開出各種人文社會科學之研究；及於自然萬物者，開出宇宙自然科學之研究；形成各種學術系統理論，就學術研究之擴大人生言，此範圍亦不在小。惟荀子重人文社會而輕自然及萬物，是以其學亦偏向於心理思辨，學術批評（如正論篇，非十二子篇等）、政治（如王制篇、王霸篇、君道篇等）、軍事（如議兵篇）、教育（如勸學篇、儒效篇等）、禮樂（如禮論篇、樂論篇等）、經濟（如富國篇）等，而一切歸之於社會或國家之正理平治目的與需要下。故荀子雖開出多種人文社會學術，却又以正理平治之需求限制各種學術之發展，使思辨我之應用範圍縮小附庸於社會國家之需要之內，未能開出獨立之學術研究以擴大人生範圍。

荀子使學術研究不得獨立以顯意義，亦有害於其自身之思想主張，此卽使其思想主張皆淪爲社會國家正理平治下之功效性主張，使其倡導最力之禮義法正喪失獨立美善意義與價值，淪爲社會國家需要下之工具價值。工具爲人所應用之物，不僅用否取捨在人，且極易遭汰舊換新之變。禮義法正既淪爲工具，故荀子無法開出主體道德觀念，其禮義法正終成義外之說，而不能爲人生本我之所固有，亦終不能保證不爲後人所淘汰。韓非捨禮義而定法術，卽爲對此義外之禮義法正之一種淘汰也。而韓非爲荀子之傳人，可見以義外爲治之局面，或能苟合於社會之需要，然其維持，必不能久。

思辨我之藉外活動，將錮蔽道德我之顯揚發展；思辨我之用心所及，亦妨礙情意我之欣賞感通；

此由荀子書中無一語及於人生自然之欣賞可見之；思辨我之功效，惟在建立中性之理智之思考判斷；其可以有助於證實道德主體爲人自身之說，而不可以取代主體道德觀念。故孔子「仁者安仁，智者利仁」之以仁領智，仁在智先之主張，實爲不易之至論。思辨我如不受道德我之領導，督責暴刑必起，詐僞勢利必興，而一切假社會或國家之名而起之邪說思想如納粹、法西斯、馬列共產思想等，必層出不窮也。

荀子天人思想，其目的在提升人生至與天地同參之極限地位，然因其以思辨我爲人生活動之範圍，雖借助道德禮義之用，但終究不能爲人類證立道德之主體在人自身，故其所謂終究止於社會生活要求下之指導性人物，雖然荀子以聖以王稱之，如「聖也者，盡倫者也；王也者，盡制者也。」（解蔽篇），然其所謂聖，所謂王，依思辨我之功效言，終究無精神或德性超越之可能。（註一三）

由以上所論，可知人類活動之場所，其有形者雖在天地之間，今日或甚且可至天地之外而達於星際宇宙，然事實上之範圍，仍在德性我，情意我及思辨我之活動上。就天人思想所欲建立之人類地位及生命意義目的言之，先秦各家之思想所提供之成果，依天人思想主要之需要與時空安全幸福之迫切性比較結果，其價值定位，實以孔孟之道德我之活動範圍，道德主體在人之生命應然之理，參天地化育之人生極限提升目標，佔最先最高之價值地位。其次，應由老莊之以情意我爲人生之活動範圍，以形上理法爲生命應然之理；以提升而入天和天樂之人生極限地位之天人思想主張佔第二或次高價值位置。再次，則應由荀子之以思辨我爲人生之活動範圍，以思辨而得之禮義法正爲生命應然之理，以導人生社會入於正理平治，應用萬物以利人生之滿足提升之天人思想佔第三或又次高地位。荀子主張之所以次於老莊之後，主因在老莊雖或不能成一强固之社會，然人生猶有天地大化之美之欣賞；而純用思辨我之理智作用出發之荀子式天人思想，萬一入於歧途，其爲害人生社會之禍，將更大於老莊所主張者。再其次，應由墨子之以實際之「天下」爲人類活動範圍，以「天志」、「兼愛」爲生命應然之理，以兼愛無私之義利人生社會爲提升之天人思想佔第四或再又次高地位。而三代之天人思想，因僅著眼於種姓維持與權力集團之利益，故其基本價值定位，依學理之要求，不得不排列於最低最末之位置。然其開創天人思想，庸啓後人之功，則至高至偉，雖孔孟亦屢致其崇仰感激之意焉。

## 【附　註】

註　一　此處所謂價值，純是一種客觀的經驗性的功效比較，功效高者，稱其爲價值高。詳見本文第三部分第一節之討論。

註　二　如司馬遷之作伯夷叔齊列傳，卽由此發論。

註　三　此基本原因實在於人構成社會，人發展社會，主體應在人而非社會。其次就歸納法之效用，亦實有其限制，尤其屬哲學性問題之思考時，歸納法之應用，其正確性並不必然。詳見趙雅博先生思想方法批判一書：「歸納的價值，爲哲學家所不容，因爲它是違反了三段論法的基本定律：結論不該超越前題。……我們的理性，以及歸納法的精神，是要求補充經驗，改正經驗，而建立一個穩定的秩序。」頁三四七至頁三四八世界書局五十五年十一月初版

註　四　牟宗三先生稱荀子學說爲「客觀精神之表現」，並云：「客觀精神之表現，在政治之組織，國家之建立，歷

史文化之肯定。客觀者卽內在之仁義之客觀化於歷史文化國家政治而爲集團之形成且由此集團以實現之也。」見荀學大略，收於名家與荀子一書第二〇一頁學生書局六十八年三月初版

註五　見勞思光先生之中國哲學史第一章(1)詩經中之「形上天」觀念第七至九頁香港中文大學出版

註六　形上實體之難以明白，實在於人之一般知識必須由現象世界之種種實然中產生，故一般知識爲不能討論超有者，而形上實體正爲超有者。形上實體之證立，其方式屬康德所倡始之「精神科學之特殊證悟」，蓋指經由感官所獲取之印象，直接知覺事物之心力。此意亦可參見方東美先生之主張，見其原始儒家道家哲學一書第一章五節第廿六～卅二頁黎明文化事業公司出版

註七　此因價值定位乃隨價值級距之成立而來，價值級距主要建立於功效意義上，而功效本身在人心之中視其價值觀如何及又視情況而定，僅有先後次第之分，且非一成不變者，故事物之價值定位之先後次第常不可量計，亦難有統一之衡量尺度。

註八　此處所謂啓示，其意乃如方東美先生所云：「哲學所造之境，應以批導文化生態爲其主旨，始能潛入民族心靈深處，洞見其情與理，而後言之有物，所謂入乎其內者有深情，出乎其外者乃見顯理也。」（哲學三慧序收於生生之德一書中第一三七頁黎明文化事業公司出版）又如唐君毅先生云：「例如，科學家某一理論研究之發現，可能使無盡未來之人類獲益，因而產生超過科學家之理論意識所預期之無盡社會價值。」（中國哲學精神價值觀念之發展，此文收於中國人的心靈一書聯經出版事業公司出版上引文句見該書第一六三頁）而啓示之可以發生之理由，則如方迪啓（Prof. Risierie Frondize）所言：「價值之中有等級的存在，能不斷刺激創造的行動和道德的提升。生命中所有的創造意義和高超理想，完全是基於對正面價值而不是對負一面價值的追求，是基於對較優越價值而非較低劣價值的追求。」（價值是什麼？方迪啓著、黃藿譯、輔大哲學論集第十六期，第一七二頁）

註九　吾國天人思想，一般以相當於西洋哲學之形上學目之。然事實並非如此，吾國天人思想，究天人之分際與關

係，實爲人生論之開端，其意義，如周予同先生所言：「人生論之開端問題，應是天人關係之開端的問題，應是人在宇宙間之位置的問題。人在宇宙中之位置的問題，也可以說便是人生之意義的問題。」（中國哲學概論一六七頁源成文化圖書供應社）此種主張，實將形上學與倫理學綜合而成，如梅貽寶先生之言中國哲學：「人生與宇宙之親和感至爲强烈，吾人時而難於分辨何處是倫理學的終點，何處是形上學的起點。中國哲學認定人與宇宙具有同一本根，是以中國哲學即以人及人生爲其主體對象。人爲萬事萬物之中心。哲學所最感興趣之問題確爲人之本性，人際關係，與夫人格之發展。人到最後，如何能够昇華到完美境界，而與宇宙合一。」（中國哲學之社會、倫理與精神價值基礎。此文收於中國人的心靈一書，上列文句見一二〇頁，聯經出版事業公司）對此種特殊精神與目的之天人思想，如必欲以形上學稱之，則可用方東美先生所主張之「超越形上學」形容之。方先生於中國形上學中之宇宙與個人一文中云：「我以『超越形上學』一辭來形容典型的中國本體論，其立論特色有二：一方面深植根基於現實界；另一方面又騰衝超拔，趨入崇高理想的勝境而點化現實。……從此派形上學之眼光看來，宇宙、與生活於其間之個人，雍容洽化，可視爲一大完整立體式統一結構，其中以種種互相密切關聯之基本事業爲基礎，再據以締造種種複雜繽紛之上層結構，由卑至高，直到蓋頂石之落定爲止。」（生生之德二八三頁　黎明出版）

註一〇　此亦如方東美先生之主張：『談到中國形上學之諸體系，有兩大要點，首當注意：第一、討論「世界」或「宇宙」時，不可執著於其自然層面而立論，僅視其爲實然狀態，而是要不斷地加以超化，對儒家言，超化之，成爲道德宇宙；對道家言，超化之，成爲藝術天地，對佛家言，超化之，成爲宗教境界。自哲學眼光曠觀宇宙，至少就其理想層面而言，世界應當是一個超化的世界。中國形上學之志業即在於通透種種事實，而發對命運之了解與領悟。超化之世界即是深具價值意蘊之目的論系統。第二、「個人」一辭是個極其複雜之概念……個人在宇宙之中的地位如何？……就儒家言，主張「立人極」，視個人應當卓然自立於天壤間，而不斷地無止境地追求自我實現；就道家言，個人應當追求永恆之逍遙與解脫，就佛家言，個人應當不斷地求淨化，求超昇，直至每派所企仰之人格理想在道德、懿美、宗教三方面：修養都能達到圓滿無缺之境界爲止。』（生生之德一書二八七至二八八頁）竊以爲方先生所謂「一方面深植根基於現實界；另一方面又騰衝超拔，趨入崇高理想的勝境而點化現實。」之意卽爲生活範圍與人生應然之理之相互結合，並由是而得人類之提升。

註一一　莊子天道篇云：「夫明白於天地之德者，此之謂大本大宗，與天和者也；所以均調天下，與人和者也。與人和者謂之人樂，與天和者謂之天樂。……故曰：知天樂者，其生也天行，其死也物化。靜而與陰同德，動而與陽同波。故知天樂者，无天怨，无人非，无物累，无鬼責。……言以虛靜推於天地，通於萬物，此之謂天樂。」故莊子所主張之人生，爲在「天地有大美而不言，四時有明法而不議，萬物有成理而不說」信念下之「聖人者，原天地之美而達萬物之理。」（知北遊）之無限觀趣逍遙。此爲一種欣賞性，富藝術性精神之人生。關於此項主張之詳細主張與理論證明，可參考徐復觀先生中國藝術精神一書第二章，中國藝術精神主體之呈現——莊子的再發現（學生書局出版）

註一二　論語先進篇記孔子與衆弟子閒談，曾晳言「莫春者，春服既成，冠者五六人，童子六七人，浴乎沂，風乎舞雩，詠而歸。」孔子遂「喟然歎曰：吾與點也。」朱子集註云：「曾點之學，蓋有以見夫人欲盡處，天理流行，隨處充滿，無稍欠缺。故其動靜之際，從容如此。而其言志，則又不過卽其所居之位，樂其日用之常，初無舍己爲人之意。而其胸次悠然，直與天地萬物，上下同流，各得其所之妙，隱然自見於言外。……故夫子歎息而深許之。」徐復觀先生云：「孔子的所謂盡善（子謂韶謂武）只能指仁的精神而言，因此，孔子所要求於樂的，是美與仁的統一；而孔子的所以特別重視樂，也正因爲在仁中有樂，在樂中有仁的緣故。」又解釋上引朱子的話說：「實際，朱元晦對此作了一番最深切地體會工夫；而由其體會所到的，乃是曾點由鼓瑟所呈現出的『大樂與天地同和』「禮祀樂記篇」的藝術境界；孔子之所以深致喟然之歎，也正是感動於這種藝術境界。此種藝術境界，與道德境界，可以相融和；所以朱元晦順著此段文義去體認，便作最高道德境

界的陳述。」（中國藝術精神第十八頁）

註一三　以上析論荀子以思辨心而展開之天人思想之不足處，可參看牟宗三先生之荀學大略第一部分，見牟著名家與荀子一書第一九五—二二一頁（學生書局出版）牟先生所言，極精詳；極具啓發性。此外，牟先生歷史哲學一書第二部第二章之第二節第三節言孟子及荀子學說之思想與人格特色部分亦極有指導價值。牟先生之主張，爲本部分析論之主要根據。

# 朱陸心性論比觀

曾春海

## 一、前　言

心性論係宋儒主要的哲學課題，朱熹與陸象山分別代表宋代儒學的二大典型。兩人曾以鵝湖會面及書信往來的方式多番論學，分別表明己方的學說立場，批評對方且爲己方所受的批駁辯難。本文試以心性論爲主題，分別探討兩人的觀點，其所緣形成的形上信念及其各自所開展出來的實踐工夫，和相互的評議，期能對顯出朱學及陸學的特點及其相互間可能補全之處。筆者不才，粗疏之處尚祈賢達不吝賜正。

## 二、朱子心統性情的心性觀

朱熹（元晦一一三〇～一二〇〇）在理學家中頗具學者的性格，他對學問的本身富有極廣泛和濃厚的興趣。他在儒學方面不但遠承先秦及兩漢且繼承了北宋五子的重要學說。在他濃厚的學問興趣及漫長的治學工作中，不但攝取了諸儒的學說內涵，而且將之納入其兼容並蓄的理論架構中，形成了他特有的規模龐大，內容多元化的思想體系。從他理學的架構形式來考察，我們發現他是透過大學格物致知的基本格局，從程氏洛學的規模處逐步擴大，把周濂溪（一〇一七～一〇七三）、張載（一〇二〇～一〇七七）的本體論與程明道（一〇三二～一〇八五）、程伊川（一〇三三～一一〇七）的心性修養工夫論結合起來，再添上他自己增入的讀書方法，綜攝成博大而細密的學問體系。

朱子的心性論主要是以二程的學說爲出發點，特別是參照伊川的觀點。因此，朱子在處理儒家所傳下來的心性論時，其問題係孟子德性主體的性善論，可是在處理問題的態度上，則轉化主體性的自覺內證式爲客觀的分析、辯證。換言之，在心態上由實存的自我反省，轉換成以認知推理的知識探討方式把心性的實存化約爲一對象化、客觀化的知識問題。因此，朱子不是以德性生命所流行發用的德性心來證驗孟子的人性課題，而是以荀子式的虛靜心，亦即認知主體的認知心來處理孟子德性心的問題。如此一來，朱子雖見孟子對人性解釋的高明處精彩處，却不見其平實處周全處及較爲抽象的形上根據。因此，朱子評孟子說：

孟子說得麄，說得疏略，孟子不曾推原源頭，不曾說上面一截，只是說成之者性也。（朱子語類，卷四）

顯然地，朱子不滿意孟子就眼前現成的人言人性，而不能進一步追根究底，往上探求其形上的依據。朱子的不滿實有鑒於二程能追源於天命以言人性，例如伊川說：「生之謂性，止訓所稟受也。天命之謂性，此言性之理也。」（註一）

再者朱子認爲孟子說得「疏略」的原因，係因孟子只就人性之超越處價值處言性善，對惡的問題只浮光掠影地提到，未能於人性的結構上容受荀子對人之自然情欲生命的描述，朱子批判地說：

> 性是理，然無那天氣地質，則此理沒有安頓處。孟子之論盡是說性善，至有不善，說是陷溺。是說其初無不善，後來方有不善耳。若如此，却以論性不論氣，有些不備。却得氏說氣質來接一接，便接得有首有尾，一齊圓備了。（朱子語類，卷四）

朱子對孟子未能在人性的構造層面上解釋人在經驗事實上反映的不善之根由，而只以陷溺於物欲來簡化這一問題頗爲不滿。他認爲只論究人性結構的某一層面，雖是極具價值的最高層面，這對客觀的完整人性而言是有所欠缺而不够完備的。朱子的這點批評，考察原由，除了遠承荀子之見外，近則受二程的影響很大，蓋程明道曾說：「善固性也，然惡亦不可不謂之性也。」（註二）伊川說：「性出於天，才出於氣。氣清則才清，氣濁則才濁。……才則有善有不善，性則無不善。」（註三）二程皆嘗試由「性」言「善」，由「氣」言「惡」，二者兼談，才能深究人的超越特質，亦才能把人性做完整的解釋，所謂：「論性不論氣不備，論氣不論性不明。」（註四）二程的人性觀對朱子的啓示很大，朱子也朝着性與氣的雙重論性格局開展、發明其對人性內在構造的解析。他所謂的「理」乃是從二程的本源之性或天命之性接引出來，而其所謂的「氣」則從二程的稟受之性或氣質之性發展而成。朱子在正視人性的負面現象下，對人性做層層的考察，終成就了他心統性情之平實而細密的心性論。茲扼要紹述於下。

朱子云：

人之所以生，理與氣合而已。天理固浩浩不窮，然非是氣則雖有是理而無湊泊。二氣交感，凝結生聚，然後是理有所附着。凡人之能言語、動作、思慮、云為，皆氣也，而理存焉。（朱子語類，卷四）

朱子將其本體宇宙論的基本概念理氣說，延伸至對人所以生的天命本源處來解釋人性的根據。他認為人的「言語、動作、思慮、云為等生命活動能力，係由構成人生命之一大成素——「氣」所發動而成作用的。朱子「氣」概念是用來解釋陰陽的性質，「氣」的作用須依循「理」的規範才能在一秩序下運作。「理」既為能活動的氣之究極根據，朱子用以解釋「太極」。太極與陰陽對等於理與氣，朱子進而以易經：「是故形而上者謂之道，形而下者謂之器。」（註五）的形上和形下範域以相互關係來賦予理氣新的概念內涵，他說：

天地之間，有理有氣。理也者，形而上之道也，生物之本也。氣也者，形而下之者也，生物之具也。（朱子文集，卷五十八）

理與氣而言，陰陽氣也。一陰一陽則是理矣。（朱子語類，卷七十四）

太極只是一個理字。（朱子語類，卷一）

「理」被劃屬於形上範域，「氣」則歸屬到形而下的範域。「理」本身不具活動義，卻是陰陽所以動靜的形上規範。理與氣的關係是相即不離，亦不相雜亂的。（註六）朱子把他這樣的本體論運用於解釋人的心性構造，他說：「性猶太極也，心猶陰陽也。」（註七）在這一背景下，我們可以進一步去瞭解朱子的心性關係說。依前述，人的生命係由理與氣的結合而來，理與氣又是相依並存的不可離間關係。因此，對朱子而言，凡生成的具體之人皆同俱理與氣。然而「人物之生，天賦之以此理，未嘗不可。」（註八）人與人之間在天所命賦之形上的所以然，亦即人之所以爲人的理上，共享有普遍的同一性。這是人與人之間能相互認同的先驗基礎，亦即人之「共相」。可是在另一方面，人與人種種的個別差異是不可否認的事實，朱子則透過宇宙能生成變化萬物的憑具——「氣」這一質料因素來解釋了。他說：「二氣五行，交感萬慮，故人物之生，有精粗之不同。自一氣而言之，則人物皆受是氣而生。自精粗而言，則人得其氣之正且通者，物得氣之偏且塞者。惟人得其正，故是理通而無所塞。」（註九）這是以人物的氣稟之不同來解釋人與物所以爲不同的存在類別，人得氣稟之精，亦即氣之「正且通者」，因此「理通而無所塞」，故人有靈覺能感通能反省，朱子以心的靈明覺知這一人之特質指認其來自於氣之精，他說：

心者，氣之精爽。（朱子語類，卷五）

靈處只是心，不是性，性只是理。（同上）

理是一個靜潔空濶的世界，無形跡，他却不會造作。氣則能醞釀凝聚萬物也。但有此氣，則理便在其中。（朱子語類，卷一）

由朱子理氣不離不雜的關係來看由氣之精爽所成的心及只是理的性，則心與性當爲不離不雜的關係，心不等於性。再者，心之靈處在其能行知覺、認知及意志作用，「性」只是純淨的靜然存有。能活動的是心不是「性」，「性」只不過是心活動所當依循的當然法則。因此，在心的發用應該如理合道的要求下，心當認識理。居敬窮理是朱子德性修養的工夫，唐君毅先生對心之窮理一事，說過極具參考價值的一段話，他說：「朱子所謂格物窮理之事，實當自三面了解：其一是：吾人之心之向彼在外之物；二是：知此物之理，而見此理之在物，亦在我之知中；三是：我之「知此理」，卽我之心體之有一「知此理」之用。」（註一〇）

在格物窮理中，心爲能知者，理或性爲所知者。換言之，心發用其靈覺的認識作用，以理或性做爲被認知的對象。然而朱子的認知心係以其應對的外在經驗事物爲認知活動的起點和對象，他說：

聖人只說格物二字，便是要人就事物上理會。且自一念之微以至事事物物，若靜若動，凡居處、飲食、言語無不是事，無不各有個天理人欲，須是逐一驗過。（朱子語類，卷十五）

格物二字最好，物謂事物也。須窮極事物之理到盡處，便有一個是，一個非。是底便行，非底便不行。凡自家身心上益須體驗一個是非。（同上）

心所要窮究的對象是人與外物交際時所產生的心思意念和種種的言行擧止，亦卽切己的日用生活之一切關聯事物。心窮究這些事物所要達到的目的是，由「自家身心」上判斷出個瞭然的是非。然而在朱子的理論系統裏，性卽理，心屬氣，理氣不離亦不雜，因此，理雖不根於心，却是不離於心的。心對於不離心而獨存的理之認知，不是內在直悟的方式，而是藉其對外物的應酬，窮究出其中的所以然及當然法則。心在運用其靈覺，理解出外物的同時，也開顯了內在於生命中原不離心的理。朱子說：「此心虛明，萬理具足，外面理會得者，卽裏面本來有底。」（註一一）「物與我心中之理，本是一物，兩無少欠，但要我應之耳。」（註一二）換言之，不離心而獨存的性理，必待心對外物格出所以然及所當然的法則時才顯豁。因此，對心而言，窮理之事雖求諸外，實則爲明諸內的知性之事。

心雖能窮出性理，却不必然能依性理而發出行爲。朱子說：「性是未動，情是已動，心包得未動已動。蓋心之未動則爲性，已動則爲情。所謂心統性情也。」（註一三）心以靈覺來感應外物時，若能依性理而發用，則性善行爲亦善。若不能依循性理的規範，却本於氣稟而發用時，則心依其氣稟的淸濁純駁之差異，而有善惡之別，他說：

> 心之虛靈知覺，一而已矣。而以為有人心、道心之異者：則以其或生於形氣之私，或原於性命之正，而所以為知覺者不同；是以或危殆而不安，或微妙而難見耳。於人莫不有是形，故雖上智，不能無人心。亦莫不有是性，故雖下愚，不能無道心。二者雜於方寸之間，而不知所以治之，則危者愈危，微者愈微。而天理之公，卒無以勝夫人欲之私矣。（中庸章句序）

朱子藉道心與人心的緊張關係（註一四），解釋心主於身以感應事物，若心覺於饑寒痛癢……等形氣之私而有所營爲謀慮，處處爲自己打算，不知體諒別人時，則性理受障蔽，表現出來的具體行爲就是惡。若心能覺悟於惻隱、善惡、是非和辭讓，依順此先天的，大公無私的性理隨機遇發見，則道心表露而實現了善。

至於性與理的關係，理是就形上存有而言，存在於我們認識的知解層面上，不能客觀獨立存在。凡具體的存在者皆由理氣相結合而生，爲指稱與氣結合生成存在者的「理」，朱子特稱之以「性」來區示。換言之，理與性是同一的實有，只就其在認知上有不同的存在意義來分說罷了，朱子認取性與理爲人能實現善的根據。因此，理善，承天命生成的人性亦善。再者，就理氣的觀點言性，則朱子由理稱性爲凡聖同一的本然之性。由氣之生成具體的存在者言性，乃稱爲氣質之性，他說：「氣質之性，只是此性墮在氣質之中，故隨氣質而自爲一性。」（註一五）「論天地之性，則專指理言。論氣質之性，則以理與氣，雜而言之。」（朱子語類卷四）

因此，就現實存在的人而言，其內蘊之性皆爲與氣已結合的氣質之性。心既聯繫靜態之性與動態之情的中樞，然而心由氣所組成，氣有障蔽性的可能，此即心覺於血氣情欲之私而流落到惡的地步。如何教心在格出理後，能向內外合一的理，亦即性理認同，以它爲言行的規範，則繫於道德意志的凝斂，朱子稱爲「居敬」的工夫，他說：

> 敬字工夫，乃聖門第一義。徹頭徹尾，不可頃刻間斷。（朱子語類，卷十二）

「敬」是護存此心此性，確保此心此性的發用和實現。「敬」的工夫是朱子承繼伊川「涵養須用敬，進學則在致知。」的修養法。伊川以敬爲整肅精神，時保靈明達理的閑邪工夫，朱子除了接受伊川的觀點外，還强調心當對外物格出圓熟的義理，因而，在德性修養的工夫上主張「居敬窮理」(註一六)。

## 三、象山天與人，心與理統貫爲一的心性觀

陸象山（一一三九——一一九三）不從經驗界物我之主客對立關係上解析人性。換言之，他不像朱子就實然生命氣稟物欲之雜處言靈覺之心。象山溯本歸源站在人性至上的本體層面，就人之主體性所在處言心性。因此，他所認取的心性是發動人整體生命活動之根源性動力所在。由此具主動動力之形上實有處把握人之眞實性命，則人性中其他層面的分析性描述皆屬次要，這一超卓的觀點，可由他與李伯敏的一段對話處得見：

伯敏云：如何是盡心？性、才、心、情如何分別？先生云：如吾友此言，又是枝葉；雖然，此非吾友之過，蓋擧世之弊。今之學者讀書，只是解字，更不求血脈。且如性、情、心、才，都只是一般物事，言偶不同耳。(象山全集，卷三十四)

象山認爲對構成人性內涵之諸般層面做平實的分析和解說，只是「解字」之屬，對人的見地亦屬枝葉而未到實處。所謂「擧世之弊」指這般對人性的見識在當時有很大的影響力，此處，象山似暗責朱

子，蓋朱子曾以水做比喻，把心、性、情、才、欲串連起來，澄清其間的性質、機能和相互關係（註一七）所謂「血脈」指吾人對人性當有眞切的實見，亦卽應該從人之爲人的超越特質處，也就是能生發人之尊嚴和價值處指認人的本質。象山這一指點無非是教人應從切己的生命主體處做徹底的自覺和自悟。

勞思光教授認爲象山的人性觀不是採取一般存有論的講解方式，卽語言文字對「存有」本身蘊含之各別指涉需確定語意所在。象山的人性觀係開門見山地指向做爲人生命根底的主體處。因此，從現實的平面處所見的生命諸般機能和活動樣態雖不同，然而若由多樣性的作用中向究極的根源處逆顯主體性，則一切解析性的言說只是指向成全「主體自覺」之顯發爲目的。（註一八）然而，象山所追尋的主體終極本性是有其超驗的形上根據和意義的，在其苦心孤詣地窮究宇宙與人生之根源後，終悟出「宇宙便是吾心」，吾心卽是宇宙。東海有聖人出焉，此心同也，此理同也。西海有聖人出焉，此心同也，此理同也。……千百世之上，至千百世之下，有聖人出焉，此心此理，亦莫不同也。」（註一九）象山把時間的無限綿延性及空間無窮的擴延性透過德性心藉不同的人物與事情之無限展露，形著通化於心靈的範疇中，所謂：「墟墓興哀宗廟欽，斯人千古不磨心。」（註二〇）在心學家中，象山是第一位以超驗的德性本心爲超越的形上思維之絕對依據和出發點，徹悟「惟精惟一」的本心與生生不息的宇宙同根同源，從而就飽滿的宇宙情操發揮心的形上義者。

對象山而言，天人接續的關鍵處在先秦儒家所謂的道或理上，他說：

天之所以為天者是道也，故曰：唯天為大。天降衷於人，人受中以生，是道固在人矣。（象山全集，卷十三，與馮傳之書）

道塞宇宙，非有所隱遁。在天曰陰陽，在地曰剛柔，在人曰仁義。故仁義者人之本心也。（象山全集卷一，與趙監書）

心一心也，理一理也，至當歸一，精義無二。此心此理，實不容有二。故夫子曰：吾道一以貫之。孟子曰：夫道一而已矣。（同上，與曾宅之書）

象山將心與理，天與人一以貫之地統合於充塞宇宙的形上之道上，道成爲連繫天人，通合內外的整體性存有。道在宇宙化育流行的層面而言稱爲「陰陽」，道就人的存有內涵而言，則稱爲具仁義的本心。道是遍在宇宙，統貫天人的統一之理。因此，從人的生命本位來統攝宇宙，當簡易直捷地歸宗於體驗本心的奧妙，象山「心卽理」這一絕對命題就是從扣緊本心做綿密的內聖體驗所頓悟出來的慧見，他說：「宇宙間自有實理。所貴乎學者，爲能明此理耳。」（註二一）象山的心爲本心，本心所涵具的理爲實理，「實理」係指有內容能對外感遇且發用以回應的實有。象山以孟子德性心所顯露的惻隱、是非、羞惡和辭讓等實然之內在生命活動的四端來指認天所命賦予人心的普遍內容。他說：「四端者卽此心也，天之所以與我者卽此心也。人皆有是心，心皆具是理，心卽理也。」（註二二）

象山使用「理」這一語辭似有多方涵義，有時指遍在萬物的宇宙法則，具規律義，例如：「此道充塞宇宙。天地順此而動，故日月不過，而四時不忒。」（註二三）有時則指含具在本心中具先驗義和普遍義的道德法則，例如：「宇宙之間，典常之昭然，倫類之燦然，果何適而無其理也。」（註二四）「倫類」指仁義等道德的當然法則，具規範義。象山「心卽理」所側重者在德性本心所蘊含的先天道德律。因此，心理卽的「理」係德性本心在感物應物的發用契機中，鑒於種種處境和分際，當體承用的應然規範。由於對應的境遇和對象有千差萬別，本心蘊含之理的顯現亦有諸般的不同方式，象山說：

孟子就此四端上指示人，豈是人人只有此四端而已。（全集，卷三十）天下之理無窮，若以吾平生所經驗者言之，真所謂伐南山之竹，不足以受我辭，然其會歸在此。（全集，卷三十四，傅子雲季魯編錄）

透過心卽理的徹悟，象山泯滅了人與天主客對立關係的間隔，澈上澈下地將天與人貫通同流，相互包容，「宇宙不曾限隔人，人自限隔宇宙。」（註二五）「滿心而發充塞宇宙，無非此理。」（註二六）這兩句經歷對人性層層深刻體驗而悟出的奧義，把天人關係的統合，密縫得毫無間隙可言。於是天人合一化的返本歸源活動，成爲體現人之生命的充實感和無限價值感的不二法門。

依據象山天人性命貫通爲一的形上體悟，「心之體甚大，若能盡我之心，便與天同。」（註二七）然而在現實生命層中，一般人的本心常易有所蒙蔽而與天相隔間。據象山的觀察有的人被物欲所陷溺而被蒙蔽，有些人則因執於經驗知識而被蒙蔽（註二八）。本心本理雖受蒙蔽，却不因此消失，它只是被隱埋爲潛在的存有而不易發用罷了。象山說：「此理在宇宙間，何嘗有所礙？是你自沉埋，自蒙蔽；陰陰地在個陷穽中。」（註二九）因此，只要迷途知返，存得此心仍可明得此理。明得此理，則本心復靈明發用了。

然而，要使一個有所陷溺和蒙蔽的人迷途知返，必得有大疑大懼的覺悟，象山說：「必有大疑大懼，深思痛省，決去世俗之習，如棄穢惡，如避寇讎。」（註三〇）在自我疑懼和省思後，如何「決去世俗之習」，當賴奮力地自克病痛了。所謂「世俗之習」指「今世人，淺之爲聲色臭味，進之爲富貴利達，又進之爲文章技藝；又有一般人，都不理會，却談學問。吾總以一言斷之，曰：勝心。」（註三一）「勝心」係處處求自我滿足的私心，其滿足的方式則爲向外攝取「聲色臭味」、「富貴利達」、「文章技藝」和後天知識的附物。

爲對治世俗之習染，自疑自克的最直截方式就是切己觀省的辨志工夫。象山有一門人名爲陳正己謂：「首尾一月，先生諄諄然只言辨志。」（註三二）「辨志」指每個生命主體應該自覺地面對一己內在的根源動機，做義利的自我批判，還原出自身行爲的眞實意向。象山對人的意志傾向與意識的形成有其觀察心得，他說：「志乎義，則所習必在義；所習在義，斯喻於義矣。志乎利，則所習必在於利；所習在利，斯喻於利矣。故學者之志，不可不辨也。」（註三三）義利之辨落在行爲的人格主體而言，就是君子與小人之辨。由區分君子與小人的公私義利之辨，可瞭解象山心中的學問是學盡人道的爲人之學，亦卽切己的眞實學問。

象山對昧於本心，溺於道問學（意見）之障蔽者，則期望能收拾精神，喚醒主體的自覺，回歸復原於本心爲念。他藉用易經的復卦來申述其返復本心之意，他說：

> 復者，陽復，為復善之義。人性本善，其善者遷於物也。……循吾固有而進德，則沛然無他適矣。故曰：復，德之本也。知復則內外合矣。（全集、卷三十四）

然而，對習於藉經驗知識來認識人的學者，如何覺醒其自我意識，從本心的靈覺感通處來返識超驗的眞我呢？象山提出「剝落」的工夫來，他說：

> 人心有病，須剝落一番……卽一番清明，隨後起來，又剝落，又清明，須是剝落得淨盡方是。

（全集，卷三十五）

「剝落」指辨明有關人的知識，何者爲透過認知活動，從書本或經驗界的見聞所攝取而得的概念知識。何者爲本心發用時所切己體悟出來的內在實理。因此，「剝落」是暫時推開經驗之知，返識生命先驗實存的此心此理之正本清源的工作。換言之，象山所追求的學問，不是據「書」中所有來談學問，而是就清明的「本心」所含，自悟自得生命的實理。

## 四、朱子對象山的批判

就朱陸的學問氣度而言，朱子對知識富有濃厚的研究興趣。他的學問格局廣，容量大，擅長於概念的分析及理論的系統化建構。因此，以學問家的心態來看象山主體內悟型的心學見解，不但難以契應融會，且生不少批判性的責難。朱陸鵝湖會之前，朱子在寫給呂伯恭弟呂子約二封信中曾說：「陸子靜之賢，聞之蓋久。然似聞有脫略文字直趨本根之意，不知其與中庸學、問、思、辨然後篤行之旨又如何？」「近聞陸子靜言論風旨之一二，全是禪學，但變其名號耳。競相祖習，恐誤後生。恨不識之，不得深扣其說，因獻所疑也。」（註三四）這是朱子與象山會面前，據傳聞而生臆測之評。

後經呂東萊的安排，朱陸於今江西廣信的鵝湖寺會面。這些論學的詳情未載於朱子之文集語錄，僅見於象山年譜三十歲條，其中述及二人對心性的修養方法：「元晦之意欲令人泛觀博覽而後歸之約，二陸之意欲先發明人之本心而後使之博覽。朱以陸之教人爲太簡，陸以朱子教人爲支離，此頗不合。朱子何以認象山的教法太簡，吾人可由他回其友張南軒（一一三三——一一八〇）的信中可見到進一步的解釋：

> 子壽兄弟氣象甚好，其病却是盡廢講學，專務踐履，却於踐履之中，要人提撕省察，悟得本心，此為病之大者。要其操持謹質，表裏不二，實有以過人者。惜乎其自信太過，規模窄狹，不復取人之善，將流於異學而不自知耳。（朱子文集卷三十一答張敬夫二十一書之第十八書）

由朱子的觀點而言，象山的可取處在於「直趨本根」、「操持謹質，表裏不二」。因此在尊德性的實踐上的確有持守可觀之處，在教導後學上，則「其所以發明敷暢則又懇到明白，而皆切中學者隱微深錮之病」（註三五）朱子據觀摩象山的教法來檢討自己的缺失時，頗有自知之明，自謂：「熹自覺雖於義理上不敢亂說，却於緊要爲己爲人上，多不得力。今當反省用力，去短集長，遮幾不墜一邊耳。」（註三六）然而，象山的基本缺點亦在「盡廢講學」。

朱子對象山「盡廢講學」之評，有欠公允，蓋象山從其全集的用辭觀之，他對先秦儒家的典籍下過熟讀的工夫。然而其教法太簡則爲事實，例如其對門人陳正己首尾一月只教以辨志一事，當時也有人批評他說：「除了先立乎其大者一句，全無伎倆。」（註三七）從朱子看來，象山失之太簡的原因，除了「專務踐履」外，就是「自信太過」、「不復取人之善。」蓋象山視「心卽理」爲一絕對命題，將人的生命活動全收縮內求於本心，憑此卽可堂堂正正地做個人。其以內在本心的體證視爲充分自足，將道德概念的分析，道德原理的推演等學術工作斥爲閒議論的意見。朱子頗不以爲然地說：

> 子靜舊日規模終在，其論為學之病，多說如此卽只是意見，如此卽只是議論，如此卽只是定本。熹因與說，旣是思索，卽不容無意見。旣是講學，卽不容無議論。統論為學規模，亦豈容無定本。但隨人材質病痛而救藥之，卽不可定本耳。渠却云：正為多是邪意見、閑議，故為學者之病。（朱子文集卷三十四答呂伯恭四十五書之第四十四書）

蓋立乎其大只表示存養本心之純正，貞定道德活動的價值方向。然而道德事件常是主體在客觀環境裏的際遇和回應，對外在境遇之理解以照察不謬乃理智的格物窮理工作，對本心之發用有補全的功用，自屬必要。因此，道德知識的研討在學術上有其存在的價借。再者，人之秉賦和經驗有差異，在生活中又積漸成習，要求人人回歸本心當下自覺自悟，在事實上亦非樂觀。因此，以知識的分析、批判，推演……來開導、說服和責成及教者的漸教方式，對大多數的中下人士乃屬必要。象山若只預設自覺目悟一途，且以閉塞的心胸不予人做學術研討溝通的機會；難免落朱子「自信太過，規模窄狹，不復取人之善」的批評。

進一步而言，象山人性論雖有見於人性的超卓處，却不能正視氣稟之雜。雖有識於心之德性蘊涵，却不能充分理解心之析辨義理的認識能力對本心的體悟有辨證之功用，朱子批評地說：「識義之在內者，然又不知心之慊與不慊亦有必待講學省察而後能察其精微者，故於學聚問辨之所得皆指爲外，而以爲非義之所在，遂一切棄置而不爲。此與告子之言雖若小異，然則百步五十步之間耳。」(註三八)蓋理性辨物析理愈精確，則有助於本心的切己觀省，做人的大道理不是本心一次可頓悟全明的，生活經驗的累積，加上「學聚問辨」之工夫皆有益於一般人依認知步驟，循序漸進，由淺入深，由近趨遠，終有助於異質的跳躍，促成本心的頓悟。

至於朱子指責象山「將流於異學」，係指不立文子，以心傳心的禪學。朱子對象山多指責爲禪，主要原因繫於象山立乎其大過份側重在心性上下持守工夫，對道問學之事則疾言厲辭地斥責。事實上，象山只借用禪宗回歸主體，以心覺心的參悟和修持方法，並未接受禪學的內涵和旨趣。象山本人亦多判立儒佛界線的言論，若從二者的學說精義觀察，我們將不難發現象山滿心而發者皆爲人倫日用的德性實理，禪學縱令從眞常心系路言亦不言心體，而謂緣起性空，所悟者爲空理，這是象山與禪學本質上的不同。

## 五、象山對朱子的批判

前面紹述象山心性觀處，對象山視朱學爲議論或意見的虛學已陳述部份批評。在鵝湖會中，象山評朱子的教法流於支離。所謂「支離」係指朱子在窮理上用工夫與德性本心的發用無本質上的必然性，甚至有不相干的歧出之弊。蓋象山誨人深切著明者在求放心，不以言語文字爲意，所謂：「困於聞見之支離，窮年卒歲，而無所至止。」（註三九）他認爲爲學要有志氣，即在堂堂地做個人，學者欲達成此一至上目標，則爲學當求血脈處、骨髓處，亦即在德性本心上用力，以覺醒德性本心爲大前提，成德之教當認此本源，以之爲出發點而求實現它，並以圓滿化本心的實踐爲生命活動的根源性目標。

因此，象山在處理知識與道德的關係時，力主尊德性對道問學享有一邏輯的先在性。他得聞朱子答項平甫函，自謂道問學多而擬去短集長以免流於偏失時，其評語是「朱元晦欲去兩短合兩長，然吾以爲不可。既不知尊德性，焉有所謂道問學？」（註四〇）知識與道德之間蘊結一主從關係，道德爲主，知識爲從。確立此義則爲人之學方有所本，以成就德性心爲本之知識的出發點才確切有根，知識發展的方向在本心的目的意識下才不致流失，而由本貫末（知識）才是攝知成德的實學，象山此義頗能契合孔子在論語中所謂：「知及之，仁不能守之，雖得之，必失之。」（衞靈公）的蘊義。

朱陸心性論的不同，在於立足點的差異。朱子以客觀完備的人性內涵爲其解析的知識對象，象山則以主體本心的鮮活體驗爲出發點，爲德性生命開源暢流，以成就切己實感的主觀心性體證爲目標。由朱陸心性論所開展出來的實踐工夫亦有見智見仁之不同，雙方的相互批評使道德與知識的關係得以照明，獲致一辯證性的發展，在知識與道德結合成一整體性的發展中，我們欣見朱陸之學各有貢獻，然亦有互顯其不足處。如何面對這一前人的哲學資產辨取其長，互補其短，使儒家哲學走向更趨完備和高明的理想，筆者認爲銳利的分析以辨微察異固屬必要，然而培養包容和會的哲學胸襟以接納各家長處，成就圓融貫通的整全哲學，則更當爲吾人今後努力的方向。在此，謹引黃宗義的一段按語來總結本文，黃氏說：「二先生同植綱常，同扶名教，同宗孔孟，旣使意見終於不合，亦不過仁者見仁，知者見知，所謂學焉而得其性之所近，原無有背於聖人，矧夫晚年又志同道合乎。」（註四一）

## 【附　註】

註　一　二程遺書，卷二十四，伊川先生語。
註　二　同上，卷一。
註　三　同上，卷十九。
註　四　同上，卷六。
註　五　易經、繫辭上傳第十二章。
註　六　朱子太極圖解。

註　七　朱子語類，卷五。
註　八　同上，卷四。
註　九　同上。
註一〇　見香港、亞學報第八卷第二期，頁一一〇。
註一一　朱子語類，卷一一五。
註一二　同上，卷十二。
註一三　同上，卷五。
註一四　朱子強調道統觀念，他認爲道統傳授的依據，則在尙書大禹謨所載：「人心惟危，道心惟微。惟精惟一，允執厥中」這十六字訣，朱子之前的北宋理學家少談人心道心之別，程伊川曾以私欲言人心，天理言道心，但是缺乏進一步的討論。
註一五　朱子文集，卷五十八。
註一六　「敬」是先秦儒家在做了自身道德的覺醒後，才產生的修身方法之概念，千年以後皆承論語及禮記「毋不敬」之義，北宋二程注意到對這個概念的解釋，尤以伊川「主一之謂敬」的釋義對朱子影響很大，朱子不但以「敬」一字貫穿靜態的性與動態的情，且統攝心的內在收斂與外在格物窮理工夫，他說：「敬義只是一事。如兩脚立定是敬。」（朱子語類，卷十二）。
註一七　朱子對心、性、情、才、欲的解析和比較，見諸朱子語類卷五及朱子全集卷四十三。
註一八　勞思光先生「中國哲學史」第三卷上册，頁四一九，香港友聯出版社，一九八〇年十二月再版。
註一九　象山全集，年譜，十三歲條。
註二〇　同上，卷三十四。
註二一　全集，卷十二，與趙詠道書。

註二二　全集，卷十一，與李宰書。
註二三　全集，卷十，與黃康年書。
註二四　拾遺，卷三十二。
註二五　全集，卷三十四，傅子雲季魯編錄
註二六　同上，嚴松松年錄。
註二七　全集：卷三十五。
註二八　象山認爲彼時知識份子中，一心想考科擧，圖謀利祿者被利欲所蒙蔽，像朱子想透過格物窮理以修成聖賢者，則本心被經驗知識所蒙蔽。
註二九　全集，卷三十五。
註三〇　全集，卷十五，與傅克明書。
註三一　全集，卷三十四。
註三二　全集，卷三十六，年譜，三十四歲條。
註三三　全集，卷二十三。
註三四　前句見於朱子文集卷四十七答呂子約二十八書之第十五書，後句則見於第十七書。
註三五　朱子文集：卷八十一，跋金谿陸主簿白鹿洞書堂講義後。
註三六　朱子文集卷五十四答項平父八書之第二書。
註三七　象山全集卷三十四。
註三八　朱子文集卷五十四答項平父書之第六書。
註三九　象山全集卷一，與侄孫濬書。
註四〇　象山全集，卷三十六，年譜四十五歲條。

註四一　見宋元學案象山學案宗義案語。

# 顏之推的治學觀

謝義龍

## 一、前　言

顏之推一生歷經變亂，間關南北，飫嘗世味，幸賴自己博通古今，文章出衆，蒙受時主的賞識，加上他爲人謹愼，行事細密，履薄臨淵，終能化險爲夷，享受天年。但世局混亂，兵戎倥傯，政治風暴，各種苦難的煎逼，使得他世故人情，深明利害，更體會到唯有崇正教、尊學問，才是避禍求福、保身安家的要道。所以他用來訓誡子孫的家訓一書中，從風操以下十一篇，以及書證、音辭、雜藝三篇都是訓勉子孫如何博學精思、不墜門業的道理。自孔聖庭訓其子讀詩學禮，啓家訓之先聲後，歷代賢哲拿進德脩業之道教誡子弟的篇章不少，然像顏之推苦心孤詣，識該辭微，且卷帙又多的情形，眞是前無古人。顏之推個人努力進脩，博覽羣書，無不該洽，而且常「心共口敵，性與情競，夜覺曉非，今悔昨失」（致志篇）地涵養自己，一心以恢弘家學家風爲己志，並諄諄教導子孫力學，其治學的思想觀念必有可觀，因而不揣愚陋，試就其遺文，依事略、背景、讀書意義、治學方法、教材選擇的次序加以探討。

## 二、事略

顏之推（西元五三一～西元五九一後）是琅琊臨沂人顏含的後代。顏含在北方淪陷於胡人手中時，跟隨晉元帝司馬睿來到南方，官職顯重，替顏氏家族在江南建立門第打下了基礎。顏之推的父親顏協，才器不錯，博覽羣書，精通周官、左傳，平時很注重家風，整飭儀容。在梁朝，憑其門第、家風、世德，想在朝求得顯達是件輕而易學的事，但他有感於父親顏見遠憂國而死的忠貞節烈（註一），不肯應召徵辟，只在湘東王蕭繹藩府中擔任幕僚工作，生活貧困。西元五三九年他去世後，顏家更是窮苦，終致家塗離散，百口索然。

顏之推生長在門道中衰時，如何振興家學家業，便成他一生的職志。早年，他在家潛研禮傳，雖曾受教於湘東王門下，學習莊老，因興趣不合而放棄。後以文章學問出衆得到湘東王的重視，召入幕府。

西元五四八年侯景叛變，湘東王蕭繹派世子方諸鎭守郢州，升顏之推爲外兵參軍，佐助方諸。不幸郢州不久被侯景軍攻陷，之推遭俘獲，例當被殺，賴王則初再三救護，才倖免於難。侯景亂平，之推在江陵元帝朝擔任散騎侍郎。西元五五四年，西魏攻陳江陵，北兵大掠，包括顏之推在內的數萬俘虜被帶往北方長安。當時大將軍李穆看重之推文才，推薦給他的哥哥陽平公李慶遠，擔任秘書工作。西元五五六年，顏之推趁機從周奔齊，期望經由北齊輾轉南歸故國（註二）。第二年陳霸先篡梁，之推南歸願望於是落空。

在北齊，他的聰穎機智，學問淵博，文章典麗博得齊主的喜愛，後來祖珽輔政，愛重之推文才，使專掌撰修文殿御覽，之推此時頗爲得志，官至黃門侍郎。却因此遭勳貴的忌嫉，常想構陷，在崔季舒譖誅事件（註三）中幾瀕殺身之禍。

西元五七七年北周滅齊，之推又成爲亡國之虜，和陽休之、盧思道、薛道衡等十八位文士同被徵召隨周武帝赴長安。在長安，既無祿位，又乏積財，生活艱難。西元五八一年楊堅篡周自立，之推文才又受隋文帝和皇太子楊勇的欣賞，召爲東宮學士，甚受禮重，不久因病去世，享年六十多歲。他一生歷經變亂，深悟「無才不足成名，肆才又不足保身」（註四）之道，於是生前寫了家訓二十篇，反復告誡子孫，以爲殷鑑。

## 三、背　景

顏之推生長在中國歷史上最混亂的南北朝，無論政治、社會、教育均極爲敗壞，這種惡劣的環境使得顏之推正視現實，面對問題，進而提出他處亂世的應變之道來。就當時的環境現象言，約略有下列三點：

### ㈠經術衰微，風俗凋弊

南朝時局混亂，教育荒蕪，經術衰微。梁書卷四十八儒林傳上說：

迄于宋齊，國學時或開置，而勸課未博，建之不及；十年，蓋取文具。……鄉里莫或開館，公卿罕通經術，朝廷大儒，獨學而弗肯養衆，後生孤陋，擁經而無所講習，三德六藝，其廢久矣

宋，齊學術不振，情形若此。到梁武帝時，雖史書稱譽他「雅好儒術」，表面上學術似有復興之勢，但事實不然，誠如趙翼廿二史劄記六朝清談之習一文所說：

至梁武帝始崇尚經學，儒術由之稍振，然談義之習已成，所謂經學者，亦皆以為談辯之資。……是當時雖從事於經義，亦皆口耳之學，開堂升座，以才辯相爭勝，與晉人清談無異。……況梁時所談，亦不專講五經，武帝嘗於重雲殿自講老子，……則梁時於五經之外，仍不廢老莊，且又增佛義。晉人虛僞之習依然未改，且又甚焉。風氣所趨，積重難返。

至於北朝學術也無足觀。西元五五四年顏之推出奔北齊，當時北齊經術極爲衰敗。北齊書卷四十四儒林傳序說：

……而齊氏司存，或失其守，師保疑丞，皆賞勳舊，國學博士徒有虛名，唯國子一學，生徒數十人耳。……胄子以通經仕者，唯博陵崔子發；廣平宋遊卿而已。……學生俱差逼充員，士流及豪富之家皆不從調；備員既非所好，墳籍固不關懷，又多被州郡官人驅使，縱有遊情，亦不撿治，皆由上非所好之所致也。

經術衰微不振，無論在學術思想或社會道德上均失去其指導和監督的地位，自然導致風俗敗壞，道德

淪亡，社會充滿淫靡虛浮的風氣，尤其君主貴族輩爲甚。

**㈡士族沒落，風教蕩然**

門第之制肇始於東漢的察舉制度，漢世儒學興盛，而儒家素來重視敬宗恤族，士人於是逐漸在鄉里形成龐大的士族，由經學傳家而得以仕宦傳家，久之，遂成爲各地的大門第。及至南北朝，雖政治紊亂，風俗敗壞，但他們仍能保有學術文化的傳統，而受社會的敬重，雖貴爲天子也得承認他們的獨特性。一般說來，門第士族大都以經學文章相繼，以道德品性傳家，才能長久維持家聲、保持門第於不墜。可是門第士族在長期享受政治、經濟、仕宦、婚姻等特權後，漸趨腐敗，結果家學喪失了。誠如顏氏家訓勉學篇上所說：

> 梁朝全盛之時，貴遊子弟多無學術，至於諺云：『上車不落則著作，體中何如則秘書。』……明經求第，則顧人答策；三九公讌，則假手賦詩。

又說：

> 多見士大夫恥涉農商，差務工伎，以此銷日，以此終年，或因家世餘緒，得一階半級，便自為足，全忘脩學；及有吉凶大事，議論得失，蒙然張口，如坐雲霧；公私宴集，談古賦詩，塞默低頭欠伸而已。（勉學篇）

家風也不見了。顏之推在風操篇上說：

> 吾觀禮經，聖人之教：箕帚匕箸，咳唾唯諾，執燭沃盥，皆有節文，亦為至矣。但既殘缺，非

復全書，其所不載，及世事變改者，學達君子，自為節度，相承行之，故世號士大夫風操。而家門頗有不同，所見互稱長短，然其阡陌亦自可知。昔在江南，目能視而見之，耳能聽而聞之；蓬生麻中，不勞翰墨。汝曹生於戎馬之間，視聽之所不曉，故聊記錄以傳示子孫。（風操篇）

所謂「士大夫風操」者，即當時門第士族獨特的家風，所以自異於庶族、寒門的地方，如今在兵馬倥偬間喪失了，再加上門第士族雖位居公卿，却復風流放蕩，不關懷世情物務，致使人主不敢寄以大任。又遇上侯景作亂，士大夫死者無數；梁末西魏于謹南伐江陵，衣冠之士多淪沒為僕隸，江南世族頓時蕩然。至於北朝，本為胡人所建，對中原遺黎未必信任，秉政之人多係宗室或有軍功的人，他們仇視文士，每加譏害殺戮，世家子弟因畏禍晦迹，不敢有所建樹，或因養尊處優，失去進取心，終至一無表現。

**㈢政治紊亂，人命危淺**

梁武帝晚年，刑典失度；侯景作亂，縱兵殺掠，交屍塞路，哀鴻遍野。而王師殺掠之酷也不減於叛軍，所過之處，競相蹂掠。又值江南大饑，旱蝗相尋，百姓流亡，死者塗地，在天災人禍交相摧殘下，終致千里絕煙，人跡罕見，白骨堆聚如山，景象淒然（註五）。及梁元帝江陵之敗，西魏于謹虜獲百官士民數萬口，沒為奴婢，驅入長安，其餘小弱者皆加屠殺，而俘虜北遷，長途跋涉，輾轉溝壑，不計其數，慘絕人寰。而北齊，文宣帝淫暴，大肆殺戮；武成、後主又荒淫嗜殺，加上嬖幸弄權，朝綱敗壞，尤其武職忌嫉文人，胡人譖毀漢人，立足亂朝，人命危淺。

## 四、讀書的意義

顏氏家訓中有勉學一篇，勸勉子弟努力向學，他認為自古明王聖帝尚且需要勤學，何況凡庶呢！顏之推所說的學，包括三點意義，即：

㈠**學包括讀書與修德力行**。他說：「夫學者猶種樹也。春玩其華，秋登其實，講論文章，春華也；修身利行，秋實也。」他以種樹為譬，說明學習就是讀書、講論文章以及修身利行，兩者兼俱。

㈡**修德力行重於讀書**。讀書有陶冶情性，變化氣質的功能，要修德力行，必先讀書。他說：「夫聖人之書，所以設教，但明練經文，粗通注義，常使言行有得，亦足為人。……當博覽機要，以濟功業，必能兼矣，吾無間焉。」（勉學篇）讀書是手段，修德力行才是目的。

㈢**讀書在達成德用世的目的**。儒家教育的傳統，教人為學目的在讀書修德以用世。顏之推承襲傳統觀念。他說：「夫所以讀書學問，本欲開心明目，利於行耳。」又說：「所以學者欲其多知明達耳。」即認為讀書在啓發人的心智，開拓人的見識，增長處事的能力。接著他更詳盡具體地分析讀書的用意。他說：

未知養親者，欲其觀古人之先意承顏，怡聲下氣，不憚劬勞，以致甘腝，惕然慚懼，起而行之也；未知事君者，欲其觀古人之守職無侵，見危授命，不忘誠諫，以利社稷，惻然自念，思欲斂之也；素驕奢者，欲其觀古人之恭儉節用，卑以自牧，禮為教本，敬者身基，瞿然自失，斂容抑志也；素鄙吝者，欲其觀古人之貴義輕財，少私寡慾，忌盈惡滿，賙窮卹匱，赧然悔恥，積而能散也；素暴悍者，欲其觀古人之小心黜己，齒弊舌存，含垢藏疾，尊賢容衆，苶然沮喪，若不勝衣也；素怯懦者，欲其觀古人之達生委命，彊毅正直，立言必信，求福不回，勃然奮厲，不可恐懾也。（勉學篇）

顏之推認為讀書可以使人知慮清明，學到做人做事的道理，進而在日常生活中身體力行，有助於個人的立身處世，更進一步注重倫理觀念的建立和個人性情、氣質的變化，而成為先聖所標榜的君子人。但浮淺之徒不明瞭讀書的意義，全忘脩德，無法有所成，他說：

世人讀書者，但能言之，不能行之，忠孝無聞，仁義不足。（勉學篇）

更甚者，學之不脩，德之不講，成為讀書人的敗類，令人厭惡。他說：

夫學者所以求益耳。見人讀數十卷書，便自高大，凌忽長者，輕慢同列，人疾之如讎敵，惡之如鴟梟，如此以學自損，不如無學也。（勉學篇）

讀書在達成德用世的目的，這是傳統的觀念，但顏之推一生坎坷，深受離亂之苦，面對家族沒落之痛，素以維護士人尊嚴，振興家業為己志，所以在另一方面，他從現實層面來看讀書的意義。他瞭解唯有讀書才能供給仕宦所需的知識技能，有助於確保家族在社會上的地位；同時，注重為學的傳統，才能受社會敬重，有助於維護家學，振興家道。他說：

> 自荒亂以來，諸見俘虜雖百世小人，知讀論語、孝經者，尚為人師；雖千載冠冕，不曉書記者，莫不耕田養馬，以此觀之，可不自勉耶？若能常保數百卷書，千載終不為小人也。（勉學篇）

要受人敬重，永保士人的地位，不致淪爲養馬種田的粗鄙野老，只有讀書一途。另外，他認爲讀書也是處亂世、求生存的要道。他說：

> 夫明六經之指，涉百家之書，縱不能增益德行，敦厲風俗，猶為一藝，得以自資。父兄不可常依，鄉國不可常保，一旦流離，無人庇廕，當自求諸身耳。諺曰：『積財千萬，不如薄伎在身。』伎之易習而可貴者，無過讀書也。（勉學篇）

顏之推這種觀念應是他親身體驗的，他一生爲亡國之虜，却因學識淵博，文章典麗，得到時君權相的賞識，這無形中增强他這種讀書可「安命」的觀念。所以他一再要求子孫勉學。在西元五五七年北齊被北周征服後，顏之推一家被遷徙長安，既無官職，又乏餘財，生活艱苦，顏思魯即抱怨讀書無用，顏之推立刻鄭重地告誡他說：

> 子當以養為心，父當以學為教。使汝棄學徇財，豐吾衣食，食之安得甘？衣之安得暖？若務先王之道，紹家世之業，藜羹縕褐，我自欲之。（勉學篇）

他的安貧樂道，主要是他肯定家學的傳統能給家庭安全和高尚的社會地位，也可維護家族不致淪爲甿隸斯役之流所致。

## 五、治學方法

顏之推對讀書方法的見解散見各篇，約略可歸納出下列幾項：

㈠博覽：

泛觀博取是讀書最起碼的要求，蓋廣博地學習，可普遍接觸各知識層面，運用起來，便能左右逢源，得心應手，所以顏之推說：

> 博學求之，無不利於事也。（勉學篇）

又說：

> 夫學者貴能博聞，郡國、山川、官位、姓族、衣服、飲食、器皿、制度皆欲根源，得其原本。（勉學篇）

泛覽羣書，識見廣遠，學問淵博，自然智慮清明，處事順遂；否則孤陋寡聞，處處困窘，滯礙難行，必將貽笑大方，顏之推曾拿親身所歷加以說明。他說：

> 俗間儒士，不涉羣書，經緯之外，義疏而已。吾初入鄴，與博陵崔文彥交遊，嘗說王粲集中難鄭玄尚書事。崔轉為諸儒道之，始將發口，懸見排蹙，云：「文集只有詩賦銘誄，豈當論經書事乎？」且先儒之中，未聞有王粲也。」崔笑而退，竟不以粲集示之。魏收之在議曹，與諸博士議宗廟事，引據漢書，博士笑曰：「未聞漢書得證經術。」收便忿怒，都不復言，取韋玄成

傳，擲之而起。博士一夜共披尋之，達明，乃來謝曰：「不謂玄成如此學也。」（勉學篇）

崔文彥、魏收博覽羣書，議論學問，自然可融會貫通，旁引博徵，從容不迫；反觀諸博士涉獵不廣，終遭人譏辱，爲維護讀書人的尊嚴，增强應變能力，博學是必要的。

## (二)精約：

學問廣博，則見遠而量宏，但不宜忽略精約，否則易流於淺薄。所以之推勸勉子孫說：

光陰可惜，譬諸逝水，當博覽機要，以濟功業，必能兼矣，吾無間焉。（勉學篇）

也就是說治學方法要由博入約。但精約最具體的表現便是專攻一經或一伎。蓋學雜伎多，樣樣不精通，則毫無用處，所以他說：

古人云：「多為少善，不如執一；鼫鼠五能，不成伎術。」近世有兩人，朗悟士也，性多營綜，略無成名，經不足以待問，史不足以討論，文章無可傳於集錄，書迹未堪以留愛翫，卜筮射六得三，醫藥治十差五，音樂在數十人下，弓矢在千百人中，天文、畫繪、棊博，鮮卑語、胡書，煎胡桃油，鍊錫為銀，如此之類，略得梗槩，皆不通熟。惜乎！以彼神明，若省其異端，當精妙也。（省事）

伎多不精，絲毫無用，可見一斑。所以要專精某項伎能，例如「農民則計量耕稼，商賈則討論貨賄，工巧則致精器用，伎藝則沈思法術，武夫則慣習弓馬，文士則講議經書。」（勉學）各行各業各需專業知識，始能做好事。而文人講議經書更須從事攻一經下手，才會有所成就。他說：

漢時賢俊，皆以一經弘聖人之道，上明天時，下該人事，用此致卿相者多矣。（勉學）

而當時士大夫子弟都以博涉爲貴，不肯專儒，以致伎能不精，見識淺薄，更甚的還自矜自恃，目中無人，宛如坎阱之蛙。顏之推感嘆地說：

世人但見跨馬被甲，長矟彊弓，便云我能為將；不知明乎天道，辯乎地利，比量逆順，鑒達興亡之妙也。但知承上接下，積財聚穀，便云我能為相；不知敬鬼事神，移風易俗，調節陰陽，薦擧賢聖之至也。但知私財不入，公事夙辦，便云我能治民；不知誠已刑物，執轡如組，反風滅火，化鴟為鳳之術也。但知抱令守律，早刑晚捨，便云我能平獄；不知同轅觀罪，分劍追財，假言而姦露，不問而情得之察也。（勉學）

學之不精，便無法體會到個中精微奧妙處，處理事務，往往會荆夫棘地，難以擔當大任。

㈢勸學：

孔子說：「吾非生而知之，好古，敏以求之」敏，就是勤。勤能補拙，古人勤學勵志，因而成功的例子很多，諸如蘇秦的錐股苦讀；文黨的投斧游學；孫康的映雪讀書；武子的囊螢勤讀；兒寬帶經耕鉏；溫舒的牧羊編簡，都是勤讀的典範。而在梁世也不乏苦讀之人，顏之推特別例擧幾人來勸勉子孫，他說：

梁世彭城劉綺，……早孤家貧，燈燭難辦，常買荻尺寸折之，然明夜讀。孝元初出會稽，精選寮寀，綺以才華，為國常侍兼記室，殊蒙禮遇，終於金紫光祿。義陽朱詹……好學，家貧無資，累日不爨，乃時吞紙以實腹。寒無氈被，抱犬而臥。犬亦饑虛，起行盜食，呼之不至，哀聲動鄰，猶不廢業，卒成學士，官至鎮南錄事參軍，為孝元所禮。（勉學）

而梁元帝早年勤於讀書，也是當時人所稱讚的，顏之推曾記載道：

梁元帝嘗為吾說：「昔在會稽，年始十二，便已好學。時又患疥，手不能拳，膝不得屈。閑齋張葛幃避蠅獨坐，銀甌貯山陰甜酒，時復進之，以自寬痛。率意自讀史書，一日二十卷，既未師受，或不識一字，或不解一語，要自重之，不知厭倦。（勉學）

帝王之子，憑其尊貴，又在無憂無慮的童年裡尚知勤學自勵，何況是凡庶呢？所以想在學識上、宦途上有成就，唯有勤學苦讀了。

**㈣審問：**

對知識的追求，總會碰着困難疑惑，好學者有不知則問，或雖知而有所懷疑也會問，或所知簡略而要求更詳盡也要問，他總是不甘安於庸愚固陋的，蓋勤學好問乃是充實知識的重要方法，書經說：「好問則裕」，道理在此。而探討、解決問題最簡便之道，便是向老師請教，或跟朋友相切磋琢磨、相互激勵，才能引發智慧。禮記學記說：「獨學而無友則孤陋而寡聞。」此乃學者弊病之一，一般人往往愛面字，强不知以爲知，或視所知爲已足，不肯再求新知，師心自用，反致固執不通，錯誤百出，爲人所恥笑。顏之推說：

見有閉門讀書，師心自是，稠人廣坐，謬誤差失者多矣！（勉學）

三輔決錄云：『靈帝殿柱題曰：「堂堂乎張，京兆田郎」』，蓋引論語，偶以四目京兆人田鳳也。有一才士，乃言時張京兆及田郎，二人皆堂堂耳，聞吾此說，初大驚駭，其後尋媿悔焉。（勉學）

魯莽之士對事物未能審問愼思，妄下雌黃，以致愧慚無地自容。之推有鑒於此，對所見所聞，往往抱著「無疑須教有疑，有疑却要無疑」的態度，他在勉學篇上引了很多探究疑惑的例子。如：

嘗遊趙州，見柏人城北有一小水，土人亦不知名。後讀城西門徐整碑云：『洦流東指。』衆皆不識。吾案說文，此字古魄字，洦，淺水貌。此水漢來本無名矣，直以淺目之，或當即以洦為名乎？（勉學篇）

這正是他處處探究疑惑的具體表現。

## 六、教材選擇

顏之推既認定讀書可以成德用世，並藉以維護家學家業，可見他的治學態度是偏重於實用立場的。在傳統觀念裏，儒家經典的道德教育功能是被肯定的，顏之推也瞭解到經書乃傳統文化之所在，也是講求倫理道德行爲的珍貴資料，更是文人求得宦達的階梯，亂世避禍的法寶。但他却發現當時讀過經書，而後出仕的官吏中，其行徑有時很難合乎儒家經典的要求。他說：

以詩禮之教，格朝廷之人，略無全行者。（歸心）

儒家的道德教育功能既不是絕對的，唯有輔以其他教材才能有更好的效用，換言之，他的思想並不囿於儒家思想的範圍裏，他認爲凡有利實用價値的書籍都可以學，所以他所學的內容很雜。這可從他家訓中所引用的例子龐雜中體會得到。從家訓一書中我們發現他除注重經學外，對史學、玄學、佛學、文學、雜藝都很注重，玆分別加以說明：

## (一)經學

對經學，他强調「通經致用」的功能，他說：

漢時賢俊皆以一經弘聖人之道，上明天時，下該人事，用此致卿相者多矣。（勉學篇）

公孫弘四十餘，方讀春秋，以此遂登宰相。（勉學）

朱雲亦四十始學易、論語：皇甫謐二十始受孝經論語皆終成大儒。（勉學）

自荒亂以來，諸見俘虜，雖百世小人，知讀論語、孝經者尚為人師。（勉學）

他完全站在實用立場看經學，所以讀經只是手段、致用才是目的。顏之推這種觀念可能是對當時南朝承襲魏晉人治經遺風的反動。魏晉時，玄學蠭起，崇尚淸談，重視老莊，並以曠達自任，對經書本不甚重視，南朝治經承襲魏晉，只重義理的發揮，不講究致用之道，所以他說：

世人讀書者，但能言之，不能行之，忠孝無聞，仁義不足；加以斷一條訟，不必得其理；宰千戶縣，不必理其民；問其造屋，不必知楣横而梲豎也；問其為田，不必知稷早而黍遲也；吟嘯

> 談謔，諷咏辭賦，事既優閑，材增迂誕，軍國經綸，略無施用。（勉學）

在治經方面，他受北學影響很大，蓋北學說經謹嚴、篤守家法，完全承襲東漢之脈，偏重章句訓詁。可是他對當時人只注重經文細節冗長的討論很不滿意，他說：

> 末俗以來，空守章句，但誦師言，施之世務，殆無一可。……田里閒人……無所堪能，問一言輒酬數百，責其指歸，或無要會。鄴下云：『博士買驢，書券三紙，未有驢「字」。』使汝以此為師，令人氣塞。……但明練經文，粗通注義，常使言行有得，亦足為人；何必『仲尼居』卽須兩紙疏義，燕寢講堂，亦復何在？以此得勝，寧有益乎？（勉學）

他將那些不通經書的人視作田里閒人，對他們不是「問一言輒酬數百」，就是「仲尼居」卽須兩紙疏義的態度，很是厭惡。顏氏對章句學之末流痛加抨擊，認爲它不切實際，所以他隱然承繼鄭玄以來簡化經學的統系、重視訓詁，主張直接面對經文，了解文字的意義，把握住經文的指歸，他說：

> 夫文字，墳籍根本。世之學徒，多不曉字：讀五經者，是徐邈而非許慎；習賦誦者，信褚詮而忽呂忱；明史記者，專徐、鄒而廢篆籀；學漢書者，悅應蘇而略蒼、雅，不知書音是其枝葉，小學乃其宗系。（勉學）

文字有本義、引申義，古籍文字大都用本義，唯年代久遠，本義喪失，引申義流行，後人不知其理，遂以引申義去瞭解古籍，當然錯誤雜陳，所以顏之推在讀經方面，强調小學的重要，唯有細心學習，精確指出本義來，才是通經正途。他更在勉學、書證、音辭等篇例學很多例子，指出一般人在經典和其他書籍上有關譬喻、意義以及聲韻方面錯誤的情形。而他讀書、研究問題總由小學下手，他檢閱字林、韻書、爾雅、古今字詁、說文、三蒼、韻集、廣雅、通俗文、近世字書、王羲之小學章、延篤戰國策音義、文言、顧野王玉篇、聲類、等書，其中他特別重視說文一書，在書證篇上他記載朋友對他重視說文的疑惑，他回答說：

許慎檢以六文，貫以部首，使不得誤，誤則覺之。孔子存其義而不論其文也，先儒尚得改文從意，何況書寫流傳耶。……吾嘗笑許純儒，不達文章之體。……大抵服其為書，隱括有條例，剖析窮根源。（書證）

經書傳遞，往往遭先儒改文從意，加以書寫流傳，每每有誤，而說文「隱括有條例，剖析窮根源」能擷發其中之謬誤，因此研讀經典宜從小學下手，才能了解聖人之旨意。由上可知顏之推治經擺脫南學不切實際的作風，力求致用，又反對北學空守章句，繁瑣疏義的弊病，取長截短，主倡由小學入門，雖未能蔚成洪流，却能啓後儒重小學、崇說文的先聲。

㈡史書

經典的說教，久了自然僵化而缺乏感染力，而史書包含前人豐富的經驗，可以做爲後人修身處事的金鑑，比起經書要來得活潑，它具有吸引力，尤其眼前的事實更富說服力，可見史書是有「開心明目以利於行」的功能，所以顏之推很重視史書，他說：

不師古之蹤跡，猶蒙被而臥耳。（勉學）

因而他在家訓書中泛擧事例，增强論證力量。在史書中，他最重視漢書，而且似乎成爲顏氏家學的特色之一，這很自然的影響到其子孫學習的趨向，所以他的次子愍楚曾撰寫漢書決疑十二卷，被學者所稱揚；他的孫子顏師古更擷取叔父的漢書評注而成爲唐朝有名的漢書注家，足見顏氏家學的淵源是重視史學的。

### ㈢玄學

玄學在梁朝非常盛行，莊、老、周易並稱三玄，而梁朝君臣上下相扇成風，誠如顏之推所說的：「武皇簡文，躬自講論；周弘正奉贊大猷，化行都邑，學徒千餘，實爲盛美。元帝在江荆間，復所愛習，召置學生，親爲教授；廢寢忘食，以夜繼朝。至乃倦劇愁憤，輒以講自釋。」（勉學）但顏之推對玄學自謂「性既頑魯，亦所不好」。（序致）事實上，他在其一生中抱着「維護門第、維護禮教」、「濟世成俗」的理念，以之爲職責，基於這一理念，他不喜歡玄學，因爲他瞭解到玄學的弊端有三：

1.當時玄學家不能眞正瞭解老莊之道：

老莊之學在全眞養性，不受外物牽羈，所以老子「藏名柱史，終蹈流沙。」莊周「匿跡漆園，辛辭楚相」，而晋何晏、王弼「祖述玄宗，遞相誇尚，景附草靡」，他們都以「農黃之化，在乎己身；周孔之業，棄之度外」，而當時的玄學家表面是談玄說理，附合老莊，骨子裏却整天汲汲營營，爲追求名利盤算著，根本違反老莊所說的「全眞養性，不肯以物累己」（勉學）的宗旨。就像「平叔以黨曹爽見誅，觸死權之網也；輔嗣以多笑人被疾，陷好勝之穽也；山巨源以蓄積取譏，背多藏厚亡之文也；夏侯玄以才望被戮，無支離擁腫之鑒也；荀奉倩喪妻，神傷而卒，非鼓缶之情也；王夷甫悼子，悲不自勝，異東門之達也；嵇叔夜排俗取禍，豈和光同塵之流也？郭子玄以傾動專勢，寧後身外己之風？阮嗣宗沈酒荒迷，乖畏途相誡之譬也；謝幼輿贓賄黜削，違棄其餘魚之旨也。」（勉學）這些人在當時可算都是玄學領袖，他們尚且如此追求功名，擺脫不了情慾，其餘末流更不用說了。

2. 玄學毫無「濟世成俗」的功能：

玄學家清談雅論，所談的都是無關緊要之事，在學術上無法蔚成學派，在社會上毫無建樹，誠如顏之推所說：「直取其清談雅論、剖玄析微，賓主往復，娛心悅耳，非濟世成俗之要也。」玄學既成爲士族消遣清談的資料，當然談不上益世濟民了。

3. 玄學家敗壞禮教，破壞門風：

玄學家一昧清談，不務實際，且是輩沒有老莊的豁達，只學皮相，反對禮教，放浪形駭，故作驚人之舉，傷風敗俗，造成社會淫靡頹廢風氣，破壞門第士族苦心經營的萬石家風，顏之推年少時也曾受此風感染、結果「肆欲輕言，不脩邊幅」（序致），後經苦心砥礪，才擺脫惡習。且玄學家不學無術，一遭喪亂，畏怯膽慄，駢死坑壑，於國於家，一無貢獻。

顏之推站在實用立場看玄學，他對玄學家違背老莊的宗旨，但求反傳統、反禮教、敗壞道德，使士風頹靡，門第式微的情景，眞是痛心疾首。但對玄學有益世務者不敢加以抹殺。例如他對道家服食求仙，以求生命的延長，則抱着有所選擇的態度，勸勉子孫脩習。其看法如下：

1. 對求道成仙的看法

道家求道成仙的心理是想求得生命的延長，這正表示他們對生命的熱愛，祈求生命的無限延長。顏之推從佛教觀點上認爲得仙是可能的事，但他却也了解制「縱使成仙，終當有死，不能出世。」（養生），且從事實上看：「學如牛毛、成如麟角，華山之下，白骨如莽」（養生），要修道成仙眞是渺茫，更何況在經濟的立場而言，要隱居山林，也非人人所能做得到，他說：

人生居世，觸途牽縶，幼少之日，旣有供養之勤，成立之年，便增妻孥之累，衣食資須，公私驅使，而望遁跡山林，超然塵滓，千萬不遇一爾。加以金玉之費，鑪器所須，益非貧士所辦。（養生）

一般人生活在世間，對家庭、社會、國家都有應盡的責任，一時要擺脫世俗羈絆，可不容易，所以顏之推對子孫求仙之事不加反對，但不願子孫在這方面花太多工夫。

2. 對服食導引的看法

成仙以求生命的無限延長，機會渺茫，於是玄學家退而求其次，希望藉着服食導引方法以求生命的有限延長。顏之推認爲養生旣在求生命的延長，所以一切養生之道德以「慮禍全身保性」（養生）爲原則，因爲生命存在，養生才有意義，否則養生招禍，正違反養生的初衷，因此他對當時玄學家養生喪命的擧止感到不解。他說：

單豹養於內而喪外；張毅養於外而喪內，前賢所戒也。嵇康著養生之論，而以傲物受刑；石崇

冀服餌之徵，而以貪溺取禍，往世之所迷也。（養生）

而適切的養生有益生命，這點他倒很贊成。他說：

若其愛養神明，調護氣息，愼節起臥，均適暄寒，禁忌食飲，將餌藥物，遂其所稟，不為夭折者，吾無間然。（養生）

對精神的調護，日常飲食、生活起居，衣著輕軟，醫藥服食等均加以適當安排，使順遂本性，對延年益壽將有莫大功效。但其中「諸藥餌法」效用彰明、有益世務，所以他特加推崇，並舉親身經驗說：

吾患齒，搖動欲落，飲食熱冷，皆苦疼痛，見抱朴子牢齒之法，早朝建齒，三百下為良，行之數日卽便平愈，今恒持之。（養生）

餌藥雖有功效，但要精審，不可輕脫，否則弄巧成拙，反喪失生命。在藥書方面，他很推崇陶隱居，認爲他的太淸方總錄甚備。由於醫方之事取妙極難，他勸勉子孫只要能瞭解藥性，居家得以救急卽可，不必以此爲審，或以此自命。

㈣佛學

自魏晉以來，道家盛行，儒家在思想界已失去了信仰和指導人心的力量。到了南北朝，兵連禍結，民不聊生，當時無論帝王或文人、百姓都想解脫人生的痛苦，而玄學化的格義佛教正可以滿足其心靈的需求；尤其帝王們更是熱中，在南方的梁朝各代君王無不信佛，就是北方的北齊文宣、武成、後主也都敬信佛教；北周文帝也喜談論佛義，虔誠無比，在上者既多信仰佛教，對整個社會自然有風行草偃之效，一時名流士族無不信奉佛理。在佛教獨盛下，儒學更爲消沈寂寞，在人生的倫理以及學術的思潮，已完全失去指導的作用。

顏之推生長在這樣風氣下，能獨豎一幟、注重儒學的發揚，維護門第士風，實是難能可貴的。但他家世信奉佛教，在耳濡目染下，瞭解佛學，體會佛教和中土文化的關係，進而對佛儒的思想理論加以融通。他說：

內外兩教，本為一體，漸積為異，深淺不同。（歸心）

他認爲儒佛本是一體的，所以佛教的五戒——不殺生、不偷盜、不邪淫、不飮酒、不妄言和儒家的仁義禮智信是相符合的。他又認爲儒家君子立身處世重在克己復禮，濟時益物；所以管理一家的人，無不希望這家能幸福美滿，治理一國的人都想使國家平治，百姓幸福，像堯舜周孔、勤苦修德，犧牲個人歡愉的日子，無非在求國家平治、家庭幸福，而佛教修道，本求濟度蒼生，免脫罪累，和儒家立身處世之道並無二致。又儒家君子遠離庖厨，見其生不忍其死，聞其聲不食其肉，這和內教戒殺生，正都是仁者自然用心。

顏之推目睹儒家經典在遂行道德教育上已不完全有效，且儒者空疏不切實際的治學態度一時之間也無法改變，而佛教教義却和儒家之道相通，且佛教運用四塵（色、香、味、觸）五蘊（色、受、想、行、識）剖析宇宙萬事萬物的道理，利用六舟（布施、持戒、忍辱、精進、禪定、智慧）三乘（聲聞、緣覺、菩薩）等修持方法超渡衆生，有千法名門，助人進入美善的境界，佛經上所蘊含的雄辯才華、高明智慧、實不輸於詩書禮樂、易、春秋、論語，以及諸子百家之書，其境界有時非堯舜周孔所能比，因此在社會教化的功能上，佛教可擔代儒家衰微後所遺留下的教化職責。他認爲如能假手佛教的推廣，將可改善現實的人生，使人人進入美善的精神世界，他說：

若能偕化黔首，悉入道場，如妙樂之世，禳佉之國，則有自然稻米，無盡寶藏。（歸心）

佛教既能提供人們一完美的精神世界，擺脫現實人生的痛苦，倘人人信佛，個個慈悲爲懷，社會教化便臻善境。

至於學佛的態度，他主張「學佛不一定要出家」，家庭生活是順着情欲之流的生活，目標是追求世俗生活的價值，然而在情欲充斥的世俗環境中，要從事泯滅情欲的修行，着實不容易。唯有正確地認識世俗生活價值的不足恃和不宜執取，並超越之，不受拘束，這才是解脫之道，這也正是佛教出家的主要意義。但顏之推在這方面却受傳統儒家觀念的影響，他認爲如能「誠孝在心，仁惠爲本」，不必剃落鬚髮，依然可憑着世俗身分修成證果的。所謂「誠孝在身」便是儒家的倫理觀念；「仁惠爲本」相當於佛家的「慈悲爲懷」，他的想法是想在現實中過其倫理生活，唯以「仁惠」「慈悲」修持心性，以此企圖獲取來世的幸福。所以他不主張人人都出家。他說：

豈令罄井田而起塔廟，窮編戶以為僧尼也。（歸心）

精神世界的獲取還是要以現實世界做基礎的，倘人人出家，不但妨害國計民生，也是政治混亂的癥兆，同時更不合乎佛教救世的宗旨，所以他主張人人各勤其業，只是要隨時戒持修養，多種善因，以爲來世幸福做準備。他告誡子孫說：

汝曹若觀俗計，樹立門户，不弃妻子，未能出家，但當兼修戒行，留心誦讀，以為來世津梁。(歸心)

可見顏之推雖推崇佛教，仍然不忘維護門第、宏揚儒業。綜之，他在現實人生上，是依循儒家，立身行世，維護門第；在未來人生上，則信仰佛教，以爲來世幸福做準備。

**㈤文學**

顏之推家世文章，不從流俗，專注重典正的格調，而他幼年時就接受教誨，傳習家業，所以早期文章必離不開典正的格調，但自從入湘東王蕭繹幕府後，當時羣彥畢集，勝友如雲，處在那種環境，受唯美文人的陶染，詞情典麗，自是必然的結果。而梁亡後，他播遷河朔，北朝文學崇尙質樸，體歸典制，顏之推一生遭遇，使他對大江南北文學的作風和思想有深刻體認，因此他對文學別有見地，而這些思想全在文章一篇中，論其大旨，約有下列幾點：

1.文學的根源

顏之推認爲文章原出於五經。他說：

夫文章者原出五經，詔命策檄，生於書者也；序述論議，生於易者也；歌詠賦頌，生於詩者也；祭祀哀誄，生於禮者也；書奏箴銘，生於春秋者也。(文章)

五經乃是記載遠古帝王所創的文物典章制度，或是孔子追述前哲的微言大義；凡是宇宙間的一切道都由聖人所寫的這些書籍流傳了下來，因此後人若能依憑經書的規模來規範文章的體式，取用經書上優美典雅的文辭充實辭藻，運用經書上的觀念提升文章的內容，將可取之不盡，用之不竭，這正是傳統文人「崇聖尊經」的說法。顏之推承襲這種說法，故主張文章原出於五經。

2.文學的作用

顏之推對文學的功價看法，一方面繼承漢人「經國治世」的實用觀，另一方面則受魏晉以性情爲文學本體之說的影響。兩漢的文學思想一直籠罩在詩言志的陰影下，釋詩論賦，言志寫物，總離不開美刺諷諭以及經國治世之說。顏之推在文章篇上說：

> 夫文章……朝廷憲章，軍旅誓誥，敷顯仁義，發明功德，牧民建國，施用多途。（文章）

這種强調文章是經國教化的工具的見解，正是漢人文學觀的延續。但他又說：

> 文章之體，標舉興會，發引性靈。（文章）

性靈便是得自天地自然之性，也是心，或是心性。（註六）而心性受外物影響有所感動便爲情志。所謂情，就是喜怒哀樂愛惡懼的感情情緒；所謂志，便是依伴感情而生的思想意緒，而文學的作用，卽在抒發個人的情志。自曹丕認爲文學可寄身見意後，文學能抒發個人情志，一直是爾後文人所强調的論點，之推也不例外，可見他認爲文學不僅可以抒發個人的情志，也可以運用在政治教化等實用價值上。

3.文章的要素

顏之推認爲文章必須具備四種要素，卽理致、氣調、事義和華麗。他說：

文章當以理致為心腎，氣調為筋骨，事義為皮膚，華麗為冠冕。（文章）

所謂理致是指文章內容方面的情志內涵而言，作者依賴其運思命意的工夫，將自己所要表達的情趣思理很深刻有力的表現出，便是理致。理致對於文章，就像心腎對於人一樣，心腎是一個人的樞機器官，一切生理心理完全由它來控制指揮，所以理致等於文章的精髓。氣調是就文章形式方面語文聲調的運用而言，作者運用語文聲調的驅遣的技巧，將其情思很生動地表現出，便是氣調。（註七）氣調對於文章，就像筋骨對於人一樣，筋骨表現一個人的生命力、活動力，筋骨强勁者，其氣勢健勁有力；筋骨柔弱者，其氣勢柔婉卑靡，所以氣調就是文章的氣勢。所謂事義，是指文章內容方面的思想而言，事義是一切事物的道理，對人而言，是屬於人身外的客觀現實；在文學來說，就是作者對人生事理客觀現實悟徹後所表現的思想內涵。而顏之推所說的華麗，乃指文章的辭采，就是作者運用比興、夸飾、含蓄等諸種表現意象的技巧、刻意琢磨、美化文辭，以增加文學形式上的美感。據此，顏之推所說的理致和事義是指文章內容方面應具備的要素，也是文章義理之所本；而氣調、華麗則是文章形式方面應具備的要素，是義理之所託。也就是文章要講究內容的充實和形式的美化，這種文質兼備說可能是針對六朝文風卑靡而提的。蓋六朝文士大都把文學當作生活上的一種享受，人人致力於聲色的追求，風格日趨艷美，這種重視文飾的觀念蔚成風氣後，使得文風流於「拘聲韻」「崇麗靡」、終至訛濫成病。顏之推目睹文學卑靡，士風日下，也瞭解古人文章古朴無文的缺失，於是强調文質並重，他說：

古人之文，宏才逸氣，體度風格去今實遠，但緝綴疏朴，未為密緻耳。今世音律諧靡，章句偶對，諱避精詳，賢於往昔多矣！宜以古之製裁為本，今之辭調為末，並須兩存，不可偏棄也。（文章）

他調和古今，以音律、偶對彌補古人疏朴的毛病，而以製裁消除時人卑靡的缺失，於是理致、事義、氣調和華麗成爲文章不可或缺的要素。

4. 寫作技巧

自魏晉以來，文人認識了文學的意義與功能，更因文體的分類日益詳密，文學的製作曰益成熟，所以對寫作技巧也日趨重視，顏之推對寫作理論比不上劉勰的周密完備，但他也注意到寫作技巧的講求，如寫作之前要注重儲材工夫，卽要增廣見聞，培植學養，內外蓄積，才學相助，始能寫出好文章；並且要把握主題，首尾相應，條理分明，綱領有序，情境一致，否則持論不一，前後矛盾，文義必混淆，他說：

凡詩人之作，刺箴美頌，各有源流，未嘗混雜，善惡同篇也。陸機為齊謳篇，前敍山州物產風教之盛，後章忽鄙山川之情，殊失厥體。（文章）

又他主張爲文務求典正，對當時文風很不滿意，他說：

今世相承，趨末棄本，率多浮艷，辭與理競，辭勝而理伏；事與才爭，事繁而才損，放逸者流

宕而忘歸，穿鑿者補綴而不足。……必有盛才重譽，改革體裁者，實吾所希。（文章）

齊梁文學注重浮誇雕琢，格調卑靡，所以他標擧家世典正文風，力圖革除綺靡時弊。另外在用典方面，他强調要自然，不可故意矯柔造作，減損文氣，用典的目的在以古事古語證實今事今言，表達自己的思想，使別人容易明白，所以運用時力求精確深刻，方可增加文學趣味，同時要自然順暢，不露痕迹爲佳，他在文章篇裏載邢子才贊嘆沈約「文章用事，不使人覺，若胸臆語也」之事，卽在强調自然的可貴，以此告訴子孫用典的趨向。

綜之上述，顏之推對文學反對齊梁形式主義的唯美思潮，在文學根源上，抱持保守態度，主張崇聖尊經；在文學功價上，則因襲漢人思想，同時强調文學的情志作用。在文學要素方面，標擧理致、氣調、事義、華麗四要素，力主文質並重說，一方面重視情理實質的充實，另一方面重視文采的韻琢，聲韻的講究，但反對不切情理而過分浮艷的文風，在寫作技巧上「注重儲材、掌握主題，務求典正風格，並注意用事自然精確。他對文學的見解和對經史、宗教一樣，仍偏向於折衷調和的途徑。

㈥雜藝

顏之推在家訓書中提及的雜藝項目有書法、繪畫、射箭、卜筮、算術、醫方、琴瑟、博奕、投壺等等，雜藝本是文人在閒情逸致時用來消遣的藝術，自晉宋以來，門第中人無不以之表現自己優雅、高貴的氣質，且蔚成風氣，而成爲門第家業的一部分。但顏之推對這些雜藝是抱着有條件的接受。他擇取的標準依雜藝篇所載可歸納爲二，卽⑴要有實用價値者，也就是能眞正陶冶性情者。⑵必須門業所固有者。依這兩項條件，合乎要求的有書法、繪畫、算術、琴瑟。而射箭「要輕禽，截狡獸」（雜藝），基於佛教戒殺生立場，且向來「冠冕儒生，多不習此。」（雜藝）他不願子孫學習。卜筮則「拘而多忌」又「近世無復佳師，多不能中」（雜藝），再加上「去聖既遠，世傳術書，皆出流俗，解辭鄙淺，驗少妄多」，不切合實際，也加以摒斥。博奕方面則因「君子不博」的傳統觀念，加上「令人耽憒，廢喪實多」（雜藝）也不加鼓勵。在書法方面，由於是門業，自幼就愛重，翫習功夫很深，瞭解也較多，所以要子孫留意，且在這方面他強調要有天分和小學的素養才行。畫繪之事，則因「自古名士，多或能之」，所以他要子孫「翫閱古今，特可寶愛。」（雜藝），算術則是六藝之一，而且自古儒士，談論天道，校定律歷，都必須精通它，所以也要「兼明」。琴瑟也是古禮之一，禮經上說：「君子無故不徹琴瑟」自古以來的名士，多所愛好，加上「足以暢情」，也在鼓勵之列。但在學習雜藝時，他還有二點要求：

1.不須過精：顏之推的理由是「巧者勞而智者憂」（雜藝）本來雜藝是消遣用的，可以藉此排遣憂懣，增加生活情趣，但如太精巧、太有名，常易被人役使，反成爲累贅，與陶冶情性的初衷相違背了。他特別舉王褒爲例，王褒本地冑清華，才學優敏，却因工於書法，辛苦筆硯之役，常悔恨說：「假使吾不知書，可不至今日邪！」所以他勸子孫「勿以書自命」。

2.不要成爲專業：在顏之推的心目中，讀書修身成德，濟世致用才是正途，而雜藝只是旁支末流。如成爲專業、本末倒置，成爲厮猥之人，有損士人的尊嚴，對維護家業有很大的不良影響，所以他勸子孫「可以兼明，不可以專業。」

## 七、結　論

在南北朝分裂割據的時代裏，戰爭頻繁，民生塗炭，當時士大夫面對改朝換代，隨例變遷，人人自取身榮，不存國計，把自己家庭利益放在國家民族利益之上。顏之推爲時勢所逼，在憂患中找到一條安身立命的經驗：「父兄不可常依，鄉國不可常保，一旦流離，無人庇廕，當自求諸身耳。」也就是處亂世唯有一切靠自己，而要靠自己先得壯大自己，要壯大自己，只有讀書充實知能一途。因而，强調讀書的重要，體悟到讀書的傳統意義和時代的價值，他抱定成德用世、維護家業的理念來讀書他正視現實環境，批評俗儒的迂腐，貴游子弟的不學無術，並採折衷調和的態度看待各種學問，對學術思想，他闡揚儒家經典的傳統功能，並包容佛教的教化功價；對文學的發展，他重視情理實質的充實，也不拋棄文采的雕琢，聲律的講究；對雜藝偏重情性的陶冶和士人尊嚴的維護。這一切在在顯示出他是個不偏執的學者，也是位有見解的文士。顏之推的這些思想觀念雖說是要「整齊門內，提撕子孫」，但對於我們後學而言，其思想觀念；態度方法固有值得學習參考之處，豈可以一家言看待呢？

**【附　註】**

註一　事見梁書文學傳下顏協傳，周書顏之儀傳。梁武帝篡立，顏見遠不食，發憤，數日而卒，武帝深怨之，謂朝臣曰：「我自應天從人，何預天下士大夫事，而顏見遠乃至於此。」當時嘉其忠烈，咸稱歎之。

註二　觀我生賦自注：「之推聞梁人返國，故有犇齊之心。」

註三　事見北齊書崔季舒傳。

註四　見今人周法高撰輯顏氏家訓彙注附錄三所引八、關中叢書第三集本序語。

註五　見梁書侯景傳。

註六　見廖蔚卿著六朝文論頁一一六。

註七　見廖蔚卿著六朝文論頁六〇。

# 世說新語孝道思想

曾　文　樑

世說新語，南朝宋臨川王劉義慶（註一）所主持編纂而成，助之成書者，有袁淑、陸展、何長瑜、鮑照諸人。（註二）隋書經籍志將世說一書列入子部小說家類，目前談助之書，且以小道街談巷議視之。然是書以孔門四科（註三）居首，先德行，次言語，再次政事、文學等，首揭四科，非原本儒術哉？再者，義慶以王室後嗣，貴襲臨川王，生當淸談彌盛之時，文風熾烈之際，登高一呼，四方共欽，非欲以一己之力，修具文德，以導揚孝道之風乎？筆者試就世說新語一書所闡揚之孝道思想，加以分析，用能申明劉義慶首揭德行之意旨，以及匡正世俗之用心。

論語爲政篇載孔子之言：

生，事之以禮；死，葬之以禮，祭之以禮。

又禮記祭統篇：

孝子之事親也，有三道焉：生則養，沒則喪，喪畢則祭。養則觀其順也，喪則觀其哀也，祭則觀其敬而時也。盡此三道者，孝子之行也。

依此，本文分養親及喪祭之道，以論述世說新語孝道思想，而文中所引世說新語用楊勇著世說新語校箋，明倫出版社出版。

## 一、養親之道

### ㈠敬　親

世說新語：

王長豫為人謹順，事親盡色養之孝。丞相見長豫輒喜，見敬豫則嗔。長豫與丞相語，恒以慎密為端。丞相還臺，及行，未嘗不送至車後。恒與曹夫人併當箱篋。長豫亡後，丞相還臺，登車後，哭至臺門。曹夫人作簏，封而不忍開。（德行第一、二十九則）

案王悅（字長豫）事親盡孝，不僅使父母能得到物質上之享受，更能心存敬意，和顏悅色使父母精神快樂。是以王悅亡後，王丞相（導）與曹夫人睹物思人，哭其無後，以傳其世代家業。論語爲政篇：

子游問孝。子曰：「今之孝者，是謂能養。至於犬馬，皆能有養。不敬，何以別乎？」

又載：

子夏問孝。子曰：「色難。有事，弟子服其勞；有酒食，先生饌，曾是以為孝乎？」

是則世說新語劉義慶所錄載王悅之孝，頌揚其事親能盡「色養」之孝，亦卽孔子言孝貴敬親之深旨也。又世說新語：

王祥事後母朱夫人甚謹，家有一李樹，結子殊好，母恒使守之。時風雨忽至，祥抱樹而泣。祥嘗在別牀眠，母自往闇斫之；值祥私起，空斫得被。旣還，知母憾之不已，因跪前請死。母於是感悟，愛之如己子。（德行第一、十四則）

案王祥事後母極爲恭謹，母令不敢違抗，是以風雨至而不避，苦守李樹；母志不敢違逆，自往跪前請死，遂以孝行，感悟後母，亦卽孔子回答孟懿子問孝「無違」之旨（註四）也。又世說新語：

鍾會是荀濟北從舅，二人情好不協。荀有寶劍，可直百萬金，常在母鍾太夫人許。會善書，學荀手跡，作書與母取劍，仍竊去不還。荀勗知是鍾，而無由得也，思所以報之。後鍾兄弟以千萬起一宅，始成，甚精麗，未得移住；荀善畫，乃潛往畫鍾門堂，作太傅形象，衣冠狀貌如平生。二鍾入門，便大感慟，宅遂空廢。（巧藝第二十一、四則）

案此則錄載鍾會善書、荀勗善畫，二人各有巧藝，因情感不協，而以巧藝交鋒。然則二鍾（鍾毓、鍾會）兄弟，因敬親，不敢毀傷其父鍾太傅（鍾繇）之畫像，遂不遷入新宅。亦足知當時人敬親，甚至於不敢損及長者之畫像。又世說新語：

陳太丘與友期行，期日中，過中不至，太丘舍去，去後乃至。元方時年七歲，門外戲。客問元方：「尊君在不？」答曰：「待君久不至，已去。」友人便怒曰：「非人哉！與人期行，相委而去！」元方曰：「君與家君期日中。日中不至，則是無信；對子罵父，則是無禮。」友人慙，下車引之。元方入門不顧。（方正第五、一則）

案此述陳紀（字元方）方正之言行。然則觀其所言「對子罵父，則是無禮。」，元方禮敬其父之孝思，顯然可見也，而爲劉義慶錄載世說新語中。又世說新語：

陳仲弓為太丘長，時吏有詐稱母病求假，事覺收之，令吏殺焉。主簿請付獄，考衆姦。仲弓曰：「欺君不忠，病母不孝；不忠不孝，其罪莫大。考求衆姦，豈復過此？」（政事第三、第一則）

案陳寔（字仲弓）治理政事，極爲重視官吏是否忠孝，有一吏佯稱母病求假，不僅病母不孝，而且欺騙長官，不勤於職事，又爲不忠，是以事發而治之以死罪。論語學而篇：

有子曰：「其為人也孝弟，而好犯上者，鮮矣。不好犯上，而好作亂者，未之有也。」

意謂爲人孝弟，方能循規蹈矩，不犯上，不作亂。又論語學而篇：

有子曰：「君子務本，本立而道生。孝弟也者，其為仁之本與？」

意謂君子應於言行盡孝弟之道，方能愛人，推及於大衆。又論語學而篇，孔子教導弟子行孝道：

弟子入則孝，出則弟，謹而信，汎愛衆，而親仁。行有餘力，則以學文。

是則劉義慶所錄載陳寔嚴懲吏詐稱母病者，不亦特重孝道之闡揚與維護哉！

## ㈡解　憂

世說新語：

周伯仁母，冬至與酒賜三子曰：「吾本謂度江託足無所。爾家有相，爾等並羅列，吾復何憂？」周嵩起，長跪而泣曰：「不如阿母言。伯仁為人，志大而才短，名重而識闇，好乘人之弊，此非自全之道。嵩性狼抗，亦不容於世。唯阿奴碌碌，當在阿母目下耳。」（識鑒第七、十四則）

案周顗（字伯仁）母李氏，（註五）原憂慮南渡之後，無寄身之處，子弟不肖，家道衰微。然而周顗兄弟秀才並茂，仕宦得意，有身居相位之尊者，解除了李氏之憂慮，深感快慰。論語里仁篇：

子曰：「父母在，不遠遊；遊必有方。」

孔子以爲子女之遠遊，常使父母憂慮；甚者，未告知行踪，尤令父母憂懼。是則解除父母之憂慮，乃爲子女者盡孝道之要旨。又世說新語：

陶侃少時，作魚梁吏，嘗以一坩鮓餉母。母封鮓付使，反書責侃曰：「汝為吏，以官物見餉；非唯不益，乃以增吾憂也！」（賢媛第十九、二十則）

世說新語此則在表彰陶侃母湛氏爲一賢媛，於非分之財物不僅拒絕享有，且教導其子行事公正，否則反添增其憂慮而已。亦見孝道之要旨，爲不增添父母之憂慮也。

## (三)謹　身

世說新語：

范宣年八歲，復園挑菜誤傷指，大啼。人問：「痛邪？」答曰：「非為痛也；但身體髮膚，不敢毀傷，是以啼耳。」……（德行第一、第三十八則）

案范宣傷指，不以肉體之痛介意，而以身體髮膚，受之於父母，未能謹愼行事，以致傷身，有損孝道，而深爲痛傷，足見其孝思。孟子離婁上篇：

孟子曰：「事，孰為大？事親為大。守，孰為大？守身為大。不失其身而能事其親者，吾聞之矣；失其身而能事其親者，吾未之聞也。」

又禮記祭義上篇：

曾子曰：「身也者，父母之遺體也。行父母之遺體，敢不敬乎？居處不莊，非孝也。」

是則劉義慶所錄載范宣之謹身，與儒家亞聖孟子、宗聖曾子言孝之旨同也。又世說新語：

桓公入峽，絕壁天懸，騰波迅急；迺歎曰：「既為忠臣，不得為孝子，如何！」（言語第二、五十八則）

劉峻，字孝標（註六）注：

漢書曰：「王陽為益州刺史，行部至卭僰九折坂，歎曰：『奉先人遺體，奈何數乘此險？』以病去官。後王尊為刺史，至其坂，問吏曰：『非王陽所畏之道邪？』吏曰：『是。』叱其馭曰：『驅之！王陽為孝子，王尊為忠臣！』」

案桓公（桓溫）入峽，懸壁迅波，天險迫人，難以謹身安然而渡，是以有不得爲孝子之歎。王陽之褁足不前者，思欲謹身守孝也。范宣、桓溫言行之謹身，爲劉義慶所錄載，亦見世說闡揚謹身之孝矣。

### ㈣養口體

世說新語：

吳郡陳遺，家至孝，母好食鐺底焦飯。遺作郡主簿，恒裝一囊，每煮食，輒貯錄焦飯，歸以遺母。後值孫恩賊出吳郡，袁府君即日便征，遺以聚斂得數斗焦飯，未展歸家，遂帶以從軍；戰於滬瀆，敗，軍人潰散，逃走山澤，皆多餓死，遺獨以焦飯得活。時人以為純孝之報也。（德行第一、四十五則）

案此述陳遺奉母至孝，其母好食鍋巴，陳遺平日即貯存之，以孝敬其母，後竟以之遇亂軍而存活，故時人以純孝獲報譽美。又世說新語：

祖光祿少孤貧，性至孝，常自為母炊爨作食。王平北聞其佳名，以兩婢餉之，因取為中郎。有人戲之者曰：「奴價倍婢。」祖云：「百里奚亦何心輕於五羖之皮耶？」（德行第一、二十六則）

此述祖納（字士言，仕光祿大夫）至孝，常爲母作食，以奉養其母，爲當時人所贊賞，得王乂（字叔元，仕平北將軍）賜二婢，並擧爲中郎之官，亦至孝作食奉母之獲報也。又世說新語：

殷中軍妙解經脈，中年都廢。有常所給使，忽叩頭流血。浩問其故？云：「有死事，終不可說。」詰問良久。乃云：「小人母，年垂百歲，抱疾來久；若蒙官一脈，便有活理。訖就屠戮無恨。」浩感其至性，遂令舁來，為診脈處方。始服一劑湯，便愈。於是焚經方。（術解第二十、十一則）

案此述殷中軍（殷浩）平時使喚之差役母病，差役甚有孝心，於其母之病心急如焚，央求殷浩治療，殷浩感其至孝，遂拯救之。又世說新語：

中朝有小兒，父病，行乞藥。主人問病，曰：「患瘧也。」主人曰：「尊侯明德君子，何以病瘧？」答曰：「來病君子，所以為瘧耳！」（言語第二、二十七則）

案此述有中朝小兒心極憂慮，乞藥治父病，以求其父痊癒之孝行，竟以雋語，得主人之助。禮記曲禮上篇：

凡為人子之禮：冬溫而夏凊，昏定而晨省。……父母有疾，冠者不櫛，行不翔，言不惰，琴瑟不御，食肉不至變味，飲酒不至變貌，笑不至矧，怒不至詈，疾止復故。

愛謂父母生時，為子女者，應昏定晨省；父母有疾，則應悉心延醫治療照料，使之痊癒。則世說新語所錄載陳遺、殷中軍常所給使、中朝小兒之孝行，深合禮記曲禮上篇言孝之道也。

## 二、喪祭之道

## (一)生孝、死孝

王戎、和嶠同時遭大喪，俱以孝稱。王鷄骨支牀，和哭泣備禮。武帝謂劉仲雄曰：「卿數省王、和不？聞和哀苦過禮，使人憂之！」仲雄曰：「和嶠雖備禮，神氣不損；王戎雖不備禮，而哀毀骨立。臣以和嶠生孝，王戎死孝；陛下不應憂嶠，而應憂戎。」（德行第一、十七則）

此述王戎、和嶠守喪之別。和嶠盡禮於親，而精神未損，祇可稱生孝；王戎雖不備禮，而哀毀骨立，應稱之死孝。楊勇世說新語校箋：

滑確居類書七〇引典略：「戴伯鸞母卒，居廬啜粥，非禮不行。弟叔鸞食肉飲酒，哀至乃哭。二人俱有毀容。世謂伯鸞死孝，叔鸞生孝。」勇按：生孝、死孝之稱，始見於是。然以備禮為死孝，越禮為生孝，則與世說為異。生孝者，以盡生人之禮；死孝者，則盡哀死之情也。

依此，則生孝乃盡生人之禮，而死孝乃盡哀死之情也。禮記檀弓上篇：

子路曰：「吾聞諸夫子：『喪禮，與其哀不足而禮有餘也，不若禮不足而哀有餘也；祭禮，與其敬不足而禮有餘也，不若禮不足而敬有餘也。』」

意謂喪祭之禮不僅注重外在之儀節，尤注重內心之哀與敬。是則王戎之盡死孝，重於和嶠之盡生孝也。而世說新語所錄載此則，於孝道之深微，禮與哀，禮與敬，不亦有所闡發乎？

## (二)至　性

世說新語：

王安豐遭艱，至性過人。裴令往弔之，曰：「若使一慟果能傷人，濬沖必不免滅性之譏。」

（德行第一、二十則）

案此述王戎（字濬沖，又稱安豐）居喪至性孝道，哀毁骨立之情也。論語子張篇：

曾子曰：「吾聞諸夫子：『人未有自致者也，必也親喪乎！』」

意謂人之眞情極致，惟表現父母喪亡之時。父母之恩，昊天罔極，思及親恩，至性之情顯露。觀世說新語王戎遭艱，居喪至性過人，謂之自致者可也。又世說新語：

陳元方遭父喪，哭泣哀慟，軀體骨立，其母愍之，竊以錦被蒙上。郭林宗弔而見之，謂曰：「卿海內之儁才，四方是則；如何當喪，錦被蒙上？孔子曰：『衣夫錦也，食夫稻也，於汝安乎？』吾不取也！」奮衣而去。自後賓客絕百所日。（規箴第十、三則）

案此則孔子之言，見於論語陽貨篇：

宰我問：「三年之喪，期已久矣。」子曰：「食夫稻，衣夫錦，於汝安乎？夫君子居喪，食旨不甘，聞樂不樂，居處不安，故不為也；今汝安，則為之。」

世說錄載陳紀（字元方）居父喪，至性感人，以致軀體骨立，其母憐愍之，恐其哀傷過度，身受風寒，遂私自以錦被覆蓋之，反爲郭泰（字林宗）嚴詞批評其居喪衣錦之不合禮也。然則觀元方之行，知其孝思，至性過人也。又世說新語：

吳道助、附子兄弟，居在丹陽郡，後遭母童夫人艱，朝夕哭臨；及思至，賓客弔省，號踊哀絶，路人為之落淚。韓康伯時為丹陽，母殷在郡，每聞二吳之哭，輒為悽惻。語康伯曰：「汝若為選官，當好料理此人！」康伯亦甚相知。韓後果為吏部尚書。大吳不免哀制，小吳遂大貴達。（德行第一、四十七則）

亦述吳坦之（字道助）、吳隱之（字附子）二兄弟，居母喪之至孝，其情感動人，後坦之終身守制，不免除喪期，而隱之遂因孝行，爲韓伯（字康伯）所進用之。世說新語所錄此則，非勗勉行孝者，終獲善報哉！又世說新伯：

阮籍當葬母，蒸一肥豚，飲酒二斗，然後臨訣，直言「窮矣！」都得一號，因吐血，廢頓良久。（任誕第二十三、九則）

劉孝標注：

鄧粲晉紀曰：「籍母將死，與人圍棊如故，對者求止，籍不肯，留與決賭。既而飲酒三斗，舉聲一號，嘔血數升，廢頓久之。」

案世說新語所錄載阮籍葬母，尚食肥豚、飲酒，似非孝子，然觀其「都得一號」「因吐血」「廢頓良久」之至性，其孝思表露無遺，不得謂之非孝子也，其所以不循禮教，乃反對禮教之虛文也。且其飲酒食肉，乃因有服食五石散之疾，不飲酒，則藥不能發；不食肉，則不堪勞。世說新語：

阮籍遭母喪，在晉文王坐進酒肉；司隸何曾亦在坐，曰：「明公方以孝治天下，而阮籍以重喪，顯於公坐飲酒食肉，宜流之海外，以正風敎！」文王曰：「嗣宗毀頓如此，君不能共憂之，何謂？且有疾而飲酒食肉，固喪禮也！」籍飲噉不輟，神色自若。（任誕第二十三、二則）

案此述晉文王（司馬昭）就何曾批評阮籍之言加以剖析，同情阮籍因有疾而飲酒食肉，而且說明阮籍重喪飲酒食肉，合於有疾者守喪之禮節。禮記曲禮上篇：

……頭有創則沐，身有瘍則浴；有疾則飲酒食肉，疾止復初。……

卽有疾者飲酒食肉合於喪禮之明證也。可知守喪固應依禮而行，然親喪之至性感情流露，尤爲劉義慶世說新語所標擧也。

**【附　註】**

註　一　見沈約宋書卷五十一（鼎文書局新校本）劉義慶傳，附入宗室臨川烈武王道規傳之中，頁一四七〇——一四八〇。

註　二　見沈約宋書卷五十一，頁一四七七。見楊勇世說新語校箋（明倫出版社）自序，頁三——五。見蕭虹世說新語作者問題商榷，國立中央圖書館館刊新十四卷第一期，頁八——二四。

註　三　見論語先進篇，載：「德行：顏淵、閔子騫、冉伯牛、仲弓。言語：宰我：子貢。政事：冉有、季路。文學：子游、子夏。」。

註四　見論語爲政篇，記載有孟懿子問孝。子曰：「無違。」樊遲御，子告之曰：「孟孫問孝於我，我對曰：『無違。』」樊遲曰：「何謂也？」子曰：「生，事之以禮；死，葬之以禮，祭之以禮。」

註五　見楊勇世說新語校箋，賢媛第十九、十八則、頁五二〇，有關李氏絡秀事蹟。

註六　見姚思廉梁書卷五十（鼎文書局新校本）劉峻（字孝標）傳，頁七〇一——七〇七。

# 程伊川修養論探義

鄭敏華

儒家學說之要義在於涵養道德人格，以貞定德性生命。宋朝理學家致力於新儒學，尤重道德實踐，頗能契應孔孟之心性修養。小程子在理學之奠基與開展中，有其重要地位，以强調內外雙向涵修，成爲宋儒中首重知識與學問之第一人。

修養論所涉及者爲修治心、情、才諸問題，卽所謂變化氣質。玆以三部份探討其修養理論。首明道德涵養之內在凝歛，就心之未發已發言致中和之說，而以「敬」來貞定心之動靜問題。從中庸至誠則明，以顯誠敬之內在工夫。次就格物窮理一途，以進學致知敬攝此心，窮至物理之極，亦卽明已心之理，成立道德知識論。終則以內外合一之雙向會通爲修養目的，以敬義挾持、知行合一而至乎通權達變，得時中之旨要，完成道德涵養之極至。

## 一、道德涵養之凝歛

## ㈠至誠則明

宋儒重視中庸，中庸一書最重要的觀念卽誠，頗受孟荀言誠之影響。孟子以誠爲天道，思誠爲人道，會通天人之際而感動萬物者，莫不是誠。荀子以守仁守義爲君子之誠，誠則化育萬物，爲衆德之本。中庸承孟荀之誠而言：

誠者，自成也；而道自道也。誠者，物之終始，不誠無物。是故君子誠之為貴。誠者，非自成己而已也，所以成物也。成己仁也，成物知也。性之復也，合外內之道也，故時措之宜也。

天道爲誠，是以有物；虛妄不實則一切無有，仁與知皆涵攝於誠之中，成己成物，合內外之道，卽誠之實現與完成。故中庸云：

唯天下之至誠，為能盡其性；能盡其性，則能盡人之性；能盡人之性，則能盡物之性；能盡物之性，則可以與贊天地之化育；可以贊天地之化育，則可以與天地參矣。

誠乃眞實無妄者也。天道如此，人道思之，蓋性之德來自於天命，至誠則能盡性，盡人之性，則能盡物之性，終至於參贊天地之化育。中庸雖未以誠爲人之性，只言至誠能盡性，然已隱揭以誠爲性之端倪。伊川言誠，則以誠爲實理，卽眞實無妄之謂，（註一）誠者合內外之道，故云：

自性言之為誠，自理言之為道，其實一也。（粹言）

性與天道皆是一誠體，客觀言之則爲天道；主觀言之則其內容爲誠，（註二）故誠與道、忠、理性屬同一層次，伊川此說頗能推高「誠」之尊嚴性及道德義，落實於修養層次，則誠之境界須由明善而得，中庸云：

誠身有道，不明乎善、不誠乎身矣，……誠之者，擇善而固執之者也。

明善有待於格物致知之功，將於下節詳述，此處則言及誠之涵養，伊川就各種現象指點之，其言曰：

夫道恢然而廣大，淵然而深奧，於何所用其力乎？唯立誠然後有可居之地，無忠信則無物。

忠者無妄，信者實也。行事唯有內心眞實方能不間斷，伊川曰：

旣有惻怛之誠意，乃能竭不倦之強力，然後有可見之成功，苟不如是，雖博聞多見，擧歸於虛而已，是則誠之為貴也。（中庸解）

至誠無息，故有所成，能有所化，於事厭倦皆是不誠，誠則自然無累，伊川强調「樂循理」，卽是行爲之循理須出於心之至誠，乃能持久。易曰：「閑邪存其誠」，以閑邪涵養此心之誠，無一毫人欲之私，則可入於道。而志於求道者，苟欲速助長之，則不中理而非誠，故伊川云：

求道而有迫切之心，雖得之必失之，觀天地之化，一息不留，疑於速也，然寒暑之變極微，曷嘗遽哉！（粹言）

誠必實有得於心，以至誠事親則成人子，至誠事君則成人臣，此卽誠者自成也。（註三）是故學者志於道則以眞實無妄持守之，守善曰誠，誠則明矣，明乎善者也，明乎善則無不感通，所過皆化，謂之神矣。至誠之境界卽天人合一之謂，乃修養之極致；未至於誠時，先以敬涵養之，敬然後能誠，伊川頗重視「敬」，以其爲誠之實際工夫。

## ㈡主一之謂敬

修養工夫首重於治心。蓋心能知理，使心之認知功能不爲外物所蔽，則知理愈明，行事愈能中理。是故進學之要，首在存養此心，卽孟子所謂「求其放心」，心正則視聽聞見昭昭然，實有所得於己。伊川論存養此心，特就喜、怒、哀、樂未發之前言之，然則未發之前當如何用功？伊川曰：「只平日涵養便是」。喜怒哀樂未發時，自有靜之氣象，此時雖耳無聞，目無見，而見聞之理具在，故不可謂之無物，其自有知覺處，伊川云：

> 旣有知覺，却是動也。……自古儒者皆言靜見天地之心，惟某言動見天地之心。（二程遺書卷十八）

故伊川以「敬」易「靜」，兼攝動靜之理。以敬涵養此心，則靜中自有物，自能「止其所」。所謂止，如爲人君止于仁，爲人臣止于忠之類。遇事有所止，則物各付物，各得其所。

所謂敬？伊川曰：「主一者謂之敬，一者謂之誠，主則有意在」（遺書卷十）。主於一，卽是不之東亦不之西，心無旁鶩，敬以直內，自然無非僻之心，存養久則天理明。是故必有事焉，則態度整齊嚴肅，主於此也。孔子曾曰：「出門如見大賓，使民如承大祭」（論語顏淵篇）此只是敬也。敬則閑邪存誠，不敬則私欲萬端，害於仁，故爲學之大要莫如敬。事無巨細，一於敬則能有所得於心，發之於外則爲恭，所謂「居處恭，執事敬」，乃君子入道之要，故伊川云：

> 入道莫如敬，未有能致知而不在敬者，今人主心不定，視心如寇賊而不可制，不是累心，乃是心累事。（遺書卷三）

心累事則起厭倦而不能持久，故敬與誠相輔爲用，心誠則無不敬，未至於誠，則敬然後誠。（註四）伊川言「敬以直內」，乃發之於自然之誠；不言「以敬直內」，蓋此意將敬自外把捉，以直於內，有心於敬則非敬矣。伊川修養之兩大方法爲「涵養須用敬，進學在致知」，二者統之以敬。敬爲入德之始，故容貌必恭，言語必謹，優游涵泳以養之，却不可令拘迫，拘迫則難久，卽不誠矣。（註五）

敬是涵養，必有事焉，則須集義，伊川敬義之思想，由易文言傳而來。易曰：「敬以直內，義以方外」，故伊川曰：「敬所以持守也，有是有非，順理而行者，義也。」。若不知集義，則爲無事矣，敬義夾持，直上達天德，是故窮理致知以合內外之道，仍當以主敬直內之工夫爲本，（註六）陳淳曰：

> 程子（伊川）就人心做工夫處，特注意此敬字，蓋以此道理貫動靜，徹表裡，一始終，本無界限。閒靜無事時，也用敬，應事接物時，也用敬，心在裡面也如此，動出外來做事也如此，……此心常無間斷，才間斷，便不敬。（北溪字義卷上）

誠可謂深得伊川「敬」意之旨者。

## 二、進學致知之識照

### (一)格物窮理說

大學一書乃古者教人之法，朱子於大學章句引程子之言曰：「大學，孔氏之遺書，而初學入德之門也。」大學之教，重在知本，故云：「物有本末，事有終始，知所先後，則近道矣」，根本確立，無不各得其當，是故學者須知本末終始，然何者爲本？孟子曰：

人有恆言，皆曰天下國家。天下之本在國；國之本在家；家之本在身。（離婁上）

「身」爲家、國、天下之本，故欲平治天下，當以脩身爲本。大學云：

欲脩其身者，先正其心，欲正其心者，先誠其意，欲誠其意者，先致其知，致知在格物。

脩身之本在於格物致知，是故致知爲進德脩業之要，伊川據此發揮其格物窮理之說，完成大學所隱涵着重之知識系統。伊川謂凡事皆有理，至其理，乃格物也。是故格物卽窮理之謂，窮理則能致吾之知。蓋人心本具天理，卽孟子所謂良知是也，此知爲道德之知，格物以致知，所得之知實卽本來固有之知，非由外鑠我也。伊川將知識分爲聞見之知與德性之知，凡於一物上窮究其理，由感官加以考察者，是聞見之知。此知不關於德性；須是理會得多，豁然貫通，以求普遍原則之理，方爲德性之知。

此天所予我之道德本性，內在於吾心，須由思而至覺悟，方能有所得。

論及窮理之道，則不拘內外，凡眼前之物，或一己性分之事，皆當窮其所以然之理。故多識前言往行，則理愈明。自一身之中，至萬物之理，但須理會得多，始能有覺處。學至覺悟處，方能變化氣質。伊川云：

或讀書講明義理，或論古今人物，別其是非，或應接事物而處其當，皆窮其理也。（遺書卷十八

人之明理，不當止于一物上明之，集衆理而後脫然自有悟處。然窮理亦非是要窮盡天下之物，伊川以歸納、類推爲窮理之法則。類推必以思，孔子亦云：「學而不思則罔，思而不學則殆」，不思終無益於學，孟子曰：

心之官則思，思則得之，不思則不能得也，此天之所與我者。（告子上）

伊川教示弟子，必其讀書留心於文義，須着乎心，見乎行事，方是致知。（註七）心存則爲主一之謂，伊川所揭示之修養方法，在於欲完成中庸之理想：「尊德性而道問學，致廣大而盡精微，極高明而道中庸。」近人徐復觀先生云：

程朱由大學格物之啓示，而將文化精神中所蘊而未發的展示出來，表示了學術史上的一大發展，功不可沒。（中國人性論史）

旨哉斯言！

伊川重視格物窮理，開拓儒學之領域，並影響朱子之廣注羣書，整理文獻，儒家統緒因得以重新

延續於文化命脈中。

### (二)致知方法論

中國思想家論及致知方法者，最早可溯源於孔子。觀論語所載孔子之論學，則以「博學於文」及「一以貫之」爲方法，學思並重，無所偏廢。孔子致知之道開啓後世學者析物與直覺法之先路，其中之大較以孟荀二家爲着。

孟子注重反求諸己之內省工夫，卽發明本心以契悟宇宙之根本原理，此爲直覺法。荀子致知要旨與孟子大異，着重客觀分析，謂心能虛壹而靜，然後能不蔽於一曲，明照萬物而無遺，卽由觀察萬物，以及於道，非由本心之直覺以貫通萬物之理。荀子之道以禮義爲主，禮義須積學而至，學乃化性成善之途。故荀子修養方法爲理智思辨之法。伊川則兼二家之長，而以立志爲始。志者，心之所向，志立則心存焉。所志在道，所學在聖，方向旣定，則無思慮紛擾之病，志立心定，始可以言進學。

學須博之，則不蔽於一曲；學之而不博，則無以貫通，無所得焉！善學者，必欲有所得，則須善問，伊川曰：

恥不知而不問，終於不知而已，以為不知而必求之，終能知之矣。（粹言）

不恥下問與憤悱而後發，皆善學者也。進學之道多矣，中庸所謂博學、審問、愼思、明辨、篤行皆是，伊川特重之，曰：

> 博學之，愼思之，明辨之，篤行之，五者廢其一，非學也。（外書卷六）

此皆致知之事，其中尤以愼思爲樞鍵，故伊川云：

> 爲學之道，必本於思，思則得之，不思則不得也。

學者必深思孰慮，乃可造於道，成於學。能實見得理，實玩味聖賢氣象，方可謂之學。

致知之道，除是進學外，尚須窮究事物之理，隨事觀理，隨物察理，則天下之理得矣。伊川以觀察萬物之情，而知宇宙規律與理則，實爲分析歸納之應用。

伊川亦重反省工夫，謂君子之學，將以反躬而已矣。能反躬，則所識之理皆收攝於方寸之間，不以見聞梏其心，始能大其心，故曰：

> 世之人務窮天地萬物之理，不知反之一身，……善學者，取諸身而已，自一身以觀天地。（粹言）

反躬來自於內在道德生命之自覺，此乃儒家所重之修養方法，爲內聖之學所必由，禮記樂記云：「不能反躬，天理滅矣」，故伊川誡學者曰：

> 外面事不患不知，只患不見自己（粹言）

反躬之道，在於致知，致知則須透過格物方式，貞定凝聚此心之「敬」，向外窮理而誠明於內，窮理致知當下卽由反身之誠，而一併完成。

## 三、內外合一之會通

### ㈠知行合一

致知為修養之緊要工夫，唯知其理之當然，方能切實行其所應然，此即知之深而行之眞。進德修業之大要在於知行合一，理論與實踐並重。伊川曰：

知之深則行之必至，無有知之而不能行者，知而不能行，只是知得淺。（遺書卷十五）

是故伊川以眞知為道德實踐之本，其言「非特行難，知亦難也」，蓋欲學者於致知上用其力，此足以見伊川尊重知識之態度，亦顯示其客觀冷靜面。

宇宙萬物只是一理，以道體之微奧難識，故學者當於格物窮理上，盡明本心之靈，理在事亦在於心，此即內外合一也。心之所發必至於物，外物之誘必引動心之發，劉師培先生云：

心理由物理而後起，物理亦由心理而後明，非物則心無所感，非心則物不可知。（註八）

心物不二，內外合一，故致知必然及於行事，未有知而不能行者。知有淺深，則有勉強與樂循理之別，唯眞知方能行之既久，故伊川特重窮理以至其極。「知」乃「行」之因；「行」乃「知」之果，修養者，修此之謂也。中庸云：

好學近乎知，力行近乎仁，知恥近乎勇，知斯三者，則知所以修身，知所以修身，則知所以治人，知所以治人，則知所以治天下國家矣。

性命之德，本具仁與知。行仁之難，究其根源，則在於未能識得實理。君子體萬物而無遺，思成己必思成物，舜之所以爲聖王賢君，乃因其能明於庶物，察於人倫，然後由仁義行，此卽知至至之也。成己成物，內外合一，而有參贊天地造化之功，知行合一卽是開展儒家內聖外王之始學工夫，尤以致知爲要。故伊川窮本溯源，甚重致知與道德修養之關係，且以致知爲修德之要，而凸顯其「道問學」之精神。

## 二 隨時處中

「中」之思想爲中國人智慧之表現，乃先民觀宇宙大化流變而得，爲要求與時偕行，與萬物和諧之生命情態。

孟子評贊孔子爲聖之時者也，(註九)乃因孔子知時而處物得宜，故能集大成。大化遷流，「時」與「位」爲一體之存在，「位」之呈現，須於「時」中展開。因時損益，各得其所，聖之事也。故易經尤重「時」義，知時而順行之，則知「道」也。達乎道，則中在其中矣，中庸章句引伊川之言曰：「不偏之謂中，不易之謂庸。中者天下之正道，庸者天下之定理」，中卽道也，此道常而不可易，故既曰「中」，又曰「庸」也。伊川謂一物之不該，一事之不爲，一息之不存，非中也。以「中」之無偏，故物各得其所。治道欲行乎久遠，須擇乎中庸之道，尚書大禹謨以「允執厥中」爲三代聖王傳授之心法，洪範九疇之皇極亦論及中道之大用，「中」爲人生之「極」，能識得「中」而處其宜，則已與理一。「中」字最難識，非謂相對二者之間取其中也，須於「時」、「位」上顯，故言及「中」之觀念，必謂「時中」。時中者，隨時而處其宜，不執着拘泥，無時不合道也。

識時而行事合宜，其中涵攝智、仁、勇之性命大德，唯仁者能之。「中」無定體、無定方，故不可執一，唯達權者始能知之。權者，變通使合宜之謂也，易繫辭云：「窮則變，變則通，通則久」。墨守成規，不知變通，則無以成其久，小至個體生活儀節，大至一國政治法度，莫不皆然。孟子曰：「男女授受不親，禮也。嫂溺援之以手，權也。」（離婁篇），伊川亦言：

能守節善矣，亦貴乎適中而已。節而過中，是謂苦節，安能常且久耶！（粹言）

宇宙大化，唯變所適，然其中自有常則，此卽中庸之道，執簡馭繁，雖人事變化萬端，亦能順理無違。

伊川以「體用」析別「中」義，謂「中」卽道體之狀詞，「體」超然於時空之上，「用」則於時空之變動中顯。「用」以「體」爲依歸，萬變不離其宗，蓋「體」爲「用」之原則也。能達其用，則能盡其體，故通權達變，所以處乎時中也。「權」卽衡量輕重，使之合義，論事須用權，「權」非權詐、權術之謂也，其用則爲「義」。伊川嘆世之學者不辨乎權變之義，曰：

世之學者，未嘗知權之義，於理所不可則曰姑從權，是以權爲變詐之術而已也。夫臨事之際，稱輕重而處之以合於義，是之謂權，豈拂經之道哉！（遺書卷十八）於理所不可處，則假權變以爲言，是未嘗深識中道之用而混亂其名相耳！「中」則無不正，唯君子能時中，以其當行則行，當止則止，不失機也。善學者知時中之義，則知處變化之道，此所謂「知至至之」也。隨時處中，行事合宜，乃修養工夫之極至。

伊川修養理論，頗欲契接孔子「學」、「思」並重之精神，承繼中庸「尊德性」、「道問學」之雙向工夫，以誠敬凝斂內心，行義處乎時中，內外合一，不偏不倚，足備後學之參驗融通，實甚精密詳審。其尊重知識，以爲道德實踐之基，固能恢宏學者之胸懷識見，於古聖經典之會通，開啓思想界之生命力，自亦大有功焉！

## 【附　註】

註一　二程全書，粹言：「誠者，實理也。」又遺書卷二十一下，伊川曰：「眞近誠。誠者，無妄之謂」。

註二　參見牟宗三先生著「心體與性體」一書。

註三　二程全書，粹言。伊川曰：「至誠事親則成人子，至誠事君則成人臣，無不誠者，故曰，誠者自成也」。

註四　二程全書，粹言，伊川云：「誠則無不敬，未至於誠，則敬然後誠」。

註五　二程遺書卷十八，伊川云：「學者須恭敬，但不可令拘迫，拘迫則難久矣」。

註六　唐君毅先生「中國哲學原論」原教篇，性情論，曰：「伊川以格物窮理致知言合內外之道，固仍當以主敬直內之工夫爲本，故言未有致知而不在敬者也」。

註七　二程遺書卷十八，伊川曰：「學者言入乎耳，必須看乎心，見乎行事。」又曰：「博奕小技也，不專心致志，猶不可得，況學聖人之道，悠悠焉不專心致志，猶不可得，況學聖人之道，悠悠焉，何能自得也」。

註八　出自「劉申叔先生遺書」之「理學字義通釋」。

註九　見孟子萬章下。

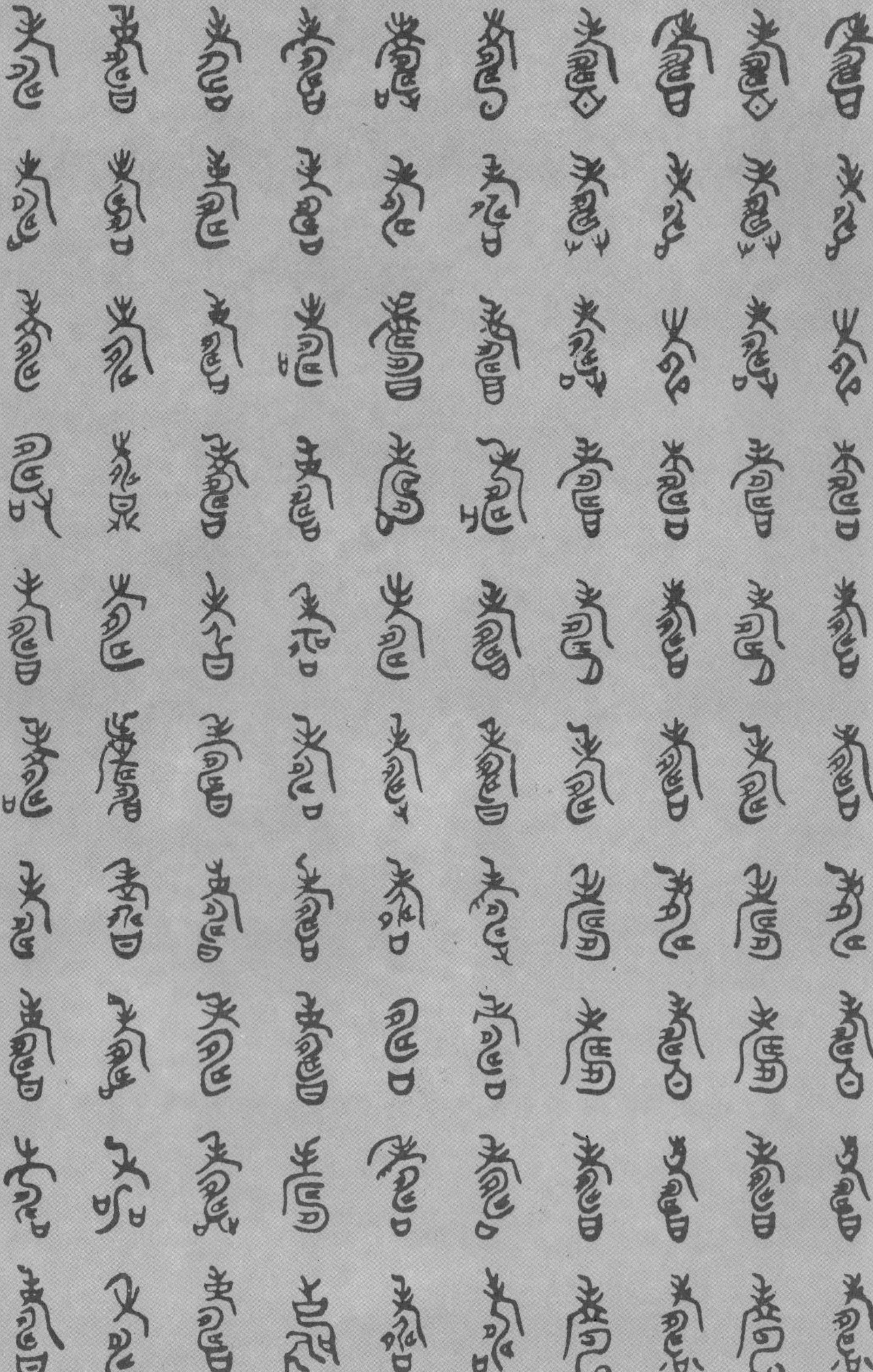